認知考古学の理論と実践的研究

縄文から弥生への社会・文化変化のプロセス

松本直子 著

九州大学出版会

口絵 1　黒色磨研の浅鉢
　　　大分県大石遺跡（別府大学所蔵）。本文第 5 章参照。

口絵 2　土色帖の色片と土器片の対照
　　　本文第 5 章参照。

口絵 3　レベル 1 の研磨の例
　　　頸部に幅 1 mm ほどの研磨痕が長く平行してついている。本文第 5 章参照。

口絵 4　浅鉢に赤色顔料の塗布がみられる例
　　　大分県大石遺跡（別府大学所蔵）。本文第 5 章参照。

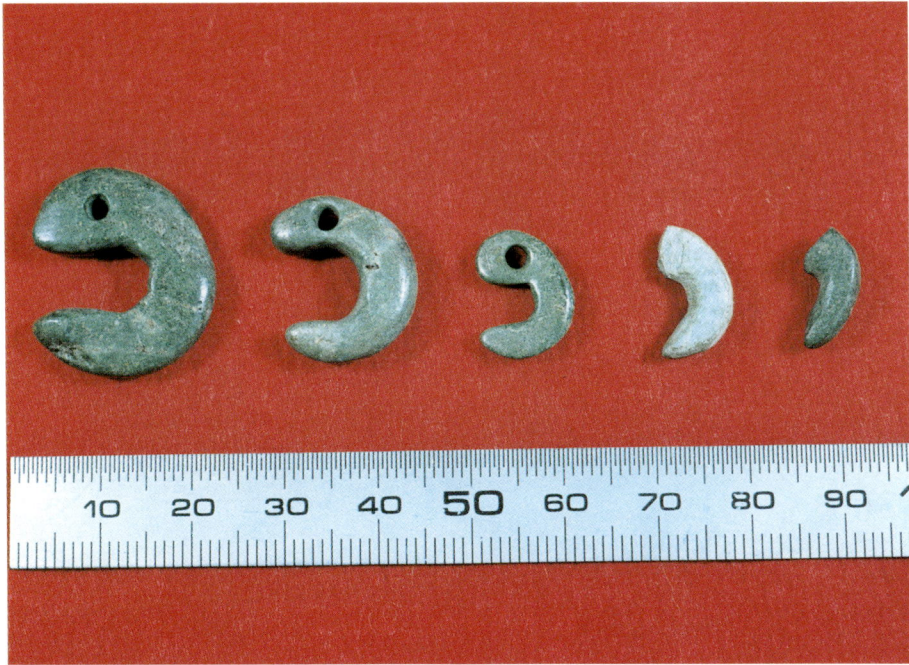

口絵 5 　縄文晩期の九州で定形化する「コ」字形勾玉
　　　　大分県大石遺跡（別府大学所蔵）。本文第 6 章参照。

口絵 6 　晩期九州型管玉
　　　　大分県大石遺跡（別府大学所蔵）。本文第 6 章参照。

口絵 7　朝鮮半島の孔列文土器
　明赤褐色に焼成され，貫通する孔列文をもつ。大韓民国京畿道欣岩里遺跡出土。本文
第 6 章参照(ソウル大学校博物館特別展図録『韓国先史文化展』1986 より)。

序　文

　考古学が単なる古物学ではなく，残された物質的資料に基づいて過去の人類の社会と文化を研究する学問である限り，人間の心の問題は常に重要な要素としてついてまわる。しかし，考古学において心的側面をどのように取り扱うことができるのか，という問題については，これまでの1世紀を超える考古学史のなかでも，もっとも意見が分かれてきたところであろう。考古学は，ときに心理学に接近し，またときに人類学に接近しながら，そのときどきの学界における心に対する捉え方に影響を受けてきた。したがって，現在までの考古学における心の問題の取り扱い方にみられる曖昧さや意見の食い違いは，私たちの心に対する考え方の歴史の複雑さを反映しているものでもあるのである。

　本書は，筆者がこれからの考古学の理論的・実践的研究の発展に大きく貢献できると考える認知考古学のあり方について模索したものである。認知考古学 cognitive archaeology という言葉は，1990年代の欧米考古学界では頻繁に口にされるようになっている。近年の認知考古学を推進しているのは，主としてプロセス考古学派の流れを汲む研究者たちであるが，この動きの基盤にはポストプロセス考古学が中心となって1980年代に展開した，意味や意識の問題を重視する社会理論の導入などの背景がある。このような学史的状況の中で，現在の認知考古学は複雑な様相を呈しており，認知考古学を称する研究の中にもさまざまなバリエーションがある一方，認知という言葉自体は多用しなくてもその基本的枠組みにおいて認知的といえる研究もある。こうした複雑な状況を整理し，認知考古学の射程を筆者なりに定めていくことが，本書の目的の一つである。

　認知とは，私たちが日々の生活の中で行っている絶え間ない情報処理の過程である。外界の情報を目や耳などの感覚器官によって知覚し，経験によって形成された認知構造に基づいてさまざまな判断をしていく。このような認知活動は，当然土器作りや石器の製作，狩猟や採集など，生活のあらゆる場面で行われている。その大部分はほとんど意識することなく遂行されるものであるが，意識的な計画や戦略なども含まれる。そう考えると，認知考古学は宗教考古学のように研究対象によって範囲が限定されるようなものではないということになる。むしろ，伝播論や型式学などの，普遍的な考古資料の解釈に用いられる理論的枠組みを再構築する新たなパラダイムとして認知考古学があると筆者は考えている。

　本書は，主として理論的問題を扱った第1部と，事例研究を中心とした第2部から構成されている。第1部は3章からなり，第1章ではこれまでの考古学史における心的側面の取り扱いを振り返ることにより，認知考古学の学史的な意義を明らかにする。第2章では，心理学・人類学・言語学

といった関連諸分野における認知革命の様子を概観することによって，認知考古学の学際的な意義について論じる。第3章では，認知考古学の理論と方法について，その基本的な枠組みと，実際の考古資料の分析に適用していく上での留意点や問題点について考える。第2部は5章からなり，第4章では縄文から弥生への変化に関するこれまでの研究を概観し，認知的視点を導入することによって明らかにされるべき点を指摘する。第5章では，土器がもつ複数の属性にみられる空間的変異のパターンから属性の知覚的特徴と情報伝達のあり方について考察し，縄文時代後晩期の地域間交流のあり方を復元する。第6章では，玉類の動態の分析に基づいて，縄文と弥生という二分法的な捉え方を再検討し，玉の種類や形態の地域性からその背景にある東日本と九州，九州と朝鮮半島の関係について考察する。また，孔列文を施す土器の分布の様相について分析し，縄文時代晩期後半の情報伝達のあり方を復元するとともに，土偶や玉類などの各種の人工物との分布状況の比較を通して，単なる情報伝達の有無を超えた積極的な情報の導入/拒絶の判断が介在している可能性を示す。第7章では，縄文時代後晩期から弥生時代開始期の集落構造の分析を通して，社会的な変化とその要因について考察する。第8章では，ひとつの形態パターンに基づいて多様な器種を作り出すという土器製作システムの成立と衰退について論じ，土偶などの大量保有にあらわれた後晩期九州的イデオロギー体系との関係について考察する。第9章の結論では，以上の分析結果を総合して，文化伝統や集団的アイデンティティーを異にする集団間関係が重要な要因のひとつであるような社会・文化変化についてのひとつの認知的モデルを提示する。

　本書は，1997年11月に九州大学大学院文学研究科に提出した学位論文をもとに，若干の手直しを加えたものである。したがって，1998年以降に出版された研究成果や最新の資料については，本書の中でとりあげることができなかったことをご了承頂きたい。第1部は，1996年9月から1997年5月にかけて，カナダ政府の奨学生としてブリティッシュ・コロンビア大学に客員研究員として滞在中に，リチャード・ピアソン先生のご指導のもとで英文でまとめたものが骨子となっている。第3章の第3節と第7章の第3節は，1997年5月に『HOMINIDS』第1号に掲載された「認知考古学の理論的基盤」をもとに加筆・修正したものである。第5章は1996年3月に『考古学研究』第42巻第4号に掲載された「認知考古学的視点からみた土器様式の空間的変異——縄文時代後晩期黒色磨研土器様式を素材として——」，および1995年7月に『鹿児島考古』第29号に掲載された「土器の地域性に関する認知考古学的研究——縄文時代後晩期九州の地理勾配の検討を通して——」をもとに若干修正したものである。第6章の第2節は，1998年5月に『人類史研究』第10号に掲載された「玉類の分析からみた縄文時代後晩期における文化動態の一側面——情報伝達にかかわる認知的・社会的要因——」をもとに若干修正したものである。

　本書は平成11年度科学研究費補助金「研究成果公開促進費」の交付を受けて刊行されるものである。ここに納めた研究成果は，1996年カナダ政府奨学金，平成9年度笹川科学研究助成によるところが大きい。本書は全体に試論的な性格が強く，確固たる研究成果の提示というよりは，経過報告と問いかけのようなものである。研究としては未熟な段階であるにもかかわらず，認知考古学という新しい考え方に対する筆者の取り組みを評価し，刊行を勧めて下さった方々の激励に心からお礼

を申し上げたい。また，本書の出版をお引き受け下さった九州大学出版会と編集長の藤木雅幸氏，編集の実務でお世話になった永山俊二氏と藤田裕子氏にも深く感謝いたします。

　本書の執筆にあたっては，指導教官であり，かつ学位論文の主査でもあった九州大学の西谷正教授に，日頃から全般的な指導とご教示をいただいた。快く副担当教官を引き受けてくださった九州大学認知心理学講座の箱田裕司教授には，理論や方法論に関して多くの指導とご教示をいただき，心理学と考古学の学際的研究の可能性について相談に乗っていただいた。お二人の温かい激励に心から感謝いたします。ブリティッシュ・コロンビア大学のリチャード・ピアソン教授には，欧米考古学の研究史や実践的研究の方法についてご指導いただいただけでなく，留学中のさまざまな生活上の問題についてもお世話をいただいた。また，第1章と第3章については，マッギル大学のブルース・トリガー教授，メリーランド大学のマーク・レオネ教授，ケンブリッジ大学のイアン・ホダー教授，ロンドン大学のスティーブン・シェナン教授に，原稿を読んでいただき，貴重なコメントと激励の言葉をいただいた。また，次にあげる方々や諸機関のご指導やご協力がなければ，本書は完成することができなかった。末筆ではあるが，記して深く感謝するとともに，本書に残るいかなる誤りも筆者の責任であることを明記する。

　安在晧，足立克巳，池田裕司，諫見富士郎，伊崎俊秋，井上繭子，上野佳也，宇野隆夫，賀川光夫，片岡宏二，河口貞徳，城戸誠，金貞姫，来畑光博，小池史哲，近藤協，重藤輝行，島津義昭，清水尚，沈奉謹，新宅信久，瀬口真司，高木正文，田中康信，田中良之，辻田淳一郎，寺村光晴，富田紘一，中越利夫，中園聡，中間研志，西健一郎，二宮忠司，橋口達也，細川修平，前田義人，松永幸男，溝口孝司，宮内克己，吉留秀敏，和田好史，渡辺友千代（敬称略・五十音順）

　釜山大学校博物館，釜山直轄市立博物館，大分県教育委員会，鹿児島県教育委員会，加世田市教育委員会，北九州市立埋蔵文化財事業団，九州歴史資料館，熊本県教育委員会，熊本県立博物館，佐賀県教育委員会，滋賀県教育委員会，瀬高町教育委員会，竹田市教育委員会，長崎県立国見高等学校，奈良県立橿原考古学研究所，東大阪市立郷土博物館，匹見町教育委員会，人吉市教育委員会，広島大学文学部考古学研究室，福岡県教育委員会，福岡市教育委員会，福岡市埋蔵文化財センター，別府大学文学部考古学研究室，都城市教育委員会，宮崎県教育委員会，宮崎県立総合博物館

　1999年11月

松　本　直　子

目　次

第2部　縄文から弥生へ
──ケーススタディ──

第 1 部

認知考古学の理論と方法

第1章

考古学において心はどのように扱われてきたか

「心は生きている人工物であり，歴史をもち進化する表象のネットワークであり，それが残す解読可能な痕跡の断片から再構築できるものである。」(Davis 1989: 207)

は じ め に

　考古学の歴史の中で，心に関する問題はさまざまな取り扱いを受けてきた。ズブロウ E. B. W. Zubrow は，過去の人々の心性に対して，これまで考古学者はきわめて分裂症的な態度をとってきたと評した (Zubrow, 1994; 松本, 1996)。すなわち，あるものは時間・空間・文化的に遠く隔てられた人々に自らの動機・概念・信念の構造を単純にあてはめることで満足し，あるものは心的側面の研究は可能ではあるかもしれないが多いに難しかろうと考え，またあるものは過去の人間が考えたことを復元するなど，努力することさえ無駄なので初めから諦めるべきだと主張し，あるものは科学性に固執するのはやめて解釈に集中すべきだと考える，という具合である。この指摘は，考古学における心的側面の取り扱いの多様かつ交錯した歴史と現状を端的に示していると言えよう。

　筆者は以前，ズブロウの分類をそれぞれ単純派・困難派・無理派・解釈派と称して，単純派を伝統的考古学，困難派・無理派をプロセス考古学，解釈派をポストプロセス考古学の態度にほぼ相当すると考えた(松本, 1996: 115)。こうした態度の差は，それぞれの学派のパラダイム，すなわち，問題意識や適切な方法の認定，隣接諸科学との関係などに深く根ざしている。また，もちろん各学派の中にも多様性がみられる。認知考古学を考古学の歴史のなかに適切に位置づけるためには，これまでどのような問題意識や理論的枠組みの中で認知的問題が取り扱われてきたかを明らかにしなくてはならない。

　以下では，アメリカ合衆国とイギリスを中心に展開した伝統的考古学，プロセス考古学，ポストプロセス考古学の順に考察していくが，欧米の伝統的考古学については，ウィリーとサブロフの『アメリカ考古学史』における呼称にしたがって，内容をより明確に示す文化史的考古学という用語を用いることにする (Willey and Sabloff, 1993)。ただし，これらの学派間の区別は常にはっきりしているわけではないことに注意する必要がある。考古学者自身が特定の学派への帰属を表明している場合でさえ，その研究すべてがその学派の特徴を示しているとは限らない。したがって，研究者をこうした学派に分類すること自体は，あまり意味のあることではないし，注意が必要である。また，日本考古学は，モンテリウス Oscar Montelius の型式学やチャイルド V. G. Childe の研究法など，

ヨーロッパの伝統的考古学の手法に大きな影響を受けているが，近年の欧米考古学におけるプロセ
ス考古学，ポストプロセス考古学といった学派間の対立の影響はほとんど受けずに多様な視点の研
究がなされてきている。したがって，日本考古学の諸研究を簡単にこうした諸学派に振り分ける
ことはできない。考古学は歴史の一環であるという認識が根強いことや，編年や記述が重視される点
では，文化史的であるといえるかもしれないが，それでも具体的な問題意識や基盤とする理論にお
いては欧米の文化史的考古学とまったく同じではない。また，中国考古学などもこうした枠組みで
は捉えがたい独自の枠組みにおいて発展してきている。したがって，ここでとりあげる学派の分類
は絶対的なものでも，また，これによって優劣を論じるようなものでもない。ただ，欧米考古学に
おいてはかなり明確なパラダイム転換が生じたことは明らかであり，これらの学派の主張に焦点を
あてることは，考古学史におけるさまざまな理論的枠組みの違いを明らかにする足がかりとなる。ま
た，これらの学派間，とくにプロセス考古学とポストプロセス考古学間の活発な議論の中から現在
の認知考古学が生まれてきた経緯を明らかにするためにも，これら 3 学派を基盤に考察を進めるこ
とは有効であろう。

　文化史的考古学，プロセス考古学，ポストプロセス考古学は，この順で登場したが，先行するパ
ラダイムに完全にとってかわったわけではない。それぞれ内部に多くの多様性を内包し，学派間の
議論および学派内部の発展によって変容しつつ併存しているのが実状である。したがって，以下の
記述は厳密に時代別に分かれているわけではない。

第 1 節　文化史的考古学

　文化史的考古学といわれるものを明確に定義するのは難しいが，考古資料の時間的・空間的体系
化を最優先の課題とし，それに基づいて文化に重点をおいた歴史的叙述をめざすものであるという
ことができよう。考古資料の時間的・空間的位置づけは，ほぼすべての考古学にとって重要な問題
であるが，プロセス考古学以降の欧米考古学が放射性炭素年代などの理化学的年代測定を多用する
のに対して，文化史的考古学では遺物や遺構の型式学を重視するのが特徴である。この節では，主
としてニューアーケオロジー登場以前の考古学についてみていくが，1960 年代以降に文化史的枠組
みにおいてなされた研究も合わせて検討する。

　文化史的考古学における人間の心・認知に対する一般的な態度は，基本的に肯定的であるといえ
る。人間の心・認知・考えなどは，考古学的研究の重要な対象であるとみなされることが多い。欧
米考古学に限らず，日本考古学においても，考古学の関心は人工物自体にではなく，それを製作し，
使用した人々の精神に置かれるべきであるという主張が繰り返しなされてきた (e.g., Ford, 1954; 杉
原, 1943)。ラウス Irving Rouse によれば，文化は人工物から成り立っているのではなく，製作者
の行動を統制している規範 (norm) あるいはモードから成り立っているのである (Rouse, 1939)。チャ
イルドも，考古学的文化は共通の社会的伝統を共有する特定の人々の精神の表現 (mental expression)
であると定義している (Childe, 1956b)。

このように人工物を超えて，精神的構成体として文化を捉えようとする傾向の背景として，ボアズ Franz Boas やクローバー A. L. Kroeber に代表されるような，当時のアメリカで支配的であった観念論的な文化観の強い影響がみられる。さらに，学問としての考古学とそれまでの古物趣味・骨董趣味との差異を強調しようとする意図が，こうした人類学的な文化理論への接近を促進したものと考えられる。

ウィリーとサブロフが述べているように，遺物の分類と型式学が文化史的考古学の主要な関心であった (Willey and Sabloff, 1993)。それと関係して，認知の問題がしばしば人工物の分類や型式学との関係において論じられるのが，文化史的考古学のひとつの特徴である。「考古学者は分類を(考古学者同士の)コミュニケーションの手段以上のものにしようとしたのである」(Dunnell, 1986: 160)。興味深いことに，人工物の変異に対する見方は，北米とヨーロッパではかなり異なっている。すなわち，先住民の民族学的知識が豊富な北米では，人工物の変異を同時期の機能的あるいは様式的差異として考えることが多く，それに対してヨーロッパの考古学者は時間的な変化を示すものと考える傾向が強かった。この点では，状況的にも実際の学問的傾向としても，日本考古学は後者により近いといえるだろう。その一例として 1937 年の「ひだびと論争」をあげることができる。この論争においては，考古学者が経済や社会構造の問題を意図的に避けているとする赤木清の主張は，なによりもまず編年的研究を完成させるべきとする甲野勇と八幡一郎によって退けられた。編年体系の確立は考古学的考察の基礎として欠かせないものであるが，研究が進むにつれて，微細な変異が果たして時間的な変化によるものか，それとも集団や機能の違いによる同時的なものなのかが重要な問題となってくる。

遺物の型式 (type) を相互に比較することによってその年代的関係を推察するという手法は，19 世紀末のヨーロッパでは複数の考古学者に採用されていたが，その確立はスウェーデンのモンテリウスによるところが大きい。ピゴット Stuart Piggott によれば，型式学 (typology) という用語を初めて使用したのは，イギリスの考古学者ピット = リバース General Pitt-Rivers で，進化的連続の中で有機体の形態と構造の関係を表現するための自然科学の体系を考古学に適用したものである (Piggot, 1959: 48)。しかし，人工物の変化は生物の進化とは当然その変化の要因もプロセスも異なるので，考古学に適用するに際しては，独自の理論が必要となる。当初から多くの考古学者に採用されてきたのは，技術的発展と退化の図式である。技術的発展という視点から見れば，人工物の製作に関わる技術は単純なものからより複雑なものへと変化するはずである。また，複雑な技術に基づいた人工物の型式が，そうした技術をもたない集団に伝播すると，逆により単純なものへと変化(退化)することになる。

こうした図式は，技術的な側面については適用できても，技術には直接規定されないような側面，いわゆるスタイリスティックな側面については簡単に適用するわけにはいかない。また，技術的には同程度の複雑さにある集団間の型式の違いも，技術発展や効率化の図式では扱うことができない。そこで，単なる時間と空間のマトリックスの構築にとどまらず，過去の文化や社会についての解釈に踏み込もうとすると，型式の背後にあるのは何であるのか，何が型式の変化や伝播を引き起こす

のか，という問題に直面することになる。そこで登場するのが「文化」の概念である。人工物の変異を製作集団の精神文化の表現体とする文化観に基づけば，型式学は時間的・空間的グリッドを構築するための方法であると同時に，過去の人々の行動を，そしてさらにその行動の背後にある基準・概念・認知体系を再構築するための方法でもあるわけである (Rouse, 1939, 1960; Chang, 1967a, 1967b)。ラウスの概念体系は，この点においてもっとも整備されたものであったといえよう。オズグッド Cornelius Osgood の学生であったラウスは，師の非常に観念論的な文化観と，物質文化の型式学に対する強い関心に影響を受けたものと思われる (Osgood 1940: 25)。

　型式 (type) とモード (mode) という 2 つの概念がラウスの体系の基盤である。1939 年の古典的な論文以降では，両概念とも抽象的なもので，実際の遺物の集合を指すものではないとされている。型式は同じ特徴を備えた人工物の集合から抽象される概念であり，モードはそうした人工物の集合を生み出す心的・行動的規則である。モードは，ときに属性とほぼ同義のように用いられるが，属性そのものではなく，その属性を作り出した行動を指すのである。モードはさらに概念的モードと手続き的モードに細分される。土器を例にとれば，概念的モードは文様のパターンに関係し，手続き的モードは胎土の調整や成形技法に関わるというわけである。こうした理論化は，特定の型式と民族とを結びつけるような単純な枠組みに比べて，文化変容や伝播・移住の問題を論じる上で有効である。そもそもラウスの体系化は，伝播・移住・在地の自発的変化という異なる文化変化の要因をいかに考古資料に基づいて区別するかという問題意識に根ざしており，最近の著書においても，基本的に同様の枠組みで移住と伝播の問題を論じている (Rouse, 1986)。

　認知そのものはラウスの主要な関心事ではないが，彼のモードという概念には，視覚的イメージや宗教的信念といった認知的な側面が織り込まれている。ラウスが属性と型式とを峻別し，人間の判断・行為とその物質的表現との間の関係において属性の性格を論じた点は注目される。しかしながら，製作者の行動を制御するモードは認知的なもの，すなわち個々の人間の脳の働きとしては位置づけられず，しばしば製作者の外にあってその行動を制御しているものであるかのように論じられる。実際，ラウスはモードの説明に力のアナロジーを用いている (Rouse, 1939: 17)。

　人工物の分類について，ラウスより明確に認知的問題として論じたのは張光直 K. C. Chang であった。張の考え方は，彼の次のような論述によくあらわれている。

　　「『正しい』カテゴリーとは，物質世界がどのように分類されるべきかについての，意識的あるいは無意識的，
　　明示的あるいは暗黙的に，その枠組みに従って行為するところの原住民自身の考えを反映しているか，それに
　　近いものである。」(Chang, 1967a: 78)

また，考古学における型式学と，コンクリンの民族分類学を中心とした民族学との関係に関する議論においても，張は次のような意見を述べ，考古資料から認知システムを復元することについて楽観的な立場をとっている。

　　「……たとえ認知システムが文化的に決定されているとしても，絶対的で，しかしながら限定された，物理的
　　基盤を持っているのである。したがって，理論的には，物理的差異を観察し，意味深い階層性や対照を認識す

ることによって，認知システムを認識することは常に可能である。」(Chang, 1967b: 228)

　張の考え方は，あまりに未分化である (Eggert, 1976: 515)，あるいは古心理学的である (Binford, 1967: 234) として批判されたが，張がカテゴリー化の問題を，認知システムの研究における考古学と民族学の共通の領域として選んだことは注目すべきである。

　型式についてもっとも認知的で，かつ明快な枠組みを提示したのはディーツ James Deetz であろう。ディーツは，製作者の心の中にある，特定の人工物についての適切な形態を精神的範型 mental template として概念化した (Deetz, 1967)。この概念は，「範型論」として日本考古学にも紹介されている(小林達雄，1977b)。ディーツによる心と行動と人工物の関係に関する理論化は，その明快さゆえに非常に受け入れやすいものとなっている。範型という概念自体は，どちらかというと静的なものであり，それ自体構造をもたないために，物質文化がなぜ，どのようにして変化するのかをこの概念自体で説明することはできない。伝統・機能・技術そして発明などの諸側面に関する十分な議論のなかに組み込むことによって，認知的な視点からの人工物の変化に対する解釈を可能にするものである。

　ディーツ自身はこの人口に膾炙した概念を，後期の著作では用いていない (Deetz, 1977)。しかし，物質文化がなぜ，どのようにして変化するのか，そこに何があらわれているのか，という人工物と認知の関係に対する関心はずっと継続している (Deetz, 1974)。ディーツはアメリカ合衆国の中でもヨーロッパ人の移住が早かったマサチューセッツ州プリマスの調査に携わるようになってから，16世紀以降の歴史考古学の研究を続けており，単に歴史の補足ではない，独自の歴史考古学を構築している (Deetz, 1983, 1988)。ディーツの歴史考古学の研究は，グラッシー Henry Glassie によるアメリカ合衆国近世の民家の構造主義的分析に強い影響を受けており (Glassie, 1975)，同様の手法を歴史時代の考古資料の解釈に応用しようとしたものである。歴史時代を対象とすることによって，個人的な認知と行動が文化変化の中にどのように位置づけられるか，また，物質文化の様々に異なる側面が，意識的あるいは無意識的に，個人の世界観を通してどのように構造的に統合されているかを明確に示すことに成功したのである (Deetz, 1984)。

　アリカラ・インディアンの土器についてのディーツの初期の研究は，土器の様式的変異が社会組織によって規定された様式情報の伝達のパターンを反映しているはずである，という仮定のもとに，居住パターンの変化としてあらわれる社会組織の変化を復元しようとするものであった (Deetz, 1965)。同様の視点に基づく土器研究は，ニューアーケオロジーが勃興した 1960 年代に他の研究者によっても行われている (Hill, 1968; Longacre, 1968)。

　フォード James Ford とスポールディング Albert Spaulding は，考古学における型式が考古学者によって「発見」されるものであるのか，それとも「押しつけ」られるものであるのかをめぐって論争を展開した。この型式学の捉え方に関する議論も，認知的に非常に重要な点を含んでいる。過去の認知システムは彼らの直接的関心事ではないが，エガート Manfred K. H. Eggert は，こうした議論の認知的性格を的確に指摘している。エガートは，ラウス，張，ディーツらの研究と合わせ

て，過去の民俗認知の情報を抽出するための適切な方法が欠けているとして上のような型式をめぐる議論に対する批判を展開している (Eggert, 1976, 1977)。

　文化史的考古学のこのような状況とは対照的にプロセス考古学においては人工物の形態と認知との関係に対する関心はほとんどみられない。それは，プロセス考古学が機能的でない型式学的な問題には関心を払わなくなったことの当然の帰結であろう。それに対して，プロセス考古学への転換をみなかった日本考古学においては，こうした問題への関心は継続している。

　次に日本考古学にも大きな影響を与えたチャイルドの考え方についてみてみよう。チャイルドによる考古学的文化の定義は，特定型式が繰り返し共存することによって認定されるものであるが，チャイルドの文化論がドイツのコッシナの理論に大きな影響を受けていたことが，トリガー Bruce Trigger によって指摘されている (Trigger, 1980)。チャイルドは方法論として考古資料の組み合わせに着目していても，本来の関心はそれを残した集団，人々の方に向けられていたのである。人間の心についても，チャイルドは先にあげた考古学者とは異なる見方をとっていた。チャイルドにとっては，個々の遺物の具体的な形態は重要な関心事ではなく，その時間的・空間的変化の総体として構築される，文明の発展や文化伝播が重要だったようである。実のところ，チャイルドは人間の心に非常に強い関心をもっており，哲学書のシリーズの中の 1 冊を書いたりもしている (Childe, 1956b)。この本の中でチャイルドは，心，知識，パターン認識，個人と社会，そして進化に対して，哲学と心理学についての豊富な知識に基づきながらも，考古学的視点から独自の考えを展開している。

　チャイルドは，哲学だけでなく，心理学・精神分析・神経生理学の最新の理論を論じることもためらわなかった。そして，人工物は人間の思考と観念の具体的な表現として扱われるべきであると主張したのである。しかしながら，マルクス主義者であったチャイルドはその一方で，考古学的に発見することのできる唯一重要な知識は技術的知識，言い換えれば，社会の成員全体に伝達され，行為において表現される知識であると論じた。チャイルドいわく，

> 「観念は頭の中にのみ存在する。それはあなたや私の頭の中だけにではなく，私たちが社会とよぶヒドラの幾千もの頭の中に存在するときにのみ客観的といえるのだ。つまり，本当のところ観念はあなたや私の頭の外に存在するのだ。私たちが生まれる前にも多くの観念が存在したし，私たちが忘れ去られた後も存在するだろう。」(Childe, 1956: 48–49)
>
> 「観念はただ社会のために，社会の頭の中に存在する。社会はもちろん個人から成り立っているが，その個々の成員を超越するものである。」(Childe, ibid.: 49)

チャイルドは観念という概念を，本質的な実体としてではなく，パターンを解釈するために有効な概念として使用している点でラウスやディーツの考え方とは若干異なっている。チャイルドは，光は波のように振る舞うがそれはいったい何の波なのか？という問題に答えるためにエーテルの存在が考え出されたのと同じような意味で，考古資料の動態を理解するために必要なものとして観念を論じたのである (Childe, ibid.: 52)。

　チャイルドはまた進化的視点からも過去の人間の心について考察している。たとえばチャイルドは，フランクフォート Henri Frankfort やレヴィ゠ブリュール Lucien Levy-Bruhl の議論にした

がって，過去の知識の世界は私たちのものとはいくつかの面で異なっていたと考えていた (Trigger, 1980: 137)。またチャイルドはピアジェ Jean Piaget の発達心理学の理論を採用して社会発展の理論を構築し，自然が社会と区別されないかぎり科学と呪術は区別されることがなかったと論じた (ibid.: 138)。彼はまた，現代のヨーロッパの諸言語がジェンダー表現をもっているのは，それらの言語がまだ事物と人間との区別が発達していなかった石器時代に形成されたからであると論じてもいる (Chil-de, 1956: 86)。

　文化史的枠組みにおける人間の認知的能力の発達に対する関心は，クラーク Grahame Clark による人間の自我 self-awareness についての考察にもみることができる。彼は，人類学者と心理学者は生きている被験者に直接質問することができるというメリットがあるが，まさにこの事実のゆえに現在に限定されていると論じ，人間行動の進化を研究するという先史考古学者の責任を指摘したのである (Clark, 1970: 105)。

　以上で述べてきた文化史的考古学における認知の問題について要約すると，次のようになる。まず，考古学者間で考え方に違いはあるが，ラウス，張，チャイルド，クラークなどの先導的考古学者によって認知は重要な問題として論じられている。モードや範型といった，型式学的研究と認知的視点とを結びつける概念も提示されている。これらの概念はその後も使用されてはいるが，理論的進展はあまりみられない。認知的問題を論じる際の問題点として，次の 3 点をあげることができる。① 人間の認知に関するいくつかの概念がしばしば分離されないまま一括されている。ラウスによるモードの考察のように，概念的知識と手続き的知識という性格の異なる認知プロセスの関わりが指摘されているが，こうした重要な問題に関する理論的深化はあまり進んでいない。② 文化的・歴史的特異性と人間の認知における普遍性がしばしば議論の中で混同されている。これは，心理学的理論のアド・ホックな適用と拒絶という形であらわれている。③ 議論が二分法的になりがちである。これは，たとえば，ある遺物の特性や型式が歴史的なものであるのかそうでないのか，あるいは，文化的なものであるのかそうでないのか，といったような議論に顕著にあらわれている。歴史的要因(通時的変化)と文化的要因(空間的変化)とは考古学的に便宜的に分けることができたとしても，実際には人工物はつねに歴史的コンテクストと文化的コンテクストの双方のなかに位置づけられるものであり，二分法的に相反するものとしてとらえるよりは，両者がどのように関係しているかを論じるべきであり，そして人工物がそれらとどのように関係しているかについて議論を進めるべきであろう。

第 2 節　プロセス考古学

　1960 年代に「新しい考古学」を打ち出したビンフォード Lewis Binford は，文化史的な枠組みを「規範的 normative」として厳しく批判し，文化変化を規範の伝播という考え方で説明することは不適切であると指摘した (Binford, 1965)。文化史的枠組みにおいて頻繁に使用される，文化の「流

れ」というような説明の仕方は，「水的文化観 aquatic view of culture」と呼ばれ，文化変化を説明することにはつながらないとして批判された。ビンフォードは，規範理論の心理学的性格を指摘したアベール David Aberle の論文を引用しながら次のように主張した (Aberle, 1960)。規範や観念によって文化変化を説明することはきわめて心理学的なアプローチであり，このアプローチが成功するためには考古学者は古心理学 palaeopsychology に通じていなければならない (Binford, 1965: 204)。しかし，考古学者は古心理学の訓練を受けるわけではないので，そうした心理学的アプローチをとるべきではない。したがって，説明のレベルまで研究を発展させることができない文化史的研究は拒否すべきものとなるのである。フラナリー Kent V. Flannery もまた，規範学派の説明能力の欠如に対して批判している (Flannery, 1967)。プロセス考古学の一般的傾向である経済–機能主義的アプローチは，文化史的考古学の規範的・観念的アプローチ，そしてナイーブな経験主義的アプローチに対する批判を通して形成されたのである。

　プロセス考古学はまたいくつかの理論や視点の統合によって成立したものでもある。まず，1960年代までに考古学において発達・導入されていたものの中で，文脈的–機能的アプローチ，文化進化論，多系進化論と文化生態学，セトルメント・パターンへの関心などは，プロセス考古学の主要な要素となった (Willey and Sabloff, 1993: 190)。また，考古学の外から根本的影響を与えたものとして，現代経済学，システム論，そしてコンピュータの技術等がある (ibid.: 190)。科学的アプローチへの一般的指向ともあいまって，文化のシステム論的見方によく適合する仮説演繹法が多用されるようになった。民族誌的アナロジーによって過去の行動をよりよく理解しようとするアプローチも広く行われるようになった (e.g., Flannery, 1968b)。こうした中で，一般理論と考古学的データの間のギャップを埋めるためのミドルレンジ・セオリー[1]の構築へ向かう方向性も出てきた (Binford, 1977)。

　ここで興味深い点を指摘すると，ほとんどのプロセス考古学者がこうしたミドルレンジ・セオリーを構築する上で，人間行動の普遍性を確信しているにもかかわらず，文化変化を解釈するために普遍的な心理学的法則を仮定する規範的考古学を手厳しく批判しているのである。この点に関してビンフォードは，観念的アプローチにおける次のような矛盾を指摘している。すなわち，個人の心理学的法則がこうしたアプローチを発展させる上で鍵となるにもかかわらず，観念と物質との間にいかなる規則的関係も措定されていないということである (Binford, 1989)。こうした指摘をしながら，ビンフォードは観念と考古学的記録をつなぐミドルレンジ・セオリーの構築へとは向かわず，ただこうした試みは無駄であり放棄されるべきであるとしたのである。

　プロセス考古学的研究の多くは，唯物論的・生態学的アプローチをとっている。しかしながら，いくつかの論考——とくにこの学派の初期の主導的論考——は，むしろ総合的であり，文化と環境のすべての側面の間のシステム的な関係をあらわすモデルを構築することによって，文化変化のプロセスを説明しようとしている (e.g., Binford, 1962; Clarke, 1968)。たとえば，システム論の導入を論じた論文において，ビンフォードはテクノミック technomic，ソシオテクニック sociotechnic，イデオテクニック ideotechnic という3種の概念化を行っている。これらは，それぞれ経済 economy，社会 society，観念 ideology という単語と技術 technology からなる合成語である(佐々木，1990: 33)。

つまり，考古資料から復元される技術は，生業などの経済効率の面だけでなく，社会構造や観念の体系とも関わっており，総合的な視点から分析・考察すべきであると主張しているのである。これらは，基本的に機能的な視点から捉えられているとはいえ，考古資料を分析するさいにイデオロギーや社会的な意味についても総合的な関心が払われるべきであるという姿勢がみられる。また，埋葬や葬送に関する考古資料が，社会的情報を得る上で非常に重要であるということについても詳しく論じられている (Binford, 1971)。この論文において，ビンフォードは埋葬行為のさまざまな側面を取り上げ，それらが何を表しているかを論じた。

　アメリカではその後も埋葬に関する研究は盛んに行われてきたが，その多くは埋葬にみられる変異が社会組織をストレートに反映したものと考えがちで (but see O'shea, 1984)，両者の間に介在している認知的プロセスについてはほとんど関心がはらわれることはなかった (cf. Carr, 1995a)。

　このようなプロセス考古学の理論的枠組みは，一見して認知的アプローチを抑圧するものであるといえる。実際に，人類史における人間の心の問題を，かなり長期にわたって隠蔽する結果を生んだことはたしかである。しかしその一方で，考古学において認知の問題を研究する上で，プロセス学派が新しい基盤を築いたということもできるのである。たとえば，レオネ Mark P. Leone は次のように述べている。

　「『無視』というのが，ニューアーケオロジーの理論が物質文化，そして実際のところ全体としての文化をどのように扱ってきたかを言い表すのによりふさわしいだろう。しかしたとえそうだとしても，物質文化を，文化のすべてのレベルによって形作られるものであり，したがってそのすべての要素を反映しているものとして定義したビンフォードの初期の，そして中心的な動きは，フリーデルをして先古典期のシリンダーと古典期のピラミッドから（マヤの）コスモグラムを描かせることを可能にしたのである。」(Leone, 1986: 424)

　中でも，プロセス考古学の初期のリーダー的存在であるフラナリーとレンフリュー Colin Renfrew が，社会的な側面に大きな関心を払ってきたことは興味深い。フラナリーは，サイバネティクス理論を考古学に導入し，生態学的アプローチとシステム論を組み合わせた新たな研究法を確立した。メソアメリカにおける農耕の発展を，初めはさして重要ではない偶然的な出来事が，システムの中で正のフィードバックを受けることによって徐々に主要な生業へと変化していくというモデルは，その実践例として重要なものである (Flannery, 1968a)。

　サイバネティクスは，第二次世界大戦中にミサイルのコントロール技術革新の中から生まれたものであり，一種の情報理論である。これは，後に人工知能を人間の情報処理システムのアナロジーとみなす認知科学の基礎ともなったものである。こうした情報理論を中心に据えたことが，イデオロギー的側面を文化変化の重要な要因とみなすフラナリーの研究方針を促したのかも知れない (Flannery and Marcus, 1976)。また，フラナリーは次のようにも述べている (Flannery, 1972: 409)。

　「すべてのレベルにおいて，社会的なコントロール機構は，単に生業的な目的に関してだけでなく，イデオロギー，神や祖先の霊の要求や倫理的・宗教的命題——すなわち，世界がどのように成り立っているかについての集団の『認知化されたモデル』に基づいて価値を生み出すのである。」

「それはまた，こうした『副現象』——その研究はほとんど人文主義者によってなされている——が社会的環境と人間の間を調整する根幹にあるのだということを意味している。そういうことなので，これまでしばしば行われてきたように総合的な生態学的分析からそれらを排除することはできないのである。」

　フラナリーとマーカスは，他のメソアメリカ考古学者とともに認知的視点も組み込んだ総合的アプローチを進めてきている (Flannery and Marcus, 1983)。さらに，1960年代以降北米考古学の主流となった「生業・セトルメント」考古学者のほとんどは認知考古学という概念に冷淡で，科学的研究は無理であると考えるか，あるいは副現象であってとるに足らないと考えていたが，それでも認知考古学的研究を完全に排除することはできなかった，という指摘も行っている (Flannery and Marcus, 1993: 260)。そして，1970年代半ば以降になると，なんらかのかたちで認知的側面を扱った論文が規則的に出始めたとし，彼らの1976年の論文 (Flannery and Marcus, 1976) をその中に位置づけている。近年の認知考古学の動きに対しても，視点の違いを主張しつつも議論に参画している (Flannery and Marcus, 1993; Marcus and Flannery, 1994)。

　イギリスにおいては，クラーク David L. Clarke とレンフリュー Colin Renfrew がプロセス考古学の発展をリードしていた。クラークはシステム論を基盤とした理論と方法論の体系化による総合的な説明をめざした (Clarke, 1968)。レンフリューも，他の主導的プロセス考古学者と同様に，社会変化の唯物論的な説明を有望とみなした (1973a)。しかし，早い段階から社会考古学への強い関心をもっていたこと (Renfrew, 1984)，また，文明の発展やその伝播のプロセスに注目する点では (Renfrew, 1973b)，北米のプロセス考古学者との間に差異がある。この差異の要因のひとつとしては，西欧文明発達の地であるヨーロッパと，先住民族の文化を考古学の主たる研究対象とするアメリカというフィールドの違いによるところが大きいであろう。

　レンフリューの研究にみられるもう一つの特徴は，システム論に基づいた数学的なモデル化やシミュレーションという方法論に対する強い関心である (Renfrew, 1978, 1979)。レンフリューの考古学のもっとも特徴的な点は，プロセス考古学的な方法論・理論と，心に対する強い関心とが並行して，統合されつつ進展してきたことであろう (Renfrew, 1982, 1983, 1985)。

　早くも1982年に，ケンブリッジ大学の考古学主任教授就任講義において，レンフリューは「心の考古学に向けて」というテーマで講義を行い，次のように述べた。「認知考古学が実際に可能であると論じる私の大胆さの一部は，過去15年間の社会考古学の成功にある」(Renfrew, 1982: 10)。1990年代以降に彼が「認知プロセス考古学」として提起した主な論点は，すでにこの講演において示されているが，それらは長い間多くのプロセス考古学者の関心を引くことはなかったのである。1980年代後半には，レンフリューはプロセス考古学的アプローチと言語学の理論とを統合することによって，インド・ヨーロッパ語族の拡散を説明しようとする試みを精力的に行っている (Renfrew, 1987)。これもまた，一般に考古学的にアプローチすることが困難であると考えられているものに対する彼の挑戦なのであろう。

　1970年代になると，プロセス考古学の主流とは別に，いくつかの認知的側面を扱った論文が出始めた。フラナリーとマーカスの言葉を借りれば，「多くの生業・セトルメント考古学者は認知考古学

という考えに対して冷淡だった」が，「そうした態度は認知考古学の発展を遅らせはしたが，それを
完全に止めることはできなかった」のである (Flannery and Marcus, 1993: 260)。フリッツ John M.
Fritz は観念的システムが人間の適応にどのような貢献をしているかを調べるような研究の動向を，
「『古心理学』への関心の刷新」として捉えた (Fritz, 1978: 38)。さらにラディカルな立場としては，人
間の認知は考古学的理論形成に導入されなければならないとする主張もある (Kehoe and Kehoe, 1973)。
キーホーらは，認知的スキーマに焦点を当てることは物理的状況のインパクトに関する研究と両立
するものであり，そのことはサイバネティクス理論に基づいたシステムのモデルを考えれば明らか
である，と論じた (ibid.: 150)。ホール Robert L. Hall は，北米のホープウェル文化における人工物
の象徴的意味を直接的歴史遡上法 direct historical approach によって研究するとともに，北米考古
学の経済中心的なあり方を批判し，『人間中心主義的』な認知的アプローチを提起した (Hall, 1977)。
心的側面に関する研究を包括的に評したレオネは，彼自身の焦点を考古学におけるイデオロギーの
役割に合わせた (Leone, 1982)。このように，1970 年代から 1980 年代初頭にかけて認知的側面に関
するいくつかの重要な指摘がなされたが，これらの諸論考はプロセス考古学の支配的な枠組みを根
本的に揺るがすことはなかった。

　この時期に登場した認知的研究について，それ以前のものとの違いをあげると，文化史的枠組み
においては「規範」や「モード」という概念として一括されていたものが，観念的あるいは象徴的
システム (Flannery and Marcus, 1976; Fritz, 1978; Hall, 1977)，認知地図と結節点 (Kehoe and Kehoe,
1973)，批判理論やイデオロギー (Leone, 1982)，といった多様な概念やモデルを用いて論じられるよ
うになったことがある。一般的には，各種の情報理論や構造主義理論が適用されるようになった。先
にビンフォードが物質文化と認知との関係に関する研究を否定したことを述べたが，それにもかか
わらず，人間の認知と物的対象の関係に焦点をあてた研究が出始めた。実験的手法や民族考古学的
調査を通して考古学的解釈に適用できる洞察を得ようとする研究が盛んになるにつれ，認知的問題
意識に基づく研究も行われるようになったのである。

　ほとんどのプロセス考古学者は，マクロ・レベルのモデルを構築するのに情報理論を用い，人間
の情報処理システムそのものには関心をはらわなかった。しかしいく人かの考古学者は，あまり意
識的にではないにしろ，人間の認知的プロセスについて論じ始めた。プロセス考古学の初期の段階
では，土器の文様の分布のパターンから社会組織を復元しようとする研究が登場したことはすでに
述べた (Deetz, 1965; Whallon, 1968; Longacre, 1970; Hill, 1970)。これらの研究が基本的に前提としてい
るのは，機能的でない様式的な特徴は社会的に伝達されるという仮定である。これらの研究は，マ
トリクスや統計といった新しい方法を除けば，概念的枠組みとしては文化史的考古学とそれほど変
わるものではなかったといえよう。しかしながら，この初期の研究は，たいていの場合において直
接的ではなくても，後のプロセス考古学における 3 つの顕著な研究傾向を導いたのである。

　まず第一に，土器製作に関する様式的情報やその他の情報の伝達のされ方に関する仮定を，民族
考古学的調査によって検証しようとする研究が進められてきた。たとえば，社会組織や土器製作者
の認知構造が，どのようにして土器の文様の分布パターンに反映されうるか，あるいはされ得ない

のか，といった問題が検討されている (Friedrich, 1970; Hardin, 1970, 1983; Arnold, 1983)。また，粘土について土器製作者がもっているエミックなカテゴリーと鉱物学的分析との比較も行われている (Arnold, 1971)。

　第二に，土器の様式的特徴の伝達に関わる学習，婚姻，交易，移動などのさまざまな要因を総合的に表すものとしてインターアクションという概念を用いた研究がプログ Stephen Plog らによって継続的に進められてきた (Plog, 1976, 1978)。インターアクションの程度が土器の類似度に反映されるという仮定に基づく研究については，羽生淳子が理論的整理を行っており (羽生, 1984)，関東の縄文土器を用いた実践的研究も発表している (羽生, 1986)。これは，ディーツらの研究の系譜により直接的に連なるもので，情報理論を用いた一般理論的アプローチの典型的な例であるといえよう。石器の分析に基づいた，インターアクションに関する研究も行われている (Hayden, 1982)。

　第三に，上記の2点とも関連して，物質文化におけるスタイルの性質についての議論が1970年代後半から登場してきた。スタイルという英語は，通常様式と訳されるが，日本考古学における様式概念と欧米考古学におけるスタイル概念とはかなり性格が異なるので，ここではそのままスタイルという言葉を用いることにする。

　1970年代以降の一連のスタイルをめぐる研究は，文化史的考古学においては主要な概念の一つであったが，プロセス考古学的研究においては重視されることのなかったスタイルという概念を，プロセス考古学の枠組みの中に統合しようとする動きとして捉えることができる。たとえば，コンキー Margaret Conkey は，「ニューアーケオロジーの方法論的計画によって，スタイルという概念の使用法はより明確になり，またより活発に議論される考古学的探求の方法となった」，という積極的な見方をとっている (Conkey, 1990: 5)。すなわち，文化史的枠組みにおいては型式 (type) の認定が主要な関心事であったため，スタイルの概念は根本的でありながら消極的なものでしかなかったのに対して，プロセス考古学においてはその新しい理論と明確さによって，新たな視点からその内容が分析されるようになったということである。こうした視点の変化にともなって，物質文化と認知の間の関係について新しいタイプの議論がたたかわされるようになったのである。以下でこうした議論の流れを追ってみよう[2]。

　サケット James R. Sackett は，スタイルを「内側からでなく外側から」定義できるような一般的モデルを構築しようとした (Sackett, 1977: 369)。まずサケットはスタイルという概念のさまざまな用法を概観し，それらを「標準的」アプローチ，「内容的」アプローチ，そして「土器社会学」に分類した。日本考古学において使用されている様式概念は，主として彼の「標準的」アプローチのカテゴリーに入る。このアプローチは，たとえば小林行雄の定義にみられるように「斉一性」において認定され (小林行雄, 1933)，ダネル Robert Dunnell が論じたように，伝播・交易・変わりにくさ・移住などによってその変化が説明されようなスタイル概念である (Dunnell, 1986: 31)。この枠組みにおいては，ある遺物がどのスタイルに属すのか，あるいは，あるスタイルは他のスタイルと比べて機能的かどうか，といった問題を論じることができる。しかし，そもそもスタイルとはどのような性格をもつものであるのかという問題や，スタイルと機能との関係についての議論が進展すること

はなかった。

　いかにして進化論を考古学に適用するかという問題に強い関心を持つダネルは，スタイルと機能とは明確に分離できるものであると論じ，機能的属性は進化論によって説明することができ，そしてスタイリスティックな属性はその時間的・空間的関係を定めるのに用いることができるとした (Dunnell, 1978)。これに対してサケットは，ある属性が機能的なものであるか，それともスタイリスティックなものであるかを簡単に判断することはできないとする。すなわち，どんな機能的な属性であっても，同じような機能を果たしうるバリエーションが可能性として存在し，そうした複数の選択肢のなかの一つが社会的に伝達されることによって選ばれるのであるから，いかなる機能的な属性もスタイリスティックでありうると彼は論じたのである (Sackett, 1982)。サケットは，そうした同等の機能を果たす複数の選択肢を「同機能的変異 isochrestic variation」と称した。考古学者によって時間的・空間的体系として認識されるようなパターンや，ある集団によって他集団の指標として認識されるような特徴は，人工物の製作者・使用者によって特に意図したり意識したりすることなく生み出されるものである，ということが彼の論点なのである。

　以上のような見方とは大きく異なるスタイル観が，民族考古学的調査を通してウォブスト Martin Wobst によって提起された (Wobst, 1977)。ウォブストはスタイリスティックな行動をよりアクティブな視点から論じ，情報交換の戦略に関わるものとしてとらえたのである。コンキーも情報理論を用いて物質文化におけるスタイルのアクティブな役割について論じている (Conkey, 1978, 1980a, 1980b)。こうした視点はウィスナー Polly Wiessner によってさらに発展させられた。ウィスナーは社会心理学の理論を応用し，スタイリスティックな行動は，人々が自分個人の，または自らが属す集団のアイデンティティーを折衝するための戦略であると定義した (Wiessner, 1983)。彼女はさらに，物質文化におけるスタイリスティックな変異は，比較することを通して個人と社会の同定を行うという根本的な人間の認知的プロセスにその行動の基礎を持つと論じた (Wiessner, 1984: 191)。行動的・認知的基盤を理解することが，スタイルに関する一般理論を発展させる上で必要なステップであるとする彼女の指摘は重要である (ibid.: 230)。また，彼女がすでにポストプロセス学派の影響下にあるということも注意すべきであろう。コンキー (Conkey, 1987, 1989, 1990)，デボア (Deboer, 1990)，そしてウィスナー (Wiessner, 1984, 1989, 1990) の研究にみられるように，スタイルの研究は文脈的な意味や物質文化のアクティブな役割などのポストプロセス考古学の重要な構成要素を取り入れながら発展してきたのである。研究者による視点の違いはあっても，この領域においては，プロセス考古学対ポストプロセス考古学という対立的論争はみられない。

　スタイルの構造主義的分析も，一部の考古学者によって盛んに行われている。ウォッシュバーン Dorothy Washburn による，シンメトリーに着目したデザイン構造の分析はそのよい例である (Washburn, 1977, 1983; Washburn and Matson, 1985)。『芸術における構造と認知』という論文集の第 1 章において，彼女は次のように述べている。「文化の他の側面における行動や物体がシステムの一部であるように，芸術の諸形態もあるシステムに属しているとみなすことができる」(Washburn, 1983: 1)。ここでは，物質的スタイルと観念・行為を，文化・社会システム全体の中で関係づけるための鍵とし

て構造という概念が用いられている。こうしたアプローチにおいては，知覚やカテゴリー化などの普遍的な認知的プロセスが理論的な基盤として仮定されることになる。

　こうしたスタイル論を踏まえて，カー Christopher Carr とニーツェル Jill E. Neitzel はより総合的に物質文化の変異を説明するための枠組みを構築しようとしている (Carr, 1995b, 1995c; Carr and Neitzel, 1995)。カーは，人工物の製作には，人間の運動能力，社会・文化的コンテクスト，製作者の象徴システムや認知構造などの多様な要因が関与していることを強調し，人工物のもつさまざまな属性の視覚性と製作過程における意思決定 decision making の順番という，客観的に認定可能な特性に注目して，人工物の形態変異や空間的変異のパターンを理解するためのミドルレンジ・セオリーを構築しようとしている。この試みも，認知的プロセスを組み込んだ物質文化に関する総合的な理論化をすすめていくうえで重要な位置を占めるものであるが，形式的な性格が強く，個別の社会的・文化的コンテクストや認知構造の特異性などをどのように組み込んでいくかが今後の課題となろう。

　石器を研究対象とする考古学者の間では，単純な資料からより文化的な情報を引き出す手段として認知的アプローチが採用されている (Bonnichsen, 1977; Young and Bonnichsen, 1986)。こうしたアプローチの重要な点は，通常純粋に機能的で文化的意味とは関係がないとみなされがちな石器製作のプロセスを，認知的視点から研究することができるということを示すことにある。

　旧石器については，その製作にどの程度のどのような知識や認知的能力が必要であるか，といった視点から分析することによって，人間の認知発達のプロセスを知ろうとする研究がなされている。たとえば，ウィン Thomas Wynn は，ピアジェの可逆性と保存という概念を用いてアシュール文化の石器の分析を行い，それらの石器を製作した人類は複雑な幾何学的関係に関する操作的知能 operational intelligence をもっていたはずであると結論づけている (Wynn, 1979)。また，その結論に基づいて，「後期アシュール文化以降の文化的発展は，まさに文化の発展なのであり，知能の増加ではない」と論じている (ibid.: 385)。アシュール文化期の石器については他にも様々な解釈があり，そこから導かれる概期旧石器人の知能の程度や性格についても意見が分かれている (Noble and Davidson, 1996: 195–203)。石器の製作技術から認知発達について論じるには，まださまざまな問題があるが，道具の使用と言語発達の関係などの諸問題をめぐって，学際的な研究のフィールドが形成されているといえよう。

　民族学的調査と実験的手法を組み合わせた興味深い石器研究も行われている。ホワイト J. P. White とトーマス D. H. Thomas は，パプア・ニューギニアの高地をフィールドとして，石器製作者が使用しているカテゴリーと実際の作品の間の関係について調べた (White and Thomas, 1972)。これは，人間の認知と物質的産物の関係についての新たな探求の一例である。主成分分析による石器の分析と石器製作者から得られた言語による情報を比較検討し，ホワイトとトーマスは，「ある意味において，Duna 族は『型式概念』あるいは『範型』というものをもっており，道具として使う二次加工のない剥片に対してもそれを適用している」ことを指摘した (ibid.: 298)。そして，さらに重要な点として，「それはおそらく，人々が使用してはいるが明確にすることのない『暗黙のカテゴリー covert categories (Berlin, Breedlove and Raven, 1968)』に相当するものであろう」とも述べている (ibid.: 298)。

彼らはまた，型式を区別する際に重要な指標となる刃部角が，実験期間中に一貫した方向性をもった変化を示したことから，それは短期間に起こる製作者のカテゴリーの循環的浮動と考えられるが，長期的には文化的規範の変化につながるものかもしれないという，興味深い考察も行っている。

　ニューギニアの高地人についてはまた，ハイダー Karl Heider が，石器の考古学的型式と Dani 族による実際の使用法やエミックなカテゴリーとを比較して両者がきれいに対応しないことを示し，考古学者に警告を発している (Heider, 1967)。それに対してヘイドン Brian Hayden は，プロセス考古学的立場から考古学における型式学の歴史を概観し，考古学的型式学はエミックなカテゴリーを反映する必要はないと結論づけている (Hayden, 1984)。考古学的型式学とカテゴリー化の問題については，第 3 章で詳しく論じることにする。

　プロセス考古学における認知的側面の研究についてまとめておこう。ビンフォードが指摘したように，社会的・文化的側面のすべてを個人的な動機に還元することは不可能である。それは認知的側面を考古学的解釈から完全に排除してよいということを意味するものではないはずであったが，結果的には認知や心に関する議論は極力避けられる傾向が生まれた。その一方で，文化史的枠組みとは違った視点からの認知的研究も一部で進められてきた。その中には，観念やイデオロギーの機能的役割に注目するものや，実験的手法・民族調査等によってより科学的・実証的な研究を心がけたものがあった[3]。ポストプロセス考古学の影響も受けながら展開してきたスタイル研究を含めて，このような研究はさらなる進展が期待されるところである。

第 3 節　ポストプロセス考古学

　プロセス考古学が，先行する文化史的考古学を厳しく批判したように，ポストプロセス考古学もプロセス考古学の主要な枠組みに対する痛烈な批判によってその口火を切った。一度はプロセス考古学者として考古学の訓練を受けたホダー Ian Hodder は，ケニアでの民族考古学的調査などを契機として，一般理論による機能主義的説明は文化変化の説明としては不適切であるという主張を展開することになる (Hodder, 1982a)。「物質文化は意味深く構成されている」(Hodder, 1991a: 1) という認識に立ち，ホダーはプロセス考古学のアプローチを機能主義的で生態学的・唯物論的であるとして批判した。すなわち，機能と文化とを分離し，環境への適応や機能的意味といった視点のみからの説明では，真の文化的プロセスを理解することはできない，というわけである (Hodder, 1982b)。そうした性格をもつプロセス考古学においては，物質文化は結局社会システムを消極的に反映するものとみなされ，個人は一般法則に支配された消極的な存在とみなされるため，物質文化と個人の間の動的な構造化のプロセスを捉えることができない (Hodder, 1991a)。意味や個人の能動的な行為からなる真の文化的プロセスは，プロセス考古学の機能主義的説明ではブラックボックスのままになってしまう，というのである (Hodder, 1984)。彼はまた，「『プロセス』考古学という言葉がすでに全くプロセス的でないものに対して使われてきたために，初めて十分にプロセス的となったアプローチがポストプロセスと呼ばれることになったことは考古学の発展における皮肉である」，とも述べてい

る (Hodder, 1991b: 39–40)。ホダーが着目した点は，実際の文化的プロセスにおいては物質文化や行為がどのような意味をもつかが非常に重要であるということであり，それは，個々の状況下で意味を認識し，時には状況を変えるべく積極的に行動することもできる存在である個人というものを措定しなければ理解することできない，ということであった。

　ホダーは，1980 年代前半に，意味と行為は常に特定の歴史的コンテクストの中におかれており，その中で解釈されるべきである，として，考古学と歴史学との緊密な関係を強調した (Hodder, 1982a, 1991a)。彼はまた，人類学も考古学と深い関連があるとしたうえで，北米のプロセス考古学が人類学の研究動向から乖離して久しいということを指摘した。すなわち，人類学においてはジェンダーや権力，イデオロギー，構造と行為者などの問題が盛んに論じられているにもかかわらず，『人類学としての考古学』を標榜するプロセス考古学者がいつまでもそうした問題に無関心でいることの矛盾をついたのである (Hodder, 1991b: 39)。

　ポストプロセス考古学が行ったもう一つの重要な指摘は，考古学者自身も自らがおかれている社会的・文化的コンテクストから自由にはなりえないということ，すなわち，考古学研究も社会的実践であるという認識であった (Shanks and Tilley, 1987a 1987b)。こうした認識に立てば，通常科学的とされる実証主義や仮説検証法でさえ西洋近代文明の歴史的産物であり，その社会のイデオロギーから自由ではありえないということになる。あらゆる観察や解釈は研究者がよって立つ理論に依存しており，絶対的な客観性や完全に独立した測定法などというものはありえない。こうしたデータの理論依存性の指摘自体は特に新しいものではない。クラークもプロセス考古学の初期の段階でこの問題を論じている (Clarke, 1973)。しかし，理論とデータの間の相互規定関係を超えて，社会的な力関係やイデオロギーも含めて考古学研究の相対性と社会的責任を論じたポストプロセス考古学者の主張は衝撃的であり，考古学の科学性が破壊されるという危惧を抱いた考古学者も少なくない。こうした状況において，相対主義の問題は考古学における主要な論点の一つとなった (Bell, 1991; Trigger, 1989; Shanks and Tilley, 1987a, 1987b; Binford, 1987)。現在は，一部の極端な議論を除けば，実証主義への固執によって不必要に制約を受けることなく，また過度の相対主義に陥ることもなく，科学的妥当性を保持した新たな研究方針を模索していこうとする傾向が主流となりつつある。

　ホダー自身も認めているように，ポストプロセス考古学が主張する点の多くは，文化史的考古学の中にすでにみられたものである (Hodder, 1991b: 1)。文化史的考古学の再評価はたしかにホダーの議論の一つの基盤であり，それはホダーの次のような言い回しにもあらわれている。「私は伝統的，歴史的考古学者によって論じられてきた問題を示そうとしてきたのであり，文化・イデオロギー・構造といったものが中心的関心として検討されなければならないということを示そうとしてきたのである」(Hodder, 1982b: 15)。しかしその一方で，ポストプロセス考古学はポストモダンの大きな動きの中で起こったものであり，他の分野におけるポストモダンの影響を受けた学派と多くの共通点をもっている (Hodder, 1989)。したがって，ビンフォードがいうように，彼自身が完全に論破したところの文化史的考古学の単なるリバイバルとしてとらえるのは不適切であろう (e.g., Binford, 1989)。文化史的考古学とポストプロセス考古学との類似点と差異は，ホダーの次の文章に明らかに示されて

いる。

「規範や規則は確かに存在している。ここで論じたいのはむしろ，変化やイノベーションや能動的個人というものについて考えるためには，規範・規則と個人の間の関係についてもっと深く調べる必要がある，ということである。日常生活の実践において，『他の条件が同じである』ことなど決してない。常に便宜的な即興を，しかし規範と規則の枠組みを通して，行う必要があるのである。」(Hodder, 1991b: 157)

　ポストプロセス考古学が登場した時点では，もはや構造主義はそれほど新しい理論ではなく，人類学においてはすでに長い歴史があったし，考古学においても，旧石器時代芸術の分析 (Leroi-Gourhan, 1965; Conkey, 1989)，歴史考古学 (Deetz, 1977)，デザイン分析 (Washburn, 1977, 1983) などにおいて応用されていた。しかし，考古資料に基づいて意味に接近するための方法として，ポストプロセス考古学者は構造主義，あるいはポスト構造主義を盛んに採用した。人類学や社会学などと比べて，考古学が構造主義を導入するのが遅れたのは，明らかにその方法が意味の探求を中心に据えているからに他ならない。意味の探求に対する一種の拒否反応を除けば，構造主義の考古学への導入は無理なものではない。構造主義の解釈は，類似性と差異の複雑な複合体の認識は人間のごく根本的な認知システムに基づくものであり，それは物質世界においても表現されるという認識に立脚しているからである。この認識を正しいとするならば，残された物質文化にあらわれた類似と差異，あるいは対比の体系から，それらを生み出した集団の認知的構造に接近することができるということになる。

　構造主義的分析の方法には，古典的・形式的なものから個人の認知構造に焦点を当てるものやポスト構造主義にいたるまでさまざまなバリエーションがあるが，ポストプロセス考古学者は特定のコンテクストにおける実践を読み解くべき「テクスト」とみなすポスト構造主義を支持する (Hodder, 1989)。構造と個人の間に生じる相互交渉のプロセスを分析するために，ブルデュー Pierre Bourdieu のハビトゥスという概念やギデンズ Anthony Giddens の構造化理論がしばしば用いられている (Bourdieu, 1977, 1980; Giddens, 1979, 1984)。

　構造主義的分析は，実証主義的手続きによってではなく，解釈学的循環 hermeneutic circle によってその適切さが評価されるという性質をもつ。たとえば，ホダーは土器以外の考古学的な証拠を援用しながら，ヨーロッパ新石器時代の TRB 文化[4]の土器にみられる入念で高度に構造化された文様の発達を，社会的な差異化と集団のアイデンティティーの強化を示すものとして，またその後の文様の衰退を地域的な社会的境界の重要性が低下したことに関係するものとして解釈している (Hodder, 1982c)。こうした解釈学的方法には仮説・検証といった手続きはなく，多くの側面にわたる証拠を一貫性のある全体に統合することによって議論の妥当性が示されるのである。この他のポストプロセス考古学の研究成果として，ヨーロッパ新石器時代の文化と社会の再解釈 (Barrett, 1994; Hodder, 1990; Thomas, 1991)，権力とイデオロギー (Miller and Tilley, 1984)，現代社会における物質文化と人の関係に対する研究 (Hodder, 1987; Shanks and Tilley, 1987a; Miller, 1987) などがある。

　ホダーは意味には大きく分けて 3 つの種類があると考えている。それは，機能的な意味，構造主

義的な意味，そして意味内容である (Hodder, 1987: 1)。そしてホダーは，プロセス考古学者は機能的
な意味にのみ関心を示してきたとしてその一面性を批判する。この批判の対象には，後述するレン
フリューの「認知考古学」(Renfrew, 1982, 1983) やフラナリーとマーカスの「全体的」アプローチ
(Flannery and Marcus, 1976, 1983) も含まれている (Hodder, 1991a)。ホダーはまた，こうしたプロセス
考古学者の議論の中に，彼らが批判しているはずの規範的アプローチや観念論的考察が内包されて
いることを指摘し，次のように述べている (ibid.: 31)。

> 「この自然科学に由来する視点と歴史的に相対的な視点との間には内的な矛盾がある。一方では『私たち』や
> 『彼ら』が事物からなる世界を知覚する(した)とし，他方では考え方と物質的対象とを関係づける普遍的な方
> 法と一貫した理論が提示されるのである。物質と観念の関係に関する自分の一貫した理論や明示的な方法論を，
> 独自の認知的プロセスと『認知的系統』をもつ別の文化にどうして適用することができるだろうか。」(ibid.: 31)

　ここでは，ビンフォードが文化史的考古学とポストプロセス考古学に対して批判したのと同じよ
うに，プロセス考古学の中にも相対主義と普遍主義の間の矛盾があることが指摘されている。この
考古学的研究につきまとう相対主義と普遍主義の矛盾をどうしたら解決することができるのだろう
か。

　ポストプロセス考古学者が出したひとつの解答は，一般法則の追及をやめてコンテクスチュアル
な解釈に専念することであった。しかし，こうした立場をとるにしても依然として問題は残る。人
間の認知と物質的対象との間に普遍的な法則を想定することなしに，異文化における物質文化の意
味を解釈するなどということは果たして可能なのだろうか。これは実際のところ不可能である。そ
こで，ポストプロセス考古学者は普遍的な人間性というものを解釈の基盤として措定するのである。
しかし，この人間性について法則のような形で公式化することはない。

　以上でみてきたように，ポストプロセス考古学が論じてきたことは認知と密接に関係している。こ
のことは，後で述べる「認知プロセス考古学」を定式化するにあたってレンフリューがあげた特徴
の多くがポストプロセス考古学の主要な論点と共通していることをみても明らかである。そうして
みると，ポストプロセス考古学者がほとんど認知科学の成果を引用していないのは奇妙な感じすら
する。シェナン Stephen Shennan は，ポストプロセス考古学が科学的な実践的方法を提示してこ
なかったのは，相対主義的・人文主義的立場のゆえに生態学と認知心理学の研究を拒否しているか
らであるという指摘をしている (Shennan, 1993: 57)。実際にホダーは，認知考古学において一般理論
が追求されることで社会的コンテクストが無視されるのではないかという危惧を表明しており，解
釈学的アプローチの重要性を強調している (Hodder, 1993: 257)。

　とはいえ，認知心理学のカテゴリー化の理論を採用したミラー Daniel Miller の「人間のカテゴ
リー化のプロセスとしての人工物」という論文についてはホダーの評価は高く，いろいろな「○○
主義」という制約を超えてそれぞれのコンテクスチュアルな関心を統合する，より完全な象徴的分
析の始まりであると述べている (Hodder, 1987: 2)。またホダーは，人間が社会的コンテクストの中で
意味を創り出すことの普遍的な基盤に関するウィスナーの議論も認めている (Hodder, 1989: 71)。し

たがって，ポストプロセス考古学的アプローチと，次に述べる認知考古学的アプローチとの差異の根幹は，実際の方法論にあるというよりも，よって立つ哲学的スタンスにあるといった方がよかろう。

　ポストプロセス考古学が多くの考古学者に考古学の再考を促したことは確実である。ポストプロセス考古学とプロセス考古学の対立はまだ続いているが，ポストプロセス考古学が引き起こした 10 年以上にわたる活発な議論を経て，この学派に属さない多くの考古学者も意味や個人，そして自らの社会的コンテクストの問題に関心を持つようになっている。

第 4 節　多様な意味の考古学

　これまで，文化史的考古学・プロセス考古学・ポストプロセス考古学における心的側面の取り扱われかたの歴史をたどってきた。その結果，それぞれの学派間だけでなく，学派内においても，研究者によって認知的問題に対する関心の深さだけでなく，問題意識やアプローチの方法，依拠する理論，研究の目的などにかなりの多様性がみられることが明らかとなった。内容が明確であることが望ましい学問用語として，心的側面に言及してきたこれまでの研究をすべて認知考古学と称することは適切ではなかろう。認知という用語は使用していなくても認知的な研究もあり，また自ら認知考古学と称している研究の中にも様々なバリエーションがあるという具合に，概念と用語に関してはきわめて錯綜しているのが現状である。具体的な概念の定義は第 3 章で行うが，ここでいくつかある心的側面に関するアプローチの間の関係を整理しておきたい。

　上で述べたように，ポストプロセス考古学者は基本的に意味や象徴を重視するが，とくに心的側面に焦点をあてるアプローチは象徴考古学，あるいは構造考古学と呼ばれている。レオネは，象徴考古学と構造考古学，そして批判的考古学の 3 者は，考古学的データに対するまったく異なるアプローチであるとし，共通点と相違点を分析している (Leone, 1986)。以下にレオネによる心的側面に対するアプローチの分析を示し，それに論評を加えることでこれまでに登場したアプローチの整理を行う。

　レオネはこの論文でディーツらの構造主義的な研究を認知考古学と称しているが，それはディーツをはじめとしてこの範疇に含められている研究者が自ら認知 cognition という用語を使用していることによると思われる。したがって，筆者が後に論じる認知考古学の体系とはそのまま一致するものではない。レオネも，文脈によって構造考古学と呼んだり認知考古学と呼んだりしており，特に認知考古学の定義が示されているわけでもないので，ここでは構造・認知考古学としてより一般性の高い認知考古学とは区別しておきたい。

　レオネは 1980 年代半ばまでに出てきた心的側面に関する研究を，象徴考古学，構造・認知考古学，そして批判的考古学の 3 種に分類する。これは，それぞれの研究者によって使用されている用語体系や基盤となる理論・哲学に基づくものである。これらの諸研究は，頑固な実証主義的プロセス考古学者からは「認知屋」coggies として一括されそうなものであるが，レオネは次の 4 点に着目した

分析によってそれらの間の共通点と差異を明らかにしている。

　まず第一点は，文化の相互交渉的，あるいは再帰的な性質への着目である。物質文化を経済や社会組織やイデオロギーなどの単なる反映とみるのではなく，意味や秩序を生成，あるいは再生産するうえで積極的な役割を果たすものとみなすことによって，過去の人々の行為者としての性格や，社会における象徴の重要性が浮かび上がってくる。これは 3 者にほぼ共通する点である。

　第二点は，意味の強調である。これは，3 種のアプローチすべてに共通している。意味の問題を考えるにあたって，生態学的・技術的・人口的な考察についで社会組織，その次に定義の曖昧なイデオロギーや宗教的組織がくるというような階層的な認識をとる唯物論的な見方を拒否するという点においても，ほぼ共通している。しかし，それぞれのアプローチにおける意味の捉え方には若干の差異がみられる。象徴考古学者は，常に現実と折衝するために象徴が用いられるという視点をとるために，上記のような階層的認識をしりぞける。レオネは，象徴考古学のなかにミラーのカテゴリー化理論に関する論文も含めているが，カテゴリー化の過程が常に人が現実と折衝する際の媒介となると考える点では妥当といえる。構造主義者は基本的に二項対立をなす象徴のセットがあらゆる行為を生み出す基盤となっていると考えるが，実際の行為を通して二項対立的概念がどのような影響を受けるかという点にはあまり関心が払われない。レオネはその例としてディーツの研究 (1977, 1983) を挙げているが，中世的世界から近世的世界への転換を食器の構成や家屋構造などのさまざまな側面から分析するディーツに，そうした視点がまったく欠けているわけではない。批判的考古学は，マルクス主義的な意味において階層的概念を用いるが，イデオロギーを社会の一貫性，継続性を維持するうえで大きな力をもつものとみなすという点で一般のマルクス主義考古学と異なっている。

　第三点は，現代社会において過去についての知識がもつ意味についての批判的検討である。これは象徴考古学と批判的考古学がともに論じているテーマである。両者とも考古学的知識の科学的中立性や客観性を否定するが，とくに批判的考古学はマルクス主義に従って歴史は常に階級の利益に奉仕するために作られると主張する。

　第四点は，とくにホダーらの象徴考古学から出てきたもので，実証主義の否定である。象徴考古学者は，西洋の科学的方法自体が文化的なものなので，それによって絶対的な説明に至ることは不可能であり，綿密な解釈以上のものは生み出せないと考える。それに対して，批判的考古学においては実証主義の批判はそれほど厳しくない。これは，批判的考古学自体がマルクス主義の系譜を引くものであり，マルクス主義が本来科学性を重視する枠組みであることを考えれば納得がいくことである。「批判的」という言葉は，学問における仮定や発見のあり方と現代の研究者がおかれている社会状況の間の関係に着目し，その通常はあまり意識されることのない関係を規制する政治的・経済的権力を批判的検討の対象とするということを意味する。しかし，ヨーロッパ北西部の青銅器時代の階層的社会における物質文化の役割に焦点をあてた，シャンクスとティリー (1982)，ホダー (1982)，シェナン (1982) などの研究においては，象徴考古学と批判的考古学の区別はそれほど明らかではない。

　レオネ自身は批判的考古学の立場をとり，象徴考古学と構造・認知考古学と批判的考古学は相互

にまったく異なるアプローチであるとしているが，上の分析でも明らかなように 3 者に共通する特徴もある。レオネが象徴考古学に分類するホダー (Hodder, 1982b, 1982c, 1985)，クリスチャンセン (Kristiansen, 1984)，ミラー (Miller, 1982)，パーカー＝ピアソン (Parker Pearson, 1984)，シャンクスとティリー (Shanks and Tilley, 1987a)，シェナン (Shennan, 1982)，ティリー (Tilley, 1982, 1984) らによる研究は北西ヨーロッパ新石器文化の膨大なデータの統合，エスノアーケオロジー，ニューアーケオロジー批判などの成果をあげてきたが，その成功は認知考古学あるいは構造考古学によってなされた進歩とは切り離せないということはレオネも述べている。古典的な観念論的文化観に基づけば，文化とは価値やコスモロジー，気づかずに保持しているパターン，あるいは二項対立からなる構造を含む意味や思考のレベルで存在するものであり，社会組織とは独立していると考えられてきた。こうした心と物質に対する二元論的な枠組みを，ここであげられているような近年の「認知屋」たちは打開しようとしているといえる。つまり，現実のレベルにおける変化や安定の原因を心にもとめるのではなく，物質的状況と心の間の双方向的な影響関係を見いだそうとしているのである。現在のところ，議論される双方向的な関係の性格が相互強化に偏り，変化のプロセスを説明できていないという批判は当たっており，この視点から変化のプロセスについて説明できるようなモデルを立てることは今後の課題である。この点はとくに構造・認知的研究にいえることであるが，すべての考古資料を関連づけていけるような複雑な次元を模索し，それまでの考古学的断片化によって生じた誤りを正したり，あまりに単純な社会変化の説明にとってかわる新たな視点を呈示するという点で，これらのアプローチは有効性を持つと考えられる。

　ニューアーケオロジーにおいては，認知の問題や全体としての文化は「無視されてきた」というのが適切な表現である (Leone, 1986, p. 424)。しかし，文化をいくつものレベルから構成され，すべての要素が互いに影響を与えあっているものとしてとらえようとしたビンフォードによる文化の再定義は，象徴システムを組み込んで文明の発達過程を論じたフリーデル David Freidel の研究 (Freidel, 1981) などが登場するのに不可欠なステップであったとする指摘もまた首肯できるものである。こうしたアプローチは，ホダーが指摘するようにともすれば機能主義的説明のみに終始しがちではあるが，心的側面を考慮しない全体論的アプローチに比べて文化的・社会的により妥当性の高い説明を提示することはできるだろう。ただし，心的プロセスが本来個人的なものである以上，個人レベルのプロセスと社会・文化というマクロレベルの現象とをどのように結びつけるかということに関する明確な視点がどうしても必要となる。

　以上のような理論的・方法論的に多様な心的側面に関するアプローチが出そろったのが 1980 年代前半の特徴であった。こうした状況の中で，それぞれの有効性や検証可能性，社会的実践としての重要性などが盛んに議論された。この段階をふまえて，レオネがあげた 4 点を踏襲しながらも科学性の保持を主張する学派として認知考古学が登場するのである。それでは次にこの新しい動きについてみていくことにしよう。

第 5 節　認知考古学の発展

　1990 年代に入ると，認知考古学が欧米考古学における中心的話題のひとつとなった (Renfrew and Zubrow, 1994; Renfrew and Bahn, 1996; Dark, 1995; Renfrew et. al., 1993)。現在活発化している認知考古学の動きが，主としてプロセス考古学者によるポストプロセス考古学に対する反動として出てきたものであることは疑いない。15 年も前に認知考古学を将来性のあるアプローチとして提起したレンフリューが現在も精力的に活動しているが，レンフリューの運動とは直接関係なく認知的なアプローチをとっている研究者もいる (Gardin, 1992)。先に述べたように，明示的にしろ暗黙裡にしろ，人間の認知的側面は考古学において長い間関心を集めてきた問題である。それでは，なぜいま認知考古学が「考古学の理論のなかでもっとも新しい分野」として注目され始めたのであろうか (Dark, 1995: 168)。

　意味やイデオロギー，能動的な個人に焦点をあてることの必要性などについて正面から議論することの正当性をポストプロセス学派が用意したことが，認知考古学の重要な基盤となったといえよう。それに加えて重要なのは，認知諸科学の発展によって，1960 年代以前の文化史的考古学者には利用できなかった理論や方法，新しい考え方が用意されていることである。

　レンフリューが 1982 年以前から「認知プロセス考古学」のいくつかの基本的な要素を発展させていたとしても，ポストプロセス考古学の 1980 年代を経なければ現在のような形をとることはなかったであろう。これは，「認知プロセス考古学」が先行する「機能主義的プロセス考古学」と異なる点を列挙したリストをみるとはっきりと分かる (Renfrew and Bahn, 1996: 469)。ポストプロセス考古学が提起した論点の中で，考古学者自身の社会的コンテクストの問題は，レンフリューの「認知プロセス考古学」の中に十分に統合されていないようである。しかし，ズブロウは「自省的考古学」を認知考古学の主要な焦点のひとつであると考えている (Zubrow, 1994: 187)。いかなる考古学者も自らの社会・文化的コンテクストから逃れることはできず，考古学は常に社会的実践であるという自省的考古学の視点は確かに認知的な問題を含んでいる。そこでは，考古学者の認知的プロセスがどのように研究の方針や内容を規制するのかを探求する必要があるからである。

　新しい分野として登場した認知考古学は，多様な研究テーマを包摂していることが特徴である。認知考古学は意識的な信念体系だけでなく，日常的なありふれた行為にも焦点をあてる。なぜなら，私たちが研究する考古資料の多くはそうした日常的な行為によって生み出されたものであり，またそうした日常的な行為こそが社会・文化構造を再生産するプロセスに他ならないからである。そして，私たちの認知は，宗教の教義や学問的知識だけでなく，ほとんど意識することもない日常的行為の遂行を支えているものであるからである (Perles, 1992; Schlanger, 1994; Karlin and Julien, 1994)。こうした行為と認知をつなぐ「動作連鎖 chaîne opératoire」という概念は石器製作工程の研究から生まれたものであるが，ファン・ダ・リュー S. E. van der Leeuw は土器の分析に適用し，多様な土器生産システムの背後にいくつかの類似性が認められることを指摘している (van der Leeuw, 1994)。

　文化史的考古学の主要な関心であった型式学的問題は，カテゴリー化の問題として認知考古学の主要なテーマとなる。また，プロセス考古学の中心的課題であるセトルメント・パターンや生業についても，意思決定の問題としてアプローチできる (Mithen, 1990; Zubrow, 1994)。したがって，認知考古学の新しさはその研究対象にあるのではなく，人間の認知を外界の情報と行為とを仲介する根本的なプロセスであるという視点から問題をとらえ直すことにあるのである。ただし，こうした認知考古学の定義にすべての考古学者が同意しているわけではない。

　このように研究テーマは非常に包括的であるが，方法論的個人主義と構造化理論は認知考古学の基本的な理論的枠組みとして広く共有されている (Bell, 1994)。ギデンズは方法論的個人主義を社会的な現象を個人の心理に還元するものとして批判しているが (Giddens, 1984, p. 213–221)，さまざまな状況に際してイノベーションを起こしたりそれを受容あるいは拒否したりするのは個人の認知的プロセスであることを考えると，個人的プロセスを理解することが社会の動きを説明するための鍵となるというワトキンス J. W. N Watkins の基本的主張は否定できない。そうした個人の認知的プロセスと社会・文化的構造とを整合的に結びつけることが構造化理論の深化にもつながるであろう。

　学際的な研究の視座，とくに認知心理学と人類学との結びつきが認知考古学のもう一つの特徴である (Sperber, 1992; Segal, 1994)。認知的視点にもとづく数学的モデル化や人工知能を用いた研究は，認知科学との強い関係を示唆するものである (Nigel and Doran, 1994; Chippendale, 1992; Lagrange 1992)。

　ビンフォードは，規範的アプローチにおいて文化に関する理論を発展させるためには考古学者は「古心理学者」にならなければならないとし，ほとんどの考古学者は古心理学の訓練を受けていないのでそれは不可能であると結論づけた (Binford, 1965: 204–205)。しかしながら，これまで論じてきたように，過去の認知について探求するための用語・方法・理論は，異なる学派に属する少なからぬ考古学者によって議論されてきたし，近年は認知考古学者によって盛んに研究されている。したがって，未だ多くの問題点があるとはいえ，もはやビンフォードの論法によって認知的研究を切り捨てることはできないところまで来ているといえよう。

　依然として存在する学派間の意見の相違にもかかわらず，認知的側面への関心を鍵とすることによってひとつの統合の方向性があらわれてきている。ホダーは，「私たちはプロセス学派やポストプロセス学派といったラベルを打ち捨てて考古学者としてより広い領域の問題に貢献することによって，本当のポストプロセス(プロセス学派の後)の段階に達することができる」と述べている (Hodder, 1991: 40)。また，ズブロウは先史時代の認知を理解するためにはプロセス／ポストプロセスという対立的議論は大体において不適切であると指摘している (Zubrow, 1994)。そしてトリガーは，プロセス的アプローチとポストプロセス的アプローチを適切に組み合わせることが考古学の分析力を向上させるだろうと述べ，ミドルレンジ・セオリーの概念を観念や宗教的信念の分野にまで広げることの潜在力の大きさを論じている (Trigger, 1995)。認知的アプローチは，こうした学派間の対立を超えた学問の進展を促すものといえる。

　これまで述べてきたような認知考古学の包括的な研究対象と根本的な認識論的・存在論的含意を

考えると，認知考古学は単なる新しい下位分野にとどまらず，考古学の新しい段階を築く基盤となる可能性をもっていると考えられる。すなわち，既存の文化観や社会観を保持したままで，過去の人々がそこで何を考えていたかを想像することが認知考古学の目的のすべてではないということである。これまでの人類の進化，社会の複雑化，文化の発達と衰退という現象の中で，人間の認知が中心的な働きをしてきたのだという認識に立つことによって，まったく新しい歴史観が構築されるだろう。そうした視点に立つことによって，システム論や構造主義の適用の仕方も違ってくるはずである。認知考古学が考古学のひとつの下位分野に留まるか，それとも考古学全体のパラダイム・シフトを促すことになるのか，現状では未だ判断することはできない。しかし，これまで問われることのなかった新しい問題を提起し，また古典的な諸問題についても新しい視点と分析方法を提示することによって考古学的議論を活性化し，生産的な枠組みとして機能することは確かであろう。

　認知考古学の登場に至る経緯を，欧米の考古学史を中心にみてきたが，認知考古学というものの意義についてより明確に把握するためには，本章で展開した考古学における認知的問題の取り扱いをより大きな学際的コンテクストの中に位置づけることが必要である。なぜなら，認知というものに対する捉え方の転換は，考古学の中でのみ起こったものではなく，より広い学問領域にわたって展開したひとつの運動と無関係ではないからである。そこで，次章では心理学・人類学・言語学といった分野で起こった認知革命について概観することにする。

　注
　1）　考古学的に観察される遺構や遺物のパターンと，人類の行動に関する一般理論との間をつなぐための理論であり，中範囲理論と訳されることもある。たとえば，ビンフォードは民族調査によって狩猟採集民の残す考古学的証拠と彼らの行動とをつなぐミドルレンジ・セオリーの確立をめざしている。
　2）　欧米のスタイル論については田村隆 (1994)，後藤明 (1997) による紹介がある。
　3）　たとえば，フラナリーらがいうところの認知的アプローチと，石器製作技術に関する認知的アプローチとでは，その目的や関心が大きく異なっていることに注意しなければならない。
　4）　TRB 文化とは，紀元前 3000 年頃に中部ヨーロッパから北ヨーロッパにかけてひろがった新石器時代の文化で，後半は純銅製の装身具などがみられる。口縁部がひらき，胴部がゆるやかにふくらむ土器が指標遺物とされ，その形態を表した Trichiterbecher (漏斗口杯) というドイツ語を略して TRB 文化と呼ばれる。この土器は英語ではファンネル・ビーカー funnel beaker と呼ばれるがやはり漏斗状の土器の意である。各地で大規模な墳墓が営まれる青銅器時代の基盤が築かれた時代の文化である。

第 2 章

認知諸科学における近年の発展

は じ め に

　前章では考古学における認知的研究の歴史について検討した。本章では，認知をめぐる議論に対する理解を深め，認知考古学の動きをより広い学際的なパラダイム転換の動きの中に位置づけるために，心理学および関連諸分野における認知的研究の状況について簡単に触れておきたい。分野によって使用する概念や用語，具体的な問題設定や研究法には当然差異がみられる。しかし，ここで注目したいのは，そうした差異を超えてみられる連動した動きであり，相互の影響関係である。認知というテーマをめぐって，前章で考古学についてみてきたものと類似した議論や関心が他の分野で見られ，認知考古学の成立にいたる動きが決して他の人文社会諸科学とは切り離されていないことが分かる。こうした概観は，認知考古学の位置づけを考える参考となるとともに，認知考古学の学際的な発展を示唆し，今後の方向性を考える指針となるものである。

第 1 節　認 知 革 命

　現代心理学の歴史は，19 世紀の後半までさかのぼる。それは，人間の心の探求を，単なる推測以上のもの，すなわちより厳密な科学的方法による研究にしようとする試みとして始まった。しかし，当初もっとも一般的となった方法は内観法と呼ばれるもので，よく訓練された観察者が自分自身の心の動きを観察・記録するというものであった。この方法はいかに示唆的であっても，まさに主観的なものであり，検証することのできないものである。

　1920 年代になると，こうした主観的な方法に対する批判がパブロフ Ivan Pavlov やスキナー B. F. Skinner といった若手の心理学者によって展開された。彼らは，科学としての心理学の発展のために，もっと客観的な方法論が必要であると主張し，ここに実験的研究を中心におく行動主義心理学が誕生したのである。この心理学の新しいパラダイムは，1920 年代から 1940 年代にかけて，アメリカ合衆国の心理学界を席巻した。

　行動主義心理学者は，科学的で客観的な方法論に強い関心を払い，研究者は観察可能な行動のみを研究対象とすべきであると主張した。このパラダイムにおいては，直接観察することのできない心の動き，すなわち認知的プロセスは，科学的に研究できないものとして議論から排除されたので

ある。この枠組みにおいては，環境的要因が人間行動の根本的な規定要素であるとみなされ，諸個人はそうした外的諸力に対して受動的に反応しているだけの存在ということになる。心理学者の仕事は，外的刺激と行動の関係を人工的にコントロールされた条件下での実験によって観察することにより，一連の刺激–反応理論を構築することになるのである。こうした行動主義パラダイムについて，ガードナー Howard Gardner は，その貢献を認めながらも次のように指摘している。「しかし，今からふりかえって見ると，行動主義をかたくなに信奉したことで払った代価は大変大きなものだった。1920 年代から 40 年代と，かくも長きにわたって行動主義が支配したおかげで，人間の言語とか計画，問題解決，想像力などの性質について検討することは，許されたとしても，こっそりとやらねばならず，困難をきわめた」(Gardner, 1985: 12 [佐伯・海保監訳，1987: 12])。

　約 30 年にわたってアメリカ心理学界を支配してきたこの強力な枠組みも，1950 年代になると揺らぎ始めた。これは，一つには研究の行き詰まりが徐々に明かになってきたためであり，またこのパラダイムでは取り扱うことのできない問題の重要性に対する認識が高まってきたためでもある。このことは，行動主義のパラダイムのもとで，人がどのようにして読むことを学習するかについての理解がまったく進展しなかったことに如実にあらわれている。1908 年に書かれた本が 1968 年になってももっとも役に立つ研究として復刻版が出されているのである (Lachman et. al., 1979 [箱田・鈴木監訳，1988: 32])。

　このように研究が停滞したことの一因は，明らかに認知的プロセスの排除である。さらに，1950 年代になると，コンピュータが発展・普及したことが，認知的研究を刺激する重要な要素となった。それまでつかみどころのなかった脳内の情報処理のプロセスに対して，人工知能は強力なアナロジーとしてのモデルとなったのである。ウィーナー Norbert Wiener のサイバネティクス理論が注目を集めたのもこの時期である。もともと，第二次世界大戦中に，飛行機追撃ミサイルの開発過程で生まれたサイバネティクスは，フィードバックという点に着目した情報処理システム論であり，これが意図した課題を達成することができる人間の神経システムについても適用できる一般理論として注目されたのである (Wiener, 1961)。コンピュータとサイバネティクスの発展と手を携えて，情報処理に関する理論もまた発展した。そして，認知的プロセスを扱ったバートレット Frederic C. Bartlett やピアジェ，ヴィゴッキー Lev Vigtsky といったヨーロッパやソヴィエトの心理学者の研究成果が，北米の考古学者からも注目されるようになった。

　いわゆる認知革命と呼ばれるパラダイム転換は，1950 年代後半から 1960 年代にかけて起こった。このパラダイム転換は，心理学だけでなく，人類学や言語学，哲学，人工知能，神経生理学も巻き込んだ学際的なものであった。このように多領域にまたがり，多様な問題意識と方法を包含しているにもかかわらず，上の諸分野における認知革命後の研究は，それ以前の行動主義的パラダイムとは異なる特徴を共通して備えている。ガードナーはこれらの諸分野をまとめて認知諸科学と呼び，それらに共有されている 5 つの特徴を挙げている。それは，表象に対する関心，コンピュータの使用，感情・コンテクスト・文化と歴史の軽視，学際的研究に対する信念，そして古典的な哲学的課題に根ざしていること，である (Gardner, 1985: 38–45)。こうした傾向は確かにみられるものの，認知革

命から 30 年たった現在では，コンテクストや文化に対する関心が高まるなどの変化もみられる。

　さて，ここで幾つかの分野について，どのように認知革命が起こり，またどのように発展してきたかを簡単に見てみよう。それぞれの分野にはそれぞれの複雑な歴史があり，また隣接する分野としばしば密接に関連したあまりに多くの問題や課題を抱えている。したがって，ここでそれらすべてを検討することは，本書の趣旨からはずれることになるし，また筆者の力量も超えている。本章の目的は，認知考古学をより広い学問的視座の中に位置づけるための基盤を用意することであり，また認知考古学にとって有効と考えられるモデルや理論がどのようにして発展してきたかを概観することにある。

第 2 節　認知心理学

　北米の心理学が行動主義一色であった時代に，ヨーロッパでは認知的アプローチをとる幾つかの注目すべき研究が行われている。それらの研究は，当時大きな勢力とはならなかったが，考古学的解釈にとっていくつかの重要な視点を提示している。例えば，フランス系のスイス人であるピアジェは，発達心理学を確立した (Piaget, 1953)。子供がどのように認知的能力を発達させていくのかを，観察や実験的手法によって研究したピアジェは，認知能力の発達過程をいくつかのはっきりした段階としてとらえた。また，それは人間の心の基本的な構造と外界との間に生じる，積極的な構造化のプロセスによるものであると論じた。ピアジェの理論は，人間の心の発達に関心を持つ考古学者の注意を引いてきた(上野，1985 他)。ピアジェの理論の形式主義的傾向は現在では批判されているが，彼が提起した構造という視点からの認知的理論や操作という概念は，現在も重要な含意をもっている。ピアジェはまた，以下で詳しく論じるスキーマという概念も構造化理論に組み込んで用いている (Piaget, ibid.)。すなわち，スキーマが人の経験を構造化するのであり，また同時に経験がスキーマを構造化するのである。

　ゲシュタルト心理学は，現在の認知心理学の発展に直接関連してはいないが，認知的研究の先駆的なものとしてとらえることができる。ゲシュタルト心理学の考古学への応用としては，上野佳也による押型文土器の文様の型式学的変化についての研究がある(上野，1967, 1980)。上野は，山形文に生じた図形内部の動揺をよき形態へまとめようとする「プレグナンツの法則」が働いたことで格子目文が成立したと説明し，また格子目文を認識する際に図地反転が生じたことによって楕円文が発生したと説明している。この説明は心理学的には納得できるものであり，文様変化の説明としてひとつの可能性をもつものであるが，偶然個人レベルで生じるこうした心理学的現象が集団によって広く受容されたと考えるにはまだ論証が不足しており，まだ異なった解釈をなす余地が残されているとする批判もある(松永，1984)。

　ロシア，あるいはソヴィエトにおいては，1920 年代以来，文化・歴史的心理学という独自の方向性をもつ発展がみられた。代表的な研究者としては，ヴィゴツキー，レオンテフ A. A. Leont'ev，ルリア A. R. Luria らがいる (Wertsch et al., 1995a; Zinchenko, 1995)。ヴィゴツキー学派の特徴は，普遍

的な人間の理性と進歩に対する信念とともに，マルクス主義的な理論的枠組みにのっとっていることである。こうした思想的背景のために，多くの欧米の心理学者には直接には受け入れられていないが，人間の行為を文化・社会・歴史によって媒介されたものとしてとらえる視点は欧米でも採用され，文化心理学 (Cole and Scribner, 1974; Cole, 1990, 1996)，社会文化的心理学 (Wertsch et al., 1995b) などの学際的分野の発展につながっている。ガードナーが指摘しているように，多くの認知科学者は，研究の実践上の諸問題のために，文化的・社会的コンテクストを軽視，あるいは排除しがちである。しかしながら，社会的・文化的コンテクストの中での人間の行為と認知の複雑な性質に焦点をあてた研究も一部で進められてきており，認知心理学の確立に大きく寄与した研究者もその重要性を繰り返し主張している (e.g., Goffman, 1974; Neisser, 1976)。

　イギリスにおいては，バートレットが記憶に関する研究を通してスキーマという概念を提起した (Bartlett, 1932)。バートレットの研究は，文化的な要因に大きな注意をむけており，また認知考古学の理論を考える上で興味深い視点がいくつも含まれているので，ここでやや詳しく検討することにする。バートレットは，人間の経験や行為が，社会的プロセスを通してどのように変化するのかを研究することの必要性を訴え，ある集団特有の信念・習慣・伝統やシステムに由来する行為に焦点をあてた。たとえば，「幽霊の戦い」というアメリカの先住民の民話をヨーロッパ人の被験者に聞かせ，その後さまざまな長さの時間をおいてから思い出させると，その内容は想起までの時間が長くなるほど変容した。このような一連の実験を通して，バートレットは被験者が想起内容を間違えるやり方にある種の体系的なパターンがあることを発見した。その結果に基づいてバートレットが下した結論は，人間は単に不完全な記録マシーンではないというものであった。すなわち，自らのスキーマに基づいて，理解できないところを捨象し，そうしてできたギャップを身近な知識で埋めることによって，もとの物語を変容させているのである。認知的スキーマは，人が生活していく中でさまざまな環境との遭遇や経験に基づいて抽象的な認知構造として形成されるものであり，自然的な面と文化的な性格を合わせもつ。ある個人がもっているスキーマと一貫性をもつ情報は憶えられやすく，スキーマに適合しない情報は忘れられたり，スキーマに合うように変えられたりするのである。

　バートレットはまた，文化伝播のプロセスについても心理学的な理論を構築しようとした。バートレットは，文化の要素やシステムが，集団から集団へと伝達されていくなかで継続的に変化し，最終的に比較的安定した形態に落ち着くという現象に興味をもち，そのプロセスを心理学的なものとして研究の対象にしたのである。また，アメリカの先住民の民族誌に基づいて芸術様式や民話を検討することにより，同じモチーフでも他集団とは異なる独自の形態に変容させてしまうような，ある集団に特有の持続的な傾向があるのではないか，という指摘も行っている。

　以上のような点をみてくると，バートレットの心理学と前章でとりあげた一部の文化史的考古学の視点はかなり共通していることに気づく。たとえば，文化的特徴の伝播などの現象において，個人の心理学的プロセスが重要な役割を果たしているという認識は両者に共通している。

　人間の文化や社会を研究するうえで非常に示唆的であるにもかかわらず，バートレットが設定し

た諸問題は，それ以後あまり追求されていない。それは，従来の心理学という枠組みの中でこうした研究を実施することが困難であることによるだろう。しかしながら，このことはそうしたアプローチが不可能であるとか，不適切であるということを意味するものではない。こうした問題を論議するのに十分なデータを集めるためには，長期にわたる文化変化を研究すること，および物質文化の変化を研究するための適切な方法が必要なのである。ビンフォードは規範的アプローチを発展させるためには心理学が鍵となるが，心理学の訓練を受けていない考古学者にとってそうしたアプローチは不毛であるとして批判したが，その言い回しを借りるならば，こうした心理学的アプローチを発展させるためには考古学的方法が必要となるが，その訓練を受けた心理学者はほとんどいなかったのである。

　しかし，前章でも触れたように，こうした批判は生産的なものではない。考古学における規範的アプローチ，心理学におけるバートレット的研究の行き詰まりは，むしろ，文化の特質や伝播のプロセスといった問題を明らかにしていくためには学際的な研究が必要であることを示しているのである。

　1956 年には，その後の認知的研究の進展に大きな影響を与えたミラー George Miller の論文「魔法の数 7 プラスマイナス 2：情報処理能力の限界」が出版された。この論文は，個人が同時に判別することのできる情報の量は，めったに 7 ビットを超えることはない，ということを示したものである (Miller, 1956)。人間の認知プロセスにおける普遍的な構造と制約をみごとにあらわしてみせたこの研究は，心についての新しい理論が構築される方向性を示したのである (D'Andrade, 1995: 43)。

　認知心理学は，1960 年代半ばには新しい心理学として確立していた (Neisser, 1967)。心理学者は，それまで行動主義者が拒絶してきた問題，すなわち人はどのように考えるのか，というような問題について探求するようになった。認知心理学においては，この古典的な問題は，「脳内で情報はどのように処理されるのか」という言い回しに変わった。こうした問題設定は，コンピュータを脳の具体的なアナロジーとして用いることに基づいている。よって，人間の脳の機能を人工的にシミュレートすることが，認知心理学の主要なプロジェクトの一つとなった。コンピュータによる情報処理が論理的かつ系列的なものであるため，人間の情報処理の認知的モデルもそれにならって構築されることとなり，四角い枠と矢印からなるフローチャートによって表される情報処理モデルが次々と提示されることとなった。

　この種の情報理論によるモデル化は，新しい考古学の主導者たちによって，新たな科学的アプローチの一環としてほぼ同時期に採用されたものである (e.g., Clarke, 1968)。同じような一般的モデルが，一方では個人の認知プロセスに対して用いられ，認知革命へと導き，もう一方では文化システムに対して用いられ，認知的問題の拒絶につながったという事実は興味深いものである。サイバネティクス・モデルを社会システム・生態系・そして個人の情報処理に対しても適用する統合的な視点は，キージング Roger Keesing によって論じられている (Keesing, 1974)。

　人間の認知・経験・行為を分析するにあたって，表象とプロセスが認知心理学の基本的概念となった。スキーマ理論もまた，認知心理学の基本的な概念装置の一つとなっている (Neisser, 1967, 1976;

Mandler, 1985)。近年発展している情報処理の新しいモデルは，スキーマ概念の有効性を増すものとして注目されている (Rumelhart and McClelland, 1985; Mandler, 1985)。

　この新しい認知的パラダイムにおいて，いくつかの根本的な認識論的問題が新しい視点から論じられるようになった。私たちは外部世界からどのようにして情報を得るのか，その情報をどのように保持するのか，どのように事象の意味を認識するのか，事象をどのようにカテゴリー化するのか，意識的な情報処理と無意識的な情報処理はどのような関係にあるのか，といった問題である。

　なかでも，ロッシュ Eleanor Rosch によるカテゴリー化に関する古典的理論の再検討は，人間による分類というものを考えるときに非常に重要な意義をもつものである。アリストテレス以来の古典的な見解によれば，ある事例が特定のカテゴリーに属するかどうかは，その事例がある特徴を備えているかどうかによって決定される。それに対して，ロッシュは一連の実験的研究を通して，実際の日常生活で私たちが行っているカテゴリー化はそのようなものではないことを示し，同じカテゴリーの成員の中にも典型(プロトタイプ)と周縁的成員があり，基本レベルによっても構造化されているということを示した (Rosch, 1973, 1978)。彼女のカテゴリー化の研究は，認知諸科学のいくつかの分野でのさらなる理論的・実践的研究の基盤となった (Lakoff, 1987; Kempton, 1982)。

　認知的構造と物質文化における構造との関係に着目したロッシュの実験的研究は，考古学的にも重要な意義をもつ。「属性の相関と，カテゴリー形成・生成的レベルの物体・プロトタイプとの関係は，さまざまな文化における実際の環境における偶発性に関する確固たるデータを収集しなければ研究することができない (Rosch, 1975: 202)」というロッシュの指摘にもあるように，カテゴリー化の認知的研究は物質文化の具体的な属性の相関の分析と組み合わせることによって，さらに発展するはずである。普遍的なカテゴリー化のプロセスと実際の物質文化の様相とを民族考古学的に，あるいは実験考古学的に研究することは，単にエティックなカテゴリーとエミックなカテゴリーを対比するよりも生産的な研究方針となるであろう[1]。カテゴリー化に関する理論については，次章で詳しく述べることにする。

第3節　認識人類学[2]

　認識人類学の先駆けとなった研究は，1950 年代に行われたグッドイナフ Ward Goodenough とラウンズベリー F. G. Loundsbury による親族名称の分析であった (D'Andrade, 1995: 17)。グッドイナフは，文化を，ある社会の成員が外界を認知し，関連づけ，解釈するためのモデルの総体であると定義した (Goodenough, 1957)。この定義に従うと，人類学者の使命はその社会を規制している観念的モデルを発見することになる。この新しい文化観と研究方針は，成分分析という，民俗分類体系における観念の単位を認定し，またその単位間の関係や構造を分析するための実践的な方法を伴って提起されたため，当時の人類学界に大きな衝撃を与えた。しかし，この方法はかなり形式的で，親族名称以外の領域に適用することは難しかった。この初期の認識人類学は，認知革命以前の言語学の強い影響下にあり，成分分析などの方法も言語表現に重きをおいていた。こうした研究の概要と

それに対する鋭い批判はキージングによって提示されている (Keesing, 1972)。

　1960 年代以降になると，他の認知的分野との密接な関係の中で新しい方法が発展してきた。人工知能の研究から意味論的ネットワークモデルが借用され，カテゴリー間の意味的距離を分析するために多次元尺度構成法などの多変量解析の手法が用いられるようになった (e.g., Fillenbaum and Rapoport, 1971)。

　1950 年代には，民俗分類が盛んに研究された (e.g., Conklin, 1954)。この分野では，分類に関するいくつかの重要な点が明らかにされたが，その成果はしばしば認知心理学と分かちがたく結びついている。たとえば，バーリン Brent Berlin らは，民俗分類の階層の数に限界が認められることを発見したが (Berlin, Breedlove, and Raven, 1973)，これは，人間が同時に処理することのできる情報のビット数に限りがあることによって科される制約によるものと考えられる (Miller, 1956; D'Andrade, 1995: 43)。バーリンらはまた，メキシコのツェルタル語を話す集団における植物の民俗分類が，属のレベルで生物学的な分類とかなりよく対応していることも明らかにした (Berlin, Breedlove, and Raven, 1974)。

　ロッシュが心理学的な実験によって得た成果と，こうした民族誌的調査によって分かってきたことを合わせると，カテゴリーの階層には，実際の物質世界における不連続と相対的によく対応する基本的なレベルが存在することが考えられる。こうした知見は，文化的認識構造について論じる際に，過度の相対主義に陥る危険性を排除するという点で重要であり，文化の固有性を探求していく際にもある種の一般性をもったモデルを使用することが有効であることを示すものでもある。

　バーリンらの研究を評価する上で，もう一つ注目すべきことは，それまでの言語至上主義的な枠組みとは異なる視点を提示したことである。言語至上主義的な考え方においては，言葉による名称が付いていないということは，そのカテゴリーが存在しないということを意味する。しかしバーリンらは，固有の名称をもたないということは必ずしもそのカテゴリーが認知的に存在しないことを意味するのではなく，いわば暗黙のカテゴリーというものがしばしば存在することを示し，言語名称に基づく分析の限界を示したのである。

　色彩の認知とカテゴリーに関する研究は，人間の認知の普遍的な性質を明らかにすることに貢献してきた。色彩の認知については，それまで文化によって虹に見いだされる色彩の数が異なることなどから，人間の認知の文化依存性や相対性を示すものとして取り上げられることが多かっただけに，色彩認知における普遍性の発見は大きな意義をもつものであったといえる。ロッシュは，色彩に関して 2 つの名称しか持たないニューギニアのダニ族を被験者として実験を行い，たとえそれを示す色彩名称をもたなくても，赤，青，黄などの焦点色は，そうでないいわば中間的な色調に比べて記憶されやすいということを示した (Rosch, 1972)。

　それまでアメリカの個別主義的人類学においては，言語が知覚や認識を規定するというサピア＝ウォーフ仮説が広く受け入れられてきたが，ロッシュの実験結果はそれに対する強力な反証となった。また，先に民俗分類の研究でも登場したバーリンは，ケイ Paul Kay とともに通文化的な色彩認知の研究を行い，基本的な色彩用語の焦点色は，文化や言語が違っていてもかなり一致していることを示した。つまり，どこからどこまでが「アカ」でどこからが「オレンジ」か，という色彩間

の境界については文化によって差異がみられても,「真のアカ」すなわち真っ赤と呼ぶべき色調については非常に高い共通性がみられるということである。彼らはまた,現在のさまざまな文化における色彩名称の研究に基づいて,色彩用語がどのような順序で進化してきたかについての仮説を提示した (Berlin and Kay, 1969)。

　心理学において発展したスキーマ理論も人類学的研究に採り入れられた (D'Andrade, 1976)。ハッチンス Edwin Hutchins は,トロブリアンド諸島の航海術についての詳細な調査を通して,認知的スキーマは,特定の文化的モデルと切り離しがたく結び付いているが,推論のプロセス自体は普遍的であると指摘した (Hutchins, 1980)。ハッチンスはまた,物質的環境の重要性についても強調している。「(人間の諸行為を)仲介している構造は,人工物の中に,観念の中に,社会的インターアクションのシステムの中に,あるいはこれらすべての中に同時に埋め込まれているのである」(Hutchins, 1955: 290)。このような視点から文化システムなどを研究していくうえで,近年登場したコネクショニスト・モデルを採用したスキーマ理論は,数人の人類学者によって非常に有望であるとみなされている (Bloch, 1992; D'Andrade, 1995; McKellin, 1995; Strauss and Quinn, n.d.)。

　1960 年代以降盛んになった認識人類学的研究は,ほとんどが共時的な分析,すなわち,ある時点における静的な認知構造の分析を中心としていた。しかしながら,近年は変化に対する関心が高まってきている。バーリンとケイによる色彩用語の発達に関する提言も,こうした新しい動向を示すものといえる (Bock, 1988: 209)。

第4節　認知言語学

　考古学,とくに先史考古学においては,言語的データを手に入れることはむずかしい。物質文化の研究を主眼とする考古学にとって,言語学は一見関連が薄そうな分野であるといえる。しかし,意味の問題を考えるときに,言語の問題をまったく避けて通ることはできない。この点で,人類学がこれまで言語学の影響を強く受けてきたという事実もある。したがって,ここでは人類学と考古学に対して認知言語学的研究のもつ含意に注目しつつその歴史を簡単に概観することにしよう。

　言語学は,認知革命の前後に大きな役割を果たしている。1950 年代以前には,ほとんどの言語学の理論は行動主義的,あるいは記述的なものであり,言語の意味内容にはあまり関心をはらわずに,その形式的な構造を発見することが主要な目的であった。人類学は,今世紀の初頭以来言語学の理論とモデルを借用してきており,ボアズ Franz Boas やベネディクト Ruth Benedict の研究をみると,その影響の大きさは明白である (Aberle, 1960)。レヴィ゠ストロースによって文化のさまざまな側面に適用された構造分析も,言語学に由来する方法である。

　先に触れた認識人類学も,構造言語学の枠組みを取り入れることによって成立したものであった (Keesing, 1972)。認知的側面に関心をもつ考古学者もまた,この枠組みに従った (e.g., Gardin, 1965; Chang, 1967b; Arnold, 1971)。エガートはこうしたアプローチに対して,次のような適切な批判を行っている。「考古資料から認知的な意味を引き出そうとしている先史考古学者が遭遇するもっとも決定

的な問題は，言語的情報の欠如から生じる。この認識人類学のまさに絶対必要な部分の代用品を作り出すことができない限り，…(中略)…先史時代の認知システムを発見しようとするいかなる試みも失敗せざるをえない」(Eggert, 1977: 243)。

　しかしながら，問題の本質は単に言語情報を得ることができるかどうかということにあるのではない。ここで留意すべきことは，文化の非言語的な側面は，分類言語学の方法とモデルによっては適切に研究することはできないということである (Bateson, 1972; Sperber, 1974)。したがって，過去の「エミック」な意味に対して，「古典的」な認識人類学的方法でアプローチすることは，いわば二重に方法論的問題を抱えているといえよう。すなわち，人間の多様な認知活動のなかで，当事者が言語によって表現する意味の体系のみを認知的探求の目的とすることがまず問題であり，またそうした問題に沿った言語学の方法とモデルに依拠した「古典的」な認識人類学的方法を，物質文化を資料とする考古学がそのまま適用しようとすることがさらなる方法論的問題となっているのである。

　とはいえ，言語学のモデルは，生成変形文法の登場以来，根本的といってもよい変化を経てきている。キージングが指摘しているように，初期の認識人類学，あるいは「新しい民族誌」が打ち立てられた段階で，そのモデルとなった言語学の基盤はすでに崩れさっていたのである (Keesing, 1972: 308)。

　『統語の構造』という著者によって，チョムスキー Noam Chomsky は言語学の研究動向を大きく変えた。1957 年に出版されたこの本は，言語学だけでなく，人類学と心理学に対しても絶大な影響を与えることとなった (D'Andrade, 1995: 10)。チョムスキーの生成文法の理論は，ホダーなど，ポストプロセス考古学者によっても採用されている (e.g., Hodder, 1982a)。

　チョムスキーが提示した主要なポイントは，発話者は文法，すなわち，文法にかなった文を生成することのできる比較的少数の規則のセットを学習しなければならない，ということであった。これは，文法とは心的なものであるということを意味している。チョムスキーの理論は，ある制限の中での個人の創造性を強調するという点において，構造化理論と類似している。この新しい視点は，それぞれの言語にほとんど無限の独自性と恣意性を認めていた旧来の枠組みとは異なり，個人がもつ認知的能力の普遍性を強調する。

　この理論は世界各地の多くの言語学者に広く，かつ熱狂的に受け入れられてきたが，実際の適用に際していくつかの問題点をもっている。この規則に縛られたモデルでは，実際の発話行為においてしばしばみられる例外的文構成について説明することが非常に難しいのである。しかし，こうした困難はこの新しいパラダイムが誤った方向へ進んでいるということを即意味するものではなかった。ポスタルの文章を引用すれば，「『生成文法』の追求が実行可能な生成文法の構築へつながらなかったとしても，それぞれの人間がなんとすばらしいシステムを自らの中に保持しているのか，ということについての深い賛嘆へと導いてくれたのだ」(Postal, n.d., quoted by Keesing, 1972: 318)。

　今世紀の中頃までに比べると，言語学は関連諸分野に対する優越性を失っているといえるかもしれない。しかし，人類学や心理学との結び付きはより強固なものになっているとみることもできる。たとえば，認知的モデルを取り入れることによって，新しい意味論が提示されている (Coleman and

Kay, 1981; Fillmore, 1982)。普遍的な認知プロセスだけではなく，社会的・文化的コンテクストも考慮した研究も行われている (Labov, 1973)。また，認知心理学において発展してきたカテゴリー化の理論とスキーマ理論は，近年の認知言語学の理論的核となっている (Lakoff, 1987)。

　レイコフ George Lakoff は，カテゴリー化理論を基盤として認知言語学の理論化を行った。その研究の発端は，どうして人々が「一種の」とか「ある意味では」といったような表現を用いるのか，という問題の検討であった。このような表現はヘッジ表現と呼ばれるが，もし古典的なカテゴリー論が正しければ，ある事象があるカテゴリーの成員であるかどうかは全か無かであるから，こうした程度の表現は必要ないはずである。したがって，ヘッジ表現を説明するためには，新しいカテゴリー理論が必要となるのである (Lakoff, 1972)。このレイコフのヘッジ表現の研究は，後に述べるケンプトン W. Kempton の人工物のカテゴリー化に関する研究の基盤ともなったものである。

　ヘッジ表現の存在に注目したレイコフは，人があるものをカテゴリーの成員であるかどうか判断するときには，単に定義的な特徴の照合を機械的に行っているのではないことを明らかにした。その代わりに，理想的，あるいは典型的な事例を中心にもつ，理想化された認知モデルを基盤としてカテゴリーの判断を行っていると考える必要性を指摘した。レイコフはまた，文章を作り出したり理解したりする際のメタファーの重要性，およびイメージ・スキーマの重要性についても議論している。イメージ・スキーマとは，地球上で肉体をもって生活するという普遍的な経験から形成されるもので，上・下や内・外などの関係を直感的に理解する認知的な図式であり，具体的な事象から抽象的な思考まで，あらゆる理解の基盤となるものである (Lakoff, 1987)。こうしたレイコフの議論は，構造分析や分類のような，文化的意味を分析するための理論と方法の背後にある根本的な問題に向けられているのである。

　レイコフの認知言語学のモデルは，以前の分類学的モデル，構造主義モデル，そして生成変形モデルのいずれとも異なっている。彼の議論は主として言語的カテゴリーに関するものであるが，そこで提起されているモデルや理論は，人間の日常的行為のまさに根本にあるカテゴリー化のプロセスに焦点をあてているがゆえに，他の古典的な言語学的モデルに比べて文化の非言語的側面に対してより大きな適合性をもつものといえる。

第 5 節　認知考古学への応用

　これまで述べてきたように，認知革命以後，さまざまな分野で多くの研究者が人間の心に直面してきた。困難なテーマとして避けるのではなく，認知的プロセスを科学的に分析するための概念や理論や方法を発展させることに力を注いできたのである。その結果，これまで約 30 年の間に，人間の認知に関わる多くの側面が明らかにされてきた。そうした諸成果は，たとえそのまま考古資料の分析に適用できるものではなくても，今後の考古学的研究の発展を考えるうえで，大きな意味をもつものである。

　まず第一に注目すべきは，行動主義から認知的アプローチへというパラダイム転換の重要性であ

る。極端な行動主義的枠組みが人間的な営みの研究を阻害するという点は，第 1 章でも述べたように，プロセス考古学の欠点としてポストプロセス学派が批判してきたところである。日本考古学においては，行動主義というよりはむしろ実証主義という側面が強調されることが多いが，行動主義と実証主義とは「直接目に見えるもの，直接検証可能なものしか信じない」という信念に根ざすという点で共通点がある。日本考古学は素朴な実証主義への傾倒のゆえに，理論化よりもむしろ記述を重んじるという点でプロセス考古学の行動主義的性格とは一線を画しているが，しかしそのために社会・文化変化の要因やプロセスの研究が阻害されているという点では，心理学における行動主義批判と同様の批判が向けられなければならない。

　このパラダイム転換のもう一つの重要な側面は，極端な相対主義から一種の普遍主義への転換である。この転換は最初に言語学で起こり，それから認識人類学にも広がった。普遍主義というと，文化の豊かな多様性が否定されてしまうのではないかという危惧が感じられるかもしれない。しかし，ある程度の普遍主義は，決して文化の特異性や独自性を否定するものではなく，むしろそうしたユニークさの性格をよりはっきりと見定めていくために有効な枠組みともなるのである。

　この点は，考古学にとっては特に重要である。というのは，過去の認知構造についての考古学的な解釈が妥当であるかどうかは，時代や文化・社会構造などが大きく異なる場合に，人間の認知にどの程度，そしてどのような普遍性を認めることができるかによっているからである。もしも人間の認知や行為にまったく普遍性を認めなければ，考古資料から過去の社会について言及することはほとんど不可能になってしまう。そこで，ある程度の普遍性を解釈や説明の基盤として措定することが必要となるのであるが，そのときに参考となる理論やモデルを認知諸科学は提示してくれる。

　第二に，物質文化に対していくつかの基本的な認知的理論が適用できるかどうか，という問題が学際的に検討されていることにも注目できる。特に，カテゴリー化の理論は，考古学的な分類と人工物を製作・使用する人々の日常的な分類との関係について，新たな洞察をもたらしてくれるはずである。

　ミラーが指摘したように，人工物は人間のカテゴリー化のプロセスの産物であり，そうして生み出された人工物は環境を構成する一部となって，そこで生活する人々の認知を構造化することに寄与する (Miller, 1982)。また，カテゴリー化のプロセスは，考古学的研究の基盤である人工物の生産・使用・廃棄に密接に関係しているということもふまえると，そのカテゴリー化のプロセスについての理解を発展させることは，文化・社会変化のプロセスをより適切に説明し，より深く解釈することにつながると考えられる。いってみれば，考古学者は物質文化と行為とを結ぶ認知という架け橋を必要としているのである。しかし，そのための研究は，以下で述べるようないくつかの萌芽的で示唆的なものがあるとはいえ，まだ十分に行われているとはいえないのである。

　言語学者のラボフ W. Labov は言語的なカテゴリーと物質文化との関係に焦点をあてた実験を行っている。高さと径の比率を変えた食器の図をもちいて，把手をつけたり，内容物に関する情報を与えたりすることによって，カテゴリー化がどのように影響されるのかを調べている (Labov, 1973)。こうした言語学者からのカテゴリー化に関する研究と，その考古学への含意については，後藤明が論

じている(後藤，1993)。

　認知心理学者のケンプトンは，自らの研究を考古学にとって重要な意義をもつものとして位置づけている (Kempton, 1981)。ケンプトンは，考古学者は人工物から「精神的範型」を復元することによって過去の社会構造やその変化を解釈しようとしているが，そうした解釈のまさに基盤となる物質文化と認知の関係に焦点をあてた民族考古学的研究は行われていない，と指摘している。メキシコでの調査を通して，ケンプトンは，認知心理学において発展してきたカテゴリーの放射状モデルが，実際の土器の形態に対しても適用できるということを明らかにした。また，そうしたカテゴリー構造の形やプロトタイプの形態に，ジェンダー，職業，世代，そして都市に住む人々と地方の村落に住む人々といった社会のサブグループ間で差異がみられるという，非常に興味深い点も明らかにしている。

　彼の研究は，人工物のカテゴリーについて，考古学的にも活用できるようなかたちで研究を進めていくためのよい出発点であるといえるが，そのための非常に重要な問題がまだ解決されていない。これまで言語学や心理学の分野で行われてきた物質文化のカテゴリーに関する研究は，2次元の図を用いたもので，実際の3次元物体である人工物そのものを用いた研究は行われていない。また，そうした図面のシート上で認識されたカテゴリー範囲やプロトタイプが，実際の土器の形態変異や属性の相関状況とどの程度，そしてどのように関係しているのか，という点も未検討の課題として残っている。このような問題点については，今後民族考古学や実験考古学を通して，考古学者自身の手によって検証していく必要があろう。

　第三点として，考古学的分類や分析の性質について，これまでポストプロセス学派などが行ってきたものとはまた違ったかたちでの自省的分析が可能となる。つまり，考古学的な解釈に用いられてきた，古典的な哲学的理念や民俗心理学的信念を再検討することによって，また，普遍的な認知プロセスや研究者特有の認知構造によって考古学的研究に科される制約や方向付けなどを検討することによって，自己批判的に研究を検討することができるということである。

　第四点として，認知に関するアプローチが多様化したということを，もっとも重要な点の一つとしてあげることができる。これまでの認知的研究に対する拒絶や軽視は，主として観念と行動，心と身体を分離する二分法的認識に基づいている。こうした二分法的認識によると，心と物質はまったく別のものということになるので，一方から他方について推測することは非常に危うい試みということになる。しかし，実際には心，観念，認知というものは常に身体や物理的状況・環境などと密接に結びついており，独立して存在しているわけではない。そう考えると，認知と身体，認知と物質の関係について積極的にアプローチしていくことが可能となるのである。

　一般に認知というと，意識的な思考のことや象徴的構造のことを指すものと考えられることが多い。こうした傾向は，認知革命以前の心理学においても存在した。しかしながら，無意識的な情報処理も認知の重要な側面として注目されているし，認知は行為から切り離すことはできないということも注意されている。認知プロセスは常に象徴的なものとは限らない。このような新たな認知的視点に基づくと，土器や石器の製作技術の習得や伝達など，考古学的研究の核となるような現象も，

認知的研究の対象となる。そうした技術が，社会変化や新たな情報の伝播などによってどのような影響を受けるか，という問題についても，認知的側面を含めて考察していくことが可能となる。

　本章では，簡単にではあるが，認知的研究の動向について概観し，考古学的研究に適用できる概念や理論がどのようにして発展してきたかをみてきた。認知革命が心理学・人類学・言語学などの諸分野において新たな研究を生み出してきたことを示し，またそうしたパラダイム転換につながった学問的問題点や，論じられている問題の性格，方法論なども，考古学の展開と無縁ではないということも示してきた。近年の認知的研究の展開は，複数の学問分野にまたがって人間の心や行為をどうとらえるか，という根本的な問題に関わる認識の転換を意味するものであることを考えると，認知考古学の発展もまた，新たな人間観・歴史観の形成につながるものと予測することができる。この検討を踏まえて，次章では認知考古学の理論と方法について検討することにしよう。

　注

1) エティック，エミックという概念は，それぞれ phonetic, phonemic という言語学の用語からケネス・パイク Kenneth Pike が作ったものである。この概念をおおいに普及させたのは人類学者マーヴィン・ハリス Marvin Harris であるが，もっとも一般的な用法に従うと，エティックとは研究者の視点から分析的になされる解釈，エミックとは当事者が抱いている解釈ということになる。つまり，エティックとエミックは視点の違いによるものであり，客観性や実用性において一方的にどちらかが勝っているというようなものではない。

2) 本論では cognition の訳語としては一貫して認知という言葉を用いているが，認識人類学 cognitive anthropology についてはこの呼称が定着しているので従うことにする。認知と認識の用語に関する問題点については第 3 章第 2 節を参照。

第3章

認知考古学の理論と方法

「おそらく，私たちはもうすぐ，認知心理学，人工知能研究，コンピュータ・シミュレーション，そして認知考古学といった分野の間のなんらかの収斂をみるだろう。大きな躍進のための期は熟しているといえよう。しかし，象徴や認知的諸次元に関心をもっている考古学者が，そうした次元について考古資料の検討と分析を通してシステマティックに探求できるような，一貫していて明白な，そういう意味で科学的な方法を構築することにもっと注意を向けるようにならない限り，それは起こらないと私は考える。」(Renfrew, 1993: 250)

第1節　認知的視点

1.　要点の整理

　本章では，第1章で述べた考古学における認知的問題の取り扱いの歴史と，第2章で述べた関連諸分野における認知革命と呼ばれるパラダイム転換の様相とをふまえて，認知考古学の理論と方法について考えることにする[1]。

　まずはじめに，これまで述べてきたことをここでもう一度整理しておこう。ここまでの検討で明らかとなったもっとも重要な点は，なんらかの普遍性を措定しない限り，いかなる解釈も成立し得ないということである。ポストプロセス考古学が推進している解釈的アプローチは，表向きには明確な一般化を否定しながらも，実際は普遍的な人間性というものを解釈の基盤としている。こうしたあり方が，解釈の妥当性に関する判断基準を曖昧にし，不毛な相対主義に陥るのではないかという危惧を生んでいるのである。したがって，考古学的議論をより実り多いものにしていくためには，なにをもって普遍的であると仮定しているのか，という点について明示することが必要なのである。そうすれば，果たして仮定された普遍性が妥当なものであるかどうか，その仮定の考古学的解釈への適用の仕方が適切であるかどうか，ということについて吟味していくことが可能となるのである。そのためには，私たちのもっている民俗心理学的信念をアド・ホックな解釈に無批判に用いるのではなく，明確に定義された認知モデルを活用していくことが有効であろう。そうすることにより，考古学的解釈に含まれる問題点をはっきりと定めることができるようになるからである。

　人間の心は，遭遇したものをなんでも吸収するスポンジのようなものではない。それは，長期にわたる人類の進化の過程を通して発達してきたさまざまな制約と能力とを生得的に備えている。また，若干の個体差はあっても，同じ人類として同じ構造と機能をもった肉体を，少なくともホモ・サ

ピエンスに属する人間同士は共有している。このことは，いくつかの共通した経験の基盤となるし，また知覚的な制約と能力の基盤でもある。ゆえに，過去の人々の認知構造を復元するためにいくつかの普遍的なモデルを使用することには，明確な妥当性があるのである。

　こうした普遍性を措定することは，それぞれの文化の特異性を無視することにはつながらない。むしろ，普遍的な部分を限定して明確化することは，文化的特異性をよりはっきりと見定めることにつながるであろう。厳密な意味で「エミック」な意味を，先史考古学において残された物質文化から復元することはまず不可能である。それは，「エミック」な意味の定義が，当事者の言語による表現に依拠していることによっている。しかし，「エミック」な意味だけが重要であるとか，本当であると考えるのは間違っている。研究対象とする社会とは異なる文化的環境に身をおき，異なる言語を使用している私たちは，私たち自身の言葉を用いて考古資料にみられるパターンを記述していかなければならない。しかし，それを明確に定義されたやり方で行うことによって，それぞれの文化に特徴的なパターンを見つけだすことができるし，また，特定の認知的パターンが独自の歴史的コンテクストの中でその文化の他の側面とどのように関連しているかを検討することもできるだろう。

　それでは，現代に生きる私たちとは大きく異なる社会的・文化的コンテクストのもとにあった遠い過去に属する考古資料から，いったいどのような意味を復元することができるのだろうか。もし古典的な言語学が提起したような相対主義的モデルに依拠するならば，認知考古学ができることは非常に限られてくる。すなわち，構造言語学のように意味するもの(シニフィアン)と意味されるもの(シニフィエ)の関係はまったく恣意的なものであり，シニフィアンは特定の文化における構造的関係の中においてのみ意味を持ちうるのだとすれば，情報の量と種類が限定され，言語情報を得られない先史考古学において意味を復元するためには，非常に多くの仮定をふまえなければならない。それができなければ，道具の用途や儀礼の社会的役割などの，いわばエティックな機能的意味を考えるに留まらざるをえない。

　前章で述べてきたように，こうした考え方は正しいとはいえない。人間の認知はまったく恣意的なものではなく，共通した生得的構造や，ある種の普遍的な認知構造の発達を規定する要因がはじめから備わっているからである。たとえば，上/下，内/外，軌跡のイメージなどの，いわば直接的に意味深い構造というものは，たとえそれ自体が常に言語による名称や表現をもっているとは限らなくても，さまざまな言語表現を生み出すメタファーの基盤となっているものである (Lakoff and Johnson, 1980)。そしてまた，それらは宗教的信念などの，文化によってさまざまな多様性をみせる，いわば間接的な象徴的構造の基盤となっているものなのである。

　考古学的に復元可能であると筆者が考える意味のレベルは，言語の違いを超えて存在するものであり，社会・文化の再生産や変化によって織りなされてきた人類史において重要な役割を果たしてきたものである。この根幹的な意味の構造は，おそらく進化的な理由から，視覚的あるいは筋肉運動的イメージをその重要な基盤としていると考えられる。そして，豊かな視覚的情報と技術的情報を保持している考古資料は，このレベルの意味を復元するのに適しているといえるのである。

　社会・文化変化のプロセスを理解することは，考古学の主要な目的の一つである。その変化を説

明する際に，環境変化などの外的な要因や文化的規範の伝播などを引き合いに出すだけでは，さま
ざまな状況に置かれた諸個人の意思決定やそれに基づく行為などの重要な側面が置き去りにされて
しまう。また，個人の積極的かつ意図的な行為のみに注目するのではなく，文化伝統や文化変化の
プロセスを無意識的に規制するような要因も，文化や社会の動態を考える上で重要な認知的側面と
して追求していく必要がある。

　このように，総合的な解釈のための枠組みを構築するためには，基本的な認知的プロセスが社会
的・文化的行為のなかでどのような役割を果たしているのか，ということについて明確なモデルを
もって追求していくことが有効であろう。たとえば，人々は社会的行為において物質的なシンボル
をどのように使用するのか，日常的な，あるいは異文化接触による交渉を通して価値体系をどのよ
うに変化させたり維持したりしていくのか，というような，考古学的な解釈に直接関わるような問題
を，認知的なものとして考察していくことが必要である。

　認知考古学が展開していく方向として筆者が考えるところでは，認知考古学の目的は，社会の成
員に共有されていた静的な認知構造を復元するということには留まらない。ある集団に共有されて
いる認知構造というものは確かに抽出可能であろう。しかし，それを抽出するだけでは古典的な構
造主義的分析と変わらない。認知構造と社会・文化的な動態とを関連づけていくためには，特定の
コンテクストにおいて諸個人がさまざまに異なった意味や解釈を生み出していく基盤として認知構
造をとらえていかなければならないだろう。そうすれば，ダイナミックな社会・文化的プロセスを
理解するための重要な背景を理解することができるだろう。そういう意味において，認知考古学の
目的の一つは，いわゆる規範的アプローチと社会理論の間の橋渡しをするような，有効なモデルを
構築することであるということができるだろう。

　第 1 章で述べたように，能動的個人や交渉(ネゴシエーション)といった概念を導入したポストプ
ロセス考古学は，伝統的考古学の規範的アプローチと同じではない。前者はダイナミックな個人的
プロセスに焦点を当てるのに対して，後者はより静的な性質をもつ。しかしながら，研究を発展さ
せるうえで認知的モデルや仮定が重要であると考える点において，両アプローチは類似しているの
である。このどちらか一方のみを選び，他方を捨てることは，実際にはできないことである。また，
環境的要因の重要性や，適応の問題，文化進化の問題を考える上で，プロセス考古学の重要性を無
視するわけにもいかない。ベリー John W. Berry (1993: 364) が述べているように，生態学的・生物
学的・文化的・文化変容的要因すべてが人間の認知プロセスに関係するのであり，そうした諸要因
に人々が日常的にどのように対処しているか，ということが文化的類似性と差異，そして文化や社
会の変化のプロセスを考えるうえでの鍵となるのである。

2.　認知的視点の必要性

　これまで考古学における認知的研究の流れを追い，関連諸科学における認知革命について述べて
きた。これから，認知考古学の理論と方法について考えていく前に，ここでもう一度認知的視点を
とることの必要性について考えてみよう。

　認知的視点の重要性を明確に論じたものとして，ストロース Claudia Strauss とクイン Naomi Quinn の著書がある。人類学・社会学の新しい枠組みとして認知的視点の重要性を主張しているストロースとクインの議論は，考古資料を通して人間の社会と文化を研究対象とする考古学にとってもあてはまる部分が多い。ポストプロセス考古学が採用している解釈学的アプローチや歴史的マルクス主義的アプローチなどと認知考古学との類似点と差異についても，ここで彼女らの指摘を引用しながら考えてみたい。

　社会・文化的問題に対して，認知的プロセスや心理学的な意味などを無視して研究を進めようとする姿勢が，現在の人類学におけるいくつかのアプローチの決定的な欠陥を生み出しているとストロースとクインは指摘している (Strauss and Quinn, 1997)。

　ギアツ Clifford Geertz に始まる解釈人類学においては，意味や象徴の体系が常に考察の中心となる。文化は読み解くべきテクストであり，それを分析して書かれる論文や著作もまた他者によって読み解かれるべきテクストである。このような解釈主義的枠組みは多くのポストプロセス考古学者によっても採用されている。ギアツは，解釈人類学を体系化するにあたって，意味はあくまで文化的なものであるとして心理学的な分析を排除した。新ギアツ派の中には文化の諸領域にまたがって時間的にも安定したスキーマの役割に注目する人類学者もいるが (Ortner, 1990)，概して心理学を排除する傾向はギアツ以降の解釈人類学に受け継がれている。

　しかし，心理学的説明を拒否する解釈学的枠組みにおいては，なぜいくつかのスキーマが他のものより強い動機となるのか，あるスキーマが文化的行為の主題となり他のものがそうならないのはなぜなのか，そしてあるスキーマが他のものより歴史的に持続するのはなぜなのか，というような問題に答えることができない (Strauss and Quinn, 1997: 21)。文化は個人の外にあるという仮定から出発するために，それが実際には人々の中にも存在しているという事実をとらえることができないからである。

　ポストプロセス考古学の成立にも多大な影響を与えたポストモダニズムは，自らの仕事に自省的であることを要請し，社会的に多様化され，かつ常に変容する意味に焦点を当て，言説を通して間主観的に構成されるものとして社会をとらえる。ポストプロセス考古学を含むポストモダンの学派においては，こうした視点から主観と客観の二分法を超えて，支配的な構造を変革しようとする能動的な個人や，個人の行為を制約する構造の効果などが主要なテーマして考察されるが，心理学的な認知プロセスは議論から排除される傾向がある。そのため，人々がどのように学習し，また学習したものにもとづいて行動するのかという基本的な部分を明確にモデル化することができない。したがって，なぜある行為が拒絶され，ある行為が受け入れられるのかといった問題を説明するうえで困難が生じるのである (Strauss and Quinn, 1997: 35)。

　現在の史的唯物論の流れを汲む学派の主要な目的のひとつに，「意識」を説明し，記述することがあるが，これこそ心理学的な研究なくしては的外れな方向へいってしまうだろう (ibid.: 38)。ギデンズは非言説的な知識が社会構造を再生産するうえで重要であることを指摘している (Giddens, 1979)。また，ブルデューも社会において語られること(ドグマ)と語られぬこと(ドクサ)の区別を重視する。

このほかにも，意識されることなく存在するヘゲモニーと，常に表現され意識されるイデオロギーとの区別などがある。これらは，文化や社会の様態を分析していくうえで重要な概念であるが，しかしいくつかの異なる認知的状態が区別されずにひとつの概念に押し込められていることが分析上の問題を生むこともまた確かである (Strauss and Quinn, 1997: 39)。

　ストロースとクインは非言説的な知識にも 3 種類あり，それぞれが意識する可能性や個人的・社会的変化の可能性において非常に異なる性質をもつことを指摘している (ibid.: 39–41)。一つ目は，知られていないために言説的に表現されることのない知識である。これはまったく認知的に存在しないものである。そして二つ目は，よく知られているが，命題的にではなく，むしろモーターハビットやイメージとして知られているために言説的に表現されることのない知識である。そして三つ目は，認知構造の中でばらばらに散らばって存在しているため，それらの知識の間に新しい連結が生じない限り言説的に表現されることのない知識である。

　後二者は，認知的に存在しているが，そのあり方は大きく異なる。前者は密接に連結し合った認知的要素のセットとして存在しており，後者は互いにごくゆるやかにしか連結されていないいくつものスキーマにまたがって存在しているからである。こうした認知的存在様式の違いが，新しい情報を入手したときに引き起こされる変化のあり方を規定することになるのである (ibid.)。この点については，下のスキーマの項で詳しく述べる。

　以上，ポストプロセス考古学がそのアプローチの基盤として採用してきた解釈主義的枠組み，ポストモダニズム，そして史的唯物論は，いずれも非常に認知的な問題を扱っていながら，それを個人の頭の中で起こるプロセスであるということを把握しそこなっているためにいくつかの重要な問題にアプローチできないということを，ストロースとクインの人類学における反論を引用しつつ示してきた。ここに，これから推進すべき認知考古学と，従来のポストプロセス考古学的アプローチの違いがあるのである。それでは，以下で認知考古学的枠組みの内容についてさらに詳しく検討していくことにしよう。

第 2 節　用語の定義

　まず，本論で使用する用語の定義をしておく必要がある。心や意味に関する用語は数多くあり，それらが研究者によって異なる使い方をされている。そうした用語の使い方や意味の違いが，意見の対立を生むひとつの要因ともなっている。ただし，用語の定義は研究が進展するにつれて変化するのが通例であり，ここで述べる定義も，現時点における暫定的なものにすぎない。

心 mind

　心というのは，感じたり考えたりする脳の働きを指す日常的でもっとも一般的な言葉である。機能主義的・生態学的な考古学や，経済中心的な枠組みを批判する際にも，「心の考古学」の重要性が唱えられてきた。欧米の認知考古学をリードしてきたレンフリューも「心の考古学」という言葉を

用いているし，レンフリューとズブロウの編集による認知考古学の論文集のタイトルも「古代の心 Ancient Mind」である (Renfrew and Zubrow, 1994)。認知科学も，「心に関する新しい科学」として登場したものである (Gardner, 1985)。

　このように適用範囲の広い用語であるが，身体や物質的なものと対立的に使われることが多く，肉体的・生理的に規定されているような知覚過程や運動は含まれない。本論においては，脳の働きを全体的に指すものとして「心」という言葉を用いる。

意味 meaning

　意味というのは，ホダーらをはじめとするポストプロセス考古学者によって多用される用語である。これも日常的によく使われる言葉であり，その用法もさまざまである。日常的には，意図と同じように使われたり（例：どういう意味だ What do you mean?），意義と同じように使われたりする（例：せっかくやった意味がない）。論文中では，論旨を明確にするためにも意味を限定しなければならない。「意味の意味」を明確にすることは，認知考古学の理論的枠組みの基盤を明らかにすることであり，若干の紙幅をさく必要がある。

　人類学者のスペルベル Dan Sperber は意味とシンボリズムを区別する。スペルベルによれば，意味というのは「A は B のことである」というような言い替えや分析が成立するところにのみ存在するものである (Sperber, 1975: 11)。それに対してシンボリズムは，知識の構成や記憶の機能に関わる認知的なメカニズムである。シンボリズムに対して意味と同じような記号論的見方をとると，象徴的意味という場合，そこには「A が B を象徴する」という関係が成立しなければならない。これは言語学における音と意味の関係であり，シニフィアンとシニフィエの関係である。しかし，このような記号論的な見方では，人工物を含めた日常生活や儀礼におけるシンボリズムを理解することはできない。そこで必要となるのは認知的な見方である (Sperber, 1975, 1980, 1992)。

　すなわち，象徴のメカニズムの基本的な原理は，経験から帰納されるものではなく，象徴や意味に彩られた人間としての経験を可能にする生得的な心的装備なのである。人工物とそれが象徴するものの間に一対一の関係が存在することはまずない。剣は実際に戦いで人を殺すという行為を象徴し，それを所有する人物の社会的地位を象徴し，また異なる集団と比較する際には自らの集団を象徴することもある。このほかにも，1 本の剣が象徴するものはたくさんあるかもしれない。これらは，言語における「意味」とはかなり異なる性質をもつものである。そこにあるのは，ある生得的な心的能力を基盤として生成される，境界が曖昧で相互に複雑に絡みあう喚起の関係である。そして，こうした象徴体系に対してなされる解釈が「意味」なのである (Sperber, 1975: 13)。

　次にホダーによる意味の定義をみてみよう。第 1 章でも触れたが，ホダーは 3 種類の意味を定義している (Hodder, 1987: 1)。それは機能的意味，構造的意味，そして意味内容である。

　機能的意味は，考古学者によってもっとも頻繁に論じられるものである。機能的意味にも，大きく分けて 2 種類がある。ひとつは，実用的な機能に関するものであり，実生活においてある人工物が果たす役割といえる。例えば鍋については煮炊きすること，ナイフについては切ることなどであ

る。これはむしろ単に機能，あるいは用途と言った方がよい。これについては本論では意味という言葉を用いない。

　もうひとつは，人工物がもつ社会的・心理的機能に関するものである。これは，マリノフスキーがトロブリアンド諸島のクラについて示したところの機能的意味にほぼ等しい (Malinowski, 1922)。考古学における威信財や巨大な建造物などの解釈なども，それらの人工物が果たした社会的・心理的機能に焦点をあてたものが多い。

　実用的機能にしても，社会的・心理的機能にしても，人工物そのものに内在しているものではなく，それらを用いた人間の行為が意味の生成の中心である。物質文化の機能的意味は，さまざまな人間の行為によって生み出されるものである。これらは，意味の社会的機能といいかえてもよいものであり，人類の歴史において社会の複雑化や階層化などのプロセスの中で人工物が果たす主要な役割である。したがって，社会的意味はその人工物を製作・使用した人が実際に認識していた内容と一致するとは限らない。ある人工物に対する個々人の認識の仕方は同じ社会においても完全に一致することはない。ある程度の変異をもった認識やそれに基づくさまざまな行為を通して総体的に現れてくるものが意味の社会的機能である。スペルベルの定義にしたがうならば，これは研究者が自らの理論的枠組みに基づいて，考古学的に再構築された象徴体系に対して行う解釈であり，エティックな意味といってよかろう。

　構造的意味というのは，同時に存在するさまざまなものの間の関係性に基づいて認識されるものである。構造的意味は，関係性に依存しているという点で相対的である。しかし，事象の中に男：女，聖：俗，内：外のような二項対立的関係を見いだし，それを異なる分野に敷衍していくことは，人間に生得的に備わった認知プロセスを基盤としている。だからこそ，こうした構造的意味はあらゆる文化において見いだすことができるのである。

　構造的意味には普遍的な性格と相対的な性格が混在しており，これまでの構造主義的研究においては両者の関係を曖昧にしたままの議論が多かったため，その科学性・妥当性の検証が常に問題とされてきた。筆者は，以下で述べるような概念を使用して普遍的な認知的基盤と，それによって形成・変容する文化的に相対的な構造的意味とを概念上区別することが大切であると考える。

　構造的意味は，ある程度自然的・社会的環境に依拠しながら，それを認識するための独自の認知構造は文化的に教育・継承される。したがって，個々人の間に若干の変異はあるとしても，またその教育・継承の過程で変容していくとしても，集団の中で保持され，再生産されていくという性格をもつ。このような集団に共有されている認識の仕方を構造的に抽出したものを，認知構造と呼ぶことにする。

　ホダーが意味内容と呼んでいるものは，いわばエミックな意味といえるものである。しかし，スペルベルが指摘するように，物質文化の意味というのは一つの人工物が一つの意味内容を指し示すというようなものではない。むしろ，それによって喚起される行為や他の人工物や抽象的な観念などが，物質文化の意味といわれるものの内容である。それは明確な境界をもたず，言語学的な意味論でいうところの意味とはずいぶん性格の異なるものである。

　このエミックな意味は，先に述べた意味の社会的機能や集団の認知構造を支える実体的な認知活動である。この意味は実体的ではあるが，同じ社会の同じ人工物に対しても，個々人によって差異があり，また同じ人でも状況によって差異がある。したがって，このエミックな意味そのものを捉えることは，考古学的には非常に困難である。

　通常エミックな意味を発見することは言語的な情報なしには不可能であると考えられる。しかし，エミックな意味，すなわち当事者によって語られる意味というのは，物質文化に関わる認知の多様な側面の中のひとつに過ぎない。これをもって，もっとも高級な意味であると考えたり，これを復元することが認知考古学の目的であると考えたりすることは誤りである。スペルベルがいうように，喚起ということが物質文化の意味の主要な部分であり，その大部分はあまり意識されることなく日常的になされているのである。したがって，物質文化の意味の問題は，喚起の認知的プロセスの問題としてとらえるべきものであり，その具体的な方法については後で述べることにする。

　以上のような考察をふまえ，本論においては，意味という用語は分析対象にみられる象徴関係や喚起のネットワークに関する解釈という意味で用いることとする。また，より具体的な議論においては意味の社会的機能と認知構造という 2 つの用語を用いることにする。

意図 intention

　意図という概念は，意味と混同して用いられたり，人間の認知が関わる出来事に広く適用される場合もある。しかし，意図という概念を明確に規定してこそ，社会構造の再生産や変化の過程において意図的に行為する積極的な個人の役割を適切に評価することができるはずである。また，常に生じる意図せざる結果を認識することで，社会の動態を個人の意図に還元することの危険性を把握することもできるのである。意図とは，現状認識と未来に対する予測に基づいて，特定の状況を生み出そうとする認知活動のことである。

認知・認識・知覚 cognition / perception

　これらの概念の間には，日本語においても英語においても異なる用法が併存している。英語の cognition の訳語としては認知と認識の双方が用いられている。たとえば，cognitive anthropology は通常認識人類学と称される一方，cognitive psychology は認知心理学と訳されている。

　人類学者の福井勝義は perception を認知，cognition を認識と訳し，前者は生理学的な知覚に基づくもの，後者はある社会の文化，つまり「知識体系」を基盤にしているものとして区別している（福井，1991: 229）。これは，人類学における一貫した用法であるが，この福井の本の補稿において佐伯胖が述べているように，認知科学，認知心理学においては cognition の訳語として認知が定着しており，これを変更することはもはや不可能である（佐伯，1991）。

　本論では認知科学一般の用法にならい，cognition の訳語として認知，perception の訳語として知覚という言葉を使うことにする。そして，知覚とは生理学的に規定され，それぞれ独自の特性をもつ下位の情報処理系（視覚・聴覚・触覚など）を指すものとし，認知とは生得的な基本的メカニズム

を基盤として特定の文化的環境で生活することを通して発達するもので，各種の情報を統合する性質をもった情報処理を包括的に指すものとする。知識体系だけでなく，身体的習慣や技能なども認知的なものである。また，認識という用語は，その中の意識的な認定過程に限定して用いることとする。

イデオロギー ideology

　マルクス主義的枠組みにおいては，真の経済的関係や社会的な矛盾を隠蔽する役割を果たすものとして定義され，不平等や矛盾のある社会構造を再生産することに寄与するとされるが，比較的平等な社会にも，階層化の進行を防止するような強力なメカニズムがあることが指摘されており (Trigger, 1990)，これも一種のイデオロギーであるといえる。したがって，ある集団によって共有されている象徴体系あるいは世界観のうち，社会的・経済的・政治的な力関係の再生産という社会的機能をもつものをイデオロギーと呼ぶことにする。社会的・経済的・政治的階層化が進む過程を研究する上で，イデオロギーの果たす役割とその性質を理解することは重要である。

第 3 節　認知考古学の理論と方法

1.　文化・物質文化・認知

　これまで述べてきたように，認知考古学とは，たんに宗教的信念やイデオロギーを復元するためのものに留まるべきではない。心と身体を別の性質のものとみなす心身二元論が，これまでの認知考古学に対する軽視や，行動主義的な方法の偏重を生んできた。しかし，心と身体は切り離せるものではない。人類の進化の過程の中で心と身体とはともに発達してきたのであり，したがって人類の身体の構造が共通しているのと同じ程度には心の構造も共通しているとみるべきである。

　人間の知覚・認知は行動と切り離すことはできない。さまざまな場面で状況を判断し，決定し，行動するという営みが絶え間なく繰り返されることで，人類の歴史は形成されてきたのである。人間の認知プロセスは，外界と人間の行為の間に常に介在してきたものであり，その意味で人類の歴史を読み解く鍵ともなるべきものといえるのである。

　もし，人間の認知プロセスや認知構造が，あらゆる文化を通してまったく普遍的であるならば，人間の文化や社会が示す多様性の原因はすべて外的なものに求めなければならなくなる。一方で，デュルケームらが考えたように人間の認知プロセスが文化や社会のあり方に完全に規定されてしまうようなものであれば，あるいは極端なサピア＝ウォーフ仮説が示すように言語によって世界の認識の仕方が規定されてしまうようなものであれば，文化と認知に関する研究は不毛な相対主義に陥るか，一方を他方に還元する還元主義に陥ってしまう。

　したがって，より生産性のある枠組みとしては，ある程度の普遍的基盤の上に，特定の文化的・社会的コンテクストにおける諸行為を通して形成される独自性を合わせもったものとして，人間の認

知をとらえるべきである。こうしてある程度の普遍性を認めるならば，その普遍的な認知的プロセスや認知構造に関する部分については，文化や社会構造の差異を超えて，同じモデルや概念的枠組みをを適用することができる。次に，認知考古学的研究の視座と適用可能な理論と概念について，

   1)　個人レベルに着目することの重要性

   2)　物質文化とカテゴリー化

   3)　文化の独自性に対するアプローチ

   4)　意味の生成と変化を説明するためのスキーマ理論

という 4 点について検討していくことにする。

2.　社会・文化と個人

　社会・文化の変化，たとえばある文明の繁栄と衰退などは，個人の行為や認知過程といったミクロレベルを抜きにして，経済的要因や環境的要因などのマクロなレベルで説明することも可能である。しかし，明確に意識するかしないかにかかわらず，機能主義や行動主義に基づくマクロレベルの説明では，文化の多様性や集団の特殊性，そして物質文化の具体的な様式や形態など，うまく説明できない部分がかなり残されていることも明らかである (Hodder, 1982; Shennan, 1993)。同じ状況に直面したとしても，その問題に対処する方法はふつう複数存在するものであり，また同じ戦略をとるにしても，その具体的なやり方は実際にはほぼ無限のバリエーションをとりうるであろう。それなのに，ある集団に，特定の行為を特定のやり方でなさしめるのは何であるのか，というところが問題となる (e.g., Hodder, 1986)。

　個人レベルに着目することの重要性については，ポストプロセス考古学者を中心にすでに多くの著作があるが，ここでは社会進化論的アプローチに対する批判と，ポストプロセス学派に対する批判も含めたシェナンの議論を中心に検討してみよう (Shennan, 1993)。

　シェナンは，考古資料の性格が，他の歴史資料や社会学的データと比べて粗いとして考古学的議論が抽象的・集合的レベルに限定されると考えるのは誤りであると指摘する。社会学者は，社会制度のレベルと個人的インターアクションのレベルの情報を両方得ることができるので，自らのとる研究方針を選択することができる。しかし，考古学者には，ミクロレベルの分析を括弧に入れるオプションなど，じつはないのだとシェナンはいう。

　すなわち，考古資料は日々の日常的実践の結果であり，この日常的実践こそが社会や文化の再生産に重要な役割を果たしていることについては，人類学者のブルデューや社会学者のギデンズが論証しているとおりである (Bourdieu, 1980; Giddens, 1979)。日常的実践におけるパターン化された行為は，意図，信念，特定の社会的資源によって動機づけられた個人によって行われる。といっても，すべての社会現象を個人とその動機づけに還元しようとするものではない。要点は，高次のレベルにおける説明や解釈の妥当性が，満足のいく個人レベルのモデルに依存しているということである。いいかえれば，そのためのミクロレベルの説明の基礎をうちたてることは，考古学が得意とするところであるはずであり，またこのレベルの分析なしでは，人類学・考古学的説明は必ず機能主義の誤っ

た推論に陥る，というわけである。

　こうした批判や，能動的個人という視点を重視する指摘の多くはポストプロセス考古学によって
いるが，満足のいくオルタナティブな枠組みを提示するには至っていないとシェナンはいう。そし
て，その原因として，ポストプロセス考古学が根本的に相対主義的な認識論を採用し，人文主義的
な立場から数学的なモデリングなどの方法を避け，社会は社会として説明しようとするデュルケー
ム的立場をとるために，生態学と認知心理学を排除していることを挙げている。この批判がすべて
適切であるかどうかについてはより詳細な議論を必要とするが，認知心理学への接近がより具体的
な方法論を構築するうえで有効であることは確かであろう。ポストプロセス考古学が採用する構造
主義は，深層にある構造化の原理が現象を生み出していると考えるものであるが，現実には個人レ
ベルでなされる判断や行為をうみだすプロセスを考慮しない限り，現実の抽象的な注釈にとどまら
ざるをえない。

　このような視点は，スペルベルやベル J. Bell によっても提起されている (Sperber, 1992; Bell, 1992)。
ベルが主張しているように，文化や社会という高次のレベルの変化をより適切に解釈するために個
人レベルで生じる諸過程に着目すること (方法論的個人主義 methodological individualism) は，文化変化
のようなプロセスの基礎をなす認知活動にアプローチするための一つの方法であり，認知科学はこ
のような分析に存在論的に一貫した枠組みを提供することができると考えられる (ibid.)[2]。

　これまで述べてきたように，個人の認知活動に焦点をあてることが，考古学的説明・解釈を深め
る大きな可能性をもっていることは明らかであろう。しかし，これは文化の本質に関わる非常に複
雑な問題をはらんでおり，一朝一夕に解決されるようなものではない。文化と認知の問題はこれま
で多くの心理学者・人類学者の関心を集めてきたが，未だ解決案は得られていないのである。文化
と認知に関する 1970 年代前半までの研究については，コールとスクリブナー (Cole and Scribner, 1974)
が総括し，次のように結論づけている。すなわち，文化的にパターン化された経験がどのようにし
て個人の認知過程の発達に影響するのか，といった問題についてなんらかの仮説を与えてくれるよ
うな心理学的一般理論や概念的枠組みは未だ存在せず，個人のプロセスと文化的プロセスとが，発
達の過程でどのように織り合わさっていくのかを解明するために役立つ研究方略はこれから発見し
なければならないのである。この状況は今も基本的に変わっていない。

　今後，多くの具体的な研究を通してのみ進展する問題であろうが，特に長期的な変化を扱うこと
のできる考古学は，この問題に対してユニークな貢献ができる立場にあるといえよう。さらに，物
質文化を主たるデータとする点でも独自性をもつが，この点について次に述べることにする。

3.　物質文化とカテゴリー化

　考古学は「物質的遺物に基づいて人類の過去を研究する学問である」(横山, 1985)。さらに，「過
去」は「現在」において生み出されていることを考えれば，考古学とは物質文化を主たる素材とし
て人間の歴史や社会・文化変化のプロセスを明らかにする学問であるといいかえることもできよう。
なかでも，ポストプロセス考古学が強調しているように，物質文化と人間の間には，常に双方向的

な関係があり，単なる消極的な反映関係ではないという認識は，考古学的解釈を豊かにするものである。しかし，われわれは，このような問題に対処するための十分な用語や概念をもたないがゆえに，この物質文化の解釈における重要な問題を曖昧なままにしているのではないだろうか。

このように考えると，考古学における認知的問題の性格が浮かび上がってくる。実際の考古学的研究において日常的に行われる基礎的な作業は，考古資料の分類である。つまり，考古学者による資料のカテゴリー化があらゆる研究の基礎となっているわけである。さらに，考古資料の分類に基づいて考察を進めようとすれば，その分類単位が過去の社会においてどのように認識されていたかという点についてなんらかの仮定を含まざるを得ない。この問題については，ホダーが，「意味について何の仮定もせずに考古学的言説を行うことは実際不可能である」と述べているとおりである (Hodder, 1986)。すなわち，考古学的研究は，カテゴリー化の問題に二重にコミットしているといえる。現代の考古学者による考古資料のカテゴリー化の問題と，研究対象である過去の社会においてなされていたカテゴリー化の問題である。

考古学的分類を含めた科学的分類は，我々が日常的に行っているカテゴリー化と質的に異なるものではない。そして，人間が日常的に行っているカテゴリー化の性格については，近年認知心理学や認識人類学の分野で実践的な研究が進んでおり，いくつかの重要な進展がある。この成果は，考古学ではまだあまり知られていないが，考古学的概念の整備や解釈の深化をめざす上で重要な示唆が含まれている。

基本的な見方として，カテゴリー形成は，常に外界とのインターアクションの上に成立する。ゆえに，人間の心の中にあるカテゴリーは外界のそのままの写しではないが，まったく恣意的な構成物でもない。外界にある構造を土台にしながら，人間の適応上の必要性や社会的・文化的な志向性によって能動的に形成されるものである。したがって，人間がもつカテゴリーの体系と物理的に存在する物質文化の間には密接な結び付きがある。物質文化は，こうした人間のカテゴリー化の産物であるとともに，物質化して人間の生活環境の一部となることにより，その文化に属する諸個人のカテゴリー構造形成の基盤ともなるのである。

ミラーは，こうした視点から考古学的解釈の深化をめざしている (Miller, 1982)。ミラーのアプローチは単に考古資料から過去の人間のカテゴリーを復元することが目的ではなく，物質文化の生産・使用・廃棄に密接に関わる人間のカテゴリー化のプロセスをよりよく理解することによって，考古資料に基づいた歴史的解釈や社会・文化変化のプロセスの説明をより深めていこうとするものである。そのためには，人間のカテゴリー化の性質についての研究を蓄積している認知心理学や認識人類学の成果を正しく把握することが大きな助けとなる (ibid.)。

物質文化のカテゴリー化について先駆的な研究を行ったのは言語学者のラボフ (1973) であるが，研究対象としてカップやマグ，ボールなどの飲食器がとりあげられたことは興味深い。これは，形態的・機能的に明確な断絶をもたない物質文化を人間がどのように分類しているのか，という微妙でありながら考古学的にも重要な問題提起といえる。このような言語学的立場に立った物質文化のカテゴリー研究については後藤明 (1993) も論じている。

　カテゴリーの問題を単なる静的な構造としてではなく，人工物の製作過程において次々に生起するものとしてとらえることにより，カテゴリー化の視点は動作連鎖 chaîne opératoire や意思決定，さらに後でとりあげる行為のスキーマといったモデルと結びついてくる。こうした，いわば能動的なカテゴリー化のプロセスとして人工物の製作を研究したものとして，ミラーの南インドにおける民族考古学的調査がある (Miller, 1995)。また，後藤明も，これまでのスタイルや人工物の変異に関する研究史を整理した上で，東部インドネシアにおける土器製作を総合的に調査している(後藤, 1997)。

　製作過程のさまざまな段階でどのようなカテゴリー化が行われているかに注目した調査の結果，完成品や道具といった使用レベルにおける分類に対して，製作者は製作工程や未製品，あるいは製作用具などについて作業内容に即した分類観をもっていることを後藤は明らかにしている。考古学で従来心的側面を論じるときに強調されがちであった，技術や機能とは分離した精神活動としての知識体系や分類に対して，「仕事を指向した知識」，あるいは「taskonomy」(Dougherty and Keller, 1985)の重要性を指摘した点も重要である。このような行為と結びついた認知プロセスの重要性は，認知心理学においても関心が高まっており(佐伯・佐々木, 1990)，今後の物質文化研究の発展にとって欠かせない視点となることは確実である。

　カテゴリー化の問題に関する研究は膨大であるが，ここでは，考古学者がカテゴリーに関する分析と解釈を行う上で有効と考えられる 2 つの基本的なモデルを提示するにとどめる。

　カテゴリー化を，認識におけるもっとも重要な問題としてとらえたのは認知心理学者のロッシュである。彼女は，カテゴリーに関する多くの実験的研究を通して，人間の思考は「プロトタイプ」と「基本レベル」の構造によって組織されていると考えた (Rosch, 1978)。

　カテゴリーに対する古典的な見解では，カテゴリーは，すべての成員が共有する属性によって定義される。たとえば，子供を産んで乳で育てる動物は哺乳類である，というようにである。このような定義の仕方が正しいとすると，成員があるカテゴリーに属するかどうかは全か無かであり，成員性に程度の差はないはずである。これに対してロッシュは，多くのカテゴリーには典型的な諸事例(プロトタイプ)と周縁的な成員があり，成員の典型性に認知上の差異があるということを示したのである。

　たとえば，同じ「鳥」というカテゴリーに入るものであっても，ニワトリやフクロウよりもツバメやコマドリのほうがより典型的であると認識される。また，同じカテゴリーに属するさまざまな変異をもつ一群の資料から，平均的な特徴を備えたものをそのカテゴリーのプロトタイプとして抽出する認知過程が存在することも示されている (Reed, 1972)。

　考古学を含めた文化や社会の研究におけるプロトタイプ・モデルの有効性を示す例として，土器に関するカテゴリーに関する民族調査を行った人類学者のケンプトン (Kempton, 1981) の研究を紹介しよう。彼の研究は心理学的なものであるが，考古学との関連についても触れられている。すなわち，考古学者は遺物から精神的範型を復元し，それに基づいて過去の社会構造や変化を解釈しようとしているが，その基盤となる土器製作者がもっている範型や，同じ文化の非土器製作者がもっている範型についての民族考古学的研究は行われていないとケンプトンは批判している。そして，自

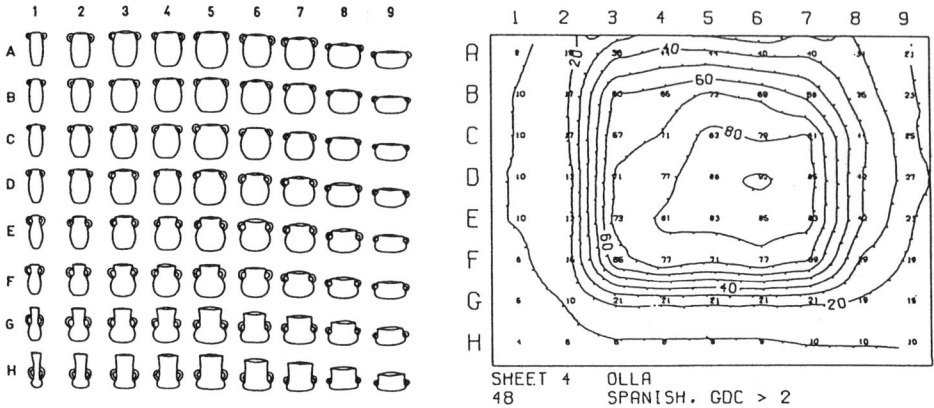

図3-1　ケンプトンが使用したシート(左)とインフォーマントの解答に基づくカテゴリーマップ(右)の例
48人中92%が D-6 の図を olla と認定したのに対し, そこから離れるにつれて olla と認定する人が減少する
という同心円構造がみられる (Kempton, 1981: 72)。

らの研究を考古学的解釈に対しても重要な側面をもつものとして位置づけている。

　ケンプトンは, 数種類の土器の形態を規則的に変化させたシートを用いて, メキシコのインフォー
マントにインタビューをした(図3-1)。その際, 単にある器種 (たとえば olla) に相当するものがど
れかを尋ねるのではなく, 「もっともよい olla＝プロトタイプ」「ただの olla＝シンプル・メンバー」
「一種の olla＝周縁的メンバー」という, カテゴリーの成員性の3つの段階について, それぞれシー
トのどの範囲が相当するかを質問した。その結果, 従来のカテゴリー観に基づいた分析では捉える
ことのできなかったいくつかの興味深い現象が明らかとなった。

　まず, 土器のカテゴリーにはプロトタイプを中心とした放射状の構造が基本的にみられることが
確認された。つまり, ある土器が A というカテゴリーに入るかどうかは, そのカテゴリーのプロト
タイプとの類似度, すなわち形態的な差異の程度に基づく距離によって判断されているということ
である。

　また, 同じ文化に属する人々の中でも, ジェンダー, 職業, 世代などのサブグループ間で差異が
あることが示された。この差異の要因としては, 「専門知識効果 expertise effect」と呼ばれる分類対
象に対する専門的知識の差異が考えられる。ここで分析された土器については, 日常生活の中で頻
繁に使用する女性の方が男性よりも, そして土器製作者の方がそうでない人よりも専門的な知識を
もっている。土器製作者でない男性が全体的な形態を分類の主な指標とするのに対して, 女性と土
器製作者は把手の有無や数, 注ぎ口の有無などの機能的な付加要素を判断の基準として重視してい
た。さらに, 女性と土器製作者は, シンプル・メンバーとして認める範囲は一般男性よりも広い一
方で, プロトタイプとする範囲は狭く, 特に土器製作者は他のどのグループよりもプロトタイプが
狭い範囲でよく一致していた。

　さらに考古学にとって興味深いのは, 通時的変化のプロセスについての見解である。現代的村落
と伝統的村落それぞれの異なる世代のインフォーマントから得られたデータを比較することによっ
て, 大量生産された容器の普及がメキシコの伝統的な土器のカテゴリー構造に変化を生じさせてい

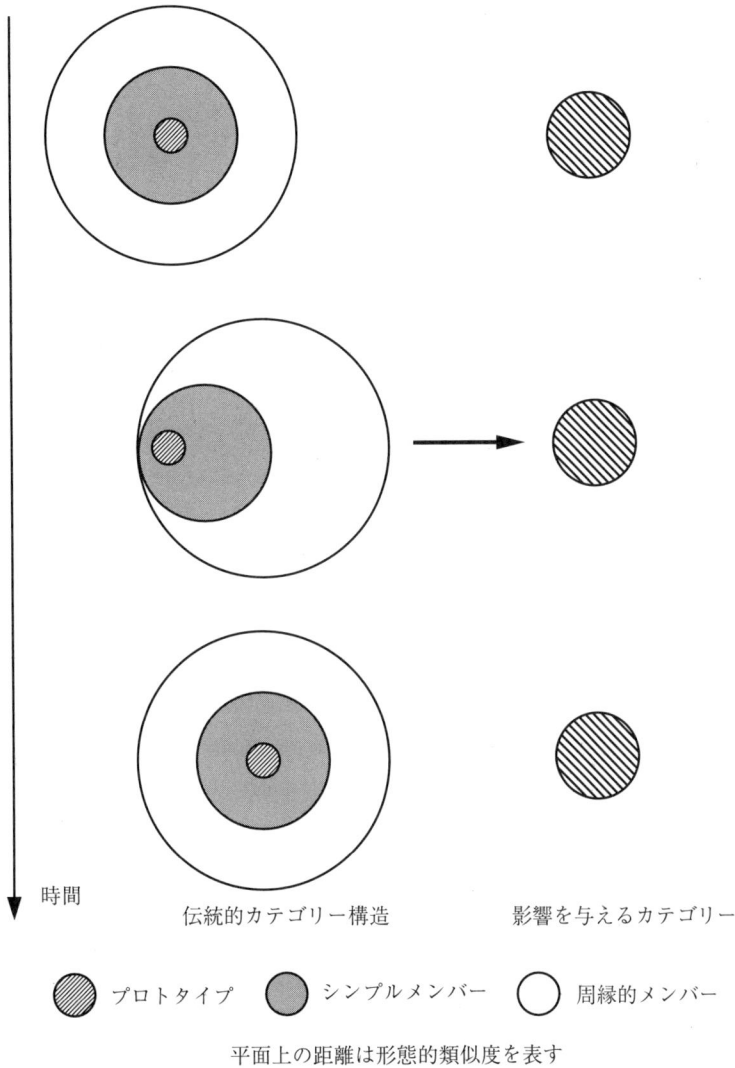

時間

伝統的カテゴリー構造　　　　　影響を与えるカテゴリー

⬮ プロトタイプ　　⬤ シンプルメンバー　　◯ 周縁的メンバー

平面上の距離は形態的類似度を表す

図 3–2　カテゴリーの認知的構造変化のプロセス
　　　　ケンプトン (Kempton, 1981) が示した事例をもとに図化したもの。

ることが明らかとなったのである。

　すなわち，若い世代や現代的環境で生活している人々は，器種の名称は伝統的なものを使い続け
ているにもかかわらず，そのプロトタイプは，アメリカ合衆国で生産されている陶器の器種の形態
に引きずられるように変化していたのである。また，伝統的土器様式においては，液体を入れる土
器である jarra, jarro, taza すべてに片口がついていたので，片口はこれら 3 種の土器の特徴であっ
たのであるが，このうち jarra に相当するピッチャーの大量生産品が増加するにつれて，片口は jarra
の指標として重み付けされ，jarro や taza は逆に片口をもたないことが指標とされるように変化し
てきている。さらに，jarra と jarro はもとは形態によって区別されていたのだが，jarra の形態が

伝統的な jarro の領域にまで広がってくるのに押されるようにして jarro と認識される形態も変化しつつある。このプロセスは，周縁的メンバーから始まるため，変化の途上にある認知的カテゴリー構造は，きれいな同心円状をなさない。一連の変化が完了すると再びプロトタイプを中心とする同心円構造に落ちつくと考えられる (図 3–2)。

　こうした事例研究は，型式変化のプロセスをはじめとして，考古資料のさまざまな動態を理解するためのカテゴリー理論の有効性を十分示唆するものであるが，実際に製作・使用されている土器の形態とシート上で認識されたものとの関係など，考古学的理論の構築にとって重要な部分はまだ未解明のまま残されており，考古学者自身が独自の方法論を編み出していく必要がある。こうした基本的なモデルを踏まえて分析や理論化を行うことによって，長期的な変化などの考古学でなければ解明できない変化のプロセスも含めて，認知心理学や人類学との学際的な議論が可能となるであろう。

　次に基本レベルの構造についてみてみよう。カテゴリーの階層性は，動物や植物の分類にもっとも顕著にあらわれているが，考古学的カテゴリーにおいてもみられる。メキシコの Tzeltal 語を話す人々による植物の民族生物学的分類を調査したバーリンは，彼らの民族生物学的カテゴリーが，属のレベルで科学的カテゴリーとかなり正確に対応することを発見した。この一致は偶然のものではなく，次の点で属のレベルが心理的な基本レベルであるためと考えられる (Lakoff, 1987: 39)。

1.　人は属のレベルにおいては，他のレベルに比べ容易に物の名前を言うことができる。
2.　属のレベルでは，言語的により単純な名称が与えられる。
3.　属のレベルのカテゴリーは，文化的により大きな意義をもつ。
4.　属のレベルでは，ものはより容易に記憶される。
5.　属のレベルでは，ものは単一のゲシュタルトとして，全体として知覚される。一方，もっと低いレベルでそのものを同定するには，個々の細部(示差的特徴)を取り出すことが必要になる。

　属のレベルでリンネ Linnaeus の生物学的分類と民族生物学的分類とが一致することは，そのリンネ自身が，「明瞭で，識別が容易で，言葉による記述も簡単で，たいていは植物標本に基づいて決定できるような特性」を基準として属を決定しようとしたことを考えれば，不思議ではない。すなわち，外界に存在する非連続性ともっともよく符合するレベル，人間の認知構造と物理的に存在する世界とがもっとも緊密に結び付くレベルが，通文化的な普遍性をもって存在するということを示しているのである (ibid.)。

　ただし，カテゴリー化が行われるコンテクストや対象に対する知識や関心の度合いによって，より上位のレベルや下位のレベルが実践的な基本レベルとなることもある。人間がもつ普遍的な能力と文化的・社会的ファクターの結合によって，実践的なカテゴリー化が構成されているとみるべきであろう。このような視点の中に，プロセス考古学の一般理論の追求と，ポストプロセス考古学の文化的特殊性や個人による社会的実践の重視という方向性の統合を模索できるのではないかと思われる。

　ここではごく一端を示すことしかできないが，このようなカテゴリー理論の進展とその意義につ

いては，認知言語学者のレイコフがまとめており，考古学にとっても重要な意義をもつ独自の論を
展開している (ibid.)。レイコフが指摘しているように，カテゴリー理論の進展は，人間の理性に対す
る，さらには認識論全般に関する大きな転換を意味する。この転換は，従来の精神／身体という対
立的なとらえ方や，抽象的シンボルの操作のみを人間の理性的思考とみなして，人間の身体的欲求
と切り離して論じることの不当性を示すものである。

　すなわち，人間が人間として生きていくうえでの必要性に根ざしたいくつかの普遍的な認知構造
があるということは，文化的差異を超えて，物質文化に示された種々の特徴や構造から過去の人々
の認識に接近し，そこから社会・文化変化の要因やプロセスを探るという認知考古学の実践的可能
性を意味するのである。レイコフが提示したイメージ・スキーマという概念もこうした意味で非常
に重要なものであり (ibid.)，次節で取り上げることにする。カテゴリー理論の転換は，考古学的な分
類の性質に対して再考を促すものであり，しかも単なる現状批判ではなく生産的な多くの作業仮説
を提供する枠組みとなるものであるといえる。

4.　文化の独自性に対するアプローチ

　単純化をおそれずにいえば，一般法則の探求をめざすプロセス考古学は普遍性を，それを批判す
るポストプロセス考古学は文化の独自性をそれぞれ関心の中心に据えているといえよう。人間が作
り出す文化や社会構造が，普遍的な部分とユニークな部分を合わせもつことは，容易に認識される。
これは，どちらがより重要かというような問題ではなく，現実の社会的・文化的プロセスにおいて
両者がどのように絡み合っているかが問題とされるべきであろう。そのために必要なのは，このよ
うな問題を考えるのに適した概念と枠組みを手に入れることである。この点でも，認知的視点は有
効な枠組みを提供すると筆者は考える。

　イギリスの心理学者バートレットは，早くも 1932 年に出版された著書の中で，社会的集団過程に
よって変容する人間の経験や行為を研究することの必要性を論じている (Bartlett, 1932)。バートレッ
トは，「ある集団に特有な信念，慣習，習俗，伝統，制度から直接生じてくる行為」を関心の中心に
据えており，中でも，「慣習化」の過程として論じられている問題は，考古学にとって非常に示唆的
である。

　そもそも慣習化の過程という概念は，リヴァーズ W. H. R. Rivers が，「新しい場所に導入された
芸術的表現形式が，その新しい考え方を導入した側の人々の慣習や既存の技法の影響をうけて変容
していく過程」を指すものとして提示した，民族学的な概念である。これを，バートレットは芸術
的表現に限らず，新たな慣習的パターンの構成に広く関わる問題として，次のように定義づけた。す
なわち，慣習化の研究とは，文化の項目あるいはシステムが，集団から集団へと移行してゆく間に
絶えず変化をうけ，最終的に比較的固定化した形で承認されるにいたるまでの過程の原則に関する
ものであると。ここでバートレット が示そうとしたのは，社会集団は既存の慣習を保存しようとす
る傾向があるだけではなく，過去を基盤として新たなものを構成しようとする衝動があるというこ
とである。この問題を発展させていくには，長期的な変化を扱うことのできる考古学こそ適任であ

る。

　さらに，バートレットは北米のネイティブ・アメリカンの民族誌における芸術様式や民話などに
基づいて，同じ主題でも集団によって他集団と違った方向に容易に進行したり発展したりする傾向
があることを指摘した。そして，こうした傾向が機能をもつと考えることができれば，ある集団の
文化を構成する材料や，その材料が集団の中でもつ意味が，その傾向によって大幅に決定されてい
ることが明らかになるとした。さらに，もしそうであれば，これらの諸傾向がどのように体制化さ
れているのか，複数の傾向間の優位性の順序がどうなっているか，などの問題についても研究すべ
きであると述べている。

　バートレットはこの集団の持続的な傾向の体系を個人の「気質 temperament」とのアナロジーで
考えており，気質をベースとしながらある状況によって一時的に形成される「態度 attitude」とは，
はっきり分けて考えなければならないとしている。態度には，一時的なある様式の流行や，外来の
文化要素に対する採用あるいは拒否の姿勢などがあるが，そのベースとして集団に受け継がれる持
続的な傾向の体系があるということである。ホダー (1985) は適応的・生態学的には説明することの
できない持続的な集団間の差異を説明するうえで歴史的なコンテクストを重視する必要性を指摘し
たが，環境や出来事の歴史的連続性と持続的な集団の傾向との関係についても考える必要があろう。

　こうした集団の持続的な傾向を知るためには，

(a)　同一の集団の歴史的に違った時期についての研究

(b)　同一の集団文化のさまざまな領域についての研究

(c)　同一の集団が正常な条件にある時と危機的状況に直面した時とを比較した研究

によって得られる 3 種の証拠が必要であるとバートレットは指摘している。

　こうしたバートレットの研究は，文化変容に対するアプローチの仕方について非常に重要な視点
を示していたにも関わらず，その後この方向での研究はほとんど進んでいない。その理由として，
バートレットの示した基準を満たすことができる学問分野は非常に限られていることがあげられよ
う。なぜなら，このような研究の視座には必然的に時間軸が入っており，さらに物質文化の形態に
ついての研究法を持っていなくてはならないからである。したがって，従来の心理学の枠組みの中
でのみこうした研究を発展させることは困難であるのに対して，考古学はこのような研究に適した
性格をもつということができる。

　文化変化は，一つの集団内で完結したものと，2 つ以上の集団の接触によるものに分けて考えるこ
とができようが，いずれにしても侵略・支配あるいは吸収といった概念だけではとらえることがで
きない。また環境適応や生態学のみでは説明できない側面も多い。より満足のいく説明を構築する
ために，文化や社会の独自性に関する研究は不可欠であり，まさに認知考古学の一つの主題となり
得るものであろう。この視点からの認知的研究も，文化の特定の領域(宗教など)に限定されるもの
ではなく，一般的な社会・文化変容のプロセスに対する一つのアプローチとなりうるものである。

　バートレットは，文化や社会の独自性を説明するための理論を，個人の心理とのアナロジーによっ
て構築しようとしたのであるが，具体的なプロセスや個々の概念や定義(同一集団の認識など)，さ

らに研究の方法などは実際の考古学的研究を通して洗練させていくことが必要であろう。この持続的傾向自体が変化する局面をも，考古学はとらえることができるかもしれない。次にそうした理論化の基礎となる認知に関する理論をとりあげてみよう。

5.　スキーマ理論

　バートレットの研究は 60 年以上も前のものであるが，行動主義的な実験心理学が席巻していた当時の心理学界の中で，認知心理学の先駆けともいえる彼の仕事は極めてユニークなものであった。彼は，絵画や物語の記憶と再生の問題についての一連の実験的研究を通して，人間の知識は個々バラバラな要素の寄せ集めではなく，情報を人間の能動的性向によっていくつものパターンに組織化した抽象的図式が重要な役割を果たしているという認識に至った。つまり，人間は過去の経験を能動的に組織化することによって，新たな状況での判断や行為を促進する認知システムを有しているということである。このような構造的まとまりについて，「スキーマ(図式)」という概念を提起したのもバートレットである。この概念も，その後長く脚光を浴びることがなかったが，「認知革命」を経た 1970 年代後半以降，多くの研究者の注目を集めている。文化の普遍性と特殊性の双方に焦点をあてて文化構造やその変化を歴史的コンテクストという見地から分析していくうえで，スキーマという概念は有効であると考えられる。

　スキーマは，環境との相互作用の過程において構造化されるひとまとまりの表象であり，具体的なもの(犬，椅子など)から抽象的なもの(ペット，家具など)までマルチレベルで存在する。スキーマは，主に経験を体制化するのに使われる認知的構造であり (Mandler, 1985)，ある事象の知覚的要素とともに，意味や価値なども共に体制化している。先に述べたカテゴリーとの関係でいえば，さまざまな概念的カテゴリーが，繰り返し生じる経験や神話的知識などによって相互に連結されたネットワークであるといえる (Lakoff, 1987)。我々は，事象が活性化させたスキーマによってその事象を理解し，またそこで新たに得られる情報によって既存のスキーマは微妙に変化したり再構造化されたりする。このようなスキーマは，文化的に構造化された人間の認知構造を記述・分析するのに適した概念であるといえる。

　人類学者のダンドラディ R. D'Andrade (1995) は，スキーマ概念を使うことの利点として，異なる領域のものを互いに関連づけることが可能となることを挙げている。つまり，「書く」というスキーマによって，鉛筆・ペン・タイプライターなどの筆記用具と，紙・黒板・原稿などの書かれる対象，また英語・フランス語などの書かれる言語，さらに筆者・ペンパル・メモなどのさまざまなものが関連づけられるのである。

　ここで先に述べたカテゴリー理論におけるプロトタイプとスキーマの違いについて整理しておく。スキーマは，事物や関係の体制化された枠組みで，活性化されるときには具体的な事象によって穴埋めされることになる。その際に，個人の標準的なデフォールト値をはめ込んだものがプロトタイプとなる。たとえば，「発掘」というスキーマの構造はかなり共通していても，日本の考古学者とアメリカ合衆国や中国の考古学者とでは，そのプロトタイプ，すなわち典型的発掘の具体的イメージ

はかなり違っているであろう。

　ポストプロセス考古学は，ギデンズの構造化理論やブルデューのハビトゥスという概念を採用することによって，考古学的解釈をより豊かなものにしようとしている。人間のカテゴリー化とスキーマに関する理論は，この構造化のプロセスをより具体的に記述するための生産的な概念装置となる。レイコフが提示したイメージ・スキーマとは，先に述べた基本レベルのカテゴリーと同様に，身体的経験に基づいて直接的に理解されるもので，一般的な概念構造の理論の基盤となるものである (ibid: 342)。〈容器〉，〈起点 / 経路 / 終点〉，〈連結〉，〈部分 / 全体〉，〈中心 / 周辺〉，〈上 / 下〉，〈前 / 後〉などは，われわれが肉体をもってこの地球上で生活していくことを通して獲得するごく基本的な図式であり，具体的なものから抽象的な概念まで，私たちはこうした直観的なイメージを使って理解している。

　レイコフは，「イメージ・スキーマはわれわれが抽象的な領域について語る際に用いる『構造』という言葉の通常の意味のほとんどを定義する」と述べている (ibid.)。イメージ・スキーマの存在は，いわゆる構造主義的アプローチの明言されざる前提であるといってもよかろう。このような人類にとって普遍的な認知構造があるからこそ，過去の人々の経験や行為を復元することによって，それらと社会的諸関係の構造化の関係について論じることができるのであり (e.g., 溝口，1993)，またそうした方法の科学的妥当性を主張することができるのである。

　普遍的構造を基盤として，個々の文化や社会に固有のスキーマやカテゴリーが形成され，それが特定の歴史的コンテクストにおいて連続あるいは変化していくと考えるのが，おそらく実態に即しているであろう。このように考えると，完全な相対主義は排除することができる。とくに物質文化を主たる素材とする考古学が構造化について論じるためには，カテゴリー化をはじめとする人間と環境の相互作用の場である認知過程をどのように議論に組み込むかが成功の鍵を握っているといえよう。認識人類学においてはスキーマという概念の有効性が指摘され，スキーマ概念とハビトゥスの概念の類似点と差異の検討が行われるなど，積極的に学際的な議論に参画しようとする動きがみられる (D'Andrade, 1994)。

　非言語的な意味のもっとも重要な要素は「喚起 evoking」である。そして喚起はそれまでの経験によって形成された認知的ネットワーク，すなわちスキーマに基づいて通常意識的な努力なしに生じるものである。同じ物品であっても，活性化されるスキーマが異なれば喚起される内容も違ってくる。つまり，文化が異なり，経験が異なれば，当然そこで形成されるスキーマも異なってくるのである。たとえば，北米ではポップコーンによって映画館を喚起する人が多いだろうが，日本ではいまのところこの喚起の関係はそれほど一般的ではない。

　喚起は単なる刺激・反応という関係と同じものではない。なぜなら，その基盤となる認知的ネットワークは単純な反応関係よりずっと複雑であり，たいてい社会的・文化的価値判断と密接に結びついているからである。喚起というプロセスはほぼ自動的に起こり，それによってほとんど無意識的に決定がなされたり行動が起こされたりもする。しかし，結果として出てくる意味や感情については自省的に対処することができる。

　しばしば人間の社会的・文化的な行動は規則によって支配されていると考えられる。これはいわゆる規範的アプローチの基本的な認識でもある。規則というものは実際に存在するが，それが人間行動を制約する唯一のものではない。人間の日常的行動には，規則による規制というモデルではうまく説明できない部分が多くある。イノベーションや価値観や習慣の変化は，スキーマや視覚的イメージなどが相互に影響しあい，また新たな情報によって微妙に変容することによって生じるのである。

　このような実際の文化や社会の様相により適合するものとして，コネクショニスト・モデルが注目されている。この認知モデルは，フローチャートなどで表現されてきた従来の人工知能のプログラムに代表されるシンボル処理のモデルとは大きく異なっており，単純な情報に反応する単位を示す結節が相互の結び付きを示す線で結ばれたモデルによって表現される(図 3-3)。この図は，単語認識のプロセスを示したものであるが，一番下の列の小円はアルファベットの視覚的情報を検出する単位を，その上の列の小円はアルファベットの一つ一つに対応する単位を，そしてその上の楕円はアルファベット 4 文字からなる単語に対応する単位を示している。

　コネクショニスト・モデルがこれまでの言語的なシンボル処理を基盤としたモデルなどと異なる点は，このネットワークを構成する一つ一つの単位が一つの概念や命題を表現しているとは限らないということである。単位はそれぞれごく単純な情報に対応するものであり，言語による表現や名称をもつ必要はないし，また各単位がすべて意識されるというものでもない。つまり，コネクショ

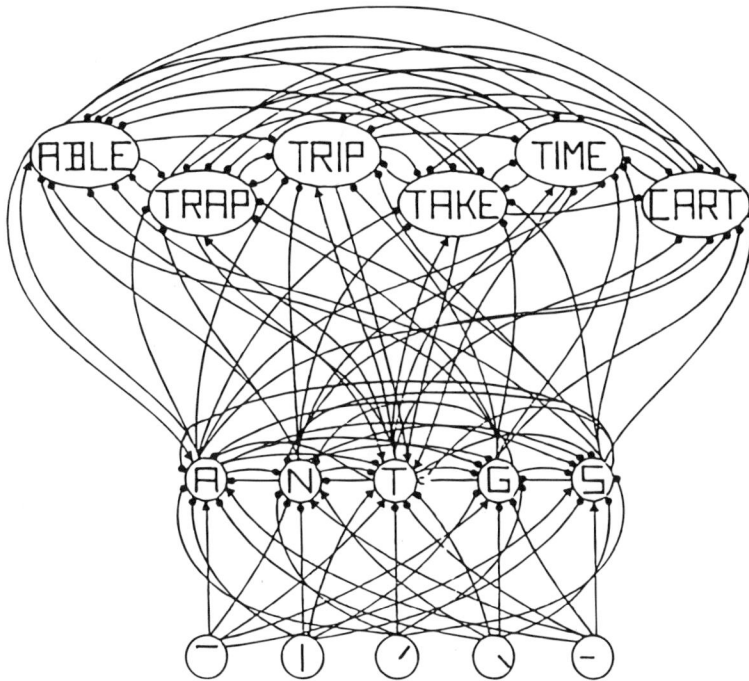

図 3-3　コネクショニスト・モデルの表現例
線の先の矢印は活性化，丸は抑制のコネクションを表す。
Rumelhart and McClelland (1985) より

ニスト・モデルにおいては，一つの概念は一つの単位に厳然と位置づけられているのではなくて，ネットワークの中に広く分散しているのである。そして，分散している概念にとって，どれか一つの単位が決定的な働きをするというわけでもない。たとえば，私たち考古学者がもっている「縄文」や「弥生」という概念も，確固たる単位として私たちの頭の中に存在しているのではなく，さまざまな考古学的情報や文化や社会についての知識などが形成する認知的なネットワークの中に分散しているのである。

　こうした認知的ネットワークは，同時に活性化されることの多い単位同士の連結(コネクション)ほど強化されるというしくみをもつと考えられている。与えられる情報の組み合わせや回数や強さによってある単位が活性化されると，その単位との密接な結びつきによってほぼ自動的に活性化されるように形成されたネットワークがすなわちスキーマである。

　ストロースとクインは，文化や社会的な現象を理解し，適切な説明の枠組みを構築していくうえで，コネクショニスト・モデルが非常に有望な出発点になるとしている (Strauss and Quinn, 1997)。これまで社会・文化的現象に対する心理学的説明や意味に対する考察が批判されてきたことの要因は，人間の認知プロセスについて古いモデルが採用されてきたことにあるとの彼女らの指摘は重要である。分かりやすくいえば，これまで知識や意味について考えるとき，人類学者や社会学者，そして考古学者も，言葉をその主要な基準としてきた。そこには文法のような規則があり，言葉による命題のようなかたちで存在するものとして知識や意味を考えてきたのである。それに対してコネクショニスト・モデルでは，複雑に絡み合った神経のネットワークをモデルにして知識や意味をとらえるのである。人類学・社会学的用法では，実際にある意味を想起しているときに脳のどの神経が活性化されているかということを知ろうというのではなく，実際に脳神経が情報を処理する仕方をモデルにしたものである。経験を通してシナプスの間の連結が変化したり連結の強さが変わったりするように，意味のネットワークも変化するとみるのである。

　コネクショニスト・モデルはもともとコンピュータによる知能のシミュレーション研究を通して発展してきたものであるが，具体的な理論やモデルには多くの種類がある。また，モデルの細部にはまだ多くの未解決の問題があり，現在も認知科学者や認知心理学者による数学的なモデル化が進められている。多くの人類学者や考古学者は，研究対象である文化や社会のスキーマについて数学的なモデル化をすることは少ない。しかし，数学的なモデル化を行わなくても，コネクショニスト・モデルを採用することによって，人間の行為のコンテクスト依存性や無意識的知識の重要性といった実際の社会・文化的現象の重要な点に適合した新たな枠組みを構築することができる。

　ストロースとクインは，彼女らも含めて数学的モデルは使用しないが新しい発見をうながす目的でコネクショニスト・モデルを採用する研究者を，「コネクショニストにインスピレーションを得た者」と呼んでいるが(ibid.: 60)，適切なアナロジーを得ることが研究の進展につながることはよくあることであり，自らの研究分野の発展のみならず学際的議論の活発化のためにも大きな意義をもつものであることに変わりはない。

　スキーマ理論の意義は，外界に物理的に存在する特徴や構造と人間の行為との間に存在するギャッ

プを埋めることにある。この部分を曖昧なままにしたり，あるいは研究者自身の民俗心理学的信念を当てはめたりして社会や文化の動態を説明しようとする試みに欠陥があることは先に示したとおりである。人間の行為，あるいはその背後にある心は，外界をそのまま反映したものではないし，また外界を一方的に規定したり，あるいはまったく無関係に動くものでもない。外界の動向を経験することによって記憶の中に形成されるスキーマによって仲介されているものなのである。

　このスキーマの生成と変容にある種の規則性があるとすれば，その性格を理解することが物質文化を含めた外界と人間の諸行為の総体として存在する文化や社会の様相をより適切に理解することにつながることは明らかである。特に，行為の結果として残された物質的証拠を研究の基盤とする考古学にとって，観念論に陥ることなく，また不適切な行動主義や機能主義にとどまることなく，社会・文化変化のプロセスを総合的に理解するうえで有効性の高い理論であるといえる。

　その中でもコネクショニズムの考え方は，実際の経験とスキーマの変化について明確なモデルを提示しており実際に外界に物理的に存在する特徴の頻度と顕著さなどからスキーマの変化を推定する方法論を構築する基盤となるものである。具体的な方法論的検討を進めることは今後の課題であるが，そうした方法論的整備が進むにつれて，「なぜこの時こうした変化が起こったのか」という問いに，考古学的により満足のいく回答を与えることができるようになるだろう。

　こうした認識に立つことによって，エミックな意味であるかどうかという問題に不必要に拘泥することなく，また静的な構造の抽出にとどまることなく，考古学的議論に認知的要因を組み込むことができる。たとえば，墓の副葬品としてある決まった種類の人工物が何度も見つかるならば，それらの人工物が埋葬という場，埋葬という行為と認知的に密接に連結されていたことを示す。つまり，埋葬スキーマの一部となっていたということになる。ここで彼らがそれを意識していたかどうかを問うことは可能であるが，それが分からないからといって認知的問題として考察することを放棄することにはならない。ある一連の行為の中で，同じ場所で使用した人工物は，それらに関わる結節が同時に活性化されることによって，不可避的に認知的なネットワークを形成するのである。このネットワークの強さは，その同時活性化の頻度や強さに比例するが，埋葬というような強い感情的起伏を伴う行為においては，頻度がそれほど高くなくてもネットワークは容易に強化されるであろう。

　このように，考古学的共伴関係を単に事実として記述するにとどめず，あえて連結やスキーマという概念を使用することにはもちろん意義がある。たんなる記述にとどめてしまうと，そこに変化が生じたときにも，その変化の記述におわってしまうことになる。変化について説明しようとすると，新しい習俗の伝播や技術革新，社会構造の変化などが引き合いに出されるが，こうした事象と具体的な埋葬時の副葬行為とは直接結びついているわけではない。副葬などの行為を実際に行っているのはそこに参加している人間であり，その人々のスキーマが新しく得た情報や認識した社会構造と，埋葬時の副葬品の選択とを仲介しているのである。その仲介システムの性格を無視して社会・文化変化の実態を理解することはできないのである。

　情報理論が，人の情報処理にも社会のシステムにも適用されているように，コネクショニスト・モ

デルもマイクロレベル(個人の認知過程)だけでなく，マクロレベル(集合としての物質文化の構造や変化)にも適用可能であると考えられる。後者を前者に還元するというわけではなく，密接な双方向的関係にあるとみるので，両者が完全なアナロジーの関係にあるわけではない。現在いえることは，個人の認知過程を説明するのにより適した理論であれば，物質文化の変化過程の説明にもより適している可能性が高いと考えられることであり，またその分析のための方法もある程度用意されているということである。コネクショニスト・ネットワークは，典型的にある種のクラスター分析や多次元尺度構成法などによって根底にある構造を見つけ出し，それによって抽象的な情報にも対処することができる (D'Andrade, 1994: 139)。

第4節　認知考古学の課題

1.　物質文化とカテゴリー

　学史の検討でも触れたように，カテゴリー化の理論は人工物の分類を研究の基礎とする考古学の発展にとって非常に重要である。認知心理学や認知言語学で進められているカテゴリー化の研究を考古学に活かすためには，そして人工物の認知に関する学際的な議論に参画していくためには，認知モデルと実際の物質文化にみられるパターンとの関係を明らかにしていかねばならない。そして，物質文化の諸特徴が民族集団や社会的階層などのカテゴリーとどのように結びついているのかを明らかにしていかねばならない。こうした問題は，人類の文化や社会の動態を理解する上で非常に重要であり，考古学的に過去の文化や社会の様相について研究するためには不可欠のものでありながら，いまだ十分に研究されていないのが実状である。

　認知考古学を実践していくにあたって，いくつかの仮説を用いることはできるが，今後は民族考古学的研究や実験考古学的研究によってこうした仮説を検証していくことも必要であろう。現在使用できる仮説としては，次のようなものをあげることができる。

　基本レベルのカテゴリー構造はゲシュタルト知覚，すなわち構造的一貫性をもった全体的類似性と，実際の機能，すなわち人間との関わり合い方に依存している。ゆえに，考古学的に得られる人工物の視覚的特徴と機能推定に基づいてある程度復元することが可能である。「皿」が基本レベルのカテゴリーであり，「食器」が上位レベルのより包括的で抽象的なカテゴリーであることは，言語による情報がなくても形態的な類似度と食物をのせるという機能から推定できる。

　それぞれの基本レベルのカテゴリーにおいて，プロトタイプはもっとも頻度が高く，冗長な特徴から構成されるものとして復元可能である。考古学的には同時性の認定がこの作業の有効性の鍵となるだろう。このような手続きで復元されるものを，筆者は外的プロトタイプとして，認知的表象として心理学的に抽出される内的プロトタイプと分けておきたい。両者が必ずしも完全に一致するとはいえないからである。内的プロトタイプは個人によって微妙に異なることも予想され，一人の被験者からでもその人個人がもつプロトタイプを抽出することは理論的に可能であるが，外的プロ

タイプはある程度の集合の中でのみ統計的に抽出されるものである。内的プロトタイプがより広域でより安定して共有されているほど，外的プロトタイプは明確に抽出しやすく，また放射状構造もはっきりあらわれてくると仮定できる。

2. マイクロレベルとマクロレベル

文化や社会に対する認知的研究を進めるための重要な課題は，個人の認知構造や行為といったマイクロレベルの現象と，文化や社会構造のようなマクロレベルの現象とをどのように関係づけるか，ということである。マクロレベルの現象をマイクロレベルに単純に還元することはできないが，後者を適切に理解することが前者に関する説明の妥当性や精度を高めることにつながる。

たとえば，エリート間の長距離交易や威信財の分配などは，環境要因や経済システムなどとも密接に結びついた社会システムの問題として研究することが有効である。こうした現象を個人の認知構造や静的な認知地図などに還元することはできないが，なぜ特定の物品が権力をめぐる交渉の中で決定的な役割を果たすのか，というような問題は，こうした認知的要因を考えなければ理解することができない。社会構造や文化的価値体系の再生産を支えている無意識的知識を，社会・文化変化の際の意識的な戦略や行動と結びつけるための，人間の認知プロセスに関する能動的なモデルが必要なのである。この意味において，社会・文化変化の説明はまさに認知的な問題なのである。

立場を異にする人々のさまざまな戦略的行為とその意図せざる帰結からなる社会現象の性格を考えると，マクロレベルで自然科学のような理論を構築することは不可能であろう。実際の考古資料を解釈するためには，できるだけ多くのコンテクスチュアルな情報が必要であるし，それらをどのように結び付け，どのような仮定のうえに解釈を構築していくかということに細心の注意をはらわなければならない。民族考古学的研究は，同じ文化に属する社会的サブグループ間の認知構造の差異について物質文化からどのように検討できるか，それが社会・文化構造の再生産にどのように関わっているか，といった問題について有効な洞察をもたらすかもしれない。しかし，個人の認知プロセスと長期的な歴史の関係については，考古学的コンテクストにおいてのみ検討できる問題である。

シェナンがいうように，たしかに個々の考古資料はマイクロレベルの個人的行為の所産である(Shennan, 1993)。しかし，考古資料に基づいて社会や文化の様態や変化について語るとき，考古学者はそこにみられるパターンを抽出しなければならない。個々の資料をそのまま記述するだけでは説明や解釈は生まれないし，またなんらかの理論的枠組みがなければ記述すること自体も不可能である。

したがって，考古学的な解釈や説明の構築は，個々の考古資料の集合体から抽出したパターンと，個々の考古資料から推定される行為や情報処理とを相互に矛盾なく統合することにほかならない。単に抽出されたパターンを深層構造の原理が現れているものとして解釈する構造主義的枠組みでは，実際の変化を生み出す力を認識することができず，現実の注釈にとどまってしまう (Sperber, 1985)。

予測できない長期的な変化のダイナミックなプロセスは，社会的な行為者である個人がそれぞれ

社会や文化の状況についてある程度の，しかし不完全な情報をもち，それに基づいて利益と損失を勘案して行動すること，そして常に行為者自身が予期しない帰結が伴うことの複雑な絡み合いであるとシェナンはみている (Shennan, 1993: 56)。この個人レベルの利益と損失の判断にこそ，社会的変化を引き起こす因果的力があるとして，機能主義的な社会進化論的枠組みではこの現実的力に言及できないことを指摘するのである。さらに，シェナンは文化的要素の伝播のプロセスとそれに影響する個人の選択的嗜好性 preference の構造の重要性も強調しているが，認知考古学的に個人と社会とを結びつける基本的な枠組みとして妥当な見方であろう。

　こうした枠組みと共通した方向性をもつ心理学的理論として，アンダーソン Norman H. Anderson による情報統合理論がある (Anderson, 1996)。アンダーソンは，人間を刻々と変化する目的に向かって情報を統合的に処理していく能動的な存在としてとらえ，そこで鍵となる 2 つのプロセスとして評価 valuation と統合 integration をあげている。評価とは外界から得られる情報と記憶に基づいて，課題に対して接近するか避けるかの結論をだすプロセスであり，通常の行為には複数の評価を統合するプロセスが必要となる。実際の社会・文化的現象を説明するためには，個々人の認知プロセスにおける評価というひとつの次元を鍵とするという点で，シェナンの示すモデルと類似している。ただし，このような理論化はまだ始まったばかりであり，実践的研究を含めて今後発展させていく必要がある。

3.　イノベーションの性質と意義

　文化変化を考えるうえで非常に重要でありながら，従来の型式学ではうまく説明できていないのがイノベーションである。型式学は，進化論と生物分類学をモデルとして生まれ，そして発展してきたものである。人工物の通時的な変化がまるで生物の進化のように徐々に進行し，ときに痕跡器官(ルディメント)と呼ぶべき現象すらみられるということに，考古学者は感銘を受ける。人工物の変化は決してランダムなものでもいい加減なものでもなく，そこに学究的探求に没頭するにふさわしい規則性をみるからである。

　たしかに，生物分類学の理論と方法を導入することによって，考古学における型式学は恩恵を受けている。しかし，人工物と生物の変化の類似性に対する感嘆のあまり，両者がまったく異なるプロセスによって変化していることはしばしば忘れられてしまう。生物の表現形は遺伝子によって規定されているが，その遺伝子の配列は突然変異という偶然によってしか変化せず，また遺伝子の交換は同じ種の中でしか生じないため，表現形が一代で突然大きく変わったり，ある種で生じた変化が他の種に伝わるようなことはまず起こらない。

　しかし，人工物においては，人間が認知的にスキーマやイメージを融合させたり再構成したりすることによって，突然新しい形態を作り出すことが可能である。ここにあるのは人間の認知的な制約であり，ある椅子の形態を規制している何かが椅子の中に内在しているわけではない。

　こうしたイノベーションの可能性にもかかわらず，あまりおかしなものやとっぴなものが作られず，考古学者が研究する資料の多くがあたかも遺伝子によって規定されているかのようなゆるやか

な変化を示す現象についても，人間の認知的制約の問題として再検討していかなければならない。もちろん，実用的な機能的制約も，認知的判断の基準のひとつとしてここに組み込まなければならない。

イノベーションの問題は，古典的な社会進化論の枠組みにおいては一面的な解釈にとどまっている。社会進化論の考え方では，変化は新しい行動の「必然性」や「利点」のゆえに起こるものであるとみなされる。新しいものは暗黙裡によいものであると仮定されるので，それが他者に受け入れられて継続的に使用されることは当たり前であり，それによって社会は進歩していくのである (Torrence and van der Leeuw, 1989)。こうした暗黙の了解は，稲作の導入と普及，弥生土器の普及などに関する日本考古学者の説明の基盤にもなっている。

このような社会進化論の性質と，平衡状態を自然なものとみなすシステム論の特性とを合わせもったプロセス考古学は，当然のこととしてイノベーションの問題を正面からとりあげることはほとんどなかった。例外として，「新しい地理学」を参考に考古学の理論化を進めたクラークは，地理学で用いられていた「イノベーション―インターアクション―ディフュージョン・モデル」をもとに，イノベーションとその普及に関する考古学的モデルを構築しようとした (Clarke, 1968)。近年はファン・ダ・リューらがイノベーションの性格と考古学における重要性に着目している (van der Leeuw and Torrence, 1989)。

イノベーションは，無から有を生むようなものではない。イノベーションは伝統と切り離して考えることはできないのである (Torrence and van der Leeuw, 1989)。それは，すでにあるさまざまな情報や知識を，既存の認知的枠を超えて結びつけることによって生起するプロセスである。したがって，イノベーションとは基本的にまずある個人の頭の中で起こる認知的なプロセスであるということを認めなければならない。

その個人の頭の中で起こったイノベーションが物質的な形をとるかどうかは，さまざまな文化的・社会的・経済的・物理的制約によって決まる。そして，そうした条件をクリアして物質的に存在するに至ったイノベーションも，他者によって受け入れられ，普及するかどうかは，さらなる文化的・社会的・経済的・物理的制約によって決まるのである。

筆者は唯心論的な立場をとっているのでもなければ，観念論的議論をしようとしているのでもない。筆者が主張したいのは，文化・社会変化を考えるうえでイノベーションは鍵となる重要なものであり，それがなぜその時そのようなかたちで起こったのか，そのプロセスを適切に理解することが，文化・社会変化の真の理解につながるということである。

いわゆる範型論も，単なる実物のコピーとしてではなく，そこでイノベーションや変容が起こる場として捉えなおすことによって，理論的に重要なものとなるのである。範型はたしかに人工物のカテゴリーの数だけあるが，それらは互いに隔絶されているわけではない。人工物が互いに形態的・機能的に類似しているほど，それらの範型は互いを想起し合うことが多く，したがって相互に影響を与えやすいであろう。しかし，形態的・機能的にまったく異なる性質をもつ人工物であっても，たとえば一連の行動の中でともに使用されたり，類似した構造を見いだしたりすることがあれば，認

知的に結び付けられ得る。そのとき，人工物は従来の型式学ではうまく説明できないような変化を
みせるのである。

　このようにして起こったイノベーションが普及するかどうかに関わる文化的・社会的制約の正体
は，その社会の構成員の認知構造と外的状況との間のインターアクションである。特定の自然環境・
社会的環境を基盤として，個々人が自らがおかれた状況を認知し，新しい情報に対して態度を決め
ることなのである。そうすると，いわゆる伝播論というものも，認知的なプロセスとして捉えなお
すことが可能となり，文化・社会変化において重要な要因として研究を深めていくことが可能とな
るのである。

　さて，第1部では認知考古学について理論的・方法論的検討を行ってきた。認知考古学的研究が
おかれている現状認識を明示することが主要な目的であったが，単に欧米でたたかわされている議
論の要約にとどまらず，筆者独自の考え方も合わせて示してきたつもりである。ここで明らかにす
ることができたのは，人間の行動や文化をより深く理解するために認知的視点が重要であるという
ことと，その具体的な実践についてはすでに多くの研究がなされてきているということである。し
かしまた，これまでの努力にも関わらず，考古学者が関心を寄せる人工物のスタイルや社会と認知
との関わりなどの問題については，まだ分からないことの方が多いということも指摘してきた。そ
の点では，本格的に始まったばかりの認知考古学の試みは，大きな可能性と困難とをともに抱えて
いると言わざるを得ない。第2部の実践的研究では，こうした認知考古学がもつ可能性と困難がど
のようなものであるかを，より具体的に示すことができるであろう。

　注
1)　以下に展開する議論について，これまで構造主義や象徴考古学などにおいて主張されてきたことを認知
　　科学的な用語を用いて言い換えているにすぎないとする批判があるかもしれない。しかし，ラックマンら
　　が指摘するように，私たちが研究において用いる用語は，研究対象の基本的な特性についての信念，すな
　　わちパラダイムを反映するものである (Lachman et al., 1979)。パラダイムが異なれば，研究すべき問題
　　の選択に影響したり仮説・理論の構築を助けたりする説明に用いられるアナロジーも異なる。本論は，考
　　古学における人間の認知の取り扱い方に関するパラダイムの転換を試みるものであり，したがって以下の
　　議論は単なる用語の置き換えではありえない。
2)　ハッチンスは，情報の流れが少ないところでシステムを区切ることが妥当であるとするならば，認知シ
　　ステムの境界は個人の皮膚のところにあるとする従来の認知科学の考え方は間違っていると主張している
　　(Hutchins, 1994, 1995)。筆者は，システムをどこで区切るかという問題よりも，相互に密接に結びついて
　　いながらレベルを異にして存在する認知システム間の階層的な関係をどのようにとらえるか，という問題
　　が重要であると考える。しかし，分散認知モデルに基づいて，個人よりも大きなシステムに適用できる認
　　知の理論を発展させることの必要性を説くハッチンスの研究は，認知考古学において個人と社会とをつな
　　ぐ理論を構築していく上でも非常に注目される。

第 2 部

縄文から弥生へ
──ケーススタディ──

第2部では，縄文時代後晩期から弥生時代開始期にかけての社会・文化変化のプロセスについて，認知考古学的な視点から分析を行う。ここで行う分析は，これまでの日本考古学における発掘調査と研究の蓄積に多くを負っている。本論はこれまでの研究史を覆そうとするものではない。認知的視点から研究の現状を検討して問題点を抽出し，いくつかの新しい分析によってその問題点のうちのいくつかを解決し，新たな歴史観を提示することが目的であり，むしろひとつの発展の方向性を模索するものである。

　ただし，第1部でも述べたように，認知考古学にはまだ確固たる方法論や理論が確立しているわけではない。第2部は素材と視点を異にするいくつかの分析からなっているが，それぞれの分析がみな統一的なひとつの理論を証明するために計画されたものではない。第1部で論じた複数の視点や理論のうちのいくつかに焦点を当てることによって研究の進展をめざした試論から構成されるものである。また，それ自体認知に焦点を当てたものでなくても，社会・文化変化の性格を考える上で不可欠な分析も含まれているが，これまで認知とは切り離して考えられてきた側面がどのように認知的プロセスに結びつけられるかを示すことに留意した。

　それではまず，縄文から弥生への変化に関するこれまでの研究史を振り返ることから始めることにする。

第 4 章

現在までの研究の問題点

は じ め に

　第 2 部では，認知考古学的研究の一つのケーススタディとして，縄文時代から弥生時代への変化
について分析・考察する。いわゆる縄文から弥生への転換は，文化・社会・経済のいずれの側面に
おいても重要な変化を伴っており，以下で論じるように，このうちのどれか一つの側面にのみ着目
したのでは変化の実態を把握することができない。この点において，多様な要因を仲介するものと
して認知をとらえようとする筆者の試みに非常に適した対象であるといえる。また，規模や時期な
どについては研究者間で意見の相違がみられるが，朝鮮半島からの渡来人の関与があったことは確
実であろう。そうすると，渡来人と在来人という，異なる民族集団の間にどのような相互交渉があっ
たのか，という問題を考えなければならない。この点についても，従来の縄文人と弥生人とを対峙
させるような二分法的枠組みを超えて，当事者の積極的な判断と行為を考慮に入れた文化接触と文
化変容のモデルを構築することが望ましい。ここで，新しい枠組みを提示していくまえに，従来の
研究の成果と問題点をまず整理しておく必要がある。

第 1 節　研 究 略 史

1.　縄文から弥生へ──なぜ，どのようにして変化は起こったのか──

　なぜ，どのようにして縄文時代が終焉にいたり，弥生時代が始まったのか，という問題は，日本
の先史時代におけるもっとも大きなテーマの一つである。縄文時代後晩期から弥生時代開始期にか
けての考古学的な資料は増加の一途をたどっており，変化のさまざまな側面が明らかにされつつあ
る。
　土器の編年的研究に関しては，九州の後期後葉から晩期の土器については，小林久雄 (1929) 以降，
坪井清足 (1954)，乙益重隆 (1965)，賀川光夫 (1965, 1969b)，河口貞徳 (1972a)，宮内克己 (1981)，富田
紘一 (1981, 1983, 1987a)，山崎純男・島津義昭 (1981)，小池史哲 (1982)，澤下孝信 (1983)，橋口達也
(1985a, 1985b)，前田義人 (1987)，妹尾周三 (1991) らの研究があり，型式変化のおおよその方向性に
ついては研究者間で合意が得られている。従来縄文時代晩期後半とされてきた刻目突帯文土器につ

表 4–1　土器編年・時期区分対照表

時期	土器形式		
	北部九州	中九州	南九州
後期後葉	三万田式 御領式	三万田式 御領式	草野式・三万田式 御領式
晩期前半	広田 II・III 式 広田 IV 式	天城式・大石式 古閑式	上加世田式 入佐式
晩期後半	黒川式	黒川式	黒川式・松添式
弥生時代 開始期	山ノ寺式 夜臼式	山ノ寺式 下黒野式	＋ 井手下式

いても，山崎純男 (1980)，中島直幸 (1982)，藤尾慎一郎 (1987, 1990, 1991) らの研究がある。刻目突帯文土器の出現期の様相についても，前田義人 (1989)，坂口隆 (1996) によって研究が進められている。また，近畿・瀬戸内の土器については，潮見浩 (1965)，泉拓良 (1979)，家根祥多 (1981) らの研究があり，1989 年に出版された『縄文土器大観 4，後期・晩期・続縄文』において各地の編年図が提示されている(泉・山崎，1989)[1]。土器の編年研究は，より細かく，広域で併行関係を把握することを可能にする体系化をめざして現在も進められているが，本論では少なくとも九州島内で各地の併行関係をおさえる必要があるので，その点で齟齬が生じない程度の細分にとどめることにする。本論の分析で用いる土器編年と時期区分については表 4–1 に示す。

　これまで縄文から弥生への変化についてもっとも注目されることが多かった農耕の開始の問題については，この問題に焦点を当てた学術調査を含めて多くの資料が得られ，縄文時代晩期後半とされてきた刻目突帯文土器の時期にはすでに完成したかたちの水田が北部九州で作られていたこと，稲の存在自体はその時期をかなりさかのぼりそうであることなどが明らかにされてきた。また，集落構造や墓地の変化についても，九州西北部で多く発見される支石墓の調査や，福岡県糟屋郡粕屋町の江辻遺跡や福岡市那珂遺跡などの最近の発掘調査から多くのことが分かってきている。さらに，形質人類学的な研究によって，「縄文人」と「弥生人」の形質の違いが明らかとなり，さまざまな方法で渡来人の数やその影響が論じられている。

　しかし，こうした研究の進展によって情報が豊かになるとともに，それまで問うことのできなかった新しい問題が浮上してくることにもなったのである。また，なぜ，どのようにしてこの変化が起こったのか，という問題についても，これまでさまざまな解釈が提出されてきたが，まだいろいろな問題を含んでおり十分な解決をみるに至っていない。ここで，これまでに出されてきた解釈を再検討することによって，その達成点と問題点とを明らかにしたい。そのうえで，認知考古学的アプローチがその問題点を解決する上でどのような貢献ができるかを考えることにしよう。

　これまでの縄文から弥生への変化をめぐる議論において，縄文側の視点に立ったものとしては，(1) マルクス主義的な発展段階論的枠組み，(2) 縄文時代後晩期の九州あるいは西日本はすでに大陸との

交流によって農耕を開始していたとする伝播論的解釈, (3) 縄文文化自体の内的発展や主体性を重視する視点の 3 つの立場がある。これらはそれぞれ近藤義郎 (1962), 賀川光夫 (1966, 1967b), 岡本孝之 (1975) らの研究者に代表されるが, これらの視点を組み合わせた解釈がとられる場合も多い。後晩期の西日本縄文文化の状況とその位置づけについても, 食糧資源の枯渇が生産経済導入を促したという説と, すでに農耕が行われていたので本格的な水稲耕作の導入が容易であったという, 真っ向から対立する仮説が対峙してきた(鎌木, 1965)。このうち, 前者の仮説はマルクス主義的枠組みと, 後者は伝播論的あるいは内的発展という枠組みと馴染むものである。この問題は, いわゆる縄文農耕を認めるかどうかという問題とも関連して議論されてきたが, この 3 つの立場はまったく拮抗しているわけではなく, マルクス主義的枠組みが常に主流であり, 後 2 者は直接的な証拠がないなどとして厳しく批判されることが多かった(乙益, 1967; 佐原, 1968)。後藤直は 1986 年までの考古学的成果とその解釈を総合的にまとめているが, 基本的にはマルクス主義的な概念を使用しつつ生業を中心とした経済構造における縄文と弥生の対立関係を強調し, 変化の要因としては自然環境の変化と文化伝播に言及するという, 広く普及した考え方をよく示している(後藤, 1986)。

近年は栽培植物に関する新たな証拠の増加などによって, 縄文時代の農耕を認める研究者が増加し, それにともなって縄文から弥生への変化についても縄文人の主体性を重視する視点が強調されるようになっている(金関, 1995)。その一方で, 春成秀爾 (1973, 1990) が提示してきた, 東アジア的視点から朝鮮半島からの渡来人による影響を重視する見方も, 家根祥多によって近年の朝鮮半島における資料の増加をふまえて強調されてきている(家根, 1993)。

縄文から弥生への変化を考える上でのさまざまな問題を考えていくにあたって, 現在の日本考古学の考え方の基盤を形成してきた枠組みについて検討することが必要である。細かな差異はあっても, 多くの研究の基礎となっているのはやはりマルクス主義的な枠組みである。そこで, まずこの枠組みについて概観し, そこに含まれるいくつかの問題点を明らかにしていくことにする。これらの問題を検討した後で, 本論で主たる分析の対象とする土器の動態について, より具体的な問題に焦点を絞って論じることにする。

2. マルクス主義的枠組みと生業中心的アプローチ

縄文から弥生への変化に関するもっとも支配的な説明は, マルクス主義的な視点に依拠したものである[2]。この枠組みにおいては, 縄文文化と弥生文化は, 時間的には連続しているが, 根本的に異なる社会進化の段階に位置づけられる。まず第一に, この 2 つの文化は異なる経済的基盤の上に成り立っている。いうまでもなく, 前者は狩猟・採集を中心に据えた獲得経済, 後者は水田農耕を中心に据えた生産経済である。

第二に, これは第一の理由から派生するものであるが, 両文化は社会構造およびイデオロギーにおいて異なっている。縄文文化をどのくらい複雑な社会としてとらえるか, どの程度の余剰生産が可能であったと考えるか, という点においては, 研究者間で意見の相違がみられる。とはいえ, 狩猟や採集といった獲得経済に基づく社会は, より多くの食料を獲得するべくより多くの労働力を投

入すると，必然的に乱獲に至り，労働力の投入量が生産量の向上に直接的にはつながらないという内的矛盾をはらんでいる，という考え方は広く受け入れられている。そして，もしそのような社会がかなりの量の余剰生産を生むことができたとしても，その分は儀礼や儀式に費やされることが多く，さらに生産性を高めるような実際的な投資には使われないのが常である。こうした人口増加と資源の乱獲の間の矛盾は，この種の経済の中では解決することができない。したがって，獲得経済から生産経済に移行することがこの停滞した文化システムを打開するための唯一の方法となるのである。

　このような，生業経済をもっとも重要な決定要因とする説明は，これまで日本考古学において洗練された理論的説明として受け入れられてきた。これが日本の先史時代や歴史時代を考えるうえで米を偏重する傾向にもつながっている。しかし，この理論が成立するために必要な，縄文時代後晩期の乱獲を示すような確実な考古学的証拠は得られていない。また，初期の弥生文化が成立した九州や瀬戸内地方の一部の地域においては，この時期にマツの花粉が増加することが分かっており，森を切り開くなどの行為が盛んに行われたことを示している(安田，1982)。これは人間の活動による環境の変化を強く示唆しており，狩猟・採集民の間ではあまりみられない現象である。

　マルクス主義的な枠組みによらずに，生業システムとその地域性に焦点をあてた説明も提示されている（Akazawa and Aikens, 1986 他)。これは，稲作がなぜ西日本では急速に広まったのに東日本ではかなり緩慢になったのか，という問題に焦点を当てたものである[3]。この説明の論点は，先行する縄文時代の生業システムと弥生時代に導入される農耕システムとの適合性である。このような生業に注目したアプローチは多くの検証可能な予測を立てることができるという点で生産的な枠組みであり，一定の成果もあがっているが，長期的な変化の社会的・政治的・そしてイデオロギー的側面が軽視されてしまうことは否めない。

　縄文から弥生への変化が，社会的にも精神的にも大きなものであったということは，これまでにも多くの研究者が指摘してきた[4]。しかし，そうした心の問題は，この変革のなかにしっかりと位置づけられたかたちで論じられることは少なく，その実態もまだ明らかにされているとはいえない(宇野，1996: 109)。

　マルクス主義的枠組みにおいて広く受け入れられている考え方においては，稲作の開始によって弥生時代の社会的・政治的複雑化の経済的基盤が用意されたとされる。そして，そうした資源の使い方を，縄文文化の儀礼的・呪術的性質と対比するのである。縄文文化においてもある程度の余剰生産があったことは，念入りに装飾された土器や実用的ではない磨製石器や装飾品の存在から知ることができる。また，関東地方における製塩など，地域的な分業が行われていた可能性も高い。しかしながら，こうした余剰は実際的な技術を高めるためには利用されず，もっぱら儀礼や呪術に関わる行為に費やされていたとされる(近藤，1962; 小林達雄，1985)。縄文時代にある種の階層化を認める研究者もいるが(渡辺仁，1990)，弥生文化が実際的・政治的とみなされるのにたいして，縄文文化は依然として儀礼と呪術に支配された社会として捉えられることが多い。

　現在の研究状況を検討する前に，以下で論じるいくつかの側面のほとんどに関係する重要な点を

指摘しておくことにしよう。それらは,

(1)　縄文 vs 弥生という二分法的議論

(2)　内的発展 vs 伝播・移住という図式

(3)　農耕中心主義あるいは稲作中心主義

である。

(1) は,考古学者によるカテゴリー化の問題として捉えることができる。(2) は変化のプロセスの根幹に関わる問題であり,考古学的に民族の問題をどう扱うか,という問題にも関係する。(3) は,社会変化の要因に関する一般理論の問題として重要である。以下で,これらの問題点それぞれについてもう少し詳しく検討する。

(1)　縄文 vs 弥生という二分法的議論

考古学的説明としては,複雑で多変量的な説明よりも,シンプルで単系的な説明の方が好まれる傾向がある。この傾向が,縄文時代の農耕の可能性を認めることの障害になってきたことは明らかである(佐々木・松山, 1988)。また,縄文時代に農耕があったと主張する場合も,獲得経済から生産経済へという一線的な発展の図式を念頭においていることが多く,この点が批判されることもあった。変化が段階として現れるとみるか,徐々に進行するものとしてみるか,という違いはあっても,ある意味で一線的なモデルが背後にあることは共通している。この場合に,段階論的な立場がとられると,そこに縄文 vs 弥生という二項対立的な図式がうまれる。この二項対立的な図式が,それにうまく適合しない考古学的現象を軽視したり,過小評価したりすることにつながるのである。

この二項対立の図式は,さまざまな考古学的カテゴリーを関連づけて解釈の基盤とするのに使われる,考古学者のスキーマの根幹に潜んでいる。さまざまなカテゴリーを縄文文化や弥生文化の典型的なイメージ,すなわちプロトタイプと関連づけることによって,私たち考古学者はこの二項対立の図式を再生産してしまうのである。こうした考古学者のスキーマと過去の人々がもっていたであろうスキーマとを混同しないように注意する必要がある。考古学的観察によってのみ見いだすことのできる図式は,当事者にとってはしばしば認識不能なものであり,そのかわりに当事者は考古学者が知り得ないような知識をスキーマとして保持していたはずだからである。

(2)　内的発展 vs 伝播・移住という図式

この 2 つの視点は,日本考古学の歴史の中で交互に強調されてきた感がある。明治時代および大正時代においては,民族の交代が一般的に想定されていたが,第二次世界大戦後になると,多くのマルクス主義に基盤をおく考古学者は,先史時代全般を通じて民族的連続性があったと考えるようになった。数人の考古学者は,縄文から弥生への変化における「縄文人の主体性」を強調した(岡本, 1975; 橋口, 1985; 他)。一方で,春成秀爾は朝鮮半島からの渡来人が果たした役割の重要性に対して注意を喚起し,東アジアという広い視野でこの変化を考えるべきであると主張した(春成, 1973, 1990)。

こうした「主体性」をめぐる議論においては,個人の意思決定の問題としてではなく,縄文文化

全体のもつ特性として主体性が論じられることが多く，活力論的・目的論的議論になりやすい。主体性について論じる際には，個人の意図的な行為と，その意図せざる結果によって紡ぎ出されるものとして長期的な変化のプロセスをとらえるべきであると筆者は考える。

　ある程度の数の渡来人が，朝鮮半島から主として北部九州にやってきたことはほぼ確実である。また，彼らが縄文から弥生への変化において重要な役割を果たしたことも疑いない。しかし，渡来人の具体的な人数や渡来の時期，渡来の理由と状況，またどのような人々が半島のどの地方からやってきたのか，などの問題についてはまだ不明な部分が多い。こうした具体的な様相を明らかにしていくことは，変化の主体性に関する議論を発展させる上で必要であろう。

　変化の主体性を縄文人に付与する見方と，渡来人に付与する見方とは，必ずしも対立するものではない。それは，在来の縄文人も，そこへやってきた渡来人も，ともに変化の一翼を担っていた行為者であることは確かだからである。両者にはそれぞれの事情と目的があり，そうした各々の状況下での行為の総体として縄文から弥生への変化があるとみるべきであろう。したがって，どちらか一方に主体性を帰するのではなく，むしろこの時期に生じた集団間，個人間の複雑な関係を探求しなければならない。また，刻目突帯文期のドラスティックな変化に先行する変化の有無とその性格についても，縄文 vs 弥生の対立的図式や目的論的議論にとらわれることなく分析していくことが必要である。

(3)　農耕中心主義あるいは稲作中心主義

　先にも述べたように，農耕の開始，より厳密にいえば本格的な水田農耕の開始が，縄文から弥生への変化のもっとも重要な側面であると考えられてきた。この生業の変化はたしかに非常に重要なものであるが，あまりのこの点のみを強調しすぎることは，社会・文化変化の性質に対する解釈を歪めてしまうことになるのではないだろうか。この問題については，土器の機能の解釈に関する部分でさらに論じることにする。

第 2 節　現行の枠組みの問題点——どこが不十分なのか——

　これまで述べてきたような現行の枠組みにおいては，うまく説明できない考古学的な現象がかなりある。物質文化にみられる様式的な変化も，そのひとつである。ビンフォードが指摘するように，水が流れるように文化的規範が伝播した結果として変化を記述することは，文化変化のプロセスを理解する助けとはならない (Binford, 1965: 204)。弥生文化を，縄文文化の伝統と朝鮮半島の青銅器文化が混合されて独自の発展をとげたもの，ということは簡単である。しかしその先には，どのようにしてその「混合」が起こったのか，どのようにして「独自」の文化が発展したのか，という実際のプロセスを理解する作業がまっている。そのプロセスは，各地域における個々人のさまざまな意思決定と行為からなるものなのである。

　縄文系の文化要素・大陸系の文化要素・弥生系の文化要素といった特徴的な要素のリストを作成

して，どのような要素が類似した動きや分布を示すか，またそれらがいつ出現・消滅するかを検討することは有効なステップであろう。しかし，このような分析は有効な方法ではあってもそれ自体が目的ではない。こうしたリストや表を作成することは，プロセスを理解するためというより，時代区分などの基準として利用されることの方が多い。このような分析から文化変化のプロセスの理解を引き出すためには，さまざまな要素がどのように関連し合って文化的・社会的システムをなしているか，また個人の心の中で意味のある体系としてどのように結び付いているか，ということを考えていかなければならない。

　これは，変革期の社会や文化を一つの完結したシステムとしてとらえようというのではない。また，個人の認知構造を二項対立の図式が矛盾なく美しく配列されたものであると主張するものでもない。ただ，たとえ別々の文化伝統に由来するものであっても，個人の心の中で各種の知識は互いに結び合わされる，ということである。文化的特徴は他の文化的特徴から全く独立しては存在し得ない。それぞれの要素は，社会的・認知的連結の中で意味と機能をもつのである。

　これまでの調査と研究で判明してきた複雑な様相を，農耕の開始ということのみで説明することはできない。なぜこの時期に，どのような理由で農耕が導入されたのか，という事情をさらに追求することが必要である。西日本の広い範囲にかなり急速に農耕文化が広がったということと，土器などの物質文化に縄文時代からの連続性がみられることを考え合わせると，この現象を渡来人による強制的な農耕化とみることはできない。また，縄文文化に対する弥生文化の優位性，生産性の高さなども十分な理由とはならない。伝播研究において，いかに合理的に優れた文化要素であっても，それだけでそれが他集団に受け入れられるとは限らないことが指摘されているからである (Rogers, 1962)。また，米を生産することに魅力があったとしても，それをたとえば米が美味しいから，というような理由に帰することはできない。味覚などの分野においては，ある程度の文化的差異が存在するため，現代の日本人考古学者の味覚的好みを縄文時代の人々に短絡的に投影することはできないからである。

　マルクス主義的な枠組みにおいては，生業すなわち下部構造が上部構造としてのイデオロギーを規定する。しかし，刻目突帯文期を西日本における農耕の開始期としてとらえると，墓制や集落構造の変化も時を同じくして起こっていることになる。この現象については，農耕文化のさまざまな要素がセットとしてもたらされたという，伝播論的な図式で解釈されてきた。

　マルクス主義的な説明と伝播論的な説明とは本来矛盾するものであるが，縄文から弥生への変化に関する研究においては，両者が明確に対立することなく，むしろ相補的な枠組みとして，状況やコンテクストに応じて使い分けられてきたということができよう。マルクス主義考古学が注目してきた経済と社会構造の関係も，伝播論が注目してきた情報伝達や人の移動の重要性も，ともに文化変化の適切な理解に欠くことのできないものである。本書は，認知プロセスに焦点を当てることで，この 2 つの視点をうまく統合することをめざすものである。

　もし縄文から弥生への変化が主として渡来人によって引き起こされたものであれば，少なくとも当初は社会の中で人数的にはマイノリティーであったはずの彼らが，どうしてこのようなドラス

ティックな変化を比較的短期間に起こすことができたのだろうか。また，北部九州のいくつかの遺跡における渡来系の文化要素と縄文系の文化要素の共存は，どのような集団間関係を示しているのだろうか。また，大陸からの渡来人の遺伝子が入ることによって高顔・高身長への形質的変化が生じたと考えられる地域は，どうして渡来系の埋葬習俗である支石墓の分布とずれるのだろうか。このような，具体的な問題は山積している。こうした問題のいくつかについて，従来よりも満足のいく回答を得ることができれば，認知考古学的アプローチの有効性を示すことができるだろう。

第 3 節　土器の研究に関する諸問題

1.　時 期 区 分

　さて，次に上で述べてきた問題に関わる土器の研究についてさらに詳しく検討していこう。縄文文化と弥生文化とは，まず土器の型式学的研究を通してその違いが認識されるに至った。その後で，弥生時代に稲作が行われていたことが明らかになったのである。縄文と弥生の境界については，山内清男が体系的な土器編年に基づいて縄文時代が日本列島で比較的短期間に終了したとして，東北地方では中世まで縄文文化が続いていたとする喜田貞吉の「常識」考古学を批判し，学史的に有名なミネルヴァ論争を展開した(喜田，1936a, 1936b; 山内，1936a, 1936b)。

　第二次世界大戦中に，型式学的な見地から北部九州の東菰田式が弥生土器の最古型式として設定されたが(森，1942)，戦後はより確実に最古の弥生土器を認定するために，もっとも新しい縄文土器との接点を探るという方針が打ち出された。縄文時代晩期は東北地方の亀ヶ岡式によって定められていた。この亀ヶ岡式に並行する西日本の土器が刻目突帯文土器であるということは，山内が岡山県黒土遺跡の調査で明らかにしていた。そこで，福岡県糟屋郡の夜臼貝塚で刻目突帯文土器と遠賀川式土器が共存することが(森，1955)，さらに板付遺跡で両者が共伴することが確認されたことによって，遠賀川式が最古の弥生土器であることが確認されたのである(杉原，1955)。後に森貞次郎によって板付 I 式が設定され，以後の土器による時期区分の指標となった(森・岡崎，1961)。

　藤尾が指摘するように，土器による時期区分は，東北の縄文晩期の土器を亀ヶ岡式とするという山内の土器編年をその基盤とするものであり，一方で水田耕作が弥生時代の指標とされたことで，分類基準が違うわけであるから，時期区分に矛盾が生じる要因は当初から存在していたのである(藤尾，1988)。土器に基づく縄文と弥生の区分は，当初は他の文化要素ともきれいに対応しているようにみえた。しかし，1978 年の板付遺跡 G-7a・7b 区の発掘調査で刻目突帯文土器を伴う水田遺構が検出されたのに始まり，佐賀県菜畑遺跡でもそれまで縄文時代晩期とされていた時期に水田農耕が行われていたことが明らかとなるにいたって，土器を指標とした時代区分観は大きく揺らぎ始めた。

　文化の実態がポリセティックである以上，唯一絶対の時代区分というものは存在しない。ただ，文化や社会の様相や変化を研究する上で有効な区分とそうでない区分があるだけである。そしてその違いも相対的なものである。縄文と弥生の間の時期区分については，80 年代にさかんに議論された

が，刻目突帯文土器の時期から弥生とするか，板付 I 式土器の時期から弥生とするかの論争は現在
も続いている。この論争の性格については藤尾がまとめている(藤尾，1988)。筆者は，やはり刻目突
帯文期の画期を重視すべきであると考えるが，板付 I 式論者が指摘するように，弥生文化の指標と
される文化要素はこの時期に北部九州では出そろうが他の地域にはまだ定着していない。ある大き
な社会・文化変動のプロセスとしての性格が強い時期である。したがって，筆者はこの時期を弥生
時代開始期と呼ぶことにする。

2.　土器の様式的変化の解釈

　縄文時代後期後葉の九州で土器の無文化が進行することは，縄文と弥生を二項対立的にとらえる
見方とは相いれない現象である。そのために，時代区分を重視する議論においては，この変化の歴
史的な意義はあまり重視されてこなかった。

　小林達雄は縄文時代後晩期の九州における土器の無文化は，入念な土器の装飾に現されていた縄
文のイデオロギーが失われつつあったことを示している，とする興味深い指摘をしている(小林，
1985)。ただし，小林は生業基盤が農耕に依存していないということと，物質文化のほとんどが東日
本縄文文化から伝播してきたものと考えられることから，縄文時代後晩期の九州も完全に縄文のカ
テゴリーに入るものであるとしている。

　土器の無文化だけでなく，九州型の浅鉢も九州から近畿地方へと「伝播」したようである。また，
深鉢の粗製化も北部九州で始まったものが近畿地方へ広がったとみられる(家根，1984)。こうした九
州から東方へという土器の様式的特徴の「流れ」は，縄文時代晩期になって急に顕著になるが，こ
の現象についても納得のいく説明はなされていない。

3.　土器の機能

　土器の形態と機能との関係については民族考古学的研究も含めて検討されているが(小林正史，1993，
1994)，機能や用途の推定は生業形態だけでなく社会構造や文化的価値体系などとも深く関わる問題
であり，縄文から弥生への変化を考える上でもいくつかの重要な問題を含んでいる。縄文土器には
深鉢と浅鉢という 2 つの大別器種があり，一見多様にみえる土器の種類もタブーなどの呪術的規制
に基づいた深鉢のバリエーションに過ぎないといわれている(坪井，1962)。これに対して，弥生時代
開始期には壺形土器(以下壺と称する)と高坏という新たな機能をもつ器種が土器様式に加えられる(田
中，1986)。

　壺は頸部のくびれた形態から貯蔵用の器種であるという機能の推定がなされ，さらに内容物はコ
メや種籾であったろうという用途の推定がなされている。用途については，頸部のくびれた土器は
主として液体の貯蔵に用いられるという民族考古学的研究があるが (Smith, 1985)，コメや種籾を貯
蔵したことを示す直接的な考古学的証拠はほとんどない。それでも，壺とコメとは日本考古学にお
いては非常に密接に結びつけられている。たとえば藤尾は地域ごとの器種構成における壺の比率が
その集落が稲作を行っていた程度を示すものであると仮定している(藤尾，1991)。

　しかし，こうした壺とコメとの強い結び付きは，考古学者の頭の中だけに存在するものかもしれ
ないのである。板付式土器の甕は突帯文土器の深鉢よりもコメを調理するのに適していると考えら
れているが，ほんとうにそうだろうか。突帯文土器が狩猟採集社会とされる縄文文化のスキーマを
活性化するためにそのように思われるのではないだろうか。とすれば，板付式の甕の比率をもって
稲作への依存度の指標とすることも再考しなければならないだろう(藤尾，1987, 1993)。しかも，弥
生時代に稲作が開始されたとはいえ，集落の構成員全員が毎日のようにコメを調理したという証拠
もない。弥生時代開始期に登場した遺物は，象徴的なものも含めて大概とにかく稲作と結びつけら
れる傾向があるが，「農業中心主義」は土器の機能・用途推定においても顕著にみることができるの
である。

4.　人間集団と土器

　家根は，土器製作時の粘土帯の接合法という，完成品を目にするだけでは伝達されることのない
特徴に注目することによって，遺跡ごとの土器の組成からその集落の渡来人あるいは渡来人の子孫
の比率を計算している(家根，1993)。縄文土器の深鉢は幅 2 cm ほどの粘土帯を，断面でみると内側
に傾斜するように接合している(内傾接合)のに対して，朝鮮半島の前期無文土器や板付式土器の甕
は，より幅広の粘土帯を断面でみると外側に傾斜するように接合している(外傾接合)というのがそ
の論拠である。家根が分析している福岡県曲り田遺跡などでは，器形的にも無文土器に類似したも
のを中心に外傾接合の土器が多くみられ，おそらく朝鮮半島からの移住者を含む密接な交流によっ
て土器製作技法の変化が生じていたことは確実といえる。

　朝鮮半島からの移住者の動きに土器の視覚性の低い属性の変化から接近しようとした家根の研究
は重要であるが，外傾接合の無文土器類似土器の比率をもって，そのまま集落における朝鮮半島系
の人々の比率とすることには若干の方法論的問題点がある。たとえば，集落の中で土器製作につい
て何らかの分業がなされていたとすると，異なる特徴をもつ土器の比率が系譜を異にする集団の人
数に比例するとは限らない。中園 (1994) も，朝鮮半島系の人の血を引かない集団が新しい技法を取
り入れる可能性を排除しているとして批判している。これに対して家根 (1997) は，「甚だしい誤読
である」(ibid. 58) と反論している。

　ここで問題とされているのは，「渡来人およびその子孫と縄文人のあいだに生まれた子供は無文土
器系の甕をつくるようになるという優性遺伝的現象が進行し，……」(家根，1993: 289) というような
表現である。この文章には，たしかに土器の特徴を製作者の遺伝的系統が規定しているかのような
印象を与える要素がある。ここで重要なのは，家根が「優性遺伝的」という言葉で表現しようとし
ている現象を生み出しているのは何か，という問題である。それは決して遺伝子ではなく，土器と
結びついた社会的意味やイデオロギーなのである。したがって，上の文章を言いかえると，「社会的
意味やイデオロギーによって新しい技法が積極的に評価されれば，土器製作者が完全に渡来人でな
くても，その技法を習得できる状況におかれれば新しい技法で土器を作ることを選んだ」というこ
とになろう。つまり，粘土帯接合法などの非視覚的な製作技法の伝播も，人間集団の移動をストレー

トに反映するのではなく，技術的変化に対する評価という要素が絡んでくるということである。

　このように考えると，土器から人間集団の動きを読み取ろうとする場合にも製作者の意思決定について何らかの仮定をする必要がある，ということになる。この重要でありながらこれまで言外に措定されてきた点について，認知的視点から考えてみよう。土器には，実用的機能，社会的機能，そして象徴的意味などのいくつもの次元がある。個体としての土器，あるいは土器がもついくつかの特徴は，それを作ったり使用したりする人々の価値体系と結びついている。その結びつきの重要性や強さは文化によって異なるし，同じ文化においても状況によって異なるだろう。

　コネクショニスト・モデルによるスキーマ理論によれば，事物や表象同士の連結自体は，日常生活や儀礼的行為における土器の使用を通して絶えず生成・維持・変容している。そうして形成される認知的ネットワークであるスキーマによって，土器を目にしたり使用したりするときに，その適切な取り扱い方やさまざまな知識や感情的反応が喚起されるのであり，それが物質文化における意味生成の主要な成分なのである。個体としての土器や土器がもついくつかの特徴が，他の人工物や人間集団やある種の感情や行動を喚起するのである。さらに，そうして喚起される具体的・抽象的内容は，特定の文化的価値体系と密接に結びついており，それは選択的嗜好性の次元としてとらえることができる。「優性遺伝的」という言葉で家根が表現したものの本質的要因は，新来の技法に向けられた当時の選択的嗜好性であるといえる。

　コネクショニスト・モデルのスキーマ理論が説明するように，この次元の評価はほぼ瞬間的に意識的努力なくしてなされるが，場合によっては意図的な操作を行うことも可能である。現代の企業によるコマーシャルなどは，製品に対する消費者の選択的嗜好性を意図的に操作しようとするものである。

　通常日常生活のコンテクストにおいては，私たちは一つの物体を全体としてとらえ，それを属性に分解してみることはほとんどない。しかし，物体が備えているさまざまな属性は，知覚，知識，製作工程における位置づけ，モーターハビットなどとの関係において異なる特性をもっている。したがって，土器研究においても，分析のひとつのステップとして個体としての土器を属性に分解してそれぞれの属性が示す空間的変異を検討し，その結果をその地域集団の認知的全体として再統合することによって，集団間のインターアクションの性格やその背後にある社会的・認知的プロセスを研究することができると考えられる。このような分析的手続きを踏むことによって，「縄文人の心」や「弥生人の心」といった抽象度の高い概念を超えて，より具体的で変化の実態に即した土器の認知的研究が可能となるのである。

　注
1)　近年，東北地方の大洞式との併行関係から近畿地方の滋賀里II式の古い段階までは後期に含まれる可能性が指摘されている。これが正しいとすると，九州の土器編年においても従来晩期前半に位置づけられてきた広田式・天城式・上加世田式の段階は後期末に繰り上げられることになろう。日本列島内での併行関係および韓国の土器編年との併行関係については，今後放射性炭素年代の測定も含めてさらに検討していく必要があり，またその結果現行の年代観が若干変動する可能性は残されている。

2)　ここでマルクス主義的枠組みとしているのは，古典的な発展段階論を中心として戦後日本考古学におい

て発展し，広く学界に流布した経済を第一の規定要因とする考え方のことである。多様なマルクス主義考古学を総合的に指すものではない。

3)　東日本における稲作の展開については，近年の縄文時代後期末に属する炭化米の証拠なども含めて，再検討しなければならないが，それにしても西日本におけるかなり均一な稲作文化の拡散に比べて異なる状況が見られることには変わりない。

4)　本書で論じる土偶の消滅や厚葬の発達などの他にも，人工物として表現される動物意匠における変化も興味深いものである。縄文時代には3次元的な造形によってイノシシを表現することが多いのに対して，弥生時代においては線画によるからシカの表現が多い (e.g., 井上, 1990)。こうした象徴体系と表現法の転換を生じさせた要因についても考察していく必要がある。

第5章

属性による空間的変異の位相差とコミュニケーション

——後期後葉〜晩期前半——

第1節　パースペクティブ

はじめに

　考古学者が資料のカテゴリー化を行う際には，採用される属性と捨象される属性とがある。日本考古学における土器研究では，器形や文様などの形態的な属性が分析や考察の対象となるのが通例であり，色調や器壁の厚さといった属性は，記述されることはあっても体系的な分析が行われることはほとんどない。土器の形態的属性は図化しやすいので研究者にとって利用しやすく，また通時的な変化や集団間関係の優れた指標となるということも経験的に認識されている。しかし，土器は一連の製作過程の中の異なった局面と関わる多くの属性から成り立っている。したがって，多様な諸属性それぞれの特性と，その製作・使用者との関係に注目することによって，資料の示す動態を従来よりもよく説明できるはずである。

　本章は，縄文時代後晩期の九州の土器を主たる対象として，土器の色調と器壁の厚さ，および器面調整という，これまであまり注目されることのなかった属性の空間的変異の様相について分析を行う。これらの属性は，視覚性，言語表現の容易さ，関係する技術などにおいて性格が異なるものである。この点に着目し，該期の社会および弥生時代への変化のプロセスに対する従来の解釈に新しい視点を加えることを目的とする。

1.　資料のカテゴリー化

　学問的な土器研究は「型式」を認定することから始まったともいえる。たしかに，なんの分類も行われなければ，膨大な考古資料の混沌を前にしてなんらかの解釈を行うことは不可能であろう。型式の設定は，編年体系を確立するのに不可欠であった。また，情報の圧縮という実用的な利点もある（Orton, 1980; 横山, 1985）。しかし，横山浩一が的確に指摘しているように，「型式」は類別された資料群そのものではなく，「個々の資料が持っている多くの性質のなかから，研究者が不必要と認めたものを切り捨て，必要と認めたもののみを抽出して構成した概念」（横山, ibid.: 44–45）なのである。つまり，型式は抽象概念にほかならない。

　従来，編年体系の確立が考古学の当面の目標とされてきたことから，多くの型式は時間的・空間

的単位としての役割を担わされたものであった。欧米考古学においても，このような空間的・時間的体系を構築するための単位としてスタイルの概念が用いられてきた (Sackett, 1977)。スタイルという概念は，日本語では「様式」と訳され，時間的・空間的な単位として日常的に用いられているが，欧米考古学においては多くの議論を経て意味内容が変化し，今では「なんらかの社会的な情報をもつ形態的な特徴」を指すものとして用いられることが多いようである (Sackett, 1977, 1982, 1985; Shennan, 1989; Wiessner, 1983, 1985)。

　他の考古学における主要な概念についても再検討が進められている。この動向は主として欧米の考古学界において顕著であるが，問題は本質的で重要なものであり，看過することはできない。例えば，チャイルド (Childe, 1956) 以来，考古学における中心的な概念であった文化は，もはや実体的な単位とはみなされなくなっている (Shennan, 1989)。つまり，遺物のまとめあげに終始することによって，重要な情報が見えなくなってしまうことが認識されるようになったといえよう。

　型式の認定はすなわち分類作業であるといえるが，分類は基準のとり方によって種々の異なったパターンをとりうるものであり，唯一の正しく客観的な分類というものは存在しない(横山, 1985: 45; Lakoff, 1987; 中園, 1991b: 1)。すなわち，時間的・空間的単位としては有効と思われる型式の内部において，あるいはいくつもの型式に共通するような，さまざまな変異が存在するのである。ほとんどの考古資料は，時間的にも空間的にもポリセティックなあり方をするのが実態であり，また重要なところである[1] (Clarke, 1968)。ところが，編年体系における型式や様式は，通常ブロックのように積み上げることのできるモノセティックなものとしてイメージされることが多い。このような性格をもつ型式を単位として研究を行うかぎり，型式認定の際に捨象される属性が持つ情報を引き出すことはできない。そこで，さまざまな視点から分類を行い，多様なパターンを発見することが考古学の議論を発展させるうえで望ましいと考える。そのためにはまず，これまで型式の背後に隠れて注目されることのなかった変異からも考古学的に意義のある情報が得られるということを示すことが必要となる。

2.　属性の空間的変異

　土器の実体としての最小単位は個体であるが，できるだけ多くの情報を引き出そうとするならば，1 個体の土器もさまざまな属性から成り立っているものとして捉えることが有効である。したがって，土器の地域性から社会の様相に言及しようとする研究において，すでに属性レベルが検討の対象となりつつあることは当然のことであろう。

　土器の属性に着目した研究の中でも，田中・松永 (1984)，深澤 (1986) や溝口 (1987) によって示されたように，1 個体を構成する属性であっても，属性によってその地理的分布状況が異なるという事実の指摘は重要である。これは，ある特定の型式の遺物の分布範囲というものをなんらかの実体的なカテゴリーと直結させるのは困難かつ不十分であるということを意味することにもなるからである。

　情報伝達のあり方や製作者の意図・判断の問題にアプローチするためには，性格の異なる属性に

着目することが有効である。このような視点に立った研究として，土器製作上の必要性と模倣の容易さという観点から文様と調整法の性格の違いに着目した深澤芳樹の研究(深澤, ibid.)，「見よう見まね」が可能かどうかという情報伝達の容易さの観点から，胎土の調整法と文様属性の伝達のされ方を論じた林謙作の研究がある(林，1990)。さらに身体化されたモーターハビットの概念を用いて折衷土器の製作者の問題を論じた中園聡の研究は，肉体をもった個人としての土器製作者を明確に意識する点で認知考古学的であるといえる[2](中園，1994)。また，家根祥多は粘土帯の接合法という非視覚的な属性に注目して渡来人の比率を論じている(家根，1993)。

　これらの点を考慮すると，考古学的な解釈をより深めていくためには，考古資料における空間的変異はさまざまなプロセスの産物であるということを認識したうえで，既成の概念に縛られない詳細な分析を行っていくことが必要となる。しかも，ある要素の存否をとりあげるだけでなく，定量的な方法を用いて，より微妙な空間的変異を抽出していくことも必要となる (Shennan, ibid.)。本章でとりあげる土器の色調と器壁の厚さも，属性の性格上，存否によって簡単に地域性を指摘することはできず，その空間的変異の様相をとらえるためには定量的・数量的な分析が不可欠である。

　分析によって両属性の空間的変異のあり方に差異がみられれば，属性の性格と空間的変異のあり方についての一般的な議論に貢献することができるし，また，空間的変異の形成のプロセスを考察することによって縄文時代後晩期の社会の様相にアプローチすることができる。このような分析を行うことによって，その歴史的な位置づけが問題とされてきた縄文時代後晩期の社会の様相について新しい見解が得られ，より適切で豊かな解釈に貢献することができれば，先に述べた方針の妥当性は示されたことになろう。

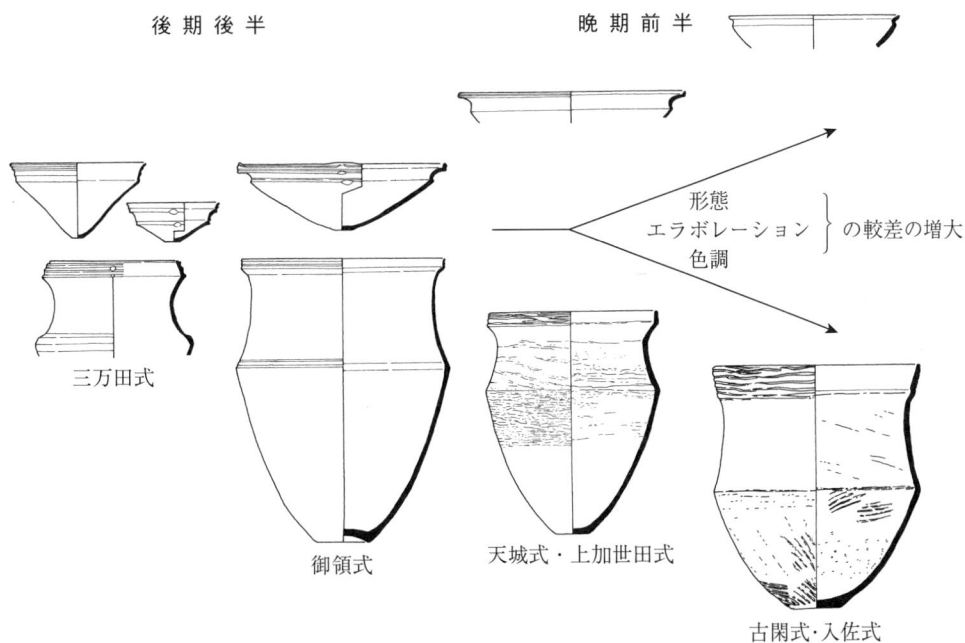

図 5-1　通時的にみた浅鉢と深鉢の差異の拡大

　土器様式の構造を記述するための基本的な概念として，器種構成とエラボレーションの度合いが
あげられる。エラボレーションの程度については一般には精粗という用語が用いられるが，この判
断の基準となるのがエラボレーションの度合いである。これは，土器製作の各工程での念の入れ具
合から総合的に復元されるものであり，胎土の調整や器面調整・施文などが主たる観察項目となる。
九州の晩期の土器は，浅鉢と深鉢という2大器種が明確に分離する(図5–1)。これは，形態のみなら
ず，色調とエラボレーションの度合いにおいて顕著な差異をもつものである。この時期に特徴的な
技法である黒色磨研は，基本的に浅鉢に対して用いられる。そして，浅鉢は研磨で仕上げられるも
のがほとんどであるのに対して，深鉢は条痕などを器面に残すものもみられる。

第2節　黒色磨研土器様式の空間的変異

1.　土器の様態

　縄文時代後期後葉から晩期前半にかけて，九州の土器は型式学的には連続的な変化を示しつつ，次
第に磨消縄文が失われて無文化の傾向が促進する。この時期の九州の土器は全体的に非常に高い斉
一性をもっている。もちろん若干の地域色はあるが，小林達雄によれば一つの様式として一括する
ことができるものである(小林，1977a)。したがって，本論で問題とするのは，一つの土器様式圏にお
ける，より認識しにくいレベルでの地域性ということになる。

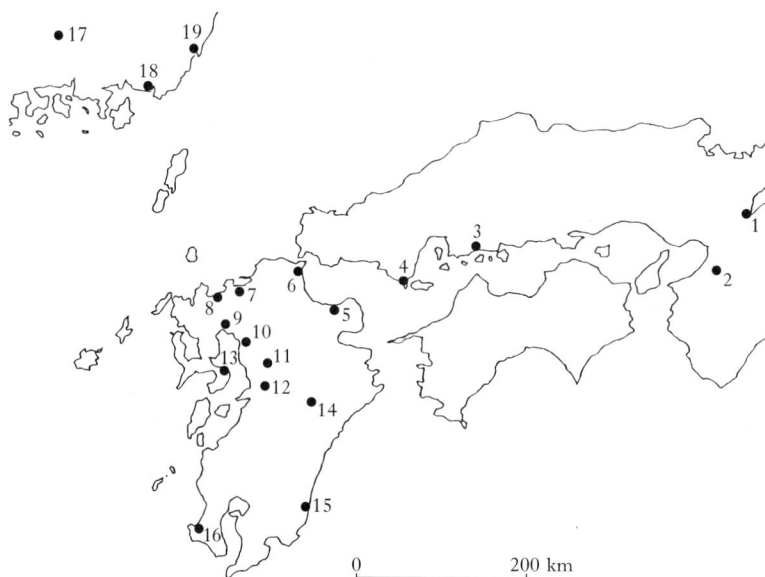

図 5–2　分析に用いた遺跡分布図
　　1. 滋賀里，2. 橿原，3. 貝持貝塚，4. 岩田，5. 尾畑北，6. 貫川，7. 四箇，8. 広田，9. 佐賀(香田・藤附・金立開
　　拓・鈴熊)，10. 権現塚北，11. 伊坂上原・天城，12. 古閑，13. 筏，14. 陣内，15. 平畑，16. 上加世田，17. 鳳渓
　　里，18. 水佳里，19. 検丹里

　　分析に用いた遺跡を図 5–2 に示す。ここで扱う色調や器壁の厚さといった属性については報告書
等からデータを作成することができないため，データはすべて筆者自身が実見できたものに限られ
る。晩期前半については近畿・中国地方のデータも得ることができたので加えてある。また，朝鮮
半島南部のデータも若干得ることができた。検丹里遺跡と鳳渓里遺跡の無文土器資料は，九州の晩
期前半の資料より時期が下ることは明らかであるが，無文土器の色調を代表しうるものとして加え
てある。時期的に併行するのは櫛目文土器晩期に位置づけられる二重口縁土器とみられるが，この
資料も若干得ることができた。佐賀平野は，一遺跡から得られたデータの数が少なく地理的に近接
しているので，同じ地域として一括している。データベース化して利用可能なもののうち，分析の
対象とした資料の総数は 915 点であり，数的にも，また地域的にも必ずしも十分とはいえないが，こ
こで意図した目的は達成できるものと考える。
　　通時的な様相をみるためにはできるだけ時期を細分することが望ましいが，データ数の制限等か
ら主として後期後葉と晩期前半の 2 時期に分けて分析を行うこととし，可能な場合はさらに細分を
行うことにする(図 5–3)。後期後葉には三万田式と御領式を含める。三万田式の定義は澤下孝信 (1983)
に従う。晩期前半には，広田式・天城式・上加世田式から古閑式・入佐式の段階までを含む。近畿
地方については家根祥多の編年による滋賀里 II 式を資料とした。
　　後期後葉の三万田式・御領式の時期には，少なくとも深鉢・浅鉢・鉢・注口土器の 4 器種が認め
られ，それぞれをさらに細分することも可能である。しかし，後晩期を通じて九州全体で明確に認

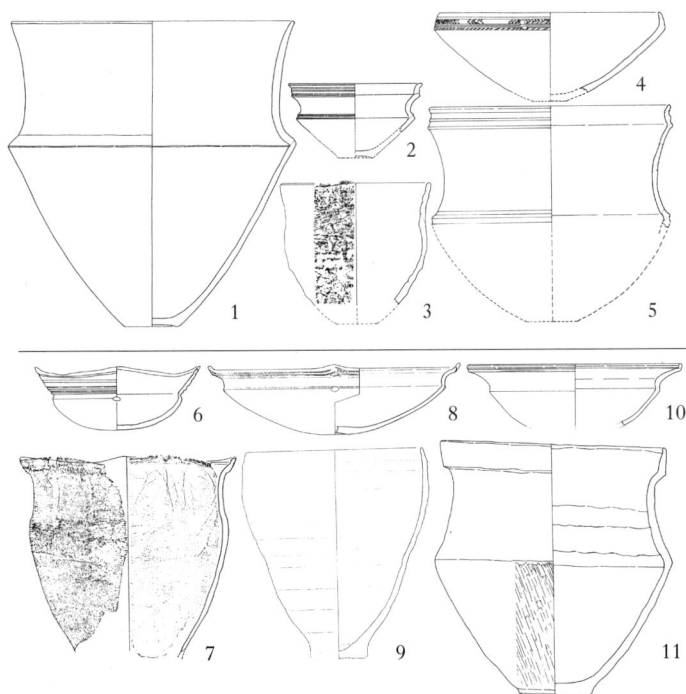

図 5–3　九州の後期後葉(上段)・晩期前半(下段)の土器
　　　1.2, 伊坂上原，3.4.5, 四箇 L-11c 地点，6.7, 貫川，8.9, 広田，10.11, 古閑 (9 は 1/12, その他は 1/8)

識でき，量的に確保できるのは深鉢と浅鉢であることから，この 2 器種をとりあげて分析を行う。それぞれの器種の中での細分はそれ自体興味深い問題であるが，今回の分析ではとりあえず 2 器種の大別で差し支えないと考える。

さて，土器には，手間暇かけて入念に製作されるものとそうでないものとがある。一般的には，精製土器・粗製土器という言葉で表現されるが，常にこのどちらかに振り分けられるとは限らず，差異が連続的な場合も多い。そこで，何らかの基準からみた度合いの問題として記述するほうが望ましい。田中良之らが「ハイレベル」・「ローレベル」という「レベル差」で表現しているものがそれに該当しよう。しかし，田中らの「ハイレベル」・「ローレベル」・「レベル差」という用語は，以下の 3 種類の用い方がなされている。1) 一般に精粗に対応するとされる土器製作時に「投入された価値」に対して(田中，1982: 85, 92, 94–95)，2)「ハイレベルの様式」・「ローレベルの様式」のように様式を階層的にまとめあげる際の包摂関係や様式間関係における排他性の強弱に対して(田中，ibid.: 87–88; 田中・松永，1984: 109–110; ほか)，3)「型式レベル」「属性レベル」のように研究視点の違いに対して。そもそも人間は，日常の身体的な経験を通していくつかの基本的な認知構造を獲得する。その中に「上 / 下のイメージ・スキーマ」も含まれる。これは，本来は実際の上 / 下関係の認識から形成されるものであるが，これに基づいて，身分・能力・年齢など，物理的には上 / 下関係にないものを上 / 下としてアナロジー的に認識するのである[3] (Lakoff, 1987)。田中らは，このような「上 / 下のイメージ・スキーマ」で捉えることのできるいくつかの対象に「レベル」という言葉を用いていることになる。したがって，田中らの個々の使用法は誤りではないが，意味内容が多岐にわたることは専門用語として好ましくない。本論にもっとも関係するのは上の 1) であるが，したがってそれを「エラボレーションの度合い」(cf. 中園，1991a; 大西・中園，1993) と表現し，以下で用いることにする。

晩期前半においては，深鉢と浅鉢はエラボレーションの度合いにおいて差異が拡大する傾向があるため，分析は別個に行う方が適切であると判断する。

2. 色調の空間的変異

(1) 土器の色調

土器は，胎土の調整法・焼成法・化粧土などの技術によって，地域・時期ごとに特徴的な色調を呈する。また，色調はすぐれて視覚的な属性なので，中国竜山文化期の土器を黒陶と称するように，土器群全体を示す名称として用いられることも多い。ここで分析の対象とする土器群についても「黒色磨研土器」という用語が使用されており，一方比較の対象となる朝鮮半島の無文土器は「赤褐色無文土器」と称されることもある(三上，1959)(口絵 7 を参照)[4]。

しかし，色調について分析や考察を行おうとすると，器形や文様の場合とは異なる点で問題が生じ，このことがこれまで色調を分析や考察の対象とすることを妨げてきたともいえる。第一に，土器の使用中もしくは埋没後の変色の問題がある。とくに後者は明らかに深刻なものであり，例えば地山が花崗岩ばいらん土などの酸性の強い土壌の地域では，土器の保存状態がかなり悪いことがあ

り，その結果変色していることは十分考えられる。このほかにもさまざまな土中での物理的・化学的な影響が考えられる。しかし，この問題は一朝一夕に解決できるものではなく，多くのデータを用いた組織的な比較検討が必要である。したがって，ここでは，保存状態の悪いものや明らかに使用による変色をうけた部分はデータ化しないという程度の配慮をしたうえで分析を行った。その結果，同じ遺跡においても時期や器種によってはっきりした色調の違いが確認できるのであれば，埋没後の変色の問題を差し引いても有効な差異が抽出できると考えられる。

　第 2 の問題は，土器の色調が意図的なものであるかどうかということである。土器製作者は焼成後の色調についてはなんら意図するところはなく，その土地で得られる粘土や焼成技術によって規定されているにすぎないという想定もできるからである。しかし，土器の色が意図的であるか非意図的であるかは，二者択一的な問題ではなく，状況や脈絡によってどちらに近いかという，程度の問題であろう。すなわち，ある程度意図的に特定の色に焼きあげようとする努力が行われたとしても，先史時代の土器においては胎土や焼成技術などにより規制は受けるであろうし，むろん，その許容範囲の中で志向する色の選択が行われることも考えられる。逆に，ある種の色に意図的に特別な意味をもたせていなくても，ある色調の土器が日常生活の中で製作・使用されている以上，それと関わる人間の認識と全く無関係ではありえない。色調の異なる土器を目にする状況があれば，その差異は容易に認識できるものである。なお，今回分析の対象とした後晩期の土器においては「黒色磨研土器」が特徴的に存在するが，これらは明らかに光沢をもった黒色に仕上げようと意図されたものである(口絵 1)。

(2)　分析方法

　色調は，慣用的な色名を用いれば，ごく少数のバリエーションしか抽出できず，再現性および定量化に問題があるため，マンセル記号を用いてデータ化した。マンセル表色系にしたがえば，色は色相・明度・彩度の 3 属性によって表される。色相は，赤や黄などのいわば色の種類を示すもの，明度は明るさの感覚を定量化したもの，彩度は色の鮮やかさの度合いを表したものである。これらの組み合わせから，色調の差異について具体的に記述することができるうえ，分析をより客観的にすることができる。

　データ化に際しては，新版標準土色帖(小山・竹原，1967)を用いて色片と土器片とを対照し，もっとも近いと感じられる色片の数値を記録した(口絵 2)。ひとつの土器片で部分によって色調が異なる場合は，より面積が広く，しかも二次的加熱や使用中・廃棄後の劣化による変色が少ないと考えられる部分で色片との対照を行った。器表が著しく荒れているものは資料として使用しなかった。

　マンセル記号でデータ化した土器の外面・内面の色調(色相・明度・彩度)の計 6 項目を多変量解析によって分析した。以下，浅鉢と深鉢それぞれの分析方法と結果について述べる。

(3)　浅　　鉢

　浅鉢の色調については，数量化理論第 II 類(数量化 II 類)を用いて分析した[5]。この方法は質的デー

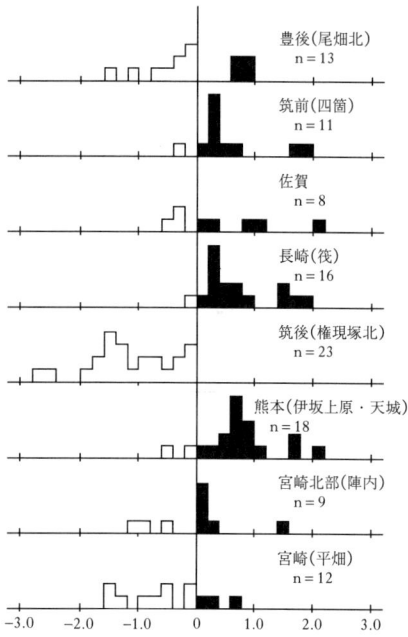

図 5-4　浅鉢の数量化 II 類によるサンプル分布図
（後期後葉）

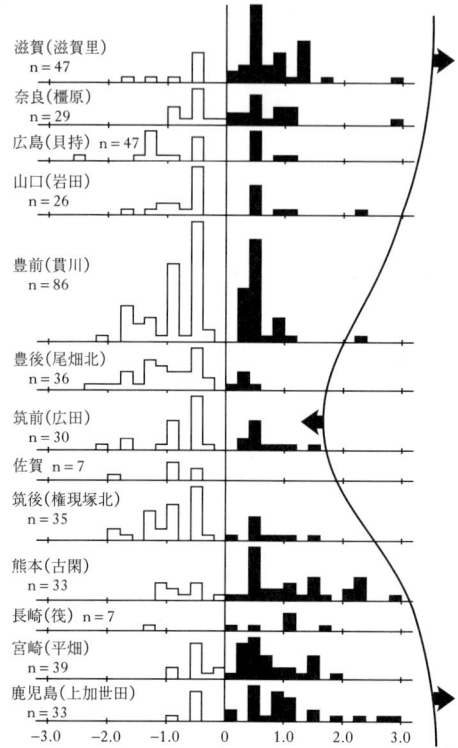

図 5-5　浅鉢の数量化 II 類によるサンプル分布図
（晩期前半）

表 5-1　浅鉢の色調の数量化 II 類による分析結果

	後期後半	晩期前半
相関比	0.531	0.278
偏相関係数		
外面色相	0.289	0.263
外面明度	0.422	0.428
外面彩度	0.385	0.109
内面色相	0.503	0.154
内面明度	0.616	0.088
内面彩度	0.477	0.190

タの判別分析といえ，外的基準としたカテゴリーの判別の度合いとその要因を知ることを目的とし
たものである。ここでは各地域を外的基準とし，土器の外面 / 内面の色調を説明特性とすることに
よって，地域差の程度と要因を検討する。図 5-4・図 5-5 にサンプル分布図，表 5-1 に相関比と偏
相関係数を示す。相関比は，外的基準によるグループがどの程度よく判別されているかを示し，偏
相関係数はその判別への各説明特性の寄与率を示す。相関比は後期後葉ではわりと高いが，晩期前
半になるとかなり低下している。晩期前半には外的基準とした地域の数が多いため，判別が相対的

に難しいということも考慮しなくてはならないが，この時期に浅鉢の色調において斉一性が高まったということも示している。また，後期後葉では偏相関係数は全体に外面より内面の方が高いのに対して，晩期前半では外面の明度がもっとも高い値を示す。

　カテゴリー数量の読みとりから，明度と彩度が低いものが大きな数値をとると判断できた。したがって，サンプル分布図のプラス側は黒っぽいもの，マイナス側はいわばあまり黒くないものにあたる。ただし，この傾向は晩期前半においては明確であるが，後期段階ではさほど明確ではない。ここで示されているのは黒色の浅鉢の存在比率という形での微妙な地域差といえる。グラフは九州東北部もしくは近畿地方から，九州の中部，南部へとほぼ地理的な順番に上から配列している。

　後期後葉においては，筑後が全体に明るめであることを除いては，九州西北部と中九州で黒色の浅鉢の比率が高い。ところが，晩期前半になると，筑前，佐賀平野，筑後といった九州西北部において，黒い浅鉢の比率が他地域に比べて低くなっている。この地理的クラインを分かりやすく示すため，図 5–5 の右側にラインを引いている。豊後の尾畑北遺跡と宮崎の平畑遺跡は各時期ともマイナス側に分布するものが多い。

　数量化 II 類による分析の結果，晩期前半の浅鉢の色調の地域性は黒色磨研浅鉢の比率というかたちでもっともよくあらわれていることが分かった。そこで，より明確に様相を把握するために「黒さ」に焦点を絞ることにする。マンセル表色系では，理想的な黒は明度と彩度がともに 0 として表示され，明度と彩度が低いほどより黒色に近くなる。したがって，マンセルの色立体モデルに基づけば，明度と彩度を用いて算出した理想的な黒からの距離を「黒さ」の指標として用いることができると考えられる。これを B とおくと，

$$B = (明度^2 + 彩度^2)^{1/2}$$

という式で計算できる。B が 2.5 以下のものは色味を感じないほどのかなりの黒さであり，2.5 から 3.5 のものも，色相 5YR から 10YR では黒褐色に相当し，意図的な黒色焼成を行ったとみてほぼ間違いない。これ以上の値になると，積極的に黒色磨研と呼べるほど黒くはない。しかし，深鉢では B がほぼ 6.0 以上であるのに対して浅鉢はそれ以下のものが多く，やはりこの時期においては基本的に両器種の製作過程の色調に関わる部分(おそらく焼成段階)に差異があったとみてよい。B が 3.5 以下のものの比率を表 5–2 に示す。これをみると，近畿から九州北東部にかけて内面がとくに黒いものが多いようである。これは，焼成時の土器の置き方などが関与しているかとも考えられ，今後検討する必要があろう。内面・外面のどちらかが 3.5 以下であるものの比率 (MAX.) でみると，九州西北部を中心として黒い浅鉢の比率が低く，この地域から東側や南側に空間的に離れるにしたがって，徐々に黒い浅鉢の比率が高くなるという様相が読みとれる。

表 5–2 晩期前半の浅鉢の B が 3.5 以下のものの比率 (%)

	外面	内面	MAX.
滋賀里	68.1	78.7	91.5
橿原	51.7	79.3	89.7
貝持貝塚	50.0	80.0	80.0
岩田	53.8	73.1	88.5
貫川	41.7	64.0	70.9
尾畑北	19.4	30.6	47.2
広田	43.3	56.7	60.0
佐賀平野	28.6	28.6	42.9
権現塚北	34.3	51.4	57.1
古閑	60.6	66.7	75.8
筬	57.1	100	85.7
平畑	41.0	28.2	48.7
上加世田	84.8	84.8	100

　ちなみに，後期後葉と比べて晩期になると全体的に黒い浅鉢が増加しており，九州西北部の黒色浅鉢の比率が低下しただけではなく，そのほかの地域で黒色浅鉢の比率が全体的に増加したことがこの地理勾配を生み出しているということになろう。尾畑北遺跡と平畑遺跡は，この全体的な傾向に従っていないと考えられる。

(4)　深　　鉢

　深鉢については，数量化 II 類を用いるには色調の変異が大きすぎるため，外的基準を設けない数量化理論第 III 類を用い，地域ごとのパターンの把握を試みる。

　図 5–6 はカテゴリー数量化値の 2 次元散布図である。I 軸のプラス側に高い彩度を示すカテゴリーと，2.5YR，5YR など赤みの強い色相が分布しており，逆にマイナス側には低い彩度と黄色みの強い色相が分布している。また，II 軸においては，プラス側に高い明度，マイナス側に低い明度を示すカテゴリーが分布している。つまり，I 軸は色相と彩度の変異に，II 軸は主に明度の変異に対応

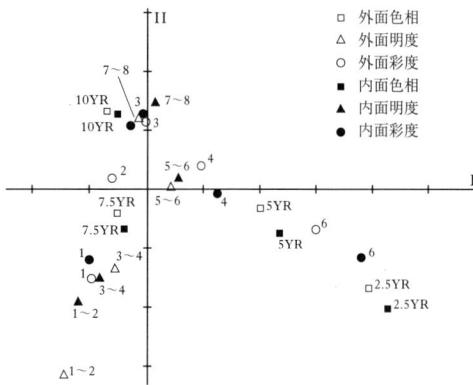

図 5–6　数量化 III 類によるカテゴリーの布置

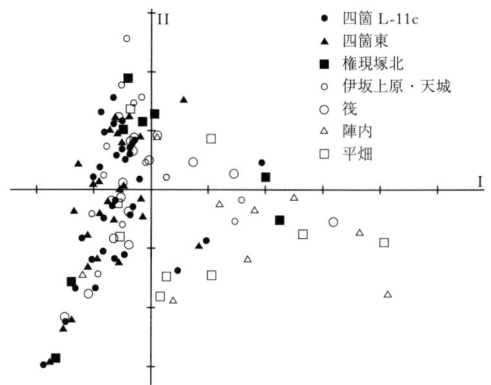

図 5–7　数量化 III 類によるパターンの布置
　　　　（後期後葉）

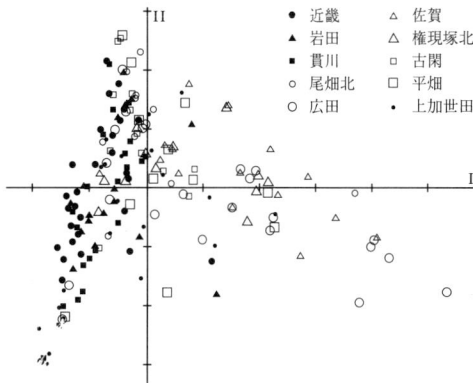

図 5–8　数量化 III 類によるパターンの布置
　　　　（晩期前半）

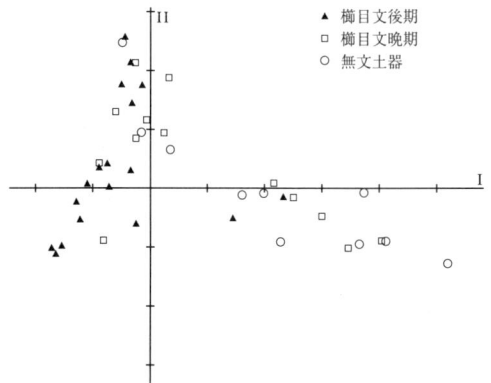

図 5–9　数量化 III 類によるパターンの布置
　　　　（朝鮮半島）

しているということがわかる。

　次にパターン数量化値の 2 次元散布図によって，各地域の様相をみる。後期後葉においては，同
一地域内での変異が大きく，また各地域が互いに大きく重なり合っているのがわかる(図 5–7)。とこ
ろが晩期前半になると，依然として各地域間の重なり合いはあるものの，I 軸のマイナス側のみに
分布する地域と，プラス側に大きく張り出す地域が明確に区別できる(図 5–8)。両者の中間的な分布
を示す地域も存在する。最も分布密度が高い第 2 象限の原点付近ではすべての地域の分布が重なっ
ていることから，明るくて彩度のあまり高くない褐色の深鉢は，この時期かなり普遍的に存在して
いたようである。

　図 5–9 は韓国南部の水佳里遺跡・鳳渓里遺跡・検丹里遺跡の資料について，後期櫛目文土器・晩
期櫛目文土器・無文土器に分けてプロットしたものである。後期櫛目文土器は I 軸のマイナス側に
集中しているのに対して，二重口縁土器と称される無文化の進んだ晩期櫛目文土器はプラス側にも
多く分布しており，赤みの強い色調が増加していることがわかる。とくに，鳳渓里遺跡では，それ
以前の櫛目文土器との間に明確な差異が看取される。前期無文土器になると，分布は I 軸のプラス
側に集中するようになる。このことから，赤みの強い色調への変化は九州西北部と朝鮮半島南部で
ほぼ併行して生じているといってよいようである。

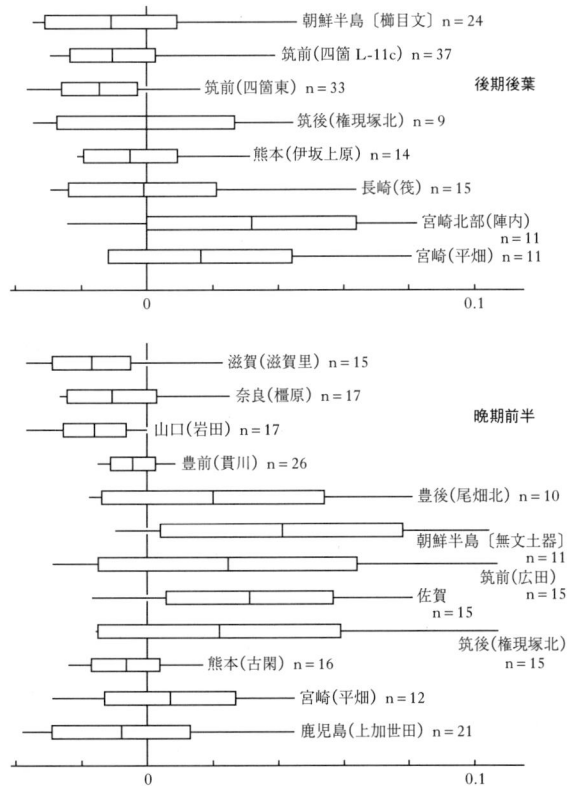

図 5–10　各地域の数量化 III 類の第 1 次元数量化値

　色調の地域差は，とくに晩期前半の段階においては，I 軸方向によく表れているため，第 1 次元における変異の様相をより分かりやすいかたちで示した。図 5-10 は，各地域のパターンの第 1 次元数量化値をハコヒゲ図で示したものである。ハコヒゲ図の「ヒゲ」の両端は最大・最小値，「ハコ」の長さは標準偏差，中心付近の縦線は平均値を示している。後期後葉の四箇遺跡 L-11c 地点と四箇東遺跡は，前者が三万田 I 式中心，後者が三万田 II 式中心と時期差がみられ，それぞれ十分なデータ数が得られたので別個に計算しているが，双方とも類似した様相を示している。ここでは，鳳渓里遺跡の後期櫛目文土器と四箇遺跡が赤みが少なく，九州南部の方が若干赤みがかっている。ところが，晩期前半の段階ではこの傾向は逆転している。すなわち，朝鮮半島南部と九州西北部で赤みが強く彩度の高い土器が多く，ここから地理的に離れるほど鮮やかさが薄れ，徐々ににぶい黄灰色になっていく傾向が読みとれるのである。玄界灘沿岸の広田遺跡がもっとも韓国の検丹里遺跡に近く，佐賀，筑後，熊本と南下するにしたがってしだいに色調における朝鮮半島南部との類似性が低下するということがいえる。また，豊前から近畿にむけても同様のクラインがあることが示唆される。この色調の地域性の変化は，土器の色調が単にその地域の地質に一元的に規定されているのではないことを如実に示している。

　さらに補足しておきたい点がある。広田遺跡の深鉢には，胴部で屈曲する晩期前半の九州に特徴的な形態のものと，明確な屈曲をもたないものとがある。両者は器面調整においても差異があるが，このうち，検丹里遺跡と類似した明るい赤褐色の色調は後者に特徴的であり，屈曲するタイプのものは灰褐色を呈するものが多い(図 5-11)。同じ遺跡で 2 種の深鉢が異なる色調を呈しているということは，広田遺跡の，ある種の深鉢の色調が検丹里遺跡の土器の色調に類似している理由が，単に土壌の類似性などに還元されるべきものではないということの証左となる。しかも，2 種の深鉢のうち，より該期の朝鮮半島南部の土器に形態的に類似している屈曲しないタイプのものがより検丹里遺跡の土器に近い色調を示すということは，意図的な模倣を示唆するものである[6]。

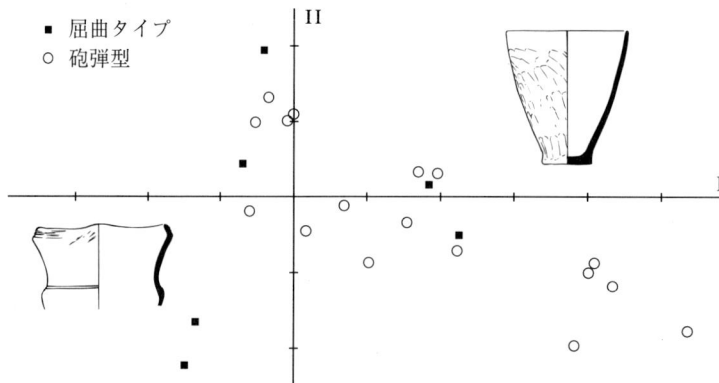

図 5-11 広田遺跡の深鉢の形態と色調の関係
(図 5-8 より抽出)

3.　器壁の厚さの空間的変異

(1)　器壁の厚さ

　器壁の厚さも，日本におけるかつての「厚手式」・「薄手式」という名称のように，土器群の大別の指標として用いられることがある。朝鮮半島の櫛目文土器と無文土器に対しても，厚手式・薄手式という区別名称が与えられたことがあった。鳥居龍蔵は「厚手無把手有紋土器」と「薄手有把手無紋土器」と命名したが，藤田亮策は逆に，前者を「櫛目文土器」，後者を「厚手無文土器」と称した(三上，ibid.)。三上は器壁の厚薄は分類の基準とはみなし難く，色調の方が性質をいいあらわすのにより適しているとして，厚さによる分類を退けているが，厚さが土器分類の指標として注目された時期があったことは記憶しておかなければならない。

　しかし，考古学者のように破片を主な観察対象とする場合を除けば，土器の器壁の厚さはあまり視覚に訴えない属性である。使用する粘土や混和材の性質によって規定される部分もあると思われるが，製作時においても，また他者がそれを認知する際においても，じかに触れることを通して得られる感覚に基づいて，どのくらいの厚さにするかが決定されたり，またどのくらいの厚さであるかが伝達されたりするものであるといえる。あるいは，重さとして知覚されたり，熱効率や保温性などの違いから，実際に土器を使用することを通して差異が認識されることもあると考えられる。

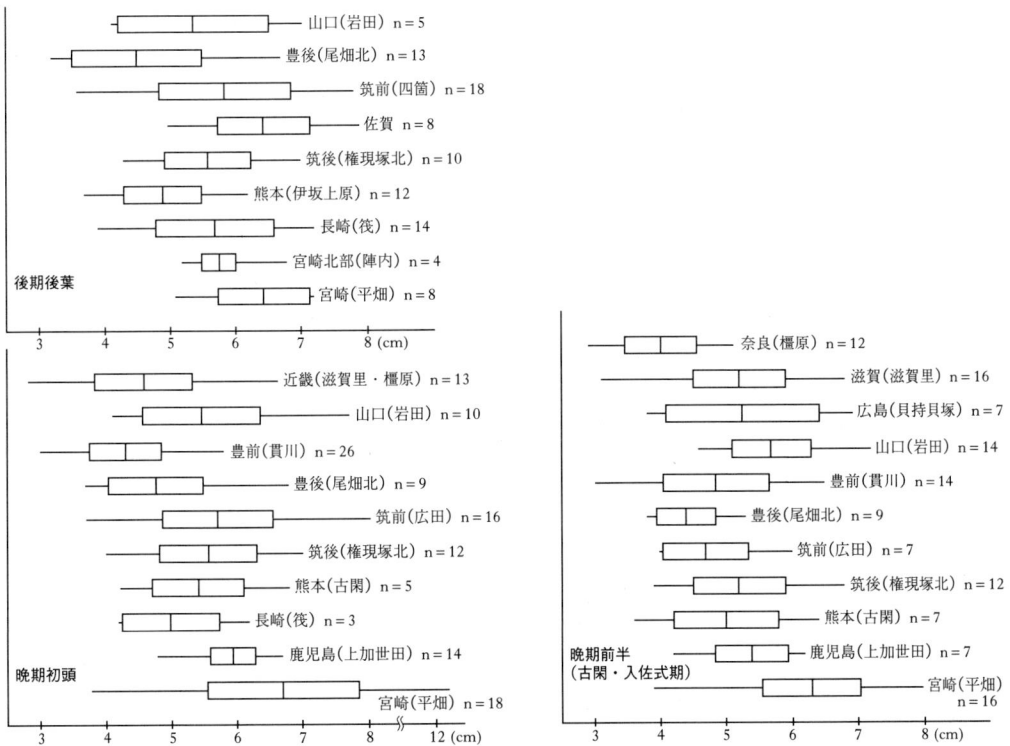

図 5-12　浅鉢の器壁の厚さのハコヒゲ図

(2)　分 析 方 法

　形態上の変異による影響をできるだけ避けつつも，より多くのデータを得るために，浅鉢では胴部上半部，深鉢では頸部(砲弾形のものは口縁下約10cmの位置)の，厚さの安定した部分で計測を行った。計測値は0.1mm単位で記録した。なお，サイズによって厚さが異なるのではないかという疑問については，あらかじめサイズと厚さとの間に有意な相関が認めにくいということを確認しているので，無視して差し支えないものと判断している。浅鉢については，比較的多くの資料が得られたので晩期前半をさらに2時期に分けて分析している。方法としては，各地域ごとに器壁の厚さをハコヒゲ図で表示し，空間的変異の様相をとらえることを試みている。

(3)　分 析 結 果

　図5–12と図5–13は浅鉢と深鉢の器壁の厚さを地域ごとにハコヒゲ図で示したものである。深鉢の方をみると，2時期とも近畿から九州東北部にかけて薄く，次いで中九州が薄くなっており，九州の西北部や東南部では厚めである。また，浅鉢についても，後期後葉と晩期初頭の段階では同様の傾向がうかがえる。晩期前半も新段階の古閑式・入佐式期になると，九州の西北部が中九州より薄

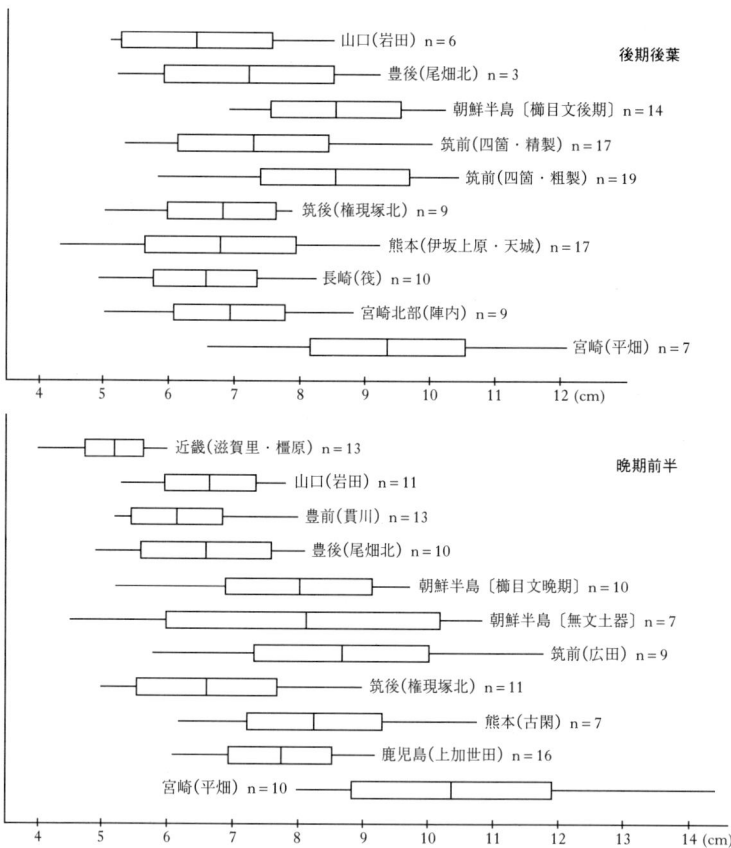

図5–13　深鉢の器壁の厚さのハコヒゲ図

くなるという変化がみられるが，これは晩期前半に北部九州で浅鉢のエラボレーションの度合いが高まる傾向と相関する現象とも考えられる[7]。この変化を除けば，大局的にみて両器種とも器壁の厚さにおいてはよく似た地理勾配を示しているといえる。なお，深鉢の方には朝鮮半島南部のデータも参考までに加えてあるが，不思議と九州西北部と似た値を示している。

4.　小　　結

　属性の性格の違いと空間的変異のあり方について考察する前に，これまでの分析結果を簡単にまとめておく。

　図 5–14 は，これまでの分析の結果を地図上に表示したものである。色調については，浅鉢は B が 3.5 以下のものの比率，深鉢は数量化 III 類の第 1 次元パターン数量化値の平均値，器壁の厚さについては両器種とも地域ごとの平均値を基準としてコンターラインを引いている。このラインは，様相の把握の助けとなることを意図したものである。

　まず色調についてみよう。浅鉢の場合，後期後葉には筑前や長崎や熊本といった九州西部で黒い浅鉢の比率が高く，東側へ低くなっているのに対し，晩期前半になると黒い浅鉢の比率は九州の南部と近畿地方でとくに高く，九州の西北部では相対的に低くなっている。橋口達也は，黒色磨研の精製土器の中でも「黒色を呈する土器は比較的古い段階に多く，次第に茶褐色・黄褐色を呈するものが多くなってくる」という傾向を指摘したうえで，広田遺跡と権現塚北遺跡ではこの傾向は広田遺跡の方が早く進行していると述べている(橋口，1988)。今回の浅鉢の分析では広田遺跡と権現塚北遺跡の差異は確認できなかったが，このような色調の変化が深鉢・浅鉢の両器種において，しかも広域にわたる地理的なクラインをもって生じていることを示すことができた。

　ここで晩期前半の両器種の様相を比較してみると，双方の空間的変異のあり方がよく似ていることに気付く。つまり，晩期前半の段階になると，深鉢と浅鉢の両方で色調の空間的変異のあり方に連動した変化が生じている。なお，この変化は九州の西北部を中心として起こっているということができる。

　図 5–8 で第 4 象限に分布しているのは，色相が 2.5YR〜5YR，彩度が 4〜6 という色調である。これは，通常の弥生土器よりもやや赤みと鮮やかさが強い色調である。広田遺跡では浅鉢にもこのような色調のものがみられる。このような色調を呈する土器は，広田遺跡の次の段階では，黒川式の時期を中心とする福岡市西区の大原 D 遺跡[8]，弥生時代早期の福岡県糸島郡二丈町の石崎曲り田遺跡へ連続している。このような色調の変化が生じた地域の具体的な範囲についてはまだ確認できていないが，顕著な変化は福岡県西部の玄界灘沿岸地域にほぼ限られていたようであり，この時期の朝鮮半島とのコンタクトの性格を表しているのかもしれない。

　次に器壁の厚さについてみてみると，色調に基づいたものとはかなり異なった様相がみてとれる。浅鉢では，3 時期ともだいたいにおいて九州では東北部がもっとも薄く，南下するにつれて厚くなっている。より具体的には，九州東北部に次いで中九州が薄く，コンターラインが東から中九州の方へ張り出すような形になる。深鉢は，後期後葉の段階では宮崎以外の地域の類似性を示すにとどま

色　調　　　　　　　　　　　　　　　厚　さ

浅
鉢

後期後葉　　　　　　　　　　　　　　後期後葉

晚期前半　　　　　　　　　　　　　　晚期前半

深
鉢

後期後葉　　　　　　　　　　　　　　後期後葉

晚期前半　　　　　　　　　　　　　　晚期前半

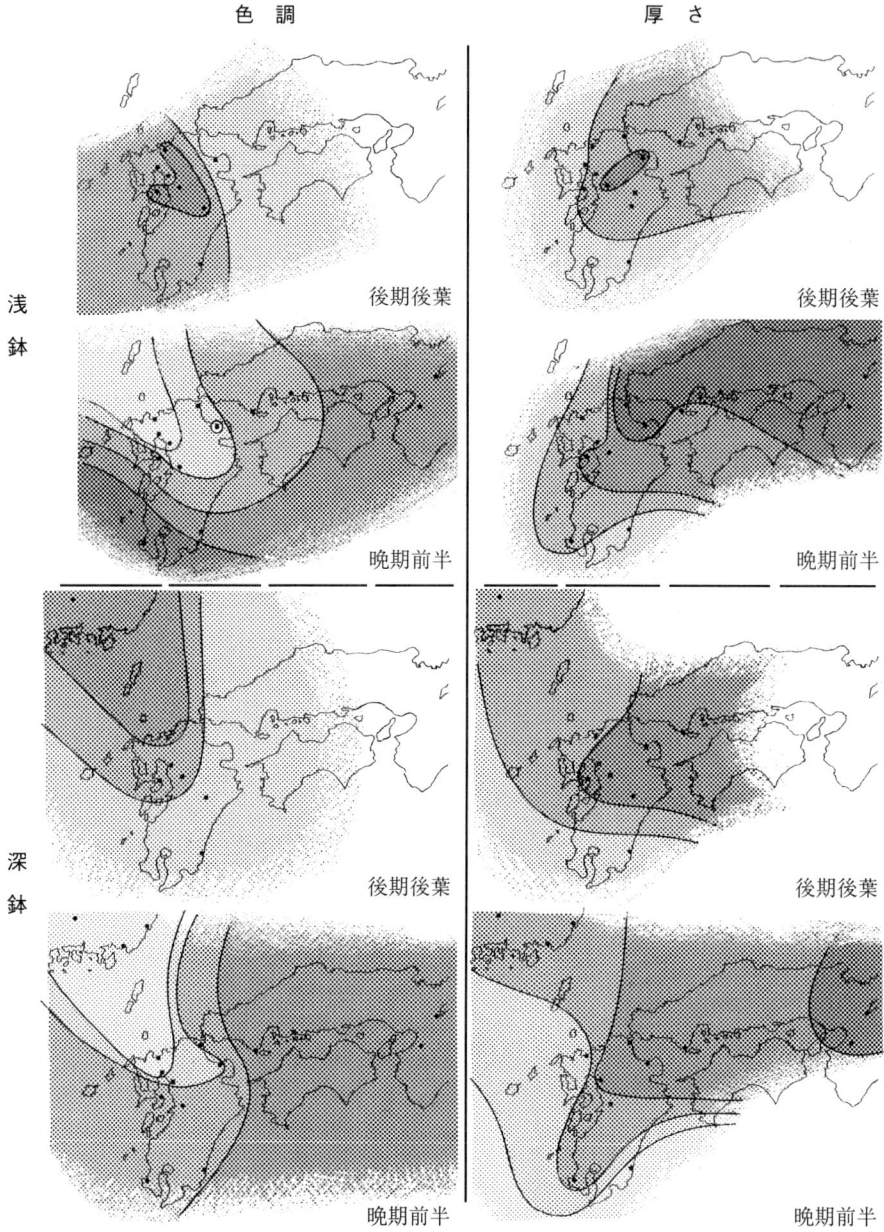

図 5-14　色調の厚さの地理的クライン
　　　　色調　浅鉢は黒色浅鉢の比率が高いところ，深鉢は第1次元パターン数量化値の低いところが濃い
　　　　トーン。
　　　　厚さ　薄いところが濃いトーン。
　　　　属性ごとに器種を超えた地理的クラインの類似性がみられる。色調では，晚期前半に傾向が逆転す
　　　　ることに注意。

るが，晩期前半になると浅鉢と非常によく似た様相があらわれる。すなわち，器種の差を超えて，属性ごとに地域性のあらわれ方が類似しているということになる。

5.　属性の性格と情報伝達

　以上の分析結果から，土器という同じ考古資料でありながら，色調と器壁の厚さという異なった属性に着目することによって，異なった空間的変異を抽出することができる，ということが判明した。この事実をふまえ，いかなる理由でこのような空間的変異の差異が生じるのかという問題について考察を行いたい。

　このような形の異なる地理的クラインが重なり合う様相は，製作者の移動や交易，総体としての文化伝播という概念では説明できない。情報を認知し，選択・受容・変容を行う個人の存在を解釈に組み込む必要がある。情報伝達という視点に立った土器研究としては，上野佳也 (1980, 1986) が縄文時代の土器の変化について認知科学的視点からの説明を試みている。土器にかかわる情報を 4 種類に分け，それぞれの伝達方式とともに，情報を照合・判断・処理する人間を組み込んで論じた点は重要である。

　田中 (1982)，田中・松永 (1984)，澤下 (1989, 1991)，松永 (1989)，溝口 (1987) らの一連の研究においては，土器様式の分布圏を土器製作に関する情報の伝達・受容が行われる範囲，すなわちコミュニケーション・システムの範囲ととらえている。その記述が抽象的なレベルにとどまっている点については都出 (1989) や中園 (1993a) の批判がある。情報の受容，非受容のメカニズムを説明するためには，実際にその処理を行う個人の認知構造を包摂した理論化をめざすことが必要となろう。また，文様属性の伝播のあり方の差異について，属性の「象徴的意味合い」の差異によるものという解釈も行われている (田中・松永, 1991) が，そこでいわれている象徴的意味合いの具体的内容についても個人の認知構造等を組み込んで議論を深めなくてはならない (中園, 1994)。

　現代人と縄文時代後晩期の人々とは異なる歴史的・文化的脈絡の中にいるため，当然のことながら，彼らが色や厚さについてどのように認識していたかを直接知ることはできない。しかし，各属性のもつ特徴とそれに関わる人間の認知構造のもつ普遍性に着目して，要素の伝達のされ方や受け入れ方に関する一般的なレベルでのモデル化を行うことは可能である。

　まず，情報伝達の容易さという点についてみれば，色調は視覚的であるので，あまり視覚的でない器壁の厚さに比べて，接触の頻度や程度が低くても伝達されやすい傾向があると考えられる。つまり，器壁の厚さのようなあまり視覚的でない特徴については，見ただけでは情報を得にくいが，土器を手に持ったり土器製作者の日常的な接触があればどのくらいの厚さであるか感覚的に把握することができる。それに対し，視覚的な色調はとくに頻繁で密接な接触がなくてもある土器を目にする機会があればその色調に関する情報は伝達されることになる。

　しかし，情報伝達の容易さはあくまでひとつのファクターにすぎず，いかに顕著な特徴をもつ情報であっても，文化的・社会的経験を通して構造化された認知構造をもつ個人によって認識されなければ意味をもたない。この構造化の具体的内容は文化によって大きく異なるが，その過程にはい

くつかの基本的な構造が認められることが明らかにされている。この問題についてここで詳述することはできないが，本章でとりあげた属性間の差異に深く関わると思われるものをとりあげることにする。それは，言語による表現と属性の性格との関係である。

　色の認識のしかたは，社会・文化や個人によって，またそのときどきの状況によっても大きく異なることが分かっている(千々岩，1983; Sharpe, 1974; 福井，1991)。文化における言語の重要性は大方の認めるところであるが，人間の概念形成と言語の関係については多くの議論がある。なかでも，言語が人間の認識を任意に規定するというサピア＝ウォーフ仮説に対する反証が，色彩用語の認知心理学的研究によってなされたことは重要である (Heider, 1972)。すなわち，色彩用語の差異にかかわらず，人間の色彩認識には視覚系の生理に基づいた普遍性があるということなのである。ゆえに，現代人と縄文時代人とでは文化的背景が大きく異なっていても，色の見え方自体は共有していることになり，解釈の基盤が得られる。

　人類学者のバーリンとケイによる色彩名称についての比較研究は，色彩名称の発達過程に通文化的な法則があることを発見した (Berlin and Kay, 1969)。彼らが提示した基本色彩名称の発達順序が完全に正しいかどうかについては議論があるが，白，黒，赤の 3 色がもっとも普遍的な色彩名称であることは疑いないであろう。本論で取り上げた土器の色調のうち，黒色磨研の浅鉢の色は「黒」の焦点色に近い。また，広田遺跡等の赤みの強い色調はロッシュ (当時 E. H. Heider) が示した「オレンジ」の焦点色に近く (Heider, ibid.)，もし当時「オレンジ」に該当するカテゴリーが成立していなければ「赤」のカテゴリーに含められたものと考えられる。つまり，これらの色調を指す言語名称が成立していた可能性も考えられるが，そうでなくとも，いかなる集団によっても明確に差異が認識され，記憶されやすい色調であることは確かである。

　次にクリアすべき問題は，この色調の変化がどのような技術的変化によって生じたのかという点である。胎土の調整法によるものか，焼成法によるものか，あるいは双方が絡むものかもしれない。縄文土器製作の技術体系の中で，色調を変化させることが可能であったか，それとも新しい技術の習得が必要であったのか。さらに，そうであれば，その技術の伝達と習得の難易度も問題となる。それによって，晩期前半の色調の変化に対する解釈も変わってくるが，今後の課題としておきたい。

　器壁の厚さについては，ある程度の許容範囲の中でただ個人がランダムに選択するようなものであれば，分析で得られたような地理的なクラインは形成されないはずである。したがって，たとえ無意識的にしろ，器壁の厚さに対していわば暗黙の了解のようなものが土器製作技術の習得の過程で伝達・習得されたものと考えられる。

　さらに，両属性の情報の受け入れられ方について考察する。まず，視覚的で言語化されやすい属性の場合，伝達された情報が受け入れられた場合には，広域にわたる斉一性を生み出すことになるが，すべての情報が常に受け入れられるとは限らない。意図的に受け入れを拒否し，インターアクションがあるにもかかわらず物質文化上の差異を保持するケースがあることは民族調査によっても確認されている (Hodder, 1982)。一方，無意識的に認知される場合は，当然ながら意図的な選択はかかりにくい。したがって，非視覚的で言語化されにくい属性は人間間，地域間のインターアクショ

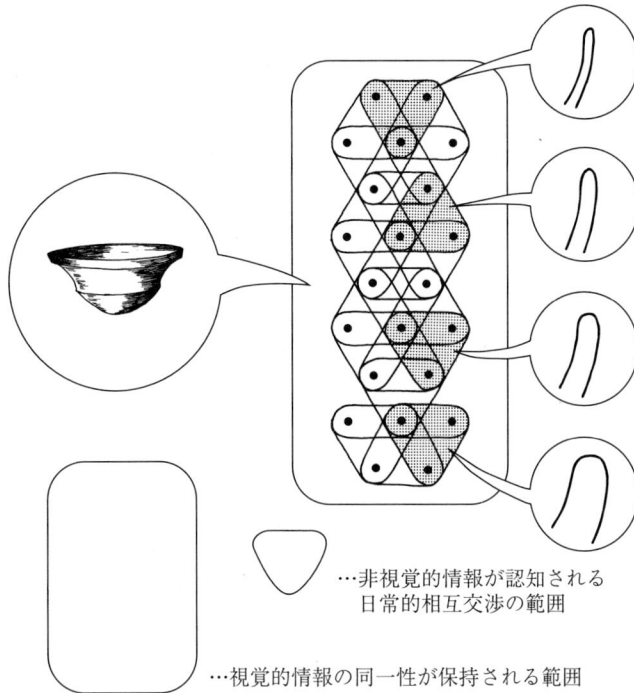

…非視覚的情報が認知される
日常的相互交渉の範囲

…視覚的情報の同一性が保持される範囲

図 5–15　属性の性格の違いによる空間的変異発現のモデル

ンを相対的に素直に反映すると推測できる。ただし，結果的には非視覚的であっても，例えば，明らかに異なる土器の製作技術が関与する場合などは，当然言語を介して意識的に伝達されるはずである[9]。したがって，属性の性格と伝達のされ方についてはより総合的に考えていく必要があり，ここでは，意識的認識の可能性の見地から一部をモデル化したにすぎない。

　意識的認識の有無と伝達のされ方について模式的に示したのが図 5–15 である。ここでは，晩期においては近畿から九州南部まで，非常に斉一性を持って分布した浅鉢の器形を，意識的に認識される属性の例としてあげてある。この場合は，認識され，さらに広く受け入れられた属性変異ということになろう。浅鉢の器形にみられる高い類似性から，晩期前半の西日本においてはかなり活発なインターアクションがあったことが想定される。その中で地理的に近接しており，頻繁に接触する人々のあいだでは，土器の厚さに関して，「だいたいこのくらい」というような暗黙の了解があると想定される。そして，その「暗黙の了解」の内容は，地理的に離れるにしたがって徐々にずれていく可能性がある[10]。少なくとも，属性の性格の違いと空間的変異のあり方の差異の関係の一部についてはこのモデルを適用できると考える。

　ここでは一応視覚的な属性とそうでない属性とを対比する形で示してあるが，もちろん両者が明確に区別できるものとは考えていない。傾向としてこのようなあり方が想定でき，これによって属性による空間的変異の違いの一部が説明できるということを示したものである。また，同時に，さまざまな空間的変異からそれらを生みだした社会の様相について考察する際に有効なひとつの視点

写真 5-1　近畿系の文様をもつ浅鉢
大分県大石遺跡(別府大学所蔵)

を提示したものでもある。

　器壁の厚さという，インターアクションの程度を反映するとみなせる属性の地理的クラインは，浅
鉢も深鉢も近畿あるいは九州の東北部から中部九州のほうへと張り出すようなあり方をしており，し
かもこの傾向は後期後葉から晩期前半になってもさほど変化しない。この現象は，熊本県古閑遺跡
などの知見から晩期前半の中九州では土器に近畿系の要素がかなり採用されているという事実と考
え合わせると興味深い(写真 5-1)。すなわち，当時の中九州の人々がかなり活発に東側との交流を
行っていたことが示唆されるのである。ところが，より視覚的な「色調」の方をみると，晩期前半
の段階で九州西北部を中心とした変化が生じている。中でも深鉢の色調については朝鮮半島南部と
の類似性がみられる。このことから，朝鮮半島の人々となんらかの形での接触が変化の要因となっ
た可能性は高いと思われる。この接触のあり方については，色調はより視覚的な属性であることを
考えれば，朝鮮半島から人が多量に渡来したなどと考える必要はない。どのようなかたちにしろ，玄
界灘沿岸の人々が朝鮮半島の土器を目にする機会さえあれば十分だからである。ただし，たとえ目
にすることができたとしても，それに似せようと思わなければ実際の変化は起きない。そのため，朝
鮮半島の土器の色を目にするとともにそれを真似たいという選択的嗜好性があったということが同
時に推測される (cf. 中園，1994)。

6.　器面調整の空間的変異

(1)　資料と方法

　九州を中心とする後期後葉から晩期前半にかけての土器で，実見によりデータ化できたものを資
料とする。中国・近畿地方の遺跡も参考としていくつか加えている。分析に用いた遺跡は色調と器
壁の厚さの分析に用いた遺跡と同じである。なお，一遺跡では十分なデータが得られない場合は，近

表5–3　晩期前半の深鉢における主成分
　　　　分析に使用した器面調整の変異

外　面
1　研磨
2　粗い研磨
3　ヘラ状工具によるナデ
4　板状工具による擦過
5　その他のナデ
6　二枚貝条痕
7　巻貝条痕
8　ケズリ

内　面
9　研磨
10　粗い研磨
11　ヘラ状工具によるナデ
12　板状工具による擦過
13　その他のナデ
14　二枚貝条痕
15　巻貝条痕
16　ケズリ

表5–4　晩期前半の深鉢の器面調整における共分散行列に
　　　　基づく主成分の固有値と固有ベクトル

変　異	主成分			
	1	2	3	4
1	0.386	−0.066	0.247	0.743
2	0.186	−0.298	−0.028	−0.229
3	−0.049	−0.002	0.046	0.005
4	−0.238	0.171	−0.192	−0.148
5	0.157	−0.478	−0.228	−0.204
6	−0.468	0.113	0.637	−0.087
7	0.116	0.758	−0.272	−0.152
8	−0.087	0.145	−0.213	0.075
9	0.638	0.147	0.280	−0.362
10	−0.014	−0.114	−0.143	−0.028
11	−0.021	−0.023	0.070	0.100
12	−0.192	−0.012	−0.004	−0.130
13	−0.169	0.057	−0.382	−0.348
14	−0.133	−0.026	0.249	−0.057
15	−0.045	0.015	0.020	0.118
16	−0.033	−0.040	−0.095	0.002
固有値	1075.990	822.772	269.902	235.098
寄与率	0.405	0.310	0.102	0.089
累積寄与率	0.405	0.715	0.817	0.906

接した遺跡を合わせてひとつの地域として扱った。

　浅鉢と深鉢の器面調整は，種類においても変異の大きさにおいても非常に差が大きいので，別々に扱うことにする。深鉢については，各種の調整法の遺跡あるいは地域ごとのパーセンテージをデータとして主成分分析を行った。器面調整のバリエーションは表5–3に示している。なお，基本的には最終調整に基づくが，それに先行する調整が顕著にあらわれている場合は両方カウントした。浅鉢はほとんどが研磨によって仕上げられているが，その研磨の丁寧さの度合いには若干の差異がみられる。その丁寧さの度合いを3段階に分けてデータ化を行った。レベル1は，研磨痕の幅が狭く方向が揃っており，器面が非常に平滑なもの，レベル2は，レベル1ほど丁寧ではないがほぼ余すところなく研磨されているもの，レベル3は，研磨されていない部分があったり，方向が揃っておらず器表に凹凸のあるものである(口絵3)。この分類基準はいくぶん感覚的なものではあるが，大まかな傾向はとらえることができると考える。

(2)　深　鉢

　後期後葉においては，近畿・瀬戸内地方では研磨に加えて巻貝条痕やナデが多用されているのに対して，九州では各地域とも研磨の比率が全体的に高い。また，二枚貝条痕がみられるが，巻貝条痕は豊前地域に限られる。この時期の九州内での地域性を簡単に表現すれば，東西に分かれた状態

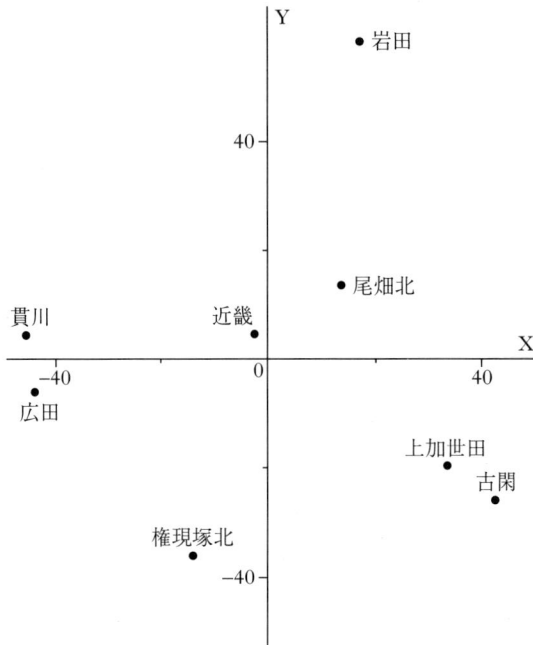

図 5–16　深鉢(晩期前半)の器面調整についての第 1・第 2 主成分得点の散布図

といえる。

　晩期前半の 8 遺跡(地域)の土器をデータとした主成分分析では，表 5–4 に示したように，第 1，第 2 主成分が大きく寄与しており，ここまでで約 70% を説明している。第 3，第 4 主成分ではそれぞれ 10% 程度の寄与率であり，ここまでで約 90% を説明している。したがって，せいぜい第 4 主成分までが意味あるものと考えられる。第 1 主成分では外面研磨と内面研磨が大きな値を示しており，逆符号で外面二枚貝条痕が大きな値を示している。研磨以外の他の調整法もほとんどが逆符号であることから，第 1 主成分は研磨を行うかどうか，いいかえれば器面調整におけるエラボレーションの度合いを表すものといえる。第 2 主成分では外面の巻貝調整が大きな値を示し，外面のナデと粗い研磨，板状工具によるナデが逆符号でやや大きな値をとっている。したがって第 2 主成分は巻貝か，それとも板状工具やヘラ状工具かという調整用具の違いを示すものといえる。第 3 主成分では，外面の二枚貝条痕が大きな値をとり，内面の二枚貝条痕と内外面の研磨がそれに続く。逆符号では外面の巻貝調整と内外面のナデの値が大きい。したがって，第 3 主成分は研磨と二枚貝条痕，ナデと巻貝条痕がそれぞれ同一地域で組み合わせて用いられる傾向があることを示す。第 4 主成分では，外面の研磨と内面のナデが大きな値をとり，外面のナデと内面の研磨が逆符号となっている。これは，内面と外面のどちらを研磨するかが地域によって異なっていることを示す。

　図 5–16 は，第 1 主成分を X 軸に，第 2 主成分を Y 軸にとって，各地域の主成分得点の散布図を示したものである。近畿，山口県の岩田遺跡，豊前地域の尾畑北遺跡が Y 軸のプラス側にまとまっており，北九州市の貫川遺跡と糸島郡の広田遺跡が X 軸のマイナス側に，熊本県古閑遺跡と鹿児島

県上加世田遺跡がプラス側にそれぞれまとまりをみせている。すなわち，岩田遺跡がやや外れては
いるが，近畿から豊前にかけての地域，北部九州沿岸部，筑後，中・南九州という地理的なまとま
りがある。そして九州に限ってみれば，X 軸に表された第 1 主成分が，南北の地理関係にほぼ対応
している。つまり，北部九州で深鉢の粗製化が進んでおり，南下するほど精製度が高くなることが
わかる。この時期，他地域に先駆けて北部九州で深鉢の粗製化が進むことは家根祥多によって指摘
されているが(家根，1981)，この現象が広域にわたる地理勾配をなしていることが確認された。第 3
主成分における主成分得点も解釈に加えると，調整用具においては尾畑北遺跡を除く九州と瀬戸内
以東とが分離でき，精製度においては北部九州 → 近畿・瀬戸内 → 中・南九州の順に高くなるとい
うことがわかる。第 4 主成分では，上加世田遺跡と近畿において外面を研磨し，内面をナデによっ
て調整する傾向があり，古閑遺跡，尾畑遺跡，権現塚北遺跡において外面をナデによって，内面を
研磨によって，仕上げる傾向があることがわかる。九州の中央部では外面より内面の方を研磨する
のに対して，この地域から離れるとこれが逆転するともとらえられる。

(3) 浅 鉢

　図 5-17 は，浅鉢の外面と内面の研磨について，それぞれのレベルの占めるパーセンテージを示し
たものである。全体的に外面より内面の方が研磨は丁寧であるが，外面ではかなりはっきりした地
域差がみられる。後期後葉の段階では，山口の岩田遺跡から筑前の広田遺跡にかけて，地理的な順
番にしたがって丁寧な研磨が増加している。丁寧な研磨の比率は，筑前・筑後・中九州で一様に高
く，宮崎の平畑遺跡では岩田遺跡とほぼ同じくらいになる。次に，晩期前半についてみると，外面
では近畿から西部瀬戸内にかけて丁寧な研磨の比率が低く，九州に入ると急に高くなる。九州では
北部がとくに高く，中・南部では若干低くなり，鹿児島はやや高めの値をとる。平畑遺跡では後期
後葉同様かなり低くなっている。内面でも同じ傾向がみられる。

　以上の分析結果は，次のようにまとめることができる。浅鉢では研磨の丁寧さの度合いにおいて，
九州内でほぼ南北方向の地理勾配がみられた(図 5-18-2)。深鉢では，研磨を行う度合いと，調整に用
いる工具の違いが地域性の主要なファクターとして抽出されたが，このうち，エラボレーションの
度合いを示す点で浅鉢の基準と共通する研磨の比率を示す第 1 主成分値では，やはり九州内でほぼ
南北方向の地理勾配となる(図 5-18-1)。しかしながら，北部九州では，深鉢の粗製化が最も進んで
ながら浅鉢の研磨は非常に丁寧である。精製度という点においては，両器種はまったく逆の様相を
呈しているということになるのである。つまり，逆の方向性をもちながらも，「エラボレーションの
度合い」という一つのカテゴリーでくくることができる属性において，地域性のあらわれ方に南北
の地理勾配を呈するという共通性がみられるのである。

7. 考 察

(1) 諸属性の地域性に関わる認知的要因

　以上の分析結果を，色調と器壁の厚さにおいてみられた地域性のあり方と比較してみよう(図 5-

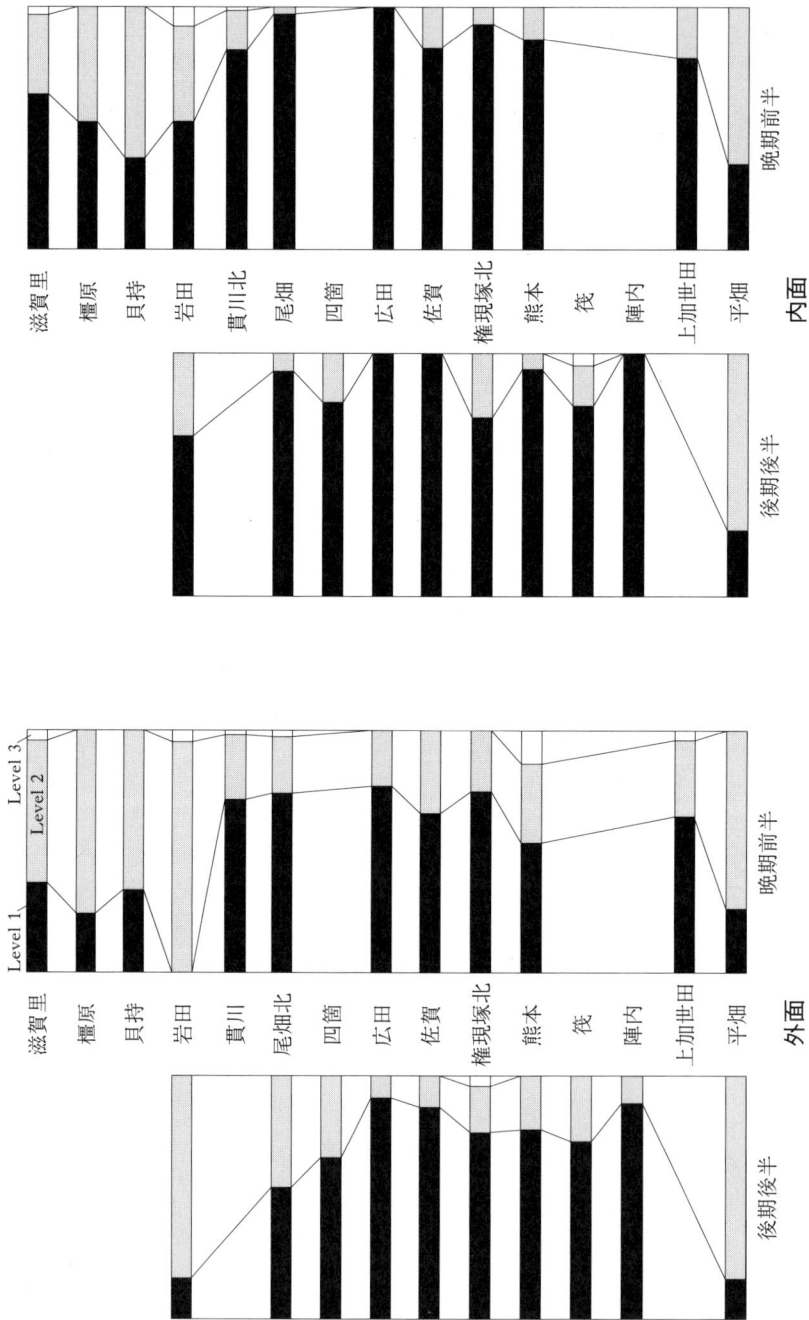

図 **5-17**　浅鉢の研磨の丁寧さにみられる地域性

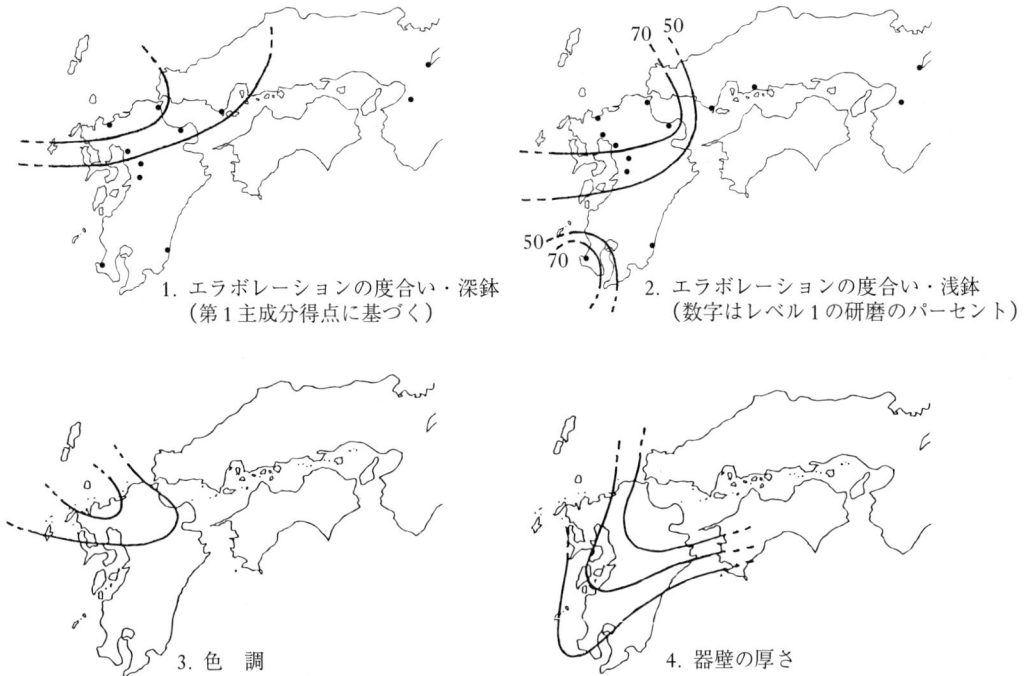

1. エラボレーションの度合い・深鉢
（第 1 主成分得点に基づく）

2. エラボレーションの度合い・浅鉢
（数字はレベル 1 の研磨のパーセント）

3. 色　調

4. 器壁の厚さ

図 5–18　晩期前半の諸属性が示す地理勾配のパターン

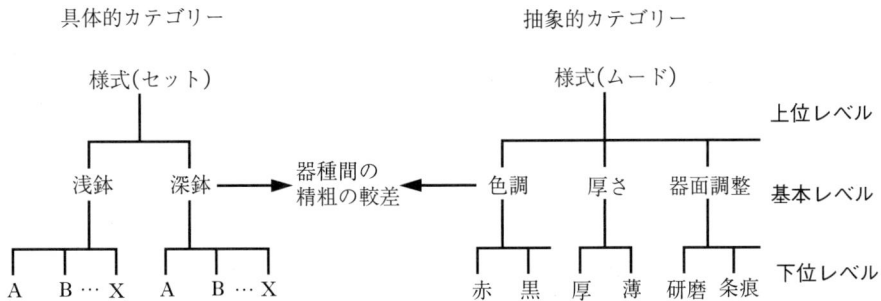

図 5–19　土器に関するカテゴリー構造の復元モデル

14）。色調においては，浅鉢では黒色磨研の比率の低下，深鉢では赤みの強さと彩度の高さという点で，ともに玄界灘沿岸部を中心とする地理勾配が晩期前半の段階で形成されていることがわかった。器壁の厚さにおいては，東九州から中九州に張り出すような地理勾配が両器種ともに認められた。このことから，同じカテゴリーに属する属性は，個々ばらばらに地理的に変化しているのではなく，連動した変化をしているということができる。

　説明の視点に製作者を組み込むならば，以上で述べてきたような地理勾配の共通性を現出させたのは，個々の土器製作者が行った一連の判断と行為であるといえる。そこで，土器製作者の判断や行為の基盤となった土器に関するカテゴリー化という視点から考えてみる（図 5–19）。まず，器種のセットとして捉えられる土器様式という機能的・具体的カテゴリーがあり，その下に浅鉢・深鉢と

いう大別器種のカテゴリー、さらにその下に細別器種のカテゴリーがある。また、これと交差するようにして、小林達雄が「気風」という言葉で表現したような(小林, 1977b; 中園, 1993c)、地域的・時間的に特徴的な抽象的な様式カテゴリーがある。これは実際には様々な属性の総合的認識であり、色調・厚さ・器面調整・形態などが下位カテゴリーとしてあり、さらにそれぞれの下により具体的な特徴がカテゴリーを形成する。このように、カテゴリーには階層構造が存在する。このように考えたとき、上記のような分析結果からどのようなことが分かるだろうか。

　具体的な様相は器種間で異なりながらも類似した地理勾配がみられるのは、土器の色調・器壁の厚さレベルのカテゴリーにおいてであった。これは、土器製作者が土器に関わる情報を処理するうえで、このレベルでの認知的まとまりが存在したことが示唆される。つまり、近隣あるいは遠隔地から得られる土器に関する情報の処理の仕方(採用する・拒否する・変容を加えるなど)が地理勾配の形を決定するのであるが、その際に、色調は色調、器壁の厚さは器壁の厚さというレベルで対応がなされたことが考えられるのである。このことから、具体的行為より一段階抽象的なレベルが、土器製作者の判断と行為に関わる一つの基本的なレベルであったという仮説が立てられる。このレベルが、実際の土器製作工程における技術的な段階ともっともよく対応することが要因の一つであろう。こうした現象がここで対象とした特定の文化に限られるものであるのか、それとも他の属性、また他の時代・地域の土器についても当てはまる一般的な法則性があるのかどうか、検討する必要があろう。

　今回の器面調整の分析結果は、器面調整というよりはエラボレーションの程度としてみたときに、器種間で共通した地理勾配がみられる。両器種とも類似した地理勾配を示すという点では先の2属性と共通しているが、器種間でエラボレーションの程度においては逆の傾向を示す点では異なっている。これは、この地理勾配を生みだした情報が、浅鉢と深鉢の精粗の較差増大という構造的なものであったためと考えられる。北部九州でいち早く進んだのは、単なる「深鉢の粗製化」ではなくて、2器種間のエラボレーションの差異の拡大という構造的認識があったものと推測されるのである。この動きが地域的に広がっていく様相が、方向性は逆でありながら両器種に共通する地理勾配を生み出したと考えられる。

　浅鉢と深鉢が、形態、精粗、色調において顕著な差をもつことが晩期の土器様式の特徴であることはすでに述べた。この現象は、全体的には九州各地に共通するものであるが、色調とエラボレーションの程度ではその様相が異なる。器面調整においては、北部九州では両器種の差異が拡大する傾向にあり、南下するにつれて全体的にエラボレーションの度合いが高く、両器種の差異が発現するのは遅れる傾向にあるようである。色調においては、このような両器種間の差異の拡大はみられない。北部九州では全体的に黒色に焼成する比率が低下し、赤みの強い色調への志向性が感じられる。それに対して南九州では、黒色磨研の比率も高く、深鉢の色調も灰褐色を基調としていて、全体的に黒っぽい色調への志向が強いこの現象は、少なくとも北部九州においては、エラボレーションの程度と色調は相関するものではなく、異なる軸上に位置づけられるようになっていたことを示す。

　縄文時代晩期前半の九州において形成された南北方向の地理勾配について，北部九州の色調や深鉢の形態の変化の方向性は，朝鮮半島における無文土器の成立と併行するものと考えられる。半島の土器への選択的嗜好性が発現しつつある一方で，在来の精製器種である浅鉢の形態は九州の他地域との共通性を保ち，しかも精製度において卓越していることは興味深い。これが，小林達雄が土偶の解釈において示したような，新たな変化に対する縄文文化のアイデンティティーの発現と捉えられるようなものであるのか(小林，1985)，それとも壺形土器の導入につながるような一連の土器様式の構造的変化の一環として位置づけられものであるのかは，さらに検討する必要がある。ともあれ，晩期前半の九州では，浅鉢を筆頭として形態的には非常に高い斉一性を保ちながらも，器面調整や色調といった属性においては，南部の方では後期後葉に成立した方向性を維持する一方，北部では新たな方向へ踏み出すようなかたちで，南北方向の地理勾配が成立しているということになろう。

　以上，九州の後期後葉から晩期前半の土器を対象として，器面調整の地域性について分析し，以前に行っておいた色調と器壁の厚さの地域性と合わせて考察を行った。その結果，土器に関する階層的なカテゴリー構造の中で，浅鉢・深鉢・色調・厚さといったレベルが，地域性としてあらわれるような土器製作者の判断や行為のベースとなる基本的なレベルであると考えられた。また，このレベルの異なるカテゴリーの組み合わせによって生じる構造的な認識が，器種間で逆の様相をとりながらも共通した地理勾配を生み出していると解釈された。晩期前半の段階で南北方向の地理勾配が形成されており，朝鮮半島に由来するある種の文化的インパクトがすでにこの段階で考古資料にあらわれていることも確認された。

　最後に付言しておかねばならないことは，晩期の土器の色調変化を縄文＝黒色，朝鮮半島＝赤色という単純な二項対立的図式でとらえることが果たして妥当かどうかという問題である。上の分析中には加えていないが，晩期前半の土器には赤色顔料を塗布したものがみられる。黒色磨研の浅鉢の文様部分に赤色顔料を塗布することはよく行われていたようであり，沈線のなかにその痕跡をとどめる資料が多い。このような顔料の用い方や黒と赤の色調の対比は，縄文時代前期以来の漆塗り工芸の手法を土器にも適用したものである可能性が高い。したがって，赤色顔料の使用だけをもって朝鮮半島の土器情報の導入の証拠とすることはできない。赤という色彩は，その知覚的特性のためにほぼ普遍的に文化的に重要視される色であるので，赤色顔料の使用をもって文化伝播の問題を語ることは難しい。上の分析で示したような地理的クラインや比率の変化を抽出することによって，色調に関する情報の伝達，および選択的嗜好性の変化をとらえることができるのである。

　ただし，意図的に明赤褐色に焼成したと思われるような浅鉢が各地で少量みられることや，また大分県の大石遺跡では屈曲をもたないボール形の浅鉢に赤色顔料の塗布がみられることなどは(口絵4)，全体的に赤色を呈する土器がみられる朝鮮半島の晩期櫛目文土器から前期無文土器についての情報入手による，土器の色調に関する新しい観念の導入を示すものである可能性も捨てきれない。こうした事例を念頭におきつつ，今後さらに検討を進めていくことが必要である。

(2)　後晩期社会の様相

　ここでは，上の分析によって得られた結果を，縄文時代後晩期という歴史的脈絡の中に位置づけて，総合的な解釈と展望を行うことにしたい。

　九州の縄文時代後晩期については，これまで主として「縄文農耕」の存否を焦点として大陸との関係についても議論がたたかわされてきた(賀川，1966; 1967a; 1967b; 1968; 1971; 1980; 佐原，1968; 乙益，1961; 木村，1975; ほか)。後晩期にみられる土器・石器，遺跡の立地や規模の変化などの諸様相を，弥生時代の前段階として積極的に評価する研究もなされているが(橋口，1985; 岡本，1990; 高木，1980)，それにもかかわらずこの時期は弥生時代へつながるプロセスの一環としての位置づけは十分になされているとはいえない。その理由の一つは，大陸・朝鮮半島からの影響を直接的に示すような証拠が考古資料の上で確認できなかった点にあると思われる。「農耕」と呼ぶかどうかは別として，現在，この時期の九州になんらかの形で植物栽培が存在したこと自体を認める研究者の数は少なくない(潮見，1964; 戸沢，1979; 寺沢，1986; 佐々木・松山編，1988; 春成，1990; 中園，1993b; ほか)。該期の変化を東日本縄文文化の伝播で説明するのが主流となっていたのに対し，藤尾慎一郎 (1993) が栽培植物の検出例と石器組成の変化の検討を通して，朝鮮半島の影響を想定していることも注目できる。

　同様に，土器において無文化が進行することも，先にあげたような変化や穀物資料の増加などと考え合わせれば，物質文化にあらわれた重要な変化であると積極的にとらえるべきであろう。本章で検討した色調の変化も，このような脈絡に符合するものである。そして晩期前半に九州西北部を中心として起こった土器におけるもう一つの変化が，深鉢の粗製化である。この事実は，すでに家根祥多によって指摘されており，「かつて刻目突帯文土器圏によって認識されていた晩期の西日本の斉一性は，刻目突帯文土器の成立に遡るこの深鉢の粗製化によって達成されたことが理解できるのである」(家根，1981) として，これを弥生時代へいたる一連の変化の一端としてとらえている点は注目される。深鉢の粗製化という現象が浅鉢とのエラボレーションの度合いにおける較差の増大というかたちで進行したということを先の分析で示したが，晩期前半という時期に，深鉢の色調・器形・エラボレーションの程度といった諸側面において，類似した空間的変異，すなわち，九州西北部を中心としたクラインを形成する変化がみられるということは，この時期の九州と朝鮮半島との関係を考えるうえで重要である。つまり，弥生時代早期のように朝鮮半島に由来する文化要素のかなりトータルな形での導入ではなく，もっと部分的・印象的な情報を採用するという「選択的嗜好性」の変化として弥生時代へ至るプロセスが進行しているといえるのである。

　ここでの検討結果から明らかになったように，玄界灘沿岸地域を中心とした土器の色調の変化を朝鮮半島の土器の色調に対する選択的嗜好性の高まりによるものと考えることによって，少なくともすでに晩期前半の段階から朝鮮半島からの情報の導入があることが考古資料の中に見いだせることになる。このような，体系的・直接的でない要素の導入や模倣の仕方が，栽培植物だけでなく，物質文化の上でもこの時期の特徴であるように思われる。こうした変化は，一般に考古学者が好むところの明確な画期をもつ時代区分とは馴染みにくい様相であるかもしれない。しかし，容易に認識できて模倣が簡単な部分だけでも積極的に取り入れようとする態度，あるいは無意識に影響を受け

てしまうような状況が，後のより大々的な社会変化の基盤を形成したことを認識することによって，縄文から弥生への変化を「イベント」ではなく「プロセス」として考察することが可能となるのである。

　近年の日本考古学においては，時代区分論議が盛んであるということができる(藤尾，1988)。以前は，縄文と弥生の「画期」は，板付I式成立の時期とされていたが，近年晩期後半の刻目突帯文土器の時期にあたるとする意見が有力になっている(佐原，1983; 橋口，1985; 藤尾，1988; 田中，1986)。「画期」論争では，孔列文土器などの朝鮮半島の土器文化の影響を示唆する遺物がみられる黒川式が視野に含められることはあるが，縄文時代後晩期は考慮の対象からはずされるのが通例である。その中で，橋口が通常後期末に位置づけられる御領式の時期からを確実に視野に入れたうえで考察を行っているのは注目される(橋口，1985)。

　刻目突帯文期の文化変化に渡来人が関与していることはほぼ確実であろうが，考古資料から推定されるように，渡来人によって在来文化が払拭されるようなものではなかった(田中，1991)。実際に変化に直面し，自集団のもつ社会・文化的資源とその中で形成された自らの認知構造をもって，新たな社会・文化構造を生産していったのは，大部分が在来人であったとすれば，かれらがその段階までにどのような社会・文化をつくりだしていたのか，朝鮮半島や日本列島の他地域の文化に対する価値づけはどのように変化してきたのかという問題は，その後の変化の重要な規定要因として考察されるべきである。どこから区切るかという問題に論点を集中させることが，縄文時代，弥生時代それぞれについてのイメージの固定化や，前の時代と後の時代とを，対立的に考えてしまうことにつながり，そうすることによって，長期的な変化のプロセスの実態が見失われてしまうことが危ぶまれるのである。考古学という学問分野は，長期にわたる変化を研究対象にできるという，人文科学の他の諸分野にはみられない特性をもっている (Hodder，1986; 中園，1993c; Trigger，1985)。このような長所を生かして，長期的なプロセス自体を研究の対象としたほうが，時代の境目となる時間的一点を捜し求めるよりも，いっそう豊かな議論が可能となり，人間科学全体の発展に貢献することもできるはずである。

　本章では土器の諸属性に注目して縄文時代後期後葉から晩期前半にかけての情報伝達のあり方を検討し，現行編年における晩期前半の段階で朝鮮半島の土器情報の入手によると思われる変化が色調などの非常に視覚的な属性において生じていることを明らかにした。一般的に斉一性が高いと言われている晩期の土器であるが，属性によって異なる空間的な変異がみられることを示した。こうした複雑に入り組んだ地域性は，該期の九州における地域集団間の関係やその中で各属性が意識的・無意識的に付与された意味の多様さを示すものである。土器にみられる変化は玄界灘沿岸を中心とする九州西北部でもっとも顕著にみられるが，非常に斉一的な浅鉢を共有することを可能とした密接なコミュニケーションのネットワークの中で朝鮮半島からの情報は他の地域にも伝わらなかったのか，また，朝鮮半島からの情報の入手では，土器以外にどのような情報が伝達され，それらは該期の九州の社会・文化の中でどのような役割をもっていたのだろうか。こうした問題を検討するた

めには，土器以外の人工物の動態にも注目し，また時間幅も縄文時代晩期後半から弥生時代開始期
まで広げたさらなる分析が必要である。次章以下で検討していくことにしよう。

注

1)　ポリセティック・モノセティックという概念は，生物分類学者であるスニース P. H. A. Sneath が提唱
　　したもので，生物分類学の分野で使用されていた複型 polytypic・単型 monotypic という概念に対応する
　　分類学的概念である (Sneath and Sokal, 1973)。モノセティック monothetic とは，あるグループの成員が
　　そのグループ独自の特徴のセットをすべてもっているような状態であり，したがってその独自の特徴のセッ
　　トをもっていることがグループの成員であることの必要十分条件となる。これは伝統的なカテゴリー概念
　　の基本的な考え方に相当するが，人間が日常的に行っているカテゴリー化はもちろん，生物学的な分類に
　　際しても実状にそぐわない場合が多々あることが指摘されている (Lakoff, 1987)。これに対してポリセ
　　ティック polythetic とは，グループの成員の多数が多くの特徴を共有してはいるが，他の分類単位の成員
　　と共有される属性もあるという状態で，それだけで必要十分条件となるような特徴のセットは存在しない。
　　実際には，その有無で成員であるかどうかを判断することのできる特徴を見いだすことが可能な場合が多
　　いので，厳密な意味でポリセティックなグループというものも滅多にない。しかし，型式や様式といった
　　考古学的なカテゴリーの成員が，特徴のセットを完全に共有していることはほとんどなく，むしろもっと
　　緩やかなまとまりとして抽出されるものであることは，やはりポリセティック・モデルに近い。

2)　ハビトゥスは，フランスの人類学者・社会学者であるブルデューによる概念で，いまや人類学や社会学
　　をはじめ，教育学や政治学，女性学などの多方面で使用されている。ハビトゥスとは，日常生活を通して
　　獲得される性向の体系を指し，価値観からレジャーや服装の趣味，身のこなしまでが含まれる。たとえば，
　　ブルデューは現代フランス社会のさまざまな職業についていう人々のハビトゥスを分析し，それが階級構
　　造の再生産に重要な役割を果たしていることを示した (Bourdieu, 1979)。ハビトゥスは通常明確に意識さ
　　れることはないが，新たな状況に際してどのような対応をするかを決める基盤となるものである。この概
　　念の考古学的解釈における有効性は，ホダーら，主としてポストプロセス考古学者によって盛んに論じら
　　れている (e.g., Hodder, 1984)。モーターハビットは，同じ動作の繰り返しによって，ほとんど意識するこ
　　となく実行することができるまでになった筋肉運動のパターンである。アメリカ人類学の基礎を築いたボ
　　アズ F. Boas によると，モーターハビットは，さまざまな物質文化の製作と使用に関わる文化的行為の基
　　盤とされる (Boas, 1927)。

3)　スキーマというまとまりをもった概念の詳細については第 3 章を参照。

4)　色調は縄文土器と弥生土器の相違点としても早くから指摘されている。山内清男は，弥生土器の方が縄
　　文土器に比べて黄・赤・褐色のような明るい色調を呈するものが多いと述べ，さらに「彌生式土器の土質，
　　焼成は略々同時代の南鮮の土器と近似して居る」としている (山内，1932)。

5)　数量化理論とは，本来数量的でない質的な特徴を統計的に分析するために考案されたものであり，人文
　　科学，社会科学の諸分野において，予測分析，判別分析，要因分析などを行う上で，ことに大きな意義を
　　もつ方法である。数量化理論のうち林知己夫によって開発されたものはのちに I 類〜IV 類と呼ばれ，日本
　　独自のデータの解析法として多方面で活用されている。

6)　無屈曲の粗製深鉢が多いというこの地域の特色は後期までさかのぼる (山崎・島津，1981)。

7)　詳細は本章の第 2 節 6. を参照。

8)　福岡市教育委員会のご好意により未報告資料を観察することができた。現在はすでに報告書が刊行され
　　ている。

9)　林謙作 (1990) が検討した土器の胎土の調整法などがこのような性格のものである。家根 (1993) が着目
　　した粘土帯接合法も，製作時にのみ観察可能な属性であり，製作者間の密接なインターアクションの指標
　　となるものであろう。ただし，第 4 章でも述べたように，外傾接合の比率が渡来人とその子孫の比率をそ
　　のまま示すと考えることはできない。

10)　器壁の厚さについては，たとえば今回の分析においても日向地域は常にもっとも厚いが，だいたいにお
　　いて，九州の南部や南島の土器は常に厚い傾向がみられる。このような傾向が生じる要因についても追求
　　する必要があると考える。

第6章

「縄文」と「弥生」のカテゴリーに関わる人工物の動態
——後期後葉〜晩期後半——

第1節　パースペクティブ

　前章では，土器という一つの種類の人工物における属性による動態の違いに着目した分析を行い，縄文時代後晩期の情報伝達のパターンと土器に関する認知構造について考察した。本章では，土器のもつ特徴の他にいくつかの種類の異なる人工物の分布状況とその動態を分析する。種類の異なる人工物はそれぞれ文化の中で独自の機能や意味を持っている。それは，考古学者による「縄文」と「弥生」というカテゴリー分類とは当然異なるものであり，それに接近するためには過去の文化的・社会的コンテクストの中でそれぞれの人工物を製作・使用していた人々がもっていた知識や社会戦略といった視点から解釈しなければならない (cf., Hodder, 1987)。本章では，そうした視点から「縄文」と「弥生」という考古学的カテゴリーの間で揺れ動くいくつかの人工物の分析を行うことによって，「縄文」と「弥生」というカテゴリーに分類するだけではとらえきれない連続的な変化のプロセスと，そこに関与した認知的要因を明らかにすることを試みる。

　規範的アプローチはいくつかの問題点をもちながらもそれを完全に排除することができないということは，第1部で述べた。ここでもう一度簡単にまとめておこう。文化というものを言語で記述できるような規範に還元することはできない。文化や社会の構造を再生産していく私たちの諸行為は非言説的で明確に意識されることのない知識に多くを負っているからである。また，集団というものを，文化的な規範を単に共有しているものとして定義することはできない。規範や知識はただ共有されるものではなく常に人と人との交渉や社会的実践を通して意識的・無意識的に操作されたり変容したりするものであり，それが文化や社会の変化のプロセスの重要な部分であるからである。また，一つの社会の成員の中にも，性別や年齢，階層などによってもっている知識の内容や量が異なっていることも注意しなければならない。

　しかし，このように文化の均質性が否定されるとしても，やはりひとつの社会を構成している人々は，意思の伝達や社会生活を可能にするに十分な程度には規範や知識を共有していなければならない。実際の個々人の意識的思考の過程には変異があるとしても，客観的に規範として，あるいは認知心理学的にはスキーマとして抽出することができるパターンが存在することは確かである。本論では，静的でモノセティックな性格が強く，考古資料にみられるパターンを伝播論的かつ還元主義的に説明するために用いられることの多かった古典的な文化的規範という概念のかわりに，考古資

料に見られる複雑なパターンをより整合的に説明するための認知的モデルとしてスキーマという概念を用いることにする。また，前章では分析の対象とする時期を後期後葉から晩期前半までに限っていたが，ここでは縄文時代後期後葉から弥生時代開始期までを通して検討し，文化・社会変化のプロセスをより総合的に検討することにする。

　縄文から弥生へという変化の問題については，それぞれ素材やアプローチの方法は異なっても，時代区分の問題として論じられることが多い。時代区分論はいずれも一つの分け方が他の分け方より正当であるということを仮定している点で共通している。分類することが学問の本質であるという，古典的な生物学や博物学のドグマから脱却できないでいるようだ。佐原真の，水稲農耕の開始をもって弥生時代の始まりとするという考え方も，生業形態が社会の基盤となるものでありこれに基づけばもっとも正当な時代区分ができるとする一種の本質主義的な見方に基づいている(佐原，1975)。

　考古学を実践する上で分類することは不可欠であり，その分類の妥当性をめぐって議論することは重要である。しかし，考古学の目的を，過去の社会・文化の様相を明らかにすること，その変化のプロセスを理解することであるとするならば，分類することが究極の目的ではありえない。

　たしかに，私たちの認知構造はカテゴリーの体系であり，多種多様なカテゴリーがコンテクストに応じて活性化されたスキーマによって結びつけられるものである。この意味において，分類は理解の究極の姿であるということはできるし，考古学においてもいかに分類するかが過去の社会・文化を理解するための鍵となるということもできる。

　考古学者による分類と実際にそれらを製作・使用していた人々の分類とが一致しうるかどうかについては，第 1 部第 1 章でも述べたように，チャン，エガート，ダネルらによって議論されてきた(Chang, 1967b; Eggert, 1976, 1977; Dunnell, 1986; Binford, 1967)。根本的な問題は，人々が日常生活の中で行う分類，すなわちカテゴリー化の性質について把握しないままに考古学的な分類を過去に投影しようとすることにある。

　古来，カテゴリーというものはものに内在する共通の性質によって客観的に存在するものと考えられてきた。しかし，ロッシュやレイコフが実践的研究を通して明らかにしたように，純粋に正しいカテゴリーや正しい分類というものは存在しない(本書第 3 章第 3 節 3. 参照)。学問的な概念は日常的概念とは違うのでやはり厳密に定義されなければならないという意見もあると思われる。しかし，生物学における種の概念でさえ古典的な自然類のカテゴリーにはなりえないということがメアー(Mayr, 1984) によって指摘されている。ましてや，連続的な人間の歴史の時代区分が客観的に存在するということはまず考えられないことである。

　生物の進化と文化変化とのもっとも大きくかつ重要な違いは，生物の種を超えた遺伝子の伝達は起こり得ないのに対して，人間の文化の間では実にさまざまなかたちでの相互交渉とそれに伴う変化が起こるということであり，また，その過程に人間の認知が介在しているということである。生物界は人間の意志とは無関係に存在しており，認知的に問題となるのはそれを人間が分類しようとするときだけである。生物分類学史に関する認知的問題については，アトラン Scott Atran が詳しく論じている (Atran, 1990)。アトランは，人類に普遍的に備わっている「常識的性向」，すなわち生

物界を明確な不連続によって区切られた秩序だったカテゴリー体系として認識する認知的な性向が，民俗分類にはじまる生物分類学の基盤となっていることを指摘しているが，この「常識的性向」が人工物の分類においても援用されていることはほぼ間違いなさそうである。これが，現実により即したポリセティックな，あるいはディスジャンクティブなカテゴリー認識よりも，モノセティック，あるいはコンジャンクティブなカテゴリー認識が好まれる要因であると考えられる。

　しかし，考古学はこうした分類上の認知的問題を生物分類学と共有しているだけでなく，さらに複雑な問題を抱えている。それは，研究の対象である人工物もまた，過去の人々のカテゴリー化の産物であることによる。つまり，人類特有の認知的特性によってカテゴリー化されていた人工物を研究のために再度カテゴリー化しなければならないわけであり，考古学的研究にはカテゴリー化のプロセスが二重に関与しているということができる。先史考古学においては，この時間的に隔てられた二重のカテゴリー化の間を言語情報によって結びつけることはできないが，人工物が備えている物理的特徴と考古学的に復元可能な文脈的情報を利用することができる。このような状況において，人工物の製作・使用者が使用していたカテゴリーと現代の研究者による分類が一致しているか否か，また果たして一致すべきか否か，という論争がたたかわされてきたのである(本書第1章参照)。

　生物学の場合，動物や植物の変異のあり方や分布の様相を理解するためには，遺伝子の突然変異や自然淘汰のプロセスなど，人間の認知とは別の知識や理論が必要である。これらの研究の進展による新たな発見が，人間による分類の性格に対する再考を促したのである。考古学の場合は，人工物の変異のパターンや分布状況自体にそこに関与した人間のカテゴリー化や判断，意思決定などが関与しているために，そうしたデータの様相を理解するためにも人間の認知的プロセスに関する知識や理論が必要となるのである。

　本章では，縄文と弥生という2つの考古学的カテゴリーの狭間で微妙な位置を占めている人工物をとりあげる。縄文から弥生への変化を考える際に，考古学的資料を縄文系・大陸系・弥生系という3つの系統に分類した上で，それぞれの動態を分析するという方法論があることは第4章で述べた。しかし，社会・文化変化のプロセスを理解するためには，こうした考古学者による分類をこえて，個々の人工物やそれがもつさまざまな特徴が，当時の人々によってどのようにカテゴリー化されていたのか，どのような知識と結びついていたのか，そしてどのような意味をもっていたのか，という視点をもつことが重要である。本章の第2節と第3節でとりあげる玉類と孔列文土器は，いずれもこうした視点の転換によって従来とは異なる解釈へとつながる資料である。すなわち，従来行われてきた「縄文系」，「大陸系」といったカテゴリーへの振り分けから一度離れて，資料の視覚的な特徴や技術的特徴およびそれらの時間的変化と空間的変異の様相をより詳細に分析することによって，文化的な情報がどのように伝達・受容・拒否されたのか，そしてそうした情報が当時の社会においてどのような意味をもち，縄文から弥生への文化変化のプロセスの中にどのように位置づけられるのかを検討していくのである。

　玉類も孔列文土器も，まだあまり研究の進んでいない資料である。縄文時代の装身具は，その華麗さから注目されることもあるが，その解釈については縄文文化の呪術的な性格を示すものである

とされるに留まるものが多い。中でも縄文時代後晩期の小形の玉類については，簡単な様相の記述を除いて正面から取り扱った研究はほとんどないのが現状である。ところが，弥生時代以降の玉類については解釈を交えた研究がなされており，そこで「縄文系」，「弥生系」あるいは「大陸系」というカテゴリー化が行われている。そこで，縄文時代から弥生時代にかけての玉類の動態を上で述べたような当事者の認知的視点からとらえ直すことによって，「縄文」，「弥生」という考古学者が作り出した対立的な図式にとらわれずに玉類が社会・文化変化のプロセスにおいて果たした役割を再検討したい。

　日本におけるいわゆる孔列文土器は，ここ 10 年ほどで著しく資料が増加したものであるが，当初から朝鮮半島の前期無文土器との関連が指摘されてきた。口縁部に水平に 1 列の穿孔(あるいは刺突)を施すという，実用的な機能の点ではなんら重要ではない様式的な特徴が，どうして縄文時代晩期の土器に施されたのか。九州における分布状況と穿孔の方向，位置，大きさなどの分析から，孔列が当時の地域社会においてもった意味を探る。

　第 3 節は，第 1 節と 2 節で行ったどちらかといえばあまり目立たない考古学的証拠に関する分析の結果を，より総合的に縄文から弥生への変化の中に位置づけるために，土偶や支石墓などの非常に顕著な人工物との相関を，各地域ごとの出現率という点から検討するものである。やや大ざっぱな分析ではあるが，九州におけるそれぞれの地域ごとの歴史的な連続性と，その社会的・文化的な盛衰とを明確に提示することにより，文化的なスキーマが生成・変容・持続する様子の一端をとらえることはできたのではないかと考える。すなわち，「縄文」と「弥生」という考古学的カテゴリーの狭間にあって，文化的伝統に一方的に規制されるのでも，大陸からの情報を無条件に受け入れるのでもなく，それらの情報を能動的に処理し，独自の文化を生成していった当事者の認知的プロセスがここに見えてくる。こうしたアプローチをとることにより，時期区分論争を超えて，変化のプロセス自体に焦点を当てることが可能となるのである。

第 2 節　玉類の動態

1.　分析の視点

　前章では，土器という一つの種類の人工物における属性による動態の違いに着目した分析を行い，縄文時代後晩期の情報伝達のパターンと土器に関する認知構造について考察してきた。その結果，色調や大まかな器形といった非常に視覚的な属性においては，縄文時代晩期前半の段階で北部九州，とくに玄界灘沿岸地域を中心とした変化が生じており，それは朝鮮半島との交流を示すものであることを指摘した。これは，土器の無文化とともに，縄文時代晩期にみられる朝鮮半島からの文化的影響を示す考古学的証拠の一つであるといえる。

　土器にみられるこうした変化における朝鮮半島的様相は非直接的であり，いくつかの検討すべき問題点をはらんでいる。その問題点は，まず第一に，こうした変化が果たして本当に朝鮮半島から

の情報に基づくものであるかどうかの検証である。もし土器以外の考古資料においても同様の変化がみられるならば，その確実性は高まるであろう。第二点としては，弥生時代開始期に先立つ朝鮮半島からの情報導入があったと認められるならば，その性格と背景が問題となる。

　ここでは，縄文時代後晩期の玉類の動態に着目することによって，上記の二点の問題点について検討し，連続的な変化のプロセスとそこに関与した認知的・社会的要因に接近することを試みる。玉類はまだあまり研究の進んでいない資料である。縄文時代の装身具は，その華麗さから注目されることもあるが，その解釈については縄文文化の呪術的な性格を示すものであるとされるに留まるものが多い。中でも縄文時代後晩期の小形の玉類については，簡単な様相の記述を除いて正面から取り扱った研究はほとんどないのが現状である。一方で，弥生時代以降の玉類については解釈を交えた研究がなされており，「縄文系」，「弥生系」あるいは「大陸系」という考古学的カテゴリー化が行われている。そこで，縄文時代から弥生時代にかけての玉類の動態を上で述べたような当事者の認知的視点からとらえ直すことによって，「縄文」，「弥生」という考古学者が作り出した対立的な図式にとらわれずに玉類が社会・文化変化のプロセスにおいて果たした役割を再検討したい。

2.　縄文系・大陸系・弥生系

　本論でとりあげる玉類は，縄文と弥生という2つの考古学的カテゴリーの狭間で微妙な位置を占めている人工物であるといえよう。縄文から弥生への変化を考える際に，考古学的資料を縄文系・大陸系・弥生系という3つの系統に分類した上で，それぞれの動態を分析するという方法がある。しかし，こうした分類を活かして社会・文化変化のプロセスを理解するためには，個々の人工物やそれがもつさまざまな特徴が，当時の人々によってどのようにカテゴリー化されていたのか，どのような知識と結びついていたのか，そしてどのような意味をもっていたのか，という視点をもつことが重要である。玉類は，こうした視点の転換によって従来とは異なる解釈へとつながる資料である。

　まず，縄文から弥生への変化に関わる玉類の学史において，玉類がどのように分類され，それぞれのカテゴリーにどのようなイメージや定義が付与されてきたかをみていこう。ここでとりあげるのは主として勾玉と管玉である。この2種の玉は縄文時代にも弥生時代にもみられるが，その形態や材質の違いからそれぞれ縄文系と弥生系，あるいは縄文系と大陸系に分類されている。

　森貞次郎は『弥生勾玉考』をあらわし，弥生時代の勾玉を体系的に分類し，縄文時代の勾玉や朝鮮半島の勾玉との関係について論じた(森，1980)。腹部にきざみや突起をもつものを獣形勾玉，薫製の肉塊の様な形状を呈し縦方向の穿孔をもつものを緒締形勾玉と命名し，この二者を縄文系とした。また，弥生時代になって成立するものとして頭部に放射状のきざみをもつものを丁字頭勾玉，きざみはないが同様に整った形状をもつものを定形勾玉とした(図6-1)。木下尚子も「弥生定形勾玉考」でさらに研究を進めたが，系統問題についての基本的な解釈は森とほぼ同様である(木下，1987)。ただ，定形勾玉はその規格性に意味があったとする解釈を付加している。

　ここで「縄文系」という用語は，東日本の縄文時代に盛行した様式との類似性を主な基準としているようであるが，同時にバーバリズムというイメージをもたせられている。それに対して，「弥生

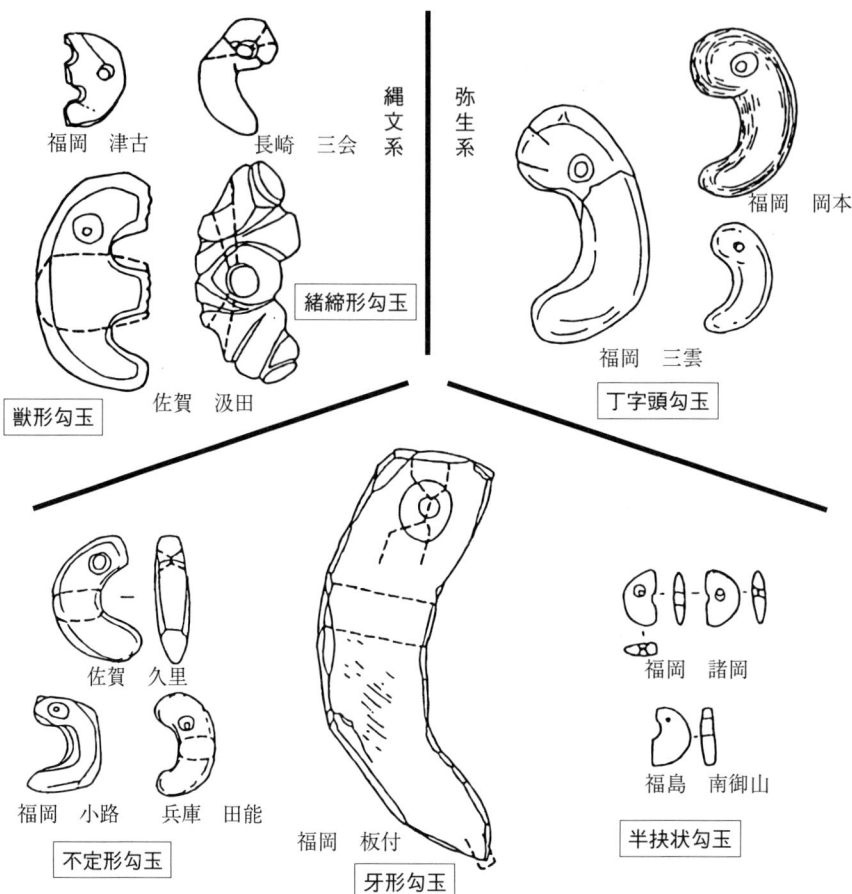

図 6–1　森 (1980) による弥生時代勾玉の分類

勾玉」の方は，前漢鏡，絹織物，漆器などの文様として日本に入ってきた漢代の強靭で闊達な曲線
文が簡略化され，集約され，抽象化されることによって完成した大陸文物の象徴とされ，洗練され
た形態であると評価されている。

　これは，考古学者が学習・研究を通して獲得した「縄文」，「弥生」という上位のカテゴリーと，そ
の各々に結びつけられているさまざまなイメージや評価，すなわち考古学者の「縄文スキーマ」と
「弥生スキーマ」が解釈の基盤となっていることを示すよい例であるとともに，そうしたスキーマが
研究を通して再生産される事例でもある。ここで注意したいのは，森が「縄文系」という概念を使
用するときに，東日本の縄文文化を引き合いに出していることである。これは，勾玉の研究に限っ
たことではなく，縄文と弥生とを対比するような議論においてはよくみられることである。たとえ
ば，縄文土器は複雑な文様が施されているが弥生土器にはあまり文様がないと指摘する際には，東
北の亀ヶ岡式や関東の勝坂式などと九州の弥生土器を比較することが多いし，縄文時代は狩猟採集
社会であるのに対して弥生時代は農耕社会であるというときには，関東地方の大規模な貝塚と九州
の水田遺跡を引き合いに出すことが多い。

　こうした縄文と弥生の違いは，縄文から弥生への変化を考える際にも常に論及されるところであるが，その違いは概して「縄文」・「弥生」それぞれが実際に包摂している多様な変異の中から，比較する点においてもっとも顕著であると思われる事例を引き合いに出して論じられることが多い。これは，境界はそれほど明瞭ではない 2 つのカテゴリーを，それぞれのプロトタイプを比較することによって峻別しようとする研究者の認知的プロセスによるものと考えられる。これが縄文文化と弥生文化の本質的な差異を明らかにしようとする意図的な研究戦略であるとしても，その目的や方法の妥当性が問題となるであろう。しかし，ここで注意すべきは，九州という一つの地域における連続的な変化のプロセスをみていこうとするときにも，無意識のうちにこのような認知プロセスに引きずられて資料の解釈を行ってしまうということである。つまり，実際の特徴においてはそれほど大きな差異のない人工物を，「縄文系」と「弥生系」に分類することによって，それぞれのカテゴリーのプロトタイプ的イメージとの認知的結び付きが生じ，そのために実際に物理的に存在する差異を拡大して解釈してしまうことになるわけである。こうしたほとんど無意識のプロセスが，縄文から弥生への変化を論じる際のひとつの障害となっていると考えられるのである。

　同様の問題は，管玉についてもみられる。森は，管玉についても『末盧国』のなかで整理を行っており，胴部の膨らむ形態で蛇紋岩などを素材とするものを縄文系管玉，碧玉製で円筒形を呈するものを大陸系管玉とした(森，1982)。この森の分類はその後も継承されているが，森の分析の主眼は，勾玉の研究と同様に弥生時代にみられる大陸系管玉にあった。このように，弥生時代以降の玉類の研究と比較して縄文時代晩期の勾玉，特に九州の様相についての具体的な検討は進んでいないのが現状である。中でも，管玉に対する研究は，弥生時代以降の製作技法に関する研究は進展しているものの，碧玉製管玉渡来以前の縄文系管玉の実相について正面から検討されたことはない。また，勾玉に比べるとその意味に関わる解釈的研究もほとんど行われていない。しかし，「縄文系」・「大陸系」・「弥生系」というような分類と記述を超えた変化のプロセスに接近するためには，その内容についての検討が不可欠である。

　森はまた，縄文時代から弥生時代になると，管玉はすぐに大陸系管玉にとって変わるのに対して，勾玉は弥生時代の中期段階まで縄文系のものが残存することを指摘し，これは両種の玉の意味が異なっていたからであろうと述べている(森，ibid.)。この現象は，考古学者によって「縄文系」の玉というカテゴリーに入れられているものであっても，この転換期を担った人々にとってはそれぞれに異なる意味付けがなされていたことを示す良い例といえる。弥生時代開始期に土器には縄文の伝統が強く残るのに対して磨製石器では大陸系のものが多く出現することについては，渡来人の性別などの要因によって説明しようとする説があるが，勾玉と管玉の変化の違いをそうした要因に還元することは難しい[1]。つまり森が指摘するように，この変化の局面において勾玉と管玉それぞれに付与された意味の違いがそれぞれの動態の違いを生じさせていると考えなければならない。そして，その実相に迫るためには，縄文時代晩期から弥生時代にかけての集団が保有していた認知構造と現代の考古学者が保有する認知構造とをそれぞれ別個の体系として区別し，その上で具体的な資料の分析を行うことが必要なのである。

　従来行われてきた「縄文系」,「大陸系」といったカテゴリーへの振り分けから一旦離れて, 資料の視覚的な特徴や技術的特徴およびそれらの時間的変化と空間的変異の様相をより詳細に分析することによって, 文化的な情報がどのように伝達・受容・拒否されたのか, そしてそうした情報は当時の社会においてどのような意味をもち, 縄文から弥生への文化変化のプロセスの中にどのように位置づけられるのかを検討していくことにしよう。

3.　縄文時代後晩期玉類の研究

　まず, 分析の方向性と意義を明確にするために, 現在までの研究状況を簡単に述べることにする。縄文時代の玉類については, 東日本に多い特異な形態の勾玉に対しては古くから関心が払われていたことが江戸時代の木内石亭『曲玉問答』等によって知られるものの(寺村, 1966; 藤田, 1989), 厳密に学問的な論文となるとその数は少ない。硬玉の産出地の問題, 縄文時代中期に北陸を中心に盛行した大珠の問題, 縄文時代前期を中心とする玦状耳飾の編年や起源に関しては研究の蓄積がある。しかし, その他の垂玉類に関しては, 報告や資料紹介というかたちの文献はあっても, 学術論文は少なく, 藤田富士夫や寺村光晴といったごく少数の専門家によって研究がなされてきたと言っても過言ではない。ちなみに「考古学雑誌」をひもとけば, 1940 年に玉の特集が組まれている。ところが考古学雑誌の長い歴史の中で, それ以来現在にいたるまで縄文の玉に関する論文が掲載されたことはない。この 1940 年の特集号には樋口清之の論文がある(樋口, 1940)。樋口は, 孔や突起に紐を通して装着することにより, 懸垂または纏絡して身体を装飾する用に供せられた, と考えられる形態を呈するものを「垂玉」と総称し, 体系的な分類を行った(図 6-2)。

　本論の主旨に関連して現在までに指摘されている点は, 後の弥生時代につながる勾玉と管玉が縄文時代晩期に出現しているということ, その様相には地域性があるということである(藤田, 1989)。また, 縄文時代晩期には, 中期の硬玉製大珠のようにヒスイの産地である新潟県糸魚川周辺における一元的供給ではなく, 各地で小型の玉類の生産を行っていたということも推測されている。しか

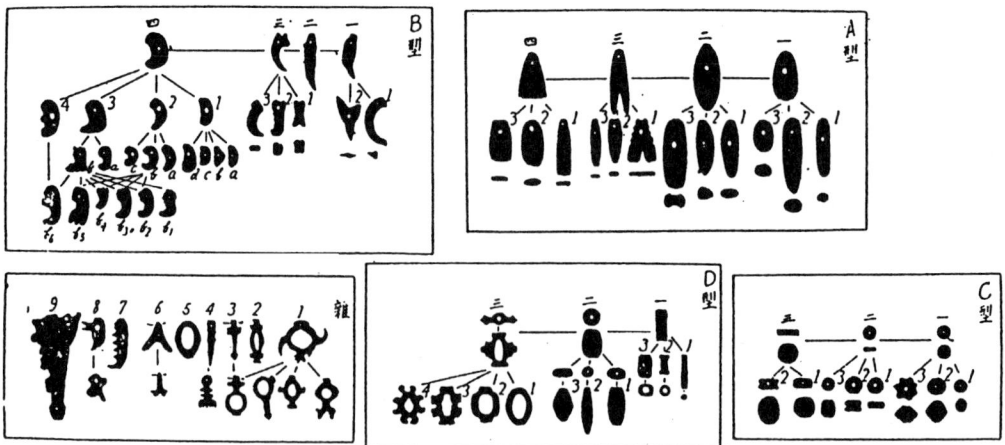

図 6-2　樋口 (1940) による垂玉の分類

し，そのような各地の玉製作の具体的なあり方についての研究は進んでいない。

　甲元眞之は縄文時代から弥生時代にかけての管玉についてまとまった解釈を提示している（甲元，1992）。甲元は，材質，形態，穿孔技法の間に，蛇紋岩や緑色片岩製のものはエンタシス形で両面からの V 字形穿孔，碧玉製のものは円筒形で両面もしくは片面からの円筒形穿孔という明らかな相関があることを述べ，前者を縄文系管玉，後者を朝鮮半島製の管玉とした。そして，弥生時代前期後半から日本で生産される管玉は，形態は円筒形を呈するが穿孔技法が朝鮮系のものと異なり，断面 V 字形をなすことから，この弥生時代開始期の九州でみられる碧玉製管玉は朝鮮半島から搬入されたものであるとした。

　以上の点について甲元の解釈は非常に明快であり，以後の研究の基盤となるものである。甲元はまた，縄文時代後晩期の管玉の様相についても興味深い指摘を行っている。たとえば甲元は，エンタシス状をなすいわゆる「縄文的管玉」が縄文時代後期末に遡ることを指摘し，ゆえに「朝鮮半島からの影響を考慮することなく，縄文時代の伝統にこれを求めることができる」としたうえで，「装身具は自己と他人を区別する表現の一つであるので，縄文時代後期もしくは晩期になって内的必然性から新しい装身具を着用したという社会状況が説明されなければならない。朝鮮南部で縄文時代後期以前に遡る碧玉製管玉の出土例がないので資料をもって解釈することができないが，九州地方においては，縄文時代後期以降たえず朝鮮半島との文化的な交流がみられることから，管玉を身につけるという様式も，これとは無関係に始まったとは考え難い」と述べている。さらに，関東や中部地方にも縄文的管玉がみられるが，「その出現はその地域で農耕が開始される時期か，あるいはその直前の時期に限られる」とし，「この状況は在来の狩猟民が農耕民に対する区別の方法として，農耕民とは異なった装身具を身につけることで違いを表現したことも想定しうる」とする。さらに，このような状況が「少し前の九州でも想定できるとすると，農耕民との接触によって従来とは異なった装身具を身につけることで，縄文的管玉の着装が始まったとの推察も可能であろう」とする。つまり，「他と自己を識別する手段としての装身具の発想を，農耕民から受け入れるものの，それとは異なって在来的な素材と方法で管玉を作り，自己表現の一つとした」とみるわけである。そして，「このような観念を受け入れること自体，縄文社会とは異質なものであり，水稲農耕を受容するはしりに過ぎなかった」とも考えている。

　以上の甲元の議論は管玉の意味について重要な点をいくつか含んでいる。朝鮮半島の農耕民との接触によって使用され始める管玉と，縄文文化に内在する管玉を含めた他の装身具とは性格が異なるというわけである。しかし，「内的必然性」や「縄文の伝統」と「農耕民との接触」による文化変化との関係が不明瞭である点と，「農耕民との接触」によって導入された管玉装着が，狩猟民である自集団と農耕集団とを区別するためであったとする想定にも若干の疑問がある。そこで，九州における管玉の出現とその展開過程のより具体的な様相や，管玉の社会的機能と意味のさらなる分析を行うことによって，上記の諸点に関する理解を深めることにしたい。

4.　九州における玉類の出現と変化

　まず，九州における玉類の出現状況について概観したい。縄文時代後期前半までは，いわゆる大珠形のものや小型の不定形な垂玉類が出土している。しかし，量も少なく，何らかの規則性を見いだすことは難しい。

　ところが，後期末の三万田式の時期になると，一つの特徴的な様相が現れる(図 6–3)。福岡県嘉穂郡の北古賀遺跡，福岡市の四箇遺跡，熊本県の三万田遺跡では，直線的な腹の部分に 3 から 4 つの刻みをもつタイプの勾玉と，紡錘形で一端に 1 孔をうがち，その下に刻みを入れるタイプの垂玉という，定形化した 2 種類の玉がセットで出土している(図 6–3–1, 2, 3, 4, 8, 9)。このうち，直線的な腹の部分に 3 つから 4 つの刻みをもつタイプの勾玉は，やはり後期末に位置づけられる宮崎県の陣内遺跡でも出土しており，この時期の九州でかなり広域にわたって分布していたことが分かる。このタイプの勾玉は，樋口が B 型第四類の第 4 形としたものであり(樋口, 1940)，また弥生時代の勾玉について森が「獣形勾玉」「櫛形勾玉」と呼ぶ型式に相当する。

　このセットのもう片方の垂玉は，樋口 (ibid.) による分類の A 型第二類の第 3 形に相当するものと思われるが，孔の下に 1 条の横方向の刻みが入っている点で後晩期の九州に特徴的な型式であるといえる。このタイプの玉も晩期を通じて存在したようであり，晩期終末から弥生時代開始期にかけての菜畑遺跡でも出土している(図 6–5–4)。九州において土器の無文化が進行し，斉一性が高まり，土偶が盛んに製作されるようになるのと期を一にして，玉類においても画一化と後晩期を通じての連続性がみられることは興味深い。これらの出現期の玉は，三万田のものを除いてヒスイ製，または硬玉製として報告されており，産地からの製品，あるいは原石の移動を考えなければならない。

　また，三万田遺跡ではこれら 2 種の玉に加えて管玉がかなり出土しており，現時点では九州における管玉の多数保有のもっとも古い事例といえる(図 6–3–11〜16)。アミダ遺跡では，樋口分類 A 型 2 類のバリエーションかと思われる垂玉とともに，大型の管玉が出土している(図 6–3–17, 18)。この膨らみをもった大型の管玉も，晩期を通じて使用されたようである。

　晩期になると，様相は複雑さを増してくる(図 6–4)。まず，勾玉の形態が多様化する。扁平で平面が「コ」の字形を呈する勾玉がある(図 6–4–4〜9)。この「コ」の字形勾玉は九州各地で出土しており，縄文時代晩期前半に特徴的な型式として認定できる。ただし，この形態は九州内のみに留まるものではなく，山口の岩田遺跡，滋賀県の滋賀里遺跡でも出土しているが，分布の中心はやはり九州にあるようである。これは，まず小さな円盤を作ってから方形のくり込みを入れるもので，長さが 2 cm を超えない小型のものがほとんどである。上南部遺跡では研磨と穿孔を行う前の未製品が出土している(図 6–4–6)。また，腹部のくり込みが丸く，全体が半環状あるいは弧状をなすものもある(図 6–4–5)。これらはいずれも薄手のものが多く，孔の位置以外に上下，すなわち頭部と尾部を積極的に区別しないことが特徴である。これらの型式の勾玉の中には硬玉製とされているものもあるが，緑色片岩などの，容易に薄く剥離する片岩系の石を用いて在地で玉を製作することが多いことから生まれた形態であると推測することができる。同じ遺跡から出土したものでも，土製の勾玉は

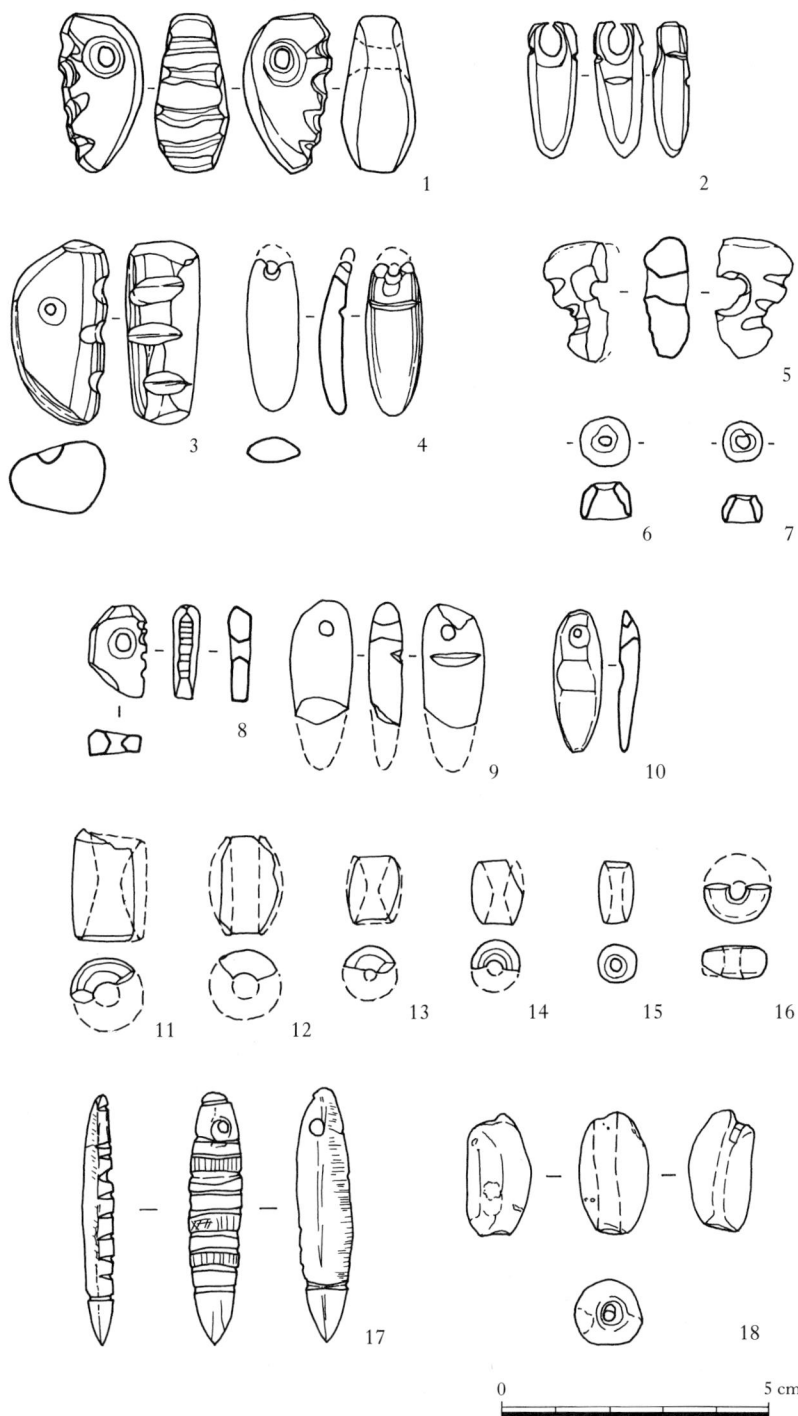

図6–3 九州縄文後期後葉の玉類（各報告書の再トレース）
1.2.福岡市四箇 L-11c，3.4.福岡県北古賀，5–7.宮崎県陣内，8–16.熊本県三万田，
17.18.福岡県アミダ

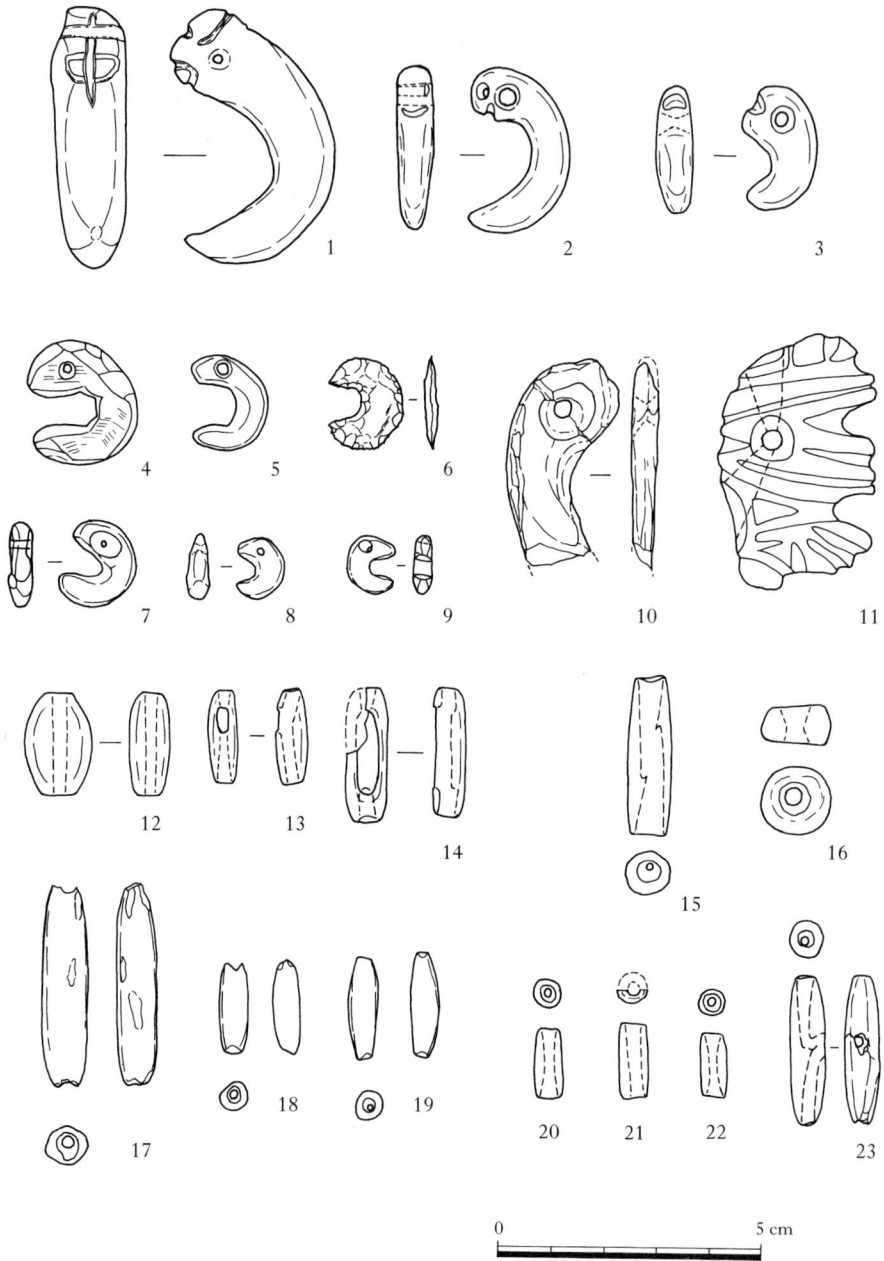

図 6–4 　九州縄文晩期の玉類（6.15.16 は筆者実測，他は各報告書の図を再トレース）
1.8.17–19. 熊本県中堂（1 は土製），2.3.12–14. 熊本県ワクド石，4–5. 大分県大石，
6.15–16. 熊本県上南部，7. 福岡県高原，9.10.20–23. 福岡県権現塚北，11. 鹿児島県上加世田

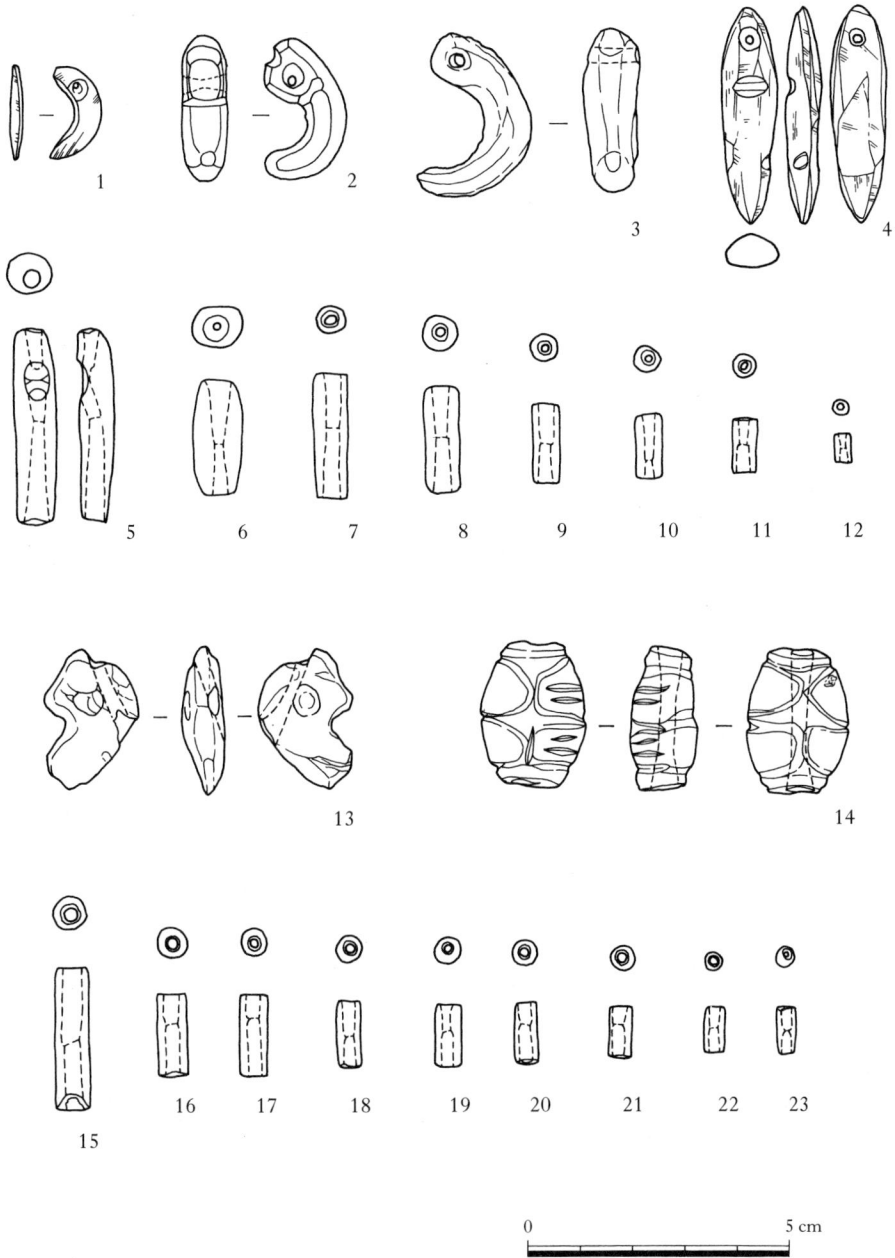

図 6-5　九州弥生時代開始期の玉類（各報告書の図を再トレース）
1.2.4-12. 佐賀県菜畑，3.13. 佐賀県礫石，14. 福岡県曲り田，15-23. 長崎県天久保

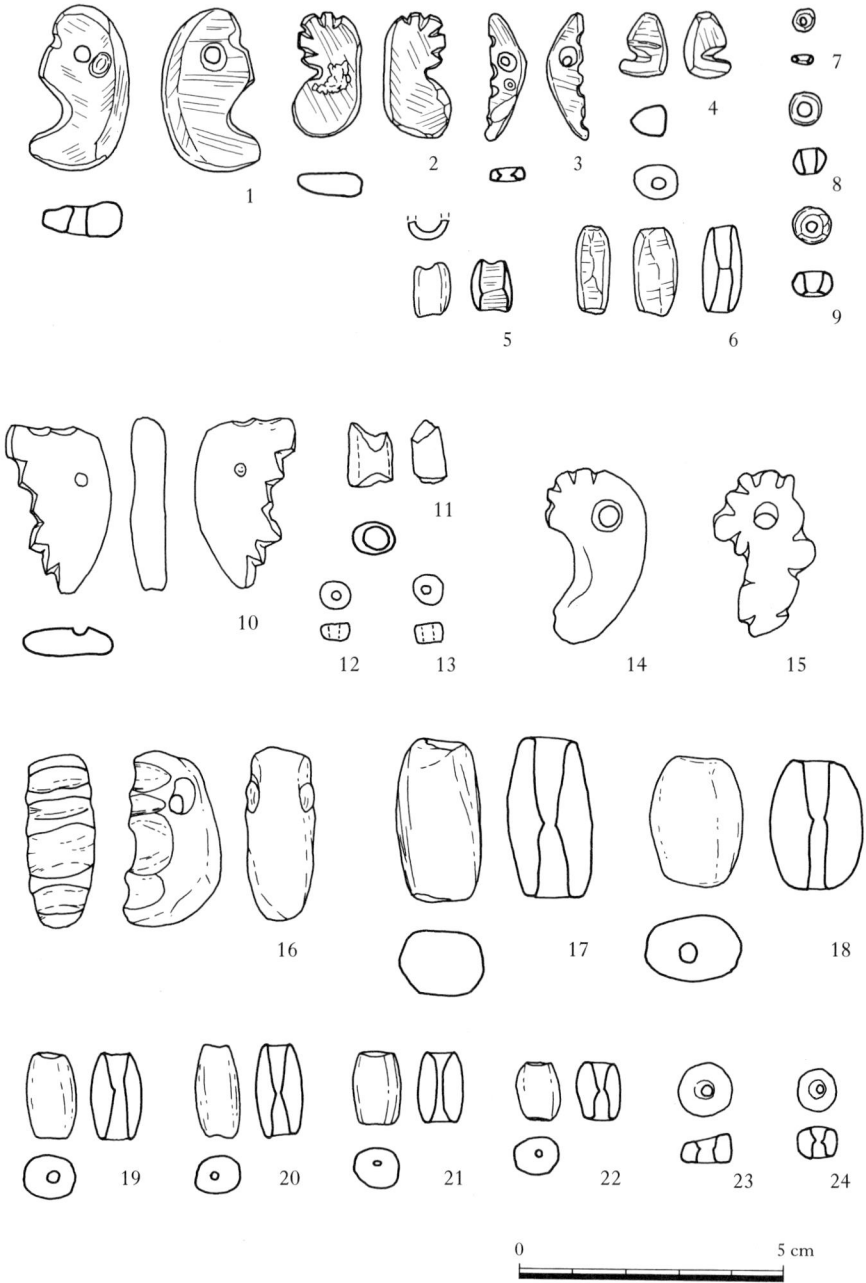

図 6-6　東日本縄文後晩期の玉類（各報告書の図を再トレース）
1-9. 富山県境 A, 10-13. 新潟県村尻, 14.15. 青森県亀ヶ岡, 16-24. 東京都渡浮根

断面がほぼ円形を呈する。

　さらに，頭部に刻みや溝をもったものも現れる（図6-4-1～3）。このような勾玉は，東日本に多くみられ，バリエーションも豊富である（図6-6）。このタイプの勾玉は弥生時代の丁字頭勾玉の起源と考えられているものであり，縄文から弥生へ連続する文化要素のひとつである。この頭部の刻みや溝がなぜあるのかという問題については，橿原遺跡の報告の中で末永雅雄が，鯛の骨を祖形とするものではないか，という考察を行っている（末永，1961a）。また，樋口（1940）が垂玉のB型の第3類としてあげている「魚類や海陸は乳動物の小型の骨を多くはその原形のまま穿孔し，または，わずかに加工して垂玉としたもの」をみると，勾玉とすれば頭部に相当する部分が複雑な形状を呈するものがあり，このようなものを模倣することによって頭部に刻みや複雑な溝をもつ勾玉が成立することは十分考えられる（図6-6）。

　もう一つの可能性は，勾玉を身につけるさいに，ただ孔に一度紐をとおすだけでなく，頭部につけた刻みなどに引っかけて巻き付けることによって紐と勾玉とを固定するような用い方がされた可能性がある。縄文晩期の西日本では玉類を連珠として用いてはいないようなので，そうした方が，玉が大きく動いて望ましい位置からずれたり紐がすれて傷んだりすることがなくて良いのではないかと思われるからである。この2つの可能性は二者択一というものではなかろう。

　森（1980）は，弥生の丁字頭勾玉の成立を考える際に青森県亀ヶ岡の勾玉を参考としてあげているが，そこまで地理的に離れたところに言及しなくても，九州の縄文晩期にも頭部に刻みをもった勾玉がある。近畿にもみられるので，縄文時代晩期にかなり広く行われた様式と考えられる。森のいう定型化した丁字頭勾玉は弥生時代の中期中頃にガラスによる勾玉生産が開始された段階で成立したとされるが，形態的に非常に類似したものが縄文時代晩期にすでに作られていることは，文化的な連続性を考える上で注目される。

　佐賀県の宇木汲田遺跡で弥生時代中期中頃の甕棺より出土した緒締形勾玉と同じ構造と様式的な特徴をもつものは，晩期では上加世田遺跡で出土している（図6-4-11）。この型式の玉は，通常の勾玉と同様に頭部を貫く穿孔に加えて，縦方向にも穿孔されているもので，特別な使用法が想定されるものである。弥生時代開始期から前期前半にかけての佐賀県礫石遺跡の勾玉も，縦方向の穿孔が頭部の孔につながっていないが，同種のものとみられる（図6-5-13）。このタイプの玉は縄文時代でもあまり例がなく，その起源や使用法については不明な点が多い[2]。

　晩期に玉類が小型化する傾向は日本列島全体でみられるが，九州ではこの変化はもっとも社会的・文化的に活発であったと考えられる中九州の集団が率先して始めたようにみえる。

　いずれも三万田式期に属する可能性が高い櫛形勾玉についてみてみると，福岡市の四箇L-11c遺跡や北古賀遺跡では長さ3cm前後と大型であるのに対して，宮崎県の陣内遺跡では2.2cmと若干小さく，熊本県の三万田遺跡では長さ1.65cmと非常に小型化している（図6-3-1, 4, 5, 8）。通常は大きいほど価値があるはずの威信財が，後期末から晩期にかけて小型化する現象の背後には，玉類の使用法と意味の変化があったはずである。

　弥生時代開始期になると，いわゆる大陸系管玉が北部九州に導入される（図6-5）。大陸系管玉は驚

くほどスムーズに縄文系の管玉にとってかわるようである。言い換えれば，それまで在地の蛇紋岩などの石材で作っていた，両端がややすぼまった形態で断面がV字形の穿孔を施すものから，舶載品を中心とした，碧玉製で外形・穿孔ともにほぼ完全な円筒形を呈するものへと転換したのである。一方で，勾玉には縄文時代晩期からの強い連続性がみられる。また，曲り田遺跡で出土しているような大型の管玉には，縄文時代晩期の近畿地方の土器に共通するような文様が施されている(図6–5–14)。

5.　玉類の種別構成にみられる地域性

　次に，晩期の玉類にみられる地域性について検討する。玉類を形態によって大きく分類すると，勾玉，管玉，丸玉，その他の4種類に大別することができる[3]。これら4種の玉類の構成比率をみてみよう。ここでとりあげた遺跡は，筆者の管見に触れたものの中からある程度十分な量の玉類が出土している遺跡を選んだもので，網羅的なものではない[4]。遺跡は一応，北から南に配列し，構成比率をグラフに表す(図6–7)。弥生時代開始期の菜畑遺跡の他はすべて晩期前半を中心とする遺跡である。熊本は，上南部，上の原，ワクド石の3遺跡を合わせてある。三万田遺跡は少し時期が古く，後期末を中心とするので除いてある。

　グラフをみると，4種類とも広域で共有されているが，構成比率にはっきりした地域性があることが分かる。すなわち，九州には管玉が多く，本州でも関西以東は丸玉が多いという傾向があること

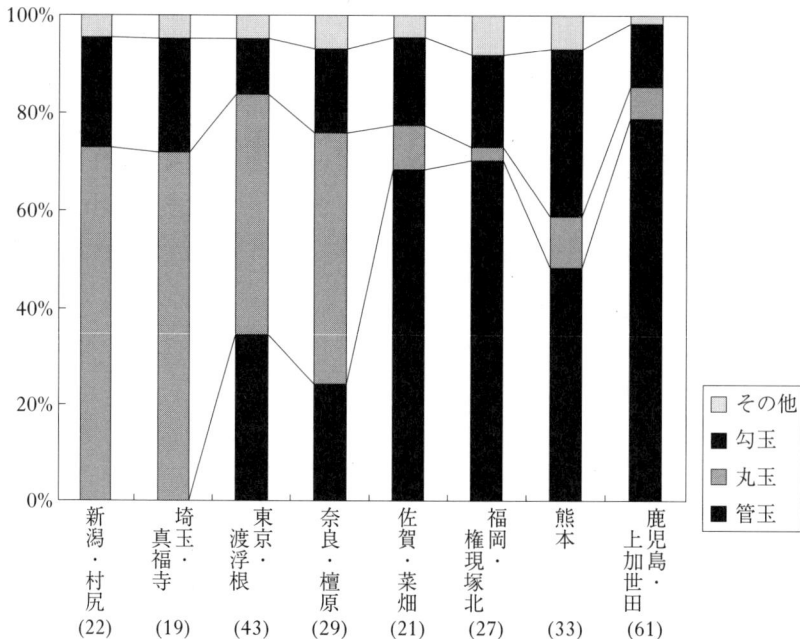

図6–7　玉類の構成比率にみられる地域性(1)
九州と近畿以東の地域では，管玉と，丸玉の比率が逆転するが，両者を合わせたSタイプの玉の比率はほぼ一定している。
(地域・遺跡名の下の数字はサンプル数)

が明らかに看取できる。菜畑遺跡は「大陸系の碧玉製管玉」をもち，他の遺跡と比べて時期が下るにも関わらず，他の九州の遺跡と類似した様相を示している。

　遺跡ごとの出土数が非常に少ないのでグラフには示していないが，中四国地域でこれまで報告されている玉をみると，丸玉も出土しているが，比較的管玉が多いようである。したがって管玉の比率において南北に地理的クラインがあるといって差し支えなかろう。

　一方，勾玉はいずれの地域でもほぼ同率で一定している。そして，管玉と丸玉の合計も，やはりいずれの地域でも同率で一定していることもわかる。つまり，対象地域が非常に広域であるにも関わらず，「勾玉」というものと，「管玉・丸玉」というものとの間の関係がほぼ同じ比率で安定しているということになる。こうした構造が広域で保持されているということは興味深い。さらにこのことは，ある地域で管玉を用いているところを他の地域では丸玉を使用している，というようなオルタナティブな関係として理解できるかもしれない。ただし，北海道の同時期の遺跡は，小玉を非常に多数もっており，連珠として墓に副葬することが行われているので，玉の使用法や意味において本州以西とはかなり異なる文化を持っていたと考えられる。

　玉類には様々な形態があるが，その分類あるいは呼び分けについてはいずれも伝統的かつ日常的なものである。ここで，分析の便宜上，明確に定義できる 2 つのカテゴリーを設定しておく。すなわち，紐を通す孔に対して垂直に切ったときに，どこで切っても基本的にシンメトリーになるものと，アシンメトリーつまり非対称になるものの二者である。前者を S タイプ，後者を A タイプとする。この分類でいくと，管玉・丸玉は S タイプとして同一カテゴリーに一括され，勾玉は A タイプとなる。そして，縄文時代晩期においては，S タイプと A タイプの玉類の比率は日本列島でほぼ一定である，という仮説を導くことができる。この仮説が正しければ，縄文時代晩期に玉類を

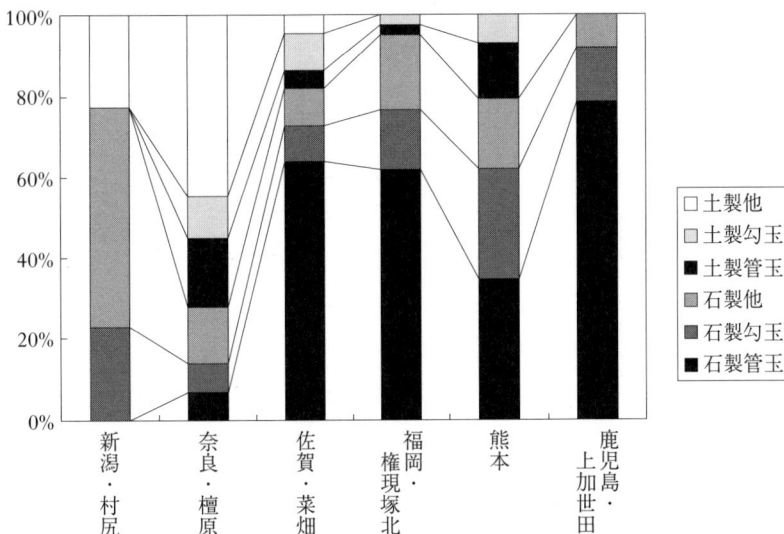

図 6-8　玉類の構成比率にみられる地域性 (2)
　　　　九州では石製管玉が卓越し，近畿地方では土製品の割合が大きい。
　　　　（サンプル数は図 6-7 と同じ）

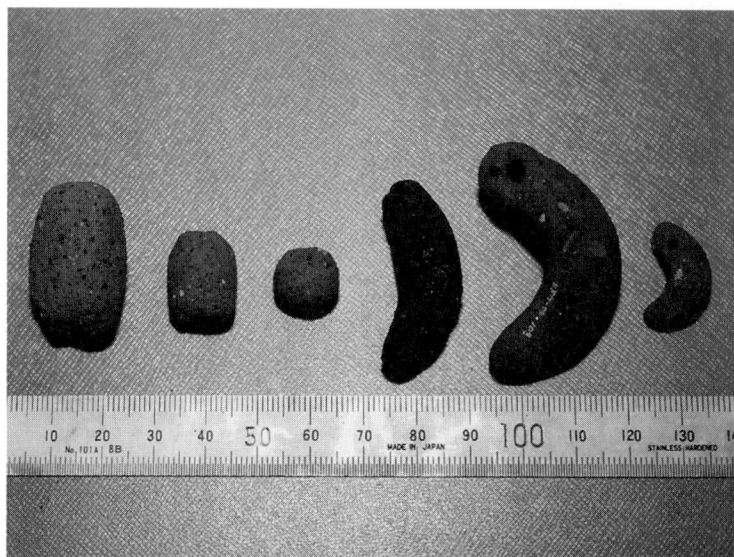

写真 6-1　大阪府馬場川遺跡の土製玉類
東大阪市立郷土博物館所蔵

2種に大別するようなカテゴリーと，それらの比率が一定になるような製作・使用法が広域で共有されていたということが考えられるが，今後さらに資料を増やして検討する必要がある。

　次に，以上の分析で用いた種類に，土製と石製という材質の違いを加えて同様の分析をする(図6-8)。埼玉の真福寺貝塚と東京の渡浮根遺跡は石製のものしかないので除いてある。上加世田遺跡も石製のみであるが，発掘による出土資料で数も多く，データとしての信頼性が高いので加えてある。

　結果をみると，土製の玉類は各地で作られているが，近畿以東でより多く作られていることが分かる。とくに，赤色顔料を塗布する土製の丸玉・小玉というものが一つの型式として安定して作られているようである。東大阪市の馬場川遺跡では，硬玉製の臼玉が1点と，未製品と思われる硬玉剥片が数点住居跡床面から出土しているが，それ以外で出土した勾玉，管玉，丸玉はすべて土製であった(写真6-1)。橿原の状況と合わせて，晩期前半の近畿地方では，各種の玉類を土で製作するということが頻繁に行われていたと想定することができる。土製玉類の製作は九州でも行われてはいるが，比率としては石製の方が多いといえる。熊本地域で若干土製の管玉・勾玉の比率が高いのは，土器の器壁の厚さのクラインや近畿系の土器の出土から推測したこの地域と近畿地方とのインターアクションを示すものであるかもしれない(第5章参照)。権現塚北遺跡の玉類の構成比は，種類においても素材においても，弥生時代開始期の菜畑遺跡にほぼそのまま引き継がれている。

6.　形態における地域性

　次に，同じカテゴリーに分類される玉類の中での形態的なバリエーションについて検討する。今回，管玉については計測的分析を行ったが，勾玉についてはその形態的変異の大きさから行うことができなかった。勾玉については大まかな傾向を述べるにとどめ，管玉については計測的分析の結

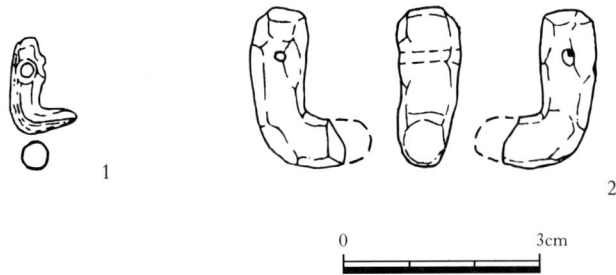

図 6-9　西日本の「L」字形勾玉
1. 奈良県橿原遺跡，2. 佐賀県久保泉丸山遺跡
（各報告書の図を再トレース）

果を提示する。

勾玉

　各地でバリエーションが多く，斉一性より多様性の方が強く感じられる(図6-6)。なかでも櫛形の
ものや頭部に刻みをもつものは多くみられる。また，晩期段階の東日本におけるひとつの傾向とし
て，胴部下半が急に屈曲して L 字状を呈する形態のものが安定してみられる。このタイプの勾玉は
近畿の橿原遺跡にもあり，また，時期が下るが佐賀県の久保泉丸山遺跡の土製勾玉もこのような形
態をしている(図6-9)。しかし，分布は明らかに東日本を中心としている。これに対峙する形で存在
するのが先ほど九州における玉類の様相のところでみたコの字形勾玉である(口絵5)。これは，九州
の晩期に普遍的な形態であるだけでなく，山口県岩田遺跡でも出土しており，また，腰部に突起が
つき，頭部にきざみが入る点で特異ではあるが滋賀里遺跡出品の中にもみられる。東日本と九州
をそれぞれ分布の中心とする 2 種の勾玉が存在したといえる。

管玉

　石製管玉自体は縄文時代前期には存在している。栃木県根古屋台遺跡では前期の管玉が出土して
いるが，乳白色を呈する点，および，エンタシス形ではなくむしろ胴部が若干くびれる形態をもつ
点でいわゆる縄文系管玉とは異なる。石川県の真脇遺跡でも前期後半の層から若干扁平なものとや
や鼓形のものが出土している。東日本においては継続的，あるいは断続的に管状の玉は作られてい
るようであるが，晩期に至るまで石製玉類の中で主流になることはなかった。この点で，先の分析
で示した晩期の九州において管玉が卓越する様相は特異であるといえる。
　縄文時代後晩期の管玉の形態の地域性について，長さ，最大幅，厚さの計測値を用いて比較した。
分析に用いた遺跡は，管玉がまとまって出土している東京都の渡浮根遺跡と福岡県の権現塚北遺跡
である。東京都の新島にある渡浮根遺跡は後晩期の遺跡として知られており，管玉がまとまって採
集されている。未製品もみられるので，現地で製作されていたと考えられている(図6-6-17～22)。権
現塚北遺跡は，後期末から晩期前半にかけての遺跡で，晩期前半を中心とする。地元でとれる緑色
片岩系の石材を用いて管玉をはじめとする玉類の製作を行っている(図6-4-20～23)。

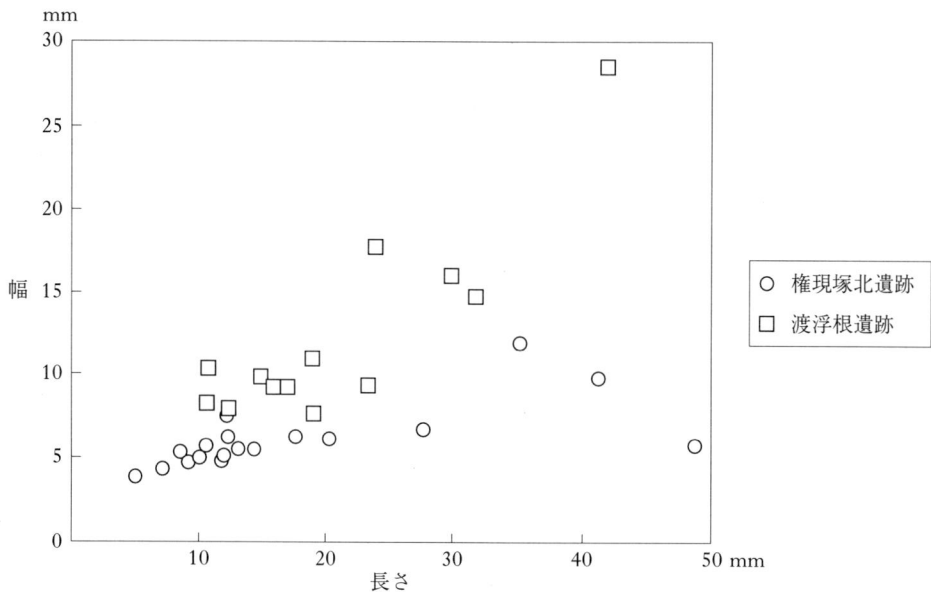

図 6–10　東京都渡浮根遺跡と福岡県権現塚北遺跡の管玉の形態比較

　　長さと幅を横軸と縦軸にとってグラフ化すると，両遺跡の資料ははっきり分布がずれていること
が分かる（図 6–10）。つまり，権現塚北遺跡の管玉は渡浮根遺跡のものより長さの割に幅が狭いという
点において明確な差異をもつのである。図 6–4–20〜23 と図 6–6–17〜22 の実測図をみると，渡浮根
遺跡の管玉は一見して丸みがあり，権現塚北遺跡の管玉との視覚的な差異は顕著である。

　　西日本各地の様相をみると，山口県の岩田遺跡，島根県の水田ノ上遺跡，和歌山県の田井遺跡な
どで細長いものがある。それに対して，愛媛県の笛ケ滝遺跡や奈良県の橿原遺跡，滋賀県の滋賀里
遺跡ではむしろ丸みの強いものがみられる。九州の晩期段階でもやや丸みを帯びた管玉もみられる
が，全体的にみて管玉の細長さという属性において九州から東日本の間で地理的な勾配があるよう
である。

　　さらに，幅と厚さの比率にも注目してみた。ここでは，胴部の最大幅を幅とし，その計測部位で
最大幅と直交する方向に計測した値を厚さとする。これは，断面が真円に近いか楕円になるかとい
うことを表すものであり，断面が真円であれば比率は 1.0 となる。分析に用いた資料は，九州の後期
後葉の資料として三万田遺跡，縄文時代晩期の資料として権現塚北遺跡，上加世田遺跡，中堂遺跡，
関東の縄文時代後晩期の資料として渡浮根遺跡，弥生時代開始期から前期初頭の資料として菜畑遺
跡，礫石遺跡の管玉である。分析結果を図 6–11 に示す。これをみると，渡浮根遺跡の管玉の幅と厚
さの比率は 1.2 から 1.3 の間に集中するのに対して，九州の各遺跡では 1.0 から 1.1 の間にピークが
ある。菜畑遺跡ではいわゆる縄文系管玉と大陸系管玉が混在しており，礫石遺跡ではすべてが大陸
系管玉である。したがって，礫石遺跡では比率の中央値が 1.0 にごく近くなっている[5]。

　　東日本のデータが限られている段階ではこれらの分析から多くの解釈を引き出すことは慎まなけ
ればならないが，少なくとも九州においては縄文時代晩期以来より円筒形に近い管玉を製作してい

たことは確かである。こうした断面形の差が生じる要因として，次の3つが考えられる。(1) 製作者がめざす管玉の形態として円筒形（あるいは両端がやや細くなる紡錘形）をイメージしているか，それとも断面・平面ともに楕円形の物体をイメージしているか，という管玉の製作者がもっていたプロトタイプの違いを想定することができる。弥生時代開始期の曲り田遺跡で出土しているような，明らかに楕円形を想定して製作されたと考えられる管玉があることからも，私たちが管玉というカテゴリーに入れている資料の中に2つのプロトタイプが存在していたことが考えられる。(2) また，円筒形（紡錘形）のプロトタイプを共有しながらも，技術的な制約のために形

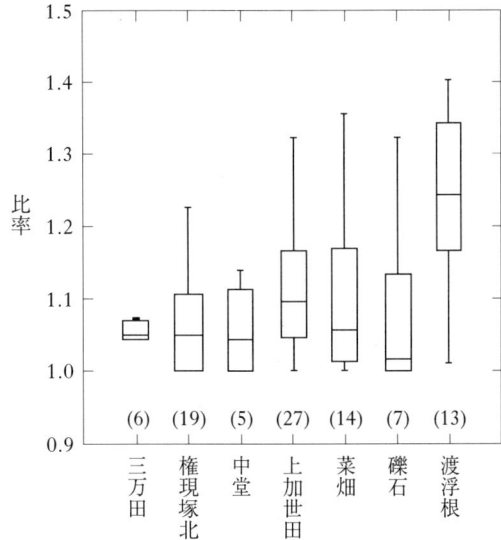

図 6–11 管玉の幅と厚さの比率における地域差
（　）内の数字はサンプル数

態にばらつきが出るという可能性がある。東日本の磨製石器などにみられる精巧な技術をみると，この可能性はあまり高いとは思われない。使用する石材の硬度が関係していることも考えられるが，この点についてはまだ検討できていない。(3) そして，円筒形（紡錘形）のプロトタイプは共有していながら完成品の形態をどこまでそのプロトタイプに近づけるかという規制の強弱において地域差があった可能性が考えられる。これまでに出土している未製品からみると，管玉を作作するときには，まず石材をおおまかな大きさと形に切断してから周囲を研磨して整形したようである。切断の技法が明らかでないうらみはあるが，より完全な円筒形（紡錘形）に近い形態を作り出すためには，この粗い研磨による整形のプロセスにおいてより多くの労力とコントロールが必要となるはずである。

　九州でも時期が古い三万田の管玉はあまり細長くなく，渡浮根遺跡の管玉に類似している。よって，最初東日本からあまり細長くない形態の管玉が導入され，その後九州を中心としてより細長く，円筒形に近い形態へと変化したものと考えられる。なぜこのような変化が起きたのだろうか。

7. 縄文系管玉と大陸系管玉

　後期末の三万田遺跡の管玉が東日本の管玉と形態的に類似していることは，この種の玉類を製作する習俗が東日本の縄文文化の中にあり，それを土偶などの他の文化要素とともに九州の集団が採用したためであると考えられる。これらの丸みを帯びた形態の管玉を東日本型と呼ぶことにする。この時点では管玉の流行に朝鮮半島の影響を考えることは難しい。ところが，晩期にはいると，九州の管玉の形態は細長く，より円筒形に近い形態へと変化する。先の分析で示したように，この細長いタイプの管玉は東日本型とは分離可能な差異をもっており，ここでは晩期九州型として区別することにする(口絵6)。石材には，緑色の鮮やかな蛇文岩や緑色片岩が用いられている。

　こうして東日本型と晩期九州型に分類することによって，甲元の議論にみられる (1) 縄文時代後期から縄文系管玉は存在するので大陸の影響を考える必要はないとする解釈と，(2) 九州地方は縄文時代後期以来朝鮮半島と絶えず交渉をもっていたので管玉の出現もこれと無関係にはじまったとは考えられないとする解釈との間の表面上の矛盾は解消することができる。すなわち，九州でも古い段階の管玉は東日本型であることから，その出現の契機となったのは東日本縄文集団との交流であると考えられる。一方で，縄文時代晩期併行期の朝鮮半島は無文土器時代の前期に相当し，すでに碧玉製のいわゆる大陸系管玉が存在していたと考えられる。そこで，晩期になって朝鮮半島の物質文化に対する選択的嗜好性が高まるとともに，大陸系管玉に関する情報に基づいて管玉の形態が変化し，晩期九州型管玉の成立に至ったと考えられる。先の土器の分析でも示したように，晩期前半の九州には朝鮮半島との交流を示す間接的な証拠があり，同時期に管玉が形態変化を示すことも同様の要因が関与している可能性は十分に考えられる。したがって，甲元が指摘するようにこの時期の九州における管玉の盛行の背景に朝鮮半島との交流を措定することは妥当であろうといえるのである。以下では，弥生時代開始期に導入される「大陸系管玉」と縄文時代晩期に盛行する「縄文系管玉」とを比較することによって，以上の仮説の検証を試みる。

　分析に用いた資料は，先の幅と厚さの分析に用いたデータに，長崎県の天久保遺跡の資料を加えたものである。天久保遺跡の資料は，1995 年に九州大学考古学研究室によって実施された発掘調査によって第3号支石墓から出土したもので，1基の支石墓に 15 点という量は，弥生時代前期前半以前の副葬例としては多いものである[6]。天久保遺跡の時代については，支石墓周辺から突帯文期と弥生時代中期の土器片が出土しており，これだけで時期を特定するのは難しいが，管玉自体の計測値

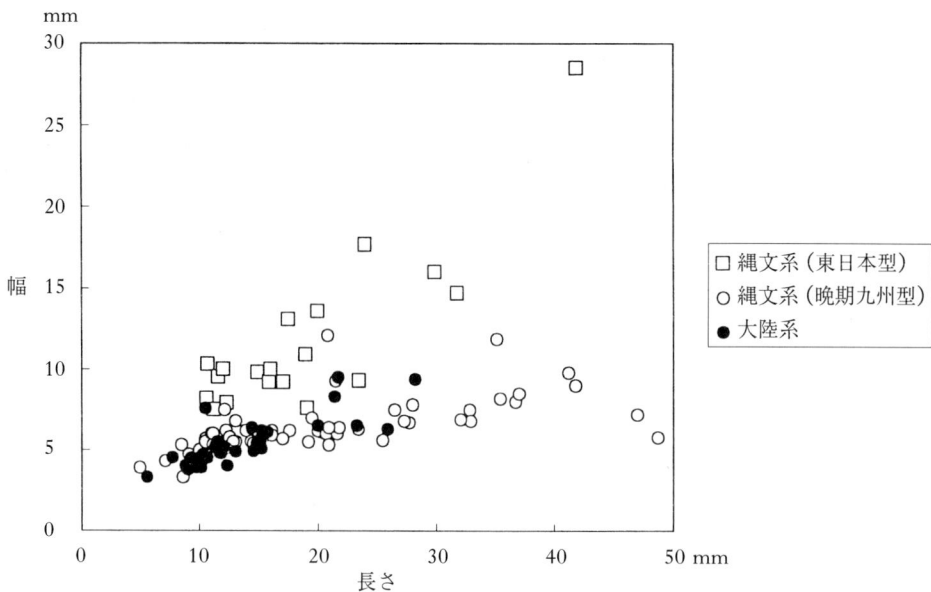

図 6–12　縄文系管玉と大陸系管玉の形態比較
同じく縄文系のカテゴリーに入れられる管玉の中でも，晩期九州型管玉は弥生時代開始期
の大陸系管玉の分布に非常に近い。

を弥生時代の各時期の資料と比較分析した結果からすると，おそらく前期初頭までの範囲におさまると考えてよかろう(渡邊，1997)。

　まず大まかな形態をあらわす指標として，「縄文系管玉」と「大陸系管玉」の長さと幅とをそれぞれ横軸と縦軸にとった散布図を作成した(図6-12)。ここでは，三万田遺跡と渡浮根遺跡の丸みを帯びた管玉を東日本型，その他の九州の細長いものを晩期九州型として別のシンボルを用いている。図6-12をみると，晩期九州型の管玉と弥生時代開始期から前期初頭にかけての大陸系管玉の分布は重なりが大きく，それに対して後期後葉の三万田遺跡の管玉と関東の渡浮根遺跡における管玉の分布はかなりずれていることが分かる。つまり，同じ縄文系のカテゴリーに入る管玉の変異は大きく，それを東日本型と晩期九州型に分けると，後者はむしろ弥生時代開始期の大陸系管玉と分布が重なるのである。

　一つの遺跡からまとまった量の管玉が出土している縄文時代晩期の上加世田遺跡，大石遺跡，権現塚北遺跡，弥生時代開始期の菜畑遺跡，天久保遺跡について，それぞれ長さと幅をグラフ化して比較すると，上加世田遺跡と天久保遺跡はもっとも差異が大きく，権現塚北遺跡と菜畑遺跡は類似性が高い(図6-13)。つまり，全体的に類似度が高まる九州の縄文系・大陸系管玉においても，時間的・地理的により近接している遺跡同士がより類似しているということであり，情報交流の程度が管玉の類似度と相関しているとする筆者の仮説を支持している。サイズについては，全体的に長さが5〜18 mm，18〜30 mm，30 mm以上の3群に分かれるようである。「大陸系管玉」と「晩期九州型管玉」は，長さ5〜15 mm，幅3〜7 mmのものが多くみられる点や，いくつかのサイズに作り分けられている点などが共通しているが，大陸系管玉では30 mmを超える大型品がみられない[7]。

　これまでの分類においては，縄文系管玉は蛇文岩や緑色片岩製で，中程が膨らみ両端が細くなる

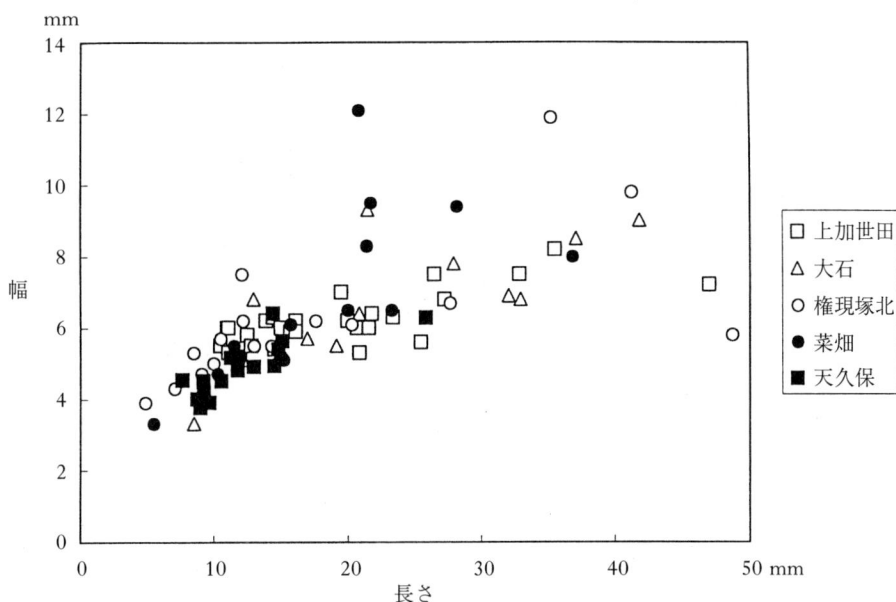

図6-13　縄文晩期から弥生時代開始期の各遺跡の管玉

エンタシス状を呈し，大陸系管玉は碧玉製で太さが一定した円筒形を呈するといわれている(森 1982;
甲元 1992)。この差異は，後期末の三万田遺跡の管玉や東日本の縄文時代にみられる管玉と，いわゆ
る大陸系管玉とを比較するとはっきりしている。穿孔が大陸系管玉が円筒形で縄文系管玉が V 字形
になるという点についても同様である。しかし，先の分析で示したように，全体的に細長くなる縄
文時代晩期の九州の管玉については，こうした「縄文系管玉」の特徴はあまり顕著ではなくなる様
相がみられる。また，材質に関しても，縄文系管玉は蛇文岩や緑色片岩製，大陸系管玉は碧玉製と
いう違いはあるが，視覚的な効果という点からすると，両石材とも鮮やかな緑色を呈する点では共
通している。

　つまり，大まかな視覚的特徴においては，「縄文系管玉」と「大陸系管玉」の差異は晩期の九州に
おいては目立たなくなっていく様相がみてとれるのである。しかし，それでもなお「縄文系管玉」と
「大陸系管玉」を区別することは可能であり，考古学的な分析においても重要である。ここで両者を
区別する指標について再検討すると，大まかな視覚的特徴というより，材質と先端部の処理の仕方
が重要であるといえる。縄文時代晩期の蛇文岩や緑色片岩製の管玉は，大まかな外形が円筒形に近
似していても，端部にはっきりした面をもつことはほとんどない。外側面と穿孔部とは稜をなして
接している場合が多い。これに対して，九州では弥生時代開始期以降出現する碧玉製の管玉は，ご
く小型のものでも，端部を一度平らに研磨した後に穿孔している。これは，穿孔技法を含めた管玉
の製作技法の体系が異なることを示しており，視覚的特徴を在地の技術で模倣する段階と，製品の
搬入から技術体系の導入にいたる段階とを区別する上で有効な分類であるといえる。

　つまり，確かに石材や穿孔技法によって縄文系管玉と大陸系管玉を分類することは可能である。し
かし，縄文系管玉としてくくられるもの中にかなりのバリエーションがあり，その中で地理的に朝
鮮半島に近くかつ時間的に新しいものほど大陸系管玉との類似性が高まるということもまた指摘で
きるのである。言い換えれば，石材の選択や整形・穿孔技法といった技術的な面では明確な差異を
保ちながら，大まかな形態(細長く円筒形に近い)やサイズといった非常に視覚的な属性において，縄
文時代晩期前半の段階から朝鮮半島との類似度が高まっているといえるのである。こうした，ごく
視覚的な情報に限った導入・模倣といった現象は，土器の色調において示した結果と共通しており，
晩期前半の九州における集団の文化的動向の一つの特徴として注目すべきであろう(松本，1996)。

8.　社会・文化変化のプロセスにおける玉類の意味

　以上の分析結果を踏まえて，玉類の動態を縄文から弥生への社会・文化変化のプロセスの中に位
置づけてみよう。

　甲元は装身具を自己と他人を区別する表現の一つであるとし，縄文時代晩期の九州では「他と自
己を識別する手段としての装身具の発想を，(朝鮮半島の)農耕民から受け入れるものの，それとは
異なって在来的な素材と方法で管玉を作り，自己表現の一つとした」と解釈している(甲元，1990,
1992)。つまり，管玉によって自己と他者とを区別するという発想を朝鮮半島から取り入れるが，そ
れによって狩猟民としての「縄文集団」を表示したというわけである。

　この時期に朝鮮半島の集団とのある程度の交流があったことは確かであろう。しかし，その交流の証拠が土器の無文化や色調の変化といった視覚的属性の変化にのみ窺えるだけで，より直接的な模倣や舶載品などがないことは，情報を得ながらも自集団の文化的アイデンティティーは失わず，かなり選択的に対処している様子がうかがえる。そういう意味で，朝鮮半島の碧玉製の管玉のことを知りながらも独自の石材と技術で管玉を製作したことを，集団間の差異を積極的に維持したものと解釈することも無理ではない。しかし，視覚的な類似性が高まることを考えると，石材・技術における差異は材料・情報不足によるものである可能性も高い。議論を整理するためには，「自他の差異の表示」の内容を明らかにする必要がある。

　まず，装身具が自他の差異を表示するものであるということは，一般的な原理として設定可能であり，農耕民・狩猟民の如何を問わずみられることであろう。縄文文化における自他の区別の内容としては，性別や年齢，出自など，狩猟民のなかでも普遍的にみられる区別がまず考えられる。しかし，希少な石材を使用したり，加工に高度な技術や多くの労働時間を必要とする装身具の場合は，社会的な階層の違いを表示していた可能性も十分考えられる。

　それでは，ここで問題としている管玉は縄文文化の中にみられる他の装身具とどこが違うのだろうか。上の分析で示したように，縄文時代晩期の九州の管玉は朝鮮半島のものと視覚的類似度を高めており，なんらかの理由でその視覚的情報を取り入れたと考えざるをえない。この時期の朝鮮半島南部と九州の生業的基盤についてはまだ不明な点が多く，簡単に「農耕民」と「狩猟民」と呼びわけるのは危険である。しかし，この時期の朝鮮半島南部にすでに支石墓が存在し，その中には副葬品を持つものもあるということになると，海峡を挟んで明らかに社会的・文化的に差異をもつ集団が対峙していたといってよい。この時期の九州の諸集団は，そうした朝鮮半島の状況についてある程度の情報を得ていたと考えられる。

　ここに，「自他の差異の表示」の内容についての鍵があると考える。朝鮮半島における円筒形の碧玉製管玉は，支石墓などの墓の副葬品としての性格が非常に強い。被葬者が生前に着用していたことも当然想定されるが，考古学的にはほとんど副葬品として出土する。それは，これらの管玉が集団の中の特定の個人に属するものであった可能性を示す。また，朝鮮半島の広い範囲でこうした状況が斉一的にみられることは，社会的に高いランクにある人物が管玉を，少なくとも死に際して所有することが広く共有された社会的なスキーマであったことを示している。この点において，縄文時代晩期の九州における管玉の盛行を刺激した朝鮮半島の「大陸系管玉」は，それまでの縄文社会の中にはなかった性格の「自他の差異」を表示するものであったといえる。

　現在までに得られている情報と分析結果を総合し，社会的諸関係の中で人工物が人間によって積極的に利用されるという視点に立つと，次のような解釈が導かれる。すなわち，自集団とは異なる社会構造をもつ朝鮮半島の集団についての情報を獲得し，自分より大きな力を手中にした人物のいでたちや所持品についても見聞した縄文時代晩期の九州の集団の統率者が，そこに含まれていた管玉の情報を自らの社会的・文化的コンテクストに基づいて導入・使用したことが，この時期の九州における管玉盛行の引き金であったと考えられるのである。

　この説明が前提として要求するのは，縄文時代後晩期の九州においてある程度社会的な階層化が進んでいたことである。集落の規模が大きくなり，人口増加が進んでいた後晩期の九州において，単一，あるいは複数の世帯からなる集団を統率するような人物が出現していたことは十分に考えられる。こうした縄文時代の階層性の性格についてはいまだ不明な点が多いが，ここでは集団の他の成員よりも経済的に大きな力をもち，集団のなかで行われる意志決定においてより強い権限をもっていたと考えられる人物を仮に統率者と呼ぶことにする。こうした統率者が縄文社会においてどの程度普遍的にみられたか，どの程度の力をもっていたかについては，ここで詳しく論じることはできない。しかし，縄文時代後晩期の九州においてこうした統率者の力が大きくなっていたことは推測できる。この時期の集落規模拡大・人口増加の要因が，朝鮮半島経由でもたらされた栽培植物の生産によるものか (藤尾，1993)，あるいは「東日本文化複合体」としてもたらされた生業形態が熊本や大分の火山灰台地上にうまく適合して生産力を拡大したためであるのかは，今後フローテーションやプラントオパール検出などによって検討していかなければならないだろう。

　こうした経済的基盤の充実を背景に力を伸ばしていた統率者たちは，朝鮮半島における統率者の威信の象徴であった碧玉製管玉を模倣することにより，いわばその権威にあやかろうとしたのではないだろうか。この段階の九州には支石墓どころか墓らしい墓がなく，社会的階層を厚葬によって表示するような制度や世界観は導入されていない。実際の社会構造や経済システムは，前段階とあまり変わっていないと考えられる。とすれば，この管玉の使用は非常に表面的な模倣であり，東日本の縄文文化に由来する土偶や石刀などと組み合わされて，独自の意味の体系を構成していたと推定される。

　ここにおいても縄文 vs 大陸という対立的図式を適用することは危険である。後晩期の九州にとっては，土偶や石刀も新しく導入された要素である。縄文時代晩期には，浅鉢が広域で非常な斉一性を示したり，大洞系の土器が近畿で出土したり，北陸系の文様が九州の土器に施されるなど，非常に長距離にわたる情報伝達が行われていた証拠がある。こうした長距離交流の促進にも各地の統率者が関与していた可能性が高い。物資だけでなく，それに伴う遠隔地の知識を獲得することが，統率者の権威を正当化・保証することにつながるからである (Helms, 1979, 1988)。遠隔地情報の獲得とそれを示すような物的証拠として，九州の集団が朝鮮半島に目を向けたことを，管玉の盛行は示しているのである。したがって，この段階の管玉の意味や使用法は，九州の縄文集団の独自のスキーマに則ったものであったに違いないが，自集団とは異なる社会構造をもつ集団に対する関心と積極的な情報獲得を行う姿勢が，意図せずしてその後の社会・文化変化を促したと考えられるのである。

　九州では大規模な遺跡で玉が出土する傾向があり，権現塚北遺跡，ワクド石遺跡，上南部遺跡，大石遺跡，上加世田遺跡などでかなりまとまった量が出土している。こうした遺跡では未製品や玉砥石などもみられ，現地で製作していたことが分かる。こうした玉類を多く出す遺跡はその地域でも拠点的な集落であったと推定されているものが多く，土偶なども出土している。

　出土状況で注目すべきものとしては，皿状の窪地で多数の岩偶や石棒と共に多量の管玉と勾玉が発見された鹿児島県上加世田遺跡がある (河口，1972)。また，大分県の大石遺跡では，大きな竪穴状

遺構の中から勾玉が出土している(賀川, 1967)。これらはいずれも祭祀に関わるコンテクストである。また，中堂遺跡では集落中央部の大型住居の周辺から多く出土している。この他に出土状況が分かるものでは，権現塚北遺跡で甕棺の中から管玉と勾玉が1点ずつ出土している。また，三万田遺跡で竪穴住居址の壁の立ち上がり部分で勾玉が一つ出土している。

　この他は，特に遺構に伴うこともなく，ランダムに散布されたような状態で検出されるか，あるいは採集品である。熊本の上南部遺跡では九州では珍しく集落がほぼ全面的に発掘され，玉類についてもその出土地点が記録されているが，玉類の分布に特に規則性はみられず，十数基検出された甕棺の中からも一つも見つかっていない(富田, 1982)。

　権現塚北遺跡の例が気になるところではあるが，全体的にみれば，縄文時代晩期の九州では玉類は副葬品ではなく，また埋葬に際してとくに身につけられるものでもないようである。また，全体的な出土数が少ないことと，特に規模の大きな遺跡に集中する傾向があることは，日常的かつ普遍的に身につけるような装身具ではないと考えられる。さらに上加世田遺跡や大石遺跡の出土状況を考慮すれば，何らかの祭祀あるいは儀礼的行為に際して特に装着されることがあったのではないかと考えられる。つまり，晩期の九州では，おそらくは朝鮮半島経由の情報によって緑色の石を素材とする細長い管玉が作られていたが，その使用法はその後に直接導入される大陸系管玉とは異なっていたということになる。

　朝鮮半島の様相をみてみると，現在までに知られている大陸系管玉はほとんどが墓にともなっており，被葬者の階層を示す遺物と認識されている。九州においても，福岡県の新町遺跡，佐賀県の礫石遺跡にみられるように，大陸系管玉の導入以降，墓に伴う例が急増する。

　しかし，大陸系管玉がすべて墓から出土しているわけではない。朝鮮半島製と思われる大陸系管玉は弥生時代開始期，すなわち刻目突帯文期の北部九州に現れるが，この段階の菜畑遺跡，福岡県二丈町の曲り田遺跡，津屋崎町今川遺跡では出土状況は縄文晩期とあまり変わらないのである。菜畑遺跡ではすべて包含層の出土であり，曲り田遺跡でも包含層と住居址の出土である。今川遺跡も集落からの出土である。土壙墓の場合年代が明確に定めがたいが，明らかに刻目突帯文期に属すると考えられる資料で墓にともなっているものは少ない。これは，はじめて「大陸系管玉」を入手した集団が，それまでの後晩期九州的な管玉の使用法を適用したことを示すものであろう。これも，在来集団による積極的な文化導入を支持する現象である。

　また，縄文時代晩期のひとつの遺跡から出土する管玉が，小型のものから大型のものまでサイズに漸移的な変異をもつのに対して，朝鮮半島の無文土器時代や弥生時代前期後半以降の遺跡から出土する管玉はサイズが揃っていることが多い。縄文時代晩期には管玉のサイズの漸移的変異にある種の意味が付与されていたのであろう。このサイズの漸移的変異が，菜畑遺跡，天久保支石墓，石ヶ崎支石墓，井田用会支石墓などでみられることは，所属時期が明確でない後2者の支石墓がやはり弥生時代開始期から前期初頭に属するものであることを示唆するとともに，縄文時代晩期独自の管玉に付与された意味を保持していた人物が碧玉製管玉の入手あるいは製作と使用に関わっていたことを示すものである。

　以上の分析と考察を総合すると，次のような結論が得られる。縄文時代晩期の九州で盛行する
「コ」の字形勾玉については，上半と下半が対称的であるという点では朝鮮半島の無文土器時代にみ
られる半玦状勾玉と共通している。これは，日本列島の他地域の勾玉にはみられない特徴であり，地
理的にも時期的に近接する朝鮮半島と九州において特徴的にみられる勾玉の様式であるということ
ができ，この地域で勾玉が象徴するものについての情報が共有されていた可能性を示唆する。しか
し，この共通性は原理的なものであり，具体的な形態などの特徴においては朝鮮半島と九州でははっ
きりした差異が保たれていた。これに対して，管玉の場合は，縄文時代晩期の九州の集団が，朝鮮
半島の碧玉製管玉を模倣しようとし，とくにその視覚的な特徴を取り入れていた様子がうかがえる。
ここに，同じ玉類に関しても，情報伝達の性格に違いがあることがみて取れる。また，前章で行っ
た土器の分析と比較すると，色調と大まかな形態という非常に視覚的な属性においてのみ朝鮮半島
の事例との類似度が高まるという共通性がみられる。ただし，土器の色調変化が九州の西北部に限っ
て顕著にみられるのに対して，管玉の盛行は九州全域に拡がっている。この違いは，土器の情報に
比べて管玉の方が，集団内のみならず集団間の関係を取り結ぶうえでもより重要な社会的機能をもっ
ていたことによるものと考えられる。

　縄文晩期の九州でみられる多数の管玉に勾玉や小玉が混じるという組み合わせは，同時期の東日
本よりも，のちの弥生時代の様相に近い(河口，1972: 227)(写真 6-2)。こうした現象の背後には，朝
鮮半島の碧玉製管玉を，それと結びついた権威の維持や正当化に関わるイデオロギーとともに自ら
の文化の中に組み込もうとした九州の集団の統率者の思惑があったものと考えられる。こうした社
会戦略の延長上に弥生時代開始期の碧玉製管玉の導入があるとすれば，現物の入手が可能となった
時点でその模倣品であった縄文系管玉の生産が行われなくなることは納得できる。この「縄文的管

写真 6-2　鹿児島県上加世田遺跡の「コ」字形勾玉と晩期九州型管玉のセット

玉」と「大陸系管玉」の間のスムーズな転換は，少なくとも弥生時代開始期の北部九州の集団が両者を同じカテゴリーとして認識していたこととともに，このカテゴリーの価値の中心が朝鮮半島で製作されていた碧玉製管玉であったことも示しているのである。

9.　小　　結

　はじめに提示した 2 つの問題点のうち，土器などにみられる変化が朝鮮半島からの情報に基づくものであるかどうか，という点については，大陸系管玉と視覚的特徴の類似度が高い晩期九州型管玉の成立をもってひとつの傍証とすることができよう。弥生時代開始期に先立つ朝鮮半島からの情報導入があったと考えることが妥当であるということになると，果たしてそうした情報の性格と社会的背景はどのようなものであったのか，という第二の問題について考えなければならない。情報はひとりでに行ったり来たりするものではなく，さまざまなかたちのコミュニケーションを通して伝達・受容・拒絶されるものである。土器と管玉において，具体的な技術的差異は保たれたままで色調やおおまかな形態などの非常に視覚的な情報のみが伝達・受容されているという現象を理解するためには，(1) 少なくとも視覚情報の伝達を可能にするだけの朝鮮半島との交流があったこと，(2) 朝鮮半島からの情報に対する評価が九州の集団の中で高まったことを想定しなければならない。そして，この 2 つの現象の背後には，(3) 縄文時代後期以来の東日本縄文文化複合体の伝播 (渡辺誠，1968) とそれに続く人口増加を基盤とした集団統率者の権威に関わるイデオロギーの発達が関与していたと考えられるのである。すなわち，これらの社会的要因と，情報の伝達と受容に関わる認知的要因がともに縄文から弥生への変化のプロセスに関与していると考えることによって，該期の物質文化の様相をより適切に理解することができるのである。

第 3 節　孔列文・擬孔列文土器

1.　先行研究の検討

　孔列文土器は，朝鮮半島の前期無文土器に特徴的にみられるものである (口絵 7)。無文土器という用語と同様に，孔列文土器という用語も朝鮮半島の前期無文土器の一群を指すものとして定着している。ただし，韓国の考古学者はむしろ「孔列土器」という言葉を用いている。孔列文をもつ土器群には，駅三洞類型と欣岩里類型の 2 つの類型がある。孔列土器という言葉は，そうした土器型式の中で孔列をもつものを指す場合に使われており (e.g., 安，1990)，また孔列土器文化という言葉は複数の型式にまたがって朝鮮半島南部で存続した文化の総称として使用されている (李，1988)。

　これらの土器群とほぼ併行する時期の日本列島においても口縁部に孔列を施した土器が出土しており，弥生時代開始期以前に見られる朝鮮半島からの文化的影響を示す考古学的証拠として注目されてきた (武末，1987；田中，1986)。孔列文をもつ土器については，情報という概念を用いた分析・説明が多いことが特徴的である。これは，この問題に注意を喚起し，評価と説明を提示した田中良之

が，システム論的な枠組みの中で情報という概念を用いたことが大きな要因であろう。しかし，孔列文の示す動態自体が単純な伝播や人の移動といった概念では説明が困難であるということもその要因の一つであろう。情報という概念を用いて，それを選択・受容するプロセスを説明に組み込むことによって，はじめて適切なアプローチが可能になるのである。以下では，まず先行研究の批判的検討を行い，問題点を明確にしたうえで，資料の分析を行うことにする。

日本列島で出土する孔列文をもつ土器を，朝鮮半島と日本列島の集団間のインターアクションを示すものとみなし，その詳細な分析によって情報伝達の在り方や在来人による情報の選択・受容のプロセスを知ろうとする研究戦略が成立するためには，朝鮮半島の孔列文土器と日本列島の孔列文をもつ土器とが時期的に併行するということが前提となる。孔列文土器を出土している朝鮮半島の玉石里 1 号住居跡と欣岩里 12 号，8 号住居跡から得られている放射性炭素年代は，順に 740–900 B.C., 780–930 B.C., 780–1100 B.C. と 760–1100 B.C. となっている（崔，1982）。これらの年代はほぼ揃っていることから信頼性が高く，現行の年代観に基づけば縄文時代の晩期前半と併行する。欣岩里遺跡は朝鮮半島南部の無文土器としては最古段階に位置付けられることから，朝鮮半島南部の孔列文土器の年代はこれより下り，紀元前 6〜8 世紀を中心とする可能性が高い。九州の縄文時代後晩期の遺跡では放射性炭素年代測定が十分に行われていないため，土器型式に対応する実年代はいまだ曖昧であるといわざるを得ない。孔列文を施す土器がみられる時期に相当する黒川式土器と刻目突帯文土器（筆者の縄文晩期後半と弥生時代開始期）が出土している菜畑遺跡では黒川式から山ノ寺式が出土する層から 1080 ± 40 B.C., 730 ± 80 B.C. という放射性炭素年代が得られている（中島・田島，1982）[8]。この数値は現在の年代観より古過ぎると考える向きもあるが，黒川式の年代をこれより若干新しい紀元前 6〜7 世紀とすると，朝鮮半島と日本列島の孔列文土器は時期的にほぼ併行する可能性が高い。

これまでに提示されてきた孔列文をもつ土器に関する基本的な解釈は，大きな変化に先立つマイナーな情報の伝播というものである。例えば，田中は孔列土器などのあり方は「折衷土器としてのそれであり，しかもマイナーといわざるをえない。したがってこれらは外来要素として渡来者の存在を暗示しつつも，その一方では在来伝統と規制の健在をも同時に物語って」おり，それが「無文土器文化との交流や接触によってもたらされた情報に対する選択性として機能し，無文土器文化とは似て非なる土器としての弥生土器を生む結果となったのである」と述べている（田中，1986）。また，武末は，北九州市の長行遺跡出土の 2 点の孔列文土器と朝鮮半島京畿道の玉石里・欣岩里遺跡の孔列文土器とを比較し，日本で出土する孔列文土器には「忠実・変容型」と「要素変換型」の 2 種類があるとした。そして，孔列文土器は伝播し，変容しながらも，縄文時代晩期後半〜弥生時代前期初頭の土器の様式構造において確固とした一角を占めることはなかったと述べ，孔列文土器とほとんど同時期にもたらされたとみられる丹塗磨研小壺が刻目突帯文期の様式構造に確固たる位置を占めていくことと好対照であるとしている（武末，1987）。また，こうした現象に対する説明として，「深鉢はそれまでの縄文土器の器種構成にすでに存在していたため孔列土器深鉢は様式構造レベルでは定着せず，これに対して丹塗磨研小壺はそれまでの縄文土器中には存在しなかったために，様式構

造レベルでも定着したのである。こうした現象は縄文人の主体的な選択力・受容消化力の大きさを
あらわしているのであろう」と述べている。ここで孔列文土器の存在が単なる渡来人による文化要
素の持ち込みではなく，縄文人によって選択・受容されたものであるということが明示されたこと
は重要である。

　しかし，以上のような説明にはいくつかの問題点が残る。在来の伝統と規制が情報に対する選択
性として機能したとする田中の説明は，古典的な規範的アプローチとシステム論を統合したものと
いえる。ここでは，縄文文化という一つのシステムがあり，そのなかの伝統が外部からもたらされ
る情報を選択的に受容する機能を果たしている。その伝統による規制がうまく機能している間は縄
文文化のシステムは維持されるが，外部から入ってくる情報が閾値を超えると，システムは耐えら
れなくなって崩壊する。こうしたシステム論的モデルにおいては，孔列文土器はいわばシステムの
崩壊以前のゆらぎのようなものとして位置づけられる。このように，一つのシステムがゆらぎを経
て崩壊に至るという一般的なマクロレベルのモデルでは，このような現象の文化的・社会的側面の
理解が十分ではない。

　また，縄文土器の器種構成に存在しているか否かが新しくもたらされた文化要素が定着するかど
うかを規定する要因となっているとする武末の説明は，縄文人による選択の性質の一つの側面を明
らかにしている。しかし，この実用的機能主義的な説明では，やはり様式構造レベルの変化を起こ
さなかった孔列文の導入について消極的な評価しかできない。ドラスティックな弥生時代開始期の
変化に先立つ孔列文の導入は，むしろ縄文文化の伝統や主体性の強さを示す証拠として論じられて
きたといえる。

　武末の論考は，北部九州で出土する孔列文土器を主たる論拠としたものであったが，同じ年に下
山覚は南九州の「孔列文土器」を集成している（下山，1987）。ここで初めて南九州にも孔列文土器が
存在することが注目されたのであるが，この後も南九州での孔列文土器の出土例は増加し，他の朝
鮮半島由来の文化要素とは非常に異質な分布状況を呈するに至っている。こうした特異な分布状況
は，単なる縄文文化システムのゆらぎとして解釈するのでは不十分な文化的・社会的プロセスがこ
こに介在していることを示している。

　こうして増加した資料に基づいて，近年さらにいくつかの論考が出されている。岡山県南溝手遺
跡で孔列文土器が出土したことにより，その報告書では「孔列文土器」の出土遺跡の集成が掲載さ
れ，さらに報告者の光永真一による考察がある（光永，1995）。ここで集成された 43 遺跡 107 例のう
ち，41 遺跡 105 例は九州の資料であった。また，福岡県では内側から外側へ穿孔しており，すべて
貫通しているが，熊本・宮崎・鹿児島では外側から内側へ穿孔しており半貫通のものが多いという
指摘もなされている。この傾向は確かにあるが，福岡県内では半貫通の資料もわずかにある。こう
した現象の解釈としては，やはり在地の土器に孔列が施されている点に留意し，「（縄文文化と朝鮮
無文土器文化の）両文化に属する人間の交流を物語るもの」と解釈している。また，南溝手遺跡の例
については，九州地方から稲作と共に 2 条刻目突帯文土器が伝えられたという方向性をもつ地域間
交流を示すものとしている。

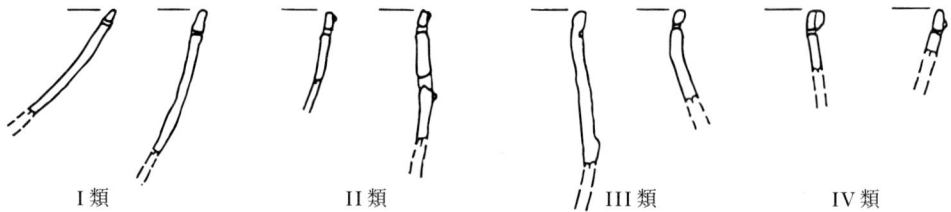

図 6-14　秦 (1995) による擬孔列文土器分類模式図

　同じく，孔列文土器が出土した福岡県の久良々遺跡の報告書において，秦憲二が他の文化要素との地理的分布状況の比較に基づく考察を行っている (秦，1995)。秦は，日本列島で発見される孔列文をもつ土器が朝鮮半島からの搬入品ではなく，在来の土器を基盤にした模倣品であることから，「擬孔列文土器」と称するべきであるとしている。日本列島で出土する在地の土器に孔列という要素だけを取り入れた土器を指す名称としては適切なものであろう。

　秦は，擬孔列文土器を土器の器形と穿孔の方法に基づいて 4 類に分類している (図 6-14)。I 類は典型的な擬孔列文土器とされ，内側から穿孔されたもの，II 類は刻目突帯文土器に孔列が施されたもの，III 類は外側から穿孔されており，忠実には模倣されていないもの，IV 類は刻目のない突帯文に孔列が施されたものである。分類基準が一貫していないが，器形と穿孔方向の間にかなりの相関があるという実態を反映した分類となっている。この分類にしたがって，地理的な分布状況をみると，忠実な模倣である I 類が北部九州に，穿孔方法が異なる III・IV 類が南九州に多いということを指摘している。こうした分布状況を「朝鮮半島からの情報が北部九州により多く伝わった」ことによると説明しながらも，南九州でも I 類がみられることについても注目し，弥生時代の無文土器・擬無文土器の分布との差異を指摘している。さらに，擬孔列文土器とほぼ同時期でやはり朝鮮半島との関わりが指摘される組織痕土器の分布との比較を行い，両者がかなり類似した分布を示すとしている。こうした分布の比較に基づいて，擬孔列文土器は当時の朝鮮半島との交流を示すものではあるが必ずしも稲作の伝播と直接結びつくものではなく，その分布が組織痕土器のものと近いことはその基盤が「縄文時代の交流と性格的にはそれほど変わらないのではないだろうか」としている。さらに，出現期の支石墓の在り方とも類似しているとして，渡来人や稲作と関係するものではなく，縄文人が情報から模倣したものの一つであると述べている。

　秦の考察は，朝鮮半島との交流が活発化したことによって得られた各種の情報を，各地域が選択的に受容したというモデルを提示した点で注目される。玄界灘沿岸では稲作を，西北九州では支石墓を，そして北九州では土器の製作技術を選択的に受容したとされている。しかし，報告書に掲載された簡潔な考察であることもあり，具体的な様相を把握し，それを縄文時代後晩期から弥生時代開始期に至るまでの変化のプロセスの中に明確に位置づけるためにはさらなる分析と考察が必要である。また，秦の分析の問題点として，朝鮮半島の孔列文土器を内面から穿孔するものと規定していることがある。この点については，朝鮮半島の資料に基づいて検証しなければならない。

　以上の成果と問題点をふまえ，本項では擬孔列文土器自体のより詳細な分析を行うことによって，

黒川式期から弥生時代開始期の情報伝達のあり方を検討し，それに基づいて地域的な集団間の交流のあり方を推察する。また，次項では他の文化要素との比較検討によって，従来の研究において「伝統」，「情報」，「交流」，そして「選択」という言葉で表現されてきたものの内容をより明確にしていくことにする。

2. 分析の方法

九州で出土した擬孔列文土器について，穿孔方法，孔径，穿孔の間隔，口唇から孔までの距離をデータ化した。また，参考資料として大韓民国京畿道の欣岩里遺跡と済州島から出土した孔列文土器も同様にデータ化した。日本国内のデータは光永による集成をもとにして補完している。韓国の資料は報告書の図面を計測したものである。

3. 穿孔方法

孔列文・擬孔列文土器の穿孔方向は，(1) 内側からの貫通，(2) 外側からの貫通，(3) 方向不明の貫通，(4) 内側からの半貫通，(5) 外側からの半貫通，の 5 種類がある。

九州で出土する擬孔列文土器の特徴から朝鮮半島との交流やそれによって伝達された情報の性格について論及するためには，朝鮮半島における諸特徴の在り方を把握しておかなければならない。朝鮮半島の孔列文土器と，それに併行する時期の九州の縄文土器とを比較すると，器形，器面調整，色調，胎土，器壁の厚さなど，多くの属性において差異が見られる。ここでは，まずもっとも顕著な特性として先行研究においても注目されてきた孔列文の穿孔方法をとりあげて分析することにする。

朝鮮半島の孔列文土器の資料としては，タイプサイトでもある欣岩里遺跡の資料などが提示されることが多く，これがいわば日本の考古学者の孔列文土器のプロトタイプともなっている。欣岩里遺跡の資料としては内側からの半貫通の孔列文をもつ資料が提示されることが多く，こうした事例が日本ではみられないことによる新奇性ともあいまって，これを朝鮮半島の孔列文土器の代表例とみなす傾向がある。秦の解釈もこうした認識に立つものである。

しかし，実際には朝鮮半島においても多様な穿孔方法がみられ，様相はそれほど単純ではない(図6-16)。朝鮮半島南部の孔列文土器文化とされる駅三洞類型と欣岩里類型について地域性を明らかにした李清圭の研究によると，孔列文の穿孔方法にはかなりの地域性がみられる(李, 1988)。駅三洞・欣岩里両類型において，西部の漢江流域では貫通するものが主体であるのに対して，東部の駅三洞類型 B 群は外側から半貫通のものが多い。また，南部東側の地域では貫通するものが多く，慶尚南道の莘浦里 E 地区遺跡の 2 号住居跡から出土した口唇に刻目をもつ孔列文土器も外面から貫通した孔列を施している。一方で南部中～西部の地域では外側からの半貫通が多くなる。こうしてみると，一般に考えられているよりも貫通するものや外面からの半貫通のものが多いということが分かる。

欣岩里遺跡においても，内面からの半貫通の資料ばかりではない。炭化した米・麦・粟や，石剣，紡錘車，装身具なども出土した欣岩里遺跡の 12 号住居跡からは 19 点の孔列文土器が出土している。また，12 号とほぼ同形同サイズの 14 号住居跡でも 2 点の孔列文土器片が出土している。これら計

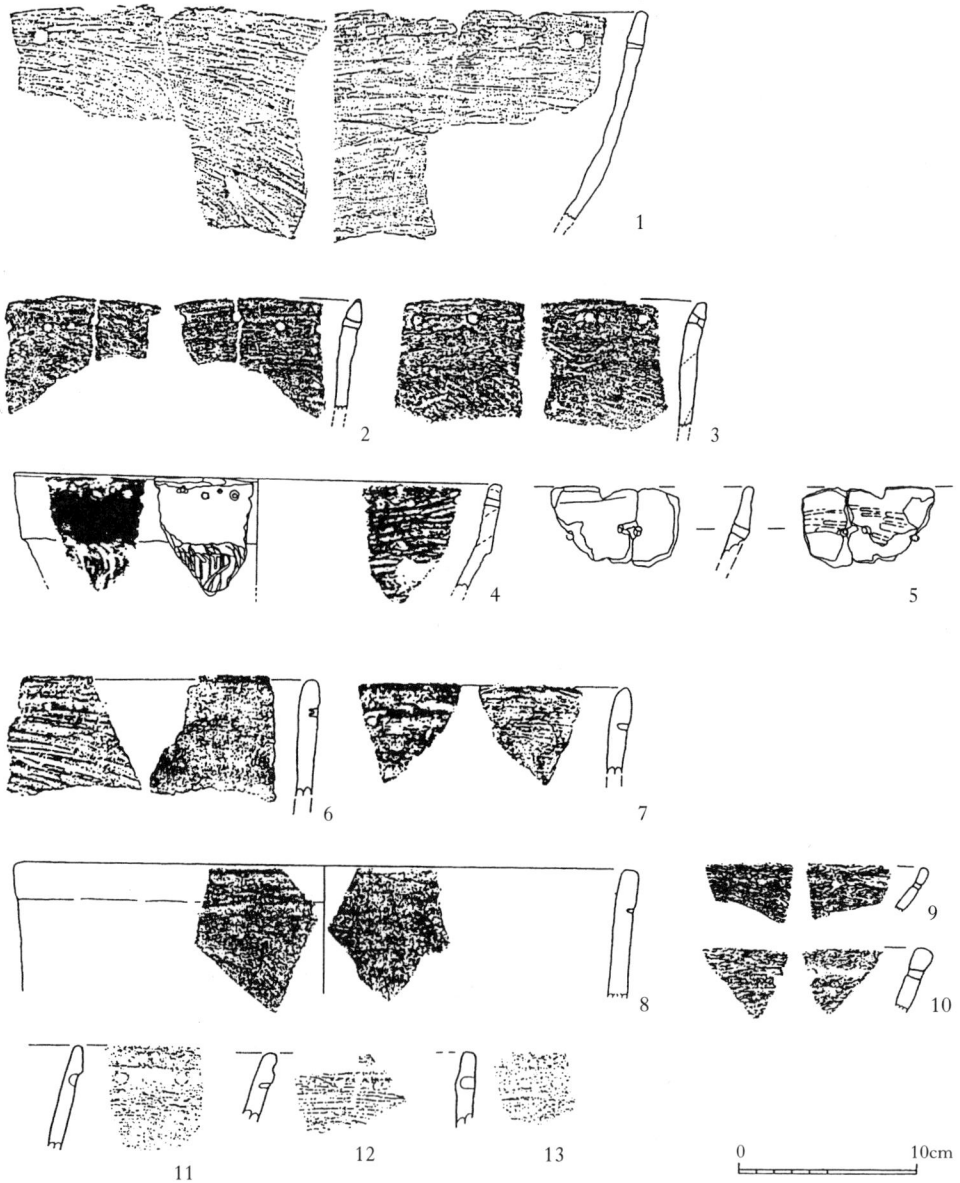

図 **6–15**　九州の擬孔列文土器
1.福岡県貫・井手ヶ本，2.3.福岡県カキ，4.佐賀県高峰，5.福岡県久良々，6.7.熊本県アンモン山，
8–10.鹿児島県榎木原，11–13.宮崎県田代ヶ八重

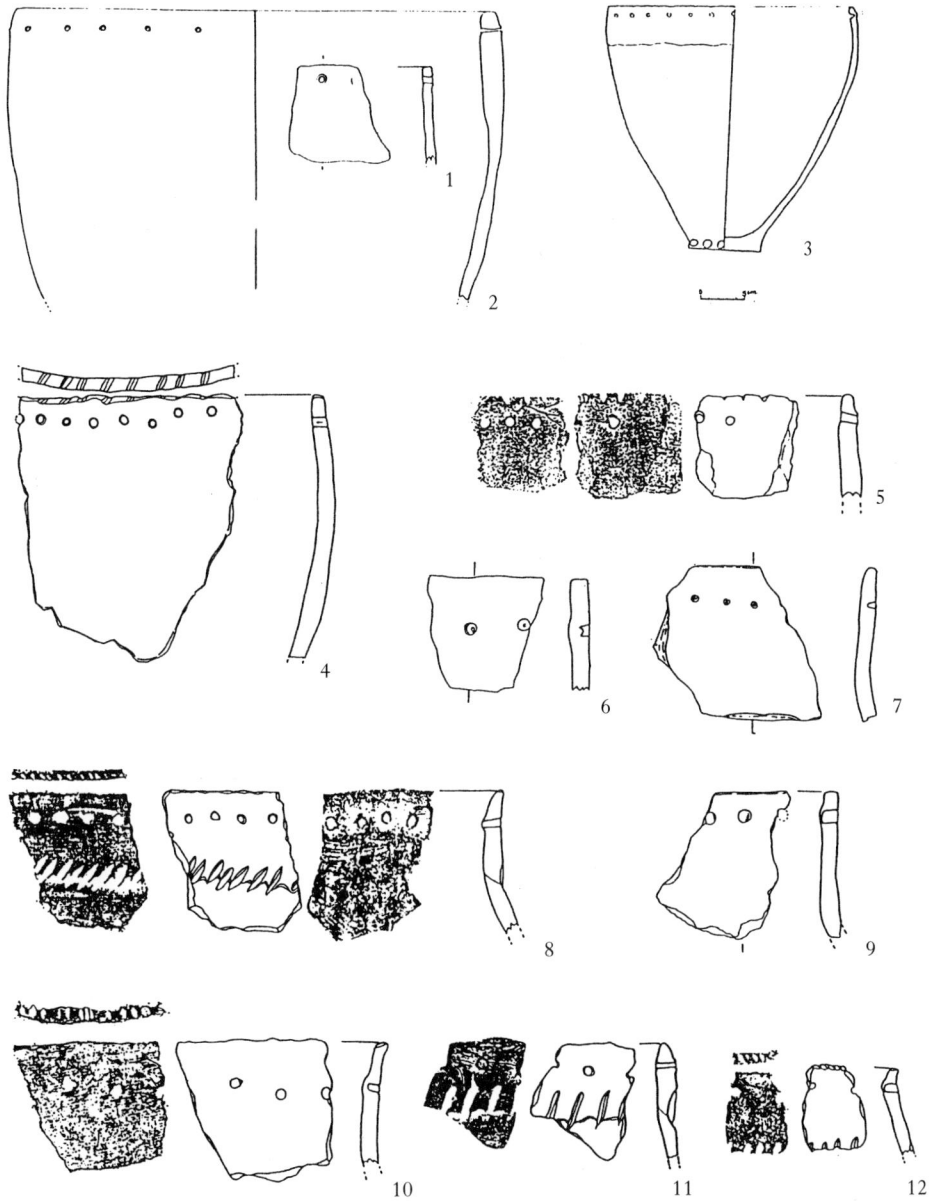

図 6-16 朝鮮半島の孔列文土器（縮尺不同）
1. 2. 京畿道欣岩里, 3. 慶尚南道大坪里, 4. 同芋浦里, 5. 同鳳渓里, 6.7. 同朝島貝塚, 9. 同老圃洞,
8.10-12. 全羅南道済州島上慕里

表 6–1　韓国南部における孔列文の穿孔方法

	貫通	半貫通(内 → 外)	半貫通(内 ← 外)
I 段階	3	4	2
II 段階	2	1	2

表 6–2　擬孔列文土器の穿孔方法

地域	時期	貫通			半貫通	
		内 → 外	内 ← 外	内 ? 外	内 → 未	未 ← 外
北部	黒川式期	13	3	6	0	0
	突帯文期	3	0	2	0	2
南部	黒川式期	0	2	10	1	26
	突帯文期	0	2	1	0	9

21 点の孔列文土器についてその特徴をみてみると，次のようになる。21 点のうち 20 点の孔列が貫通しており，残る 1 点が内側からの半貫通である。貫通している資料の多くは，図面からみて明らかに内側から穿孔しているとみられる。

　孔列文の穿孔方向には時間的な変化も想定される。朝鮮半島の慶尚南道出土資料を対象として，安在晧による編年の I 段階と II 段階で穿孔方法の比較をすると，表 6–1 のようになる(安, 1990)。これを見ると，内面からの半貫通は古い段階に多い傾向がうかがえる。しかし，南部では I 段階から貫通するものや外面からの半貫通の例が存在していることも確かである。また，慶尚南道では貫通するものと半貫通のものがほぼ同じくらいみられるのに対して，済州島では外面からの半貫通が主体を占めている。こうした複雑な状況をみると，九州の擬孔列文土器を論じる際に内面から穿孔している点だけをもって朝鮮半島からの情報が正確に伝わったことを示す証拠とすることはできない。

　以上の点をふまえて，地域別・時期別に擬孔列文土器の穿孔方向についてみてみよう。各地域におけるそれぞれの穿孔方法の比率を示したものが表 6–2 である。これをみると，朝鮮半島南部と異なって時期的な変化はほとんどみられず，むしろ地域的な特性が黒川式期から刻目突帯文期を通じて維持されていることが看取される。光永，秦が指摘したように北部九州と南部九州の間では明確な違いがある。光永と秦はともに北部九州では内側から穿孔するものが多いのに対して南部九州では外側からが多いという穿孔方向の違いをとりあげたが，北部九州ではほとんどが貫通しているのに対して，南部九州では半貫通のものが多いということも重要な相違点である(図 6–15)。朝鮮半島の無文土器のプロトタイプを内面からの半穿孔とする認識に立てば，穿孔方向では北部九州がより忠実な模倣であり，半貫通にする点では南部九州の方が忠実な模倣であるということになる。

　たしかに，穿孔方法からすると北部九州で出土する擬孔列文土器は欣岩里遺跡の孔列文土器に共通した特徴をもっているといえる。しかし，上で明らかにしたように，この時期の九州との交流がもっとも盛んであったと想定される朝鮮半島南部においては内面からの半貫通の孔列文をとくにプロトタイプであるとみなすことはできない。したがって，穿孔方向だけに注目して九州の北部と南

写真 6–3　南九州の擬孔列文土器
宮崎県中尾山・馬渡遺跡(都城市教育委員会提供)
（上）口縁部を肥厚させる在地色の強い深鉢に外面から孔列を施している。灰褐色
に焼成されている点も朝鮮半島の孔列文土器と異なる(第 5 章および口絵 7 参
照)。
（下）裏面。孔の裏側にあたる部分が隆起していることに注意。

部の孔列文にみられる差異を単なる情報の多寡の問題として説明することは難しい。

　さらに数値的なデータで分析できていない点について補足すると，半貫通のものの中には，裏側
が平らなままのものと，穿孔具で押されて膨らむものがある。南部九州でみられる半貫通の孔列文
は，朝鮮半島の孔列文と同様に内面に隆起をもつものが多く，この点で朝鮮半島との類似性は高い
といえる(写真 6–3)。しかし，朝鮮半島の欣岩里遺跡などでは内面からの半貫通で外器面が膨らんで
いるものがかなりみられるが，こうした例は九州ではみられない[9]。また，朝鮮半島の例では，一個

体の孔列の中に貫通する孔と半貫通の孔が共存するものもあり，むしろ仕上がりはあまり気にせずに勢いよく施文具を突き刺すことによって，ある時は貫通，ある時は半貫通になっているとみられる。こうした施文の勢いとでもいうものは，日本列島で出土する擬孔列文土器ではみることができず，どちらかというと力を加減して同じ深さに孔列を施しているようである。これは土器製作者の文化的なモーターハビットの違いを示すものと考えられ，孔列を施される土器が在地の技術で製作されているという事実とも合致するものである。

穿孔方法からみると，北部九州の孔列も南部九州の孔列もそれぞれに朝鮮半島の孔列文との類似点をもっている。こうした現象の説明としては，次の2種類が考えられる。一つは，明確な地域性のあり方が示すように，九州の北部と南部の地域集団が独自の解釈に基づいて新たな文化要素を導入したということ。もう一つは，それぞれの地域集団が，異なる穿孔方法をもつ朝鮮半島の地域集団とそれぞれ交流をもったということである。いずれの説明も朝鮮半島からの人の渡来を可能性として含む。この2つの説明は，どちらか一方が適切であるかも知れないし，あるいは両方の要因が絡んでいるのかも知れない。この問題は，朝鮮半島における孔列文土器の製作技法の地域性に関するより詳細な分析をふまえて検討しなければならないが，以下の孔列文の数値的データの分析によって今後の研究の土台となるような仮説を提示しておきたい。

4. 孔径・孔列間隔・孔列位置の分析

孔列の施文の仕方について，数値的なデータを用いてより詳しく検討してみる。図6–17から6–19はそれぞれ孔列文の直径，施文間隔，および口縁端部から孔列までの距離を県・地域別に示したものである。時期的に先行すると思われる欣岩里遺跡と，資料数の少ない長崎，中国地方は含めていない。県・地域は，朝鮮半島の済州島から鹿児島県までほぼ南北に地理的順番に配列している。

まず孔列文の直径についてみると，福岡が平均4.91 mmでもっとも大きく，済州島と熊本がそれに続く（図6–17）。南九州の宮崎・鹿児島は平均3.5 mm前後で小さい。孔の直径は先行具によって規定されるので，こうした孔の直径の地域差には地域ごとの穿孔具の違いを示しているものであろう。済州島と熊本がよく似ていることが，情報交流によって同種の穿孔具を選択したことによるものか，偶然大きさが似ているのかは，今後さらに検討する必要がある。

次に孔列文の施文間隔についてみてみると（図6–18），済州島が平均13.85 mmともっとも狭い。日本列島の他の地域では，福岡，宮崎が若干狭いがだいたい平均16 mm前後でならび，熊本・鹿児島が20 mm前後と広くなっている。大きくみて南北方向のクラインがあるようである。

口縁端部から孔列文までの距離についてみてみると，地域差が非常にはっきり出ている。済州島と福岡が小さく，南九州では平均16 mm前後と大きくなっている（図6–19）。

以上のように，いずれの計測値においても地理的なクラインが認められそうであるが，直径では済州島と南九州が非常に近い一方で，孔列文の間隔においては済州島から鹿児島までごくゆるやかな勾配があるようであり，口縁端部から孔列までの距離では済州島・北部九州と南九州の2群に分かれるようである。

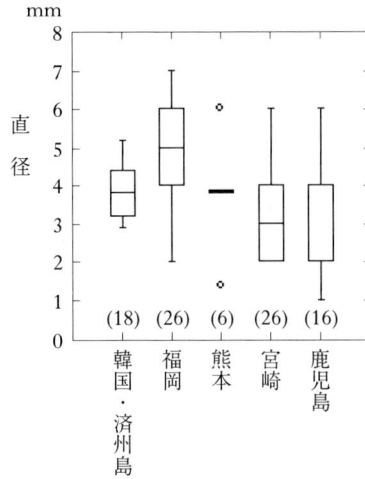

図 6–17　孔列文・擬孔列文土器の孔の直径
（　）内の数字はサンプル数

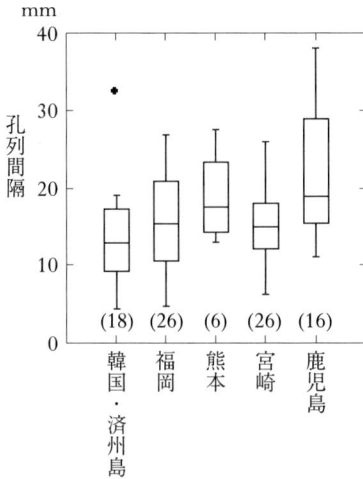

図 6–18　孔列文・擬孔列文土器の孔列間隔

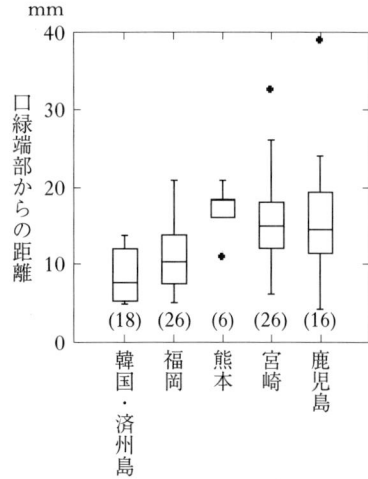

図 6–19　孔列文・擬孔列文土器の孔列の
　　　　口縁端部からの距離

　以上の分析を総合すると，内面から穿孔するという従来の在地の縄文土器にはない技法を知っていることに加えて，孔列文の施文間隔と口縁端部から孔列までの距離という，実際に製品を目にすることによって認知される視覚的な情報において済州島ともっとも近い値をもつことから，北部九州の人々は朝鮮半島南部の人々と交流する機会が多かったものと推定される。それに対して，孔列文の直径と穿孔方向の両者において済州島との類似性を示す南九州の人々は，おそらく朝鮮半島南部の人々と実際に接触したことがあり，その時に孔列文に関する情報を得たが，孔列文の間隔と口縁端部からの距離といった微妙な視覚的情報は変容してしまったものと考えられる。南九州の人々が目にした孔列文土器の中には内面から穿孔したものがなかったか，あるいは既存のスキーマに合わないため記憶されなかったのであろう。それに対して，内面から穿孔するものがあることを知っ

た北部九州の土器製作者は，従来の伝統の中にはない新奇性に注目して積極的に採用したのではないかと考えられる。これは，従来の縄文土器の施文法と極端に違わない半貫通ではなく，伝統的施文法にはない文様を貫通させるという方法の方を好んで採用したという態度とも合致する。つまり，黒川式期に北部九州と南部九州のいくつかの集団は朝鮮半島の孔列文土器の情報を獲得したが，北部九州ではその新奇性に着目・強調したのに対して，南九州の集団はより伝統的な土器製作スキーマに合致する方向で取り入れた，ということができる。こうした傾向が黒川式期から弥生時代開始期まで継続したのである。

5.　社会・文化変化のプロセスにおける孔列文の位置づけ

　すでに指摘されてきたように，九州や本州西部では朝鮮半島の孔列文土器そのものといえるような資料はみられない。近年資料が増加しているとはいえ，土器の全出土量に比べればその比率はわずかなものであり，ごく一部の遺跡を除けば，ひとつの遺跡で出土する量は10数点を超えることはない。こうしたあり方をみれば，田中 (1986) が指摘したように，孔列文は在来の伝統と規制がまだ健在であった縄文時代晩期における朝鮮半島からの情報のマイナーな現れにすぎないといえるかもしれない。しかし，上で行った分析結果も踏まえると，渡来人によってもたらされた朝鮮半島からの情報が在来の伝統と規制のもとでマイナーな発現しかできなかったという説明とは異なる見方ができそうである。

　ひとつには，九州における擬孔列文土器の分布状況の問題がある。この問題については次節でもさらに検討するが，ここで指摘しておきたい点は，擬孔列文土器の分布が朝鮮半島に由来する情報の伝播について想定されるパターンにそぐわないということである。第5章で示した縄文時代晩期の土器の色調変化にみられるパターンも，弥生時代開始期の支石墓や大陸系磨製石器類の分布も，それぞれ若干のずれはあっても，九州西北部を中心とする地理的クラインを形成する点では共通している。これに対して擬孔列文土器は九州西北部ではあまりみられず，逆にそこから離れた九州東北部や東南部で多くみられる。これは，少なくとも孔列文に関する情報の導入には他の朝鮮半島に由来する情報とは異なるプロセスが介在していたことを示すものである。

　さらに，九州東北部と東南部で孔列の穿孔の仕方が異なっていることは，それぞれの地域集団が独自の情報獲得・処理のプロセスをもっていたことを示唆する。九州東北部と東南部は，土器の形態・文様・器面調整・器壁の厚さなどの諸属性においてもかなり明確な差異がみられる。さらにいえば，縄文時代後期後葉から晩期前半にかけて中九州を中心とした広い範囲で非常に斉一的な土器様式が展開するが，九州東北部と東南部はその斉一的な土器様式に完全に組み込まれることがない。具体的にいうと，縄文時代後期後葉から晩期前半にかけて，中九州を中心とする地域で，口縁部と内湾する頸部と胴部とを屈曲によって区切るというひとつの形態パターンに基づいてほとんどすべての器種を生成するという土器製作スキーマが成立するのである[10]。そして，擬孔列文土器はこの独特の土器製作スキーマが貫徹しなかった地域を中心として，このスキーマが変容・崩壊していくとともに出現してくるといえるのである。そうすると，縄文晩期から弥生時代開始期にかけての擬孔

列文土器は，「在来の伝統と規制」のうちのある部分の弱体化を契機として作られるようになったとみることができる。すなわち，九州において縄文時代後期後葉から晩期前半にかけて形成された独自の土器製作スキーマの地域ごとの浸透度と，朝鮮半島の土器に関する情報獲得の程度という 2 つの要因が，擬孔列文土器の様相に関わっていると結論づけることができる。

　ここでは土器製作に関する情報の伝達・受容とそれを規制した要因の問題として擬孔列文土器について分析・考察してきた。縄文から弥生への社会・文化変化のプロセスに対する理解を深めるためには，この結果を他の考古資料が示す動態と合わせてより総合的な検討を行う必要がある。次節で行う複数の考古資料が示す動態の総合的分析によって，擬孔列文土器の意味についてもさらに深い解釈が引き出せるはずである。

第 4 節　各種の人工物の動態

1.　資料と方法

　ここでは，先に分析した管玉と擬孔列文土器に加えて，土偶，埋甕・甕棺，組織痕土器，十字形石器の分布状況を分析することによって，それぞれの人工物の意味とそれに関わる集団の動向を検討することにする。また，弥生時代開始期の渡来系文化要素を代表するものとして支石墓と大陸系管玉も分析に加えている。

　ここでとりあげる遺物や遺構は，これまで縄文文化・大陸系文化の指標，あるいは両者の関係を考える上で重要な文化要素とされてきたものである。これらは日常生活におけるさまざまな側面と関わっている。

　すでに述べたように，擬孔列文土器は朝鮮半島からの土器に関わる情報伝達の証拠として注目されるものである。これは，朝鮮半島の文化に対する選択的嗜好性を示す指標の一つとしてとらえることができる。分析に用いた分布図は，光永 (1995) による集成に追加・集成したものを基盤として作成した(図 6–20)。

　管玉は，本章で分析したように，縄文的なイデオロギーにおいて重要な役割を果たした遺物であるが，縄文時代晩期前半に生じた視覚的特徴の変化は大陸からの情報伝達があったことを示唆するものでもある。また，次章で詳しくとりあげるように，社会的な階層化を示す一種の威信財であったとも考えられる。分析に用いた分布図は，筆者が作成した(図 6–21)。

　土偶は，具体的な用途は不明であるとはいえ，縄文時代後期後葉から晩期前半の九州において重要なイデオロギー的役割をもっていたと考えられる[11]。東日本では縄文時代早期以来盛行と衰退を繰り返しながらもほぼ連続的にみられるが，九州では後期に瀬戸内地方から土偶が導入される以前には文化の主要な要素ではなかった[12]。後期の九州の土偶も在地で独自に発展したものではなく，いずれも本州から導入されたものであることが型式学的に明らかである。この導入も 1 度ではなく，後期前半と中頃に少なくとも 2 度の波及があったが定着せず，後期後葉の山形土偶の導入が熊本県北

部を中心として大盛行するにいたったという経緯が明らかにされている(井上, 1993)。この現象は,単に文化要素が伝播するだけでは,それが在地の文化体系に組み込まれて発展することにはならないということを示すものであろう。後期後葉の山形土偶伝播の際にも,山形土偶の形態的特徴をもつ資料はごく古いものに限られ,すぐに九州独自のスタイルへと変化することをみても,中九州の在来集団が自らの文化体系を基盤として土偶に積極的な意味を見いだして生産を始めた様子をうかがうことができる。

　熊本県を中心として分布する九州の土偶については宮内克己によって集成と分類・編年研究がなされ,その後の研究の基礎となった(宮内, 1980)。その後富田紘一による一連の研究があり,その分布の様相や存続期間,形態分類などが行われている(富田, 1982, 1987b, 1990a, 1992)。また,井上繭子による属性分析を用いた形態分類と編年もなされている(井上, ibid.)。富田は他地域から伝播した土偶がどのようにして九州に定着したかについて,親遺跡から子遺跡へ,子遺跡から孫遺跡へと拡散・分与によって土偶を用いた祭祀が広がったと想定し,いくつかのモデルを提示している(富田, 1992)。ここでは親遺跡や子遺跡の性格については詳しく述べられていないが,集落間にある種の階層差が想定されていることは注目される。この時期の九州における階層性の問題については次章でさらに論じるが,東日本に由来する文化要素を積極的に取り込んだ集団が後期後葉の土偶の盛行をもたらした可能性は高い。土偶はそうした集団の勢力の発達を示すものであり,また,そのままのかたちではないにしろ,東日本縄文文化に由来するイデオロギーの九州における発達を示す遺物であるといえる。分析に用いた分布図は,宮内 (1980),富田 (1990) による分布図をもとに一部資料を追加して作成した(図 6–22)。

　縄文時代の埋甕・甕棺は,埋葬行為に関するものであり,死者の取り扱いに関わる認知構造の連続性と変化が追える資料である。これまでの研究において,埋甕の風習は後期中葉に九州に導入され,後期末から晩期前半にかけて独自の発展をとげること,そして弥生時代の甕棺の成立におそらく関わるであろうことが指摘されている(賀川, 1969; 古田, 1974; 橋口, 1992; 坂本, 1994)。ごく初期の数例を除いて,屋内埋甕はみられず,集落のなかに住居跡と混在して,あるいは住居跡に囲まれた「広場」に設置されるものがほとんどである。中には単独で発見されるものもあるが,近隣にその時期の遺跡があることが多い。ここでは,後期末から晩期のものをまとめて扱うことにする。東日本縄文文化と共通する死者に関する認知構造がこの時期に九州でも存在したことを示す考古学的証拠である。埋甕に葬られた遺体が乳児・幼児に限られたのか,それとも成人も埋甕に葬られたのかで,埋葬に関する認知構造の復元は大きく変わってくる。福岡県浄土院遺跡の埋甕から成人女性の火葬骨が出土したことから,成人も火葬や再葬などの手続きをふんで埋甕に入れられることがあったのは確かである。橋口はこの事例と縄文時代後晩期の成人墓が九州ではほとんど見つかっていないことから,成人も埋甕に埋葬されるのが常であったと想定している(橋口, 1992)。これに対しては坂本の反論があるが(坂本, 1997),この時期の九州で考古学的に死者の取り扱いを知ることができる普遍的な資料であり,また弥生文化の成立過程にも関わるものとして埋甕は重要である。なおこの時期の埋甕の伝統と弥生時代の甕棺の成立との関係に関する認知考古学的分析は次章で行う。分析

に用いた分布図は，坂本嘉弘 (1994) が作成した分布図をもとに，後期後葉から晩期までのものを統合し，一部新しい遺跡を追加して作成した（図 6-23）。

　粗製の浅鉢形土器の外表面に蓆目・編目・布目・籠目などの圧痕をもつ土器は，縄文時代晩期後半の黒川式の時期から弥生時代開始期の九州に特徴的にみられる遺物である。これに対して組織痕土器という名称を与え，弥生時代の主要な文化要素である織布の起源に関わる問題として研究したのは鏡山猛である（鏡山，1961a, 1961b, 1962, 1972）。これが型作り法による浅鉢の製作において型離れをよくするために網や蓆，布などを敷いたものの痕跡であるという見解も鏡山によって提示された。南九州や西九州に分布が偏ることが指摘されており，朝鮮半島との交流を示唆するような状況はないが，朝鮮半島の釜山市東三洞貝塚でも編目痕をもつ土器が発見されており，むしろ九州から朝鮮半島へ伝播した可能性が考えられている（渡辺誠，1985, 1991）。東日本や近畿・瀬戸内からの影響を受けやすい大分県で出土例がないことも，この遺物が九州において独自に発達したものであることを示唆する。分析に用いた分布図は渡辺誠 (1991) の分布図に新しい遺跡を追加したものである（図 6-24）。

　十字形石器も具体的な用途の不明な遺物であるが，明確な使用痕がみられないことが多く，象徴的な機能をもつ石器であった可能性が考えられている[13]。土偶や玉類などの他の技術体系に属する象徴的遺物と動態を比較することによって，その性格の一端をつかむことができるかもしれない。分析に用いた分布図は上村俊雄 (1992) が作成した分布図に新しい資料を追加したものである（図 6-25）。

　支石墓は，朝鮮半島南部と共通する外部構造をもつ埋葬遺構として古くから注目を集めてきたものである。渡来人の墓と考えられたこともあったが，九州の支石墓は下部構造が小型の石室や土壙墓，木棺墓であり，朝鮮半島でよく見られる槨をもたないことや，支石墓が多く分布する西北九州の弥生人骨が縄文的形質を強く残すことなどから，在来集団が新しい墓制を取り入れたものとする解釈が主流となってきている（橋口，1995）。分析に用いた分布図は，西谷正代表による平成 6～8 年度科学研究費補助金による研究成果報告書をもとに（西谷，1997），弥生時代開始期，あるいはその可能性が高い遺跡に限って製作した（図 6-26）。

　大陸系管玉は，先に述べたように弥生時代開始期にそれまでの蛇文岩製の縄文系管玉にかわって使用されるようになったもので，初期のものは朝鮮半島からの舶載品の可能性が高い。また，副葬品としての性格を伴って導入されたものであるので，新しいイデオロギーとも深く関係する遺物である。分析に使用した分布図は筆者が作成したものである（図 6-27）。

　これらの資料はすべてが同時に併存するものではない。したがって，ここで試みるのは，単に同時代の人工物間の相関関係ではなく，かなり長期にわたるそれらの資料の空間的・時間的関係性を総合的に検討していこうとするものである。

　分析の方法としては，まず九州を 50 km 四方のグリッドを基準として分割する（図 6-30）。このグリッドのサイズと位置は，ある程度一定の面積に分割することと，ひとつひとつのグリッドが河川や山脈によって隔てられている自然の地理的環境とも無理なく重なるように意図したものである。この方法により，九州島を 15 のグリッドに分けることができる。それぞれのグリッドごとに，各種の

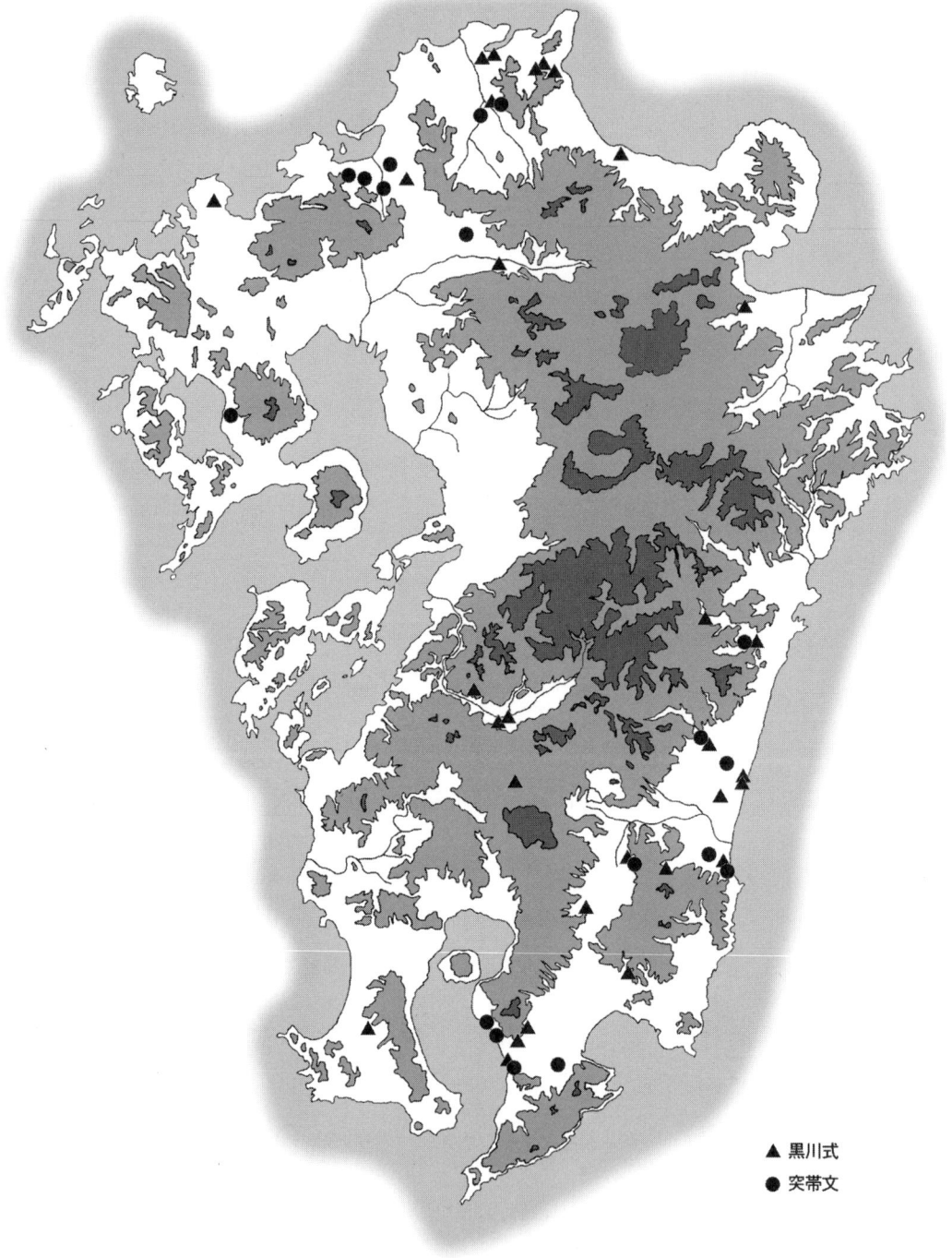

▲ 黒川式
● 突帯文

図 6-20　擬孔列文土器の分布

図 **6-21**　縄文系管玉分布図

図 6–22　土偶分布図

図 6–23　埋甕分布図

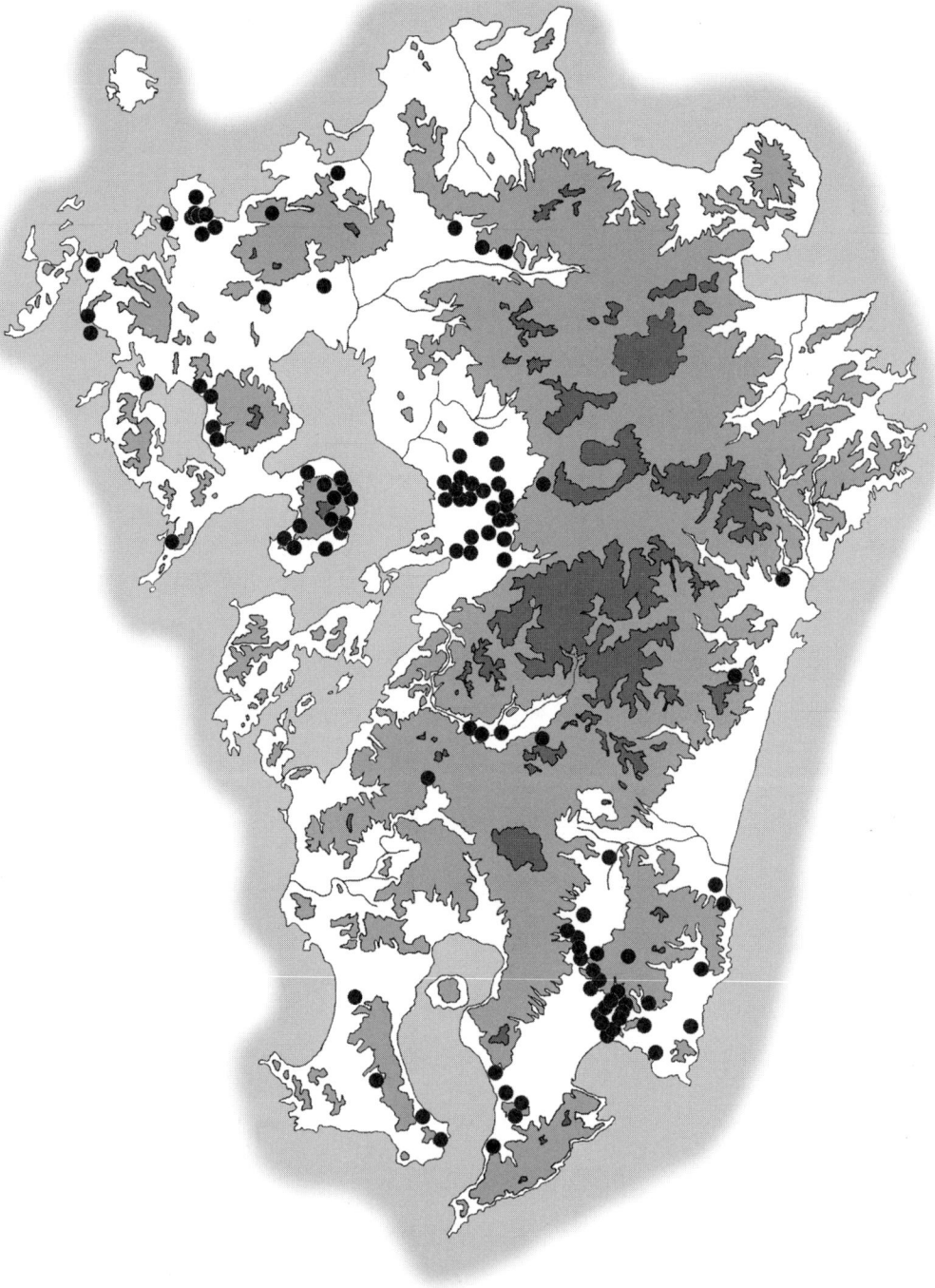

図 **6–24**　組織痕土器分布図

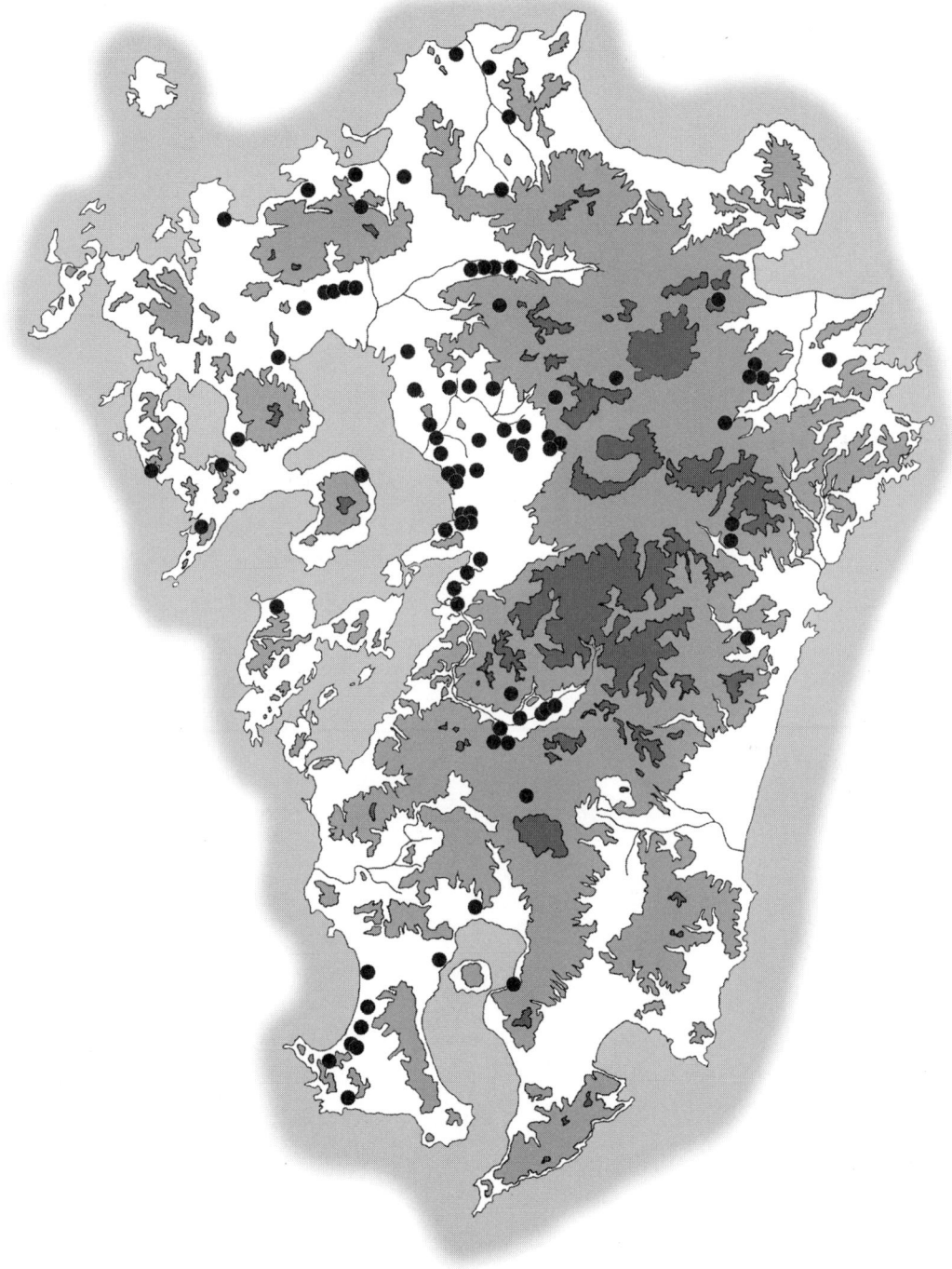

図 6–25　十字形石器分布図

図 6–26　支石墓分布図

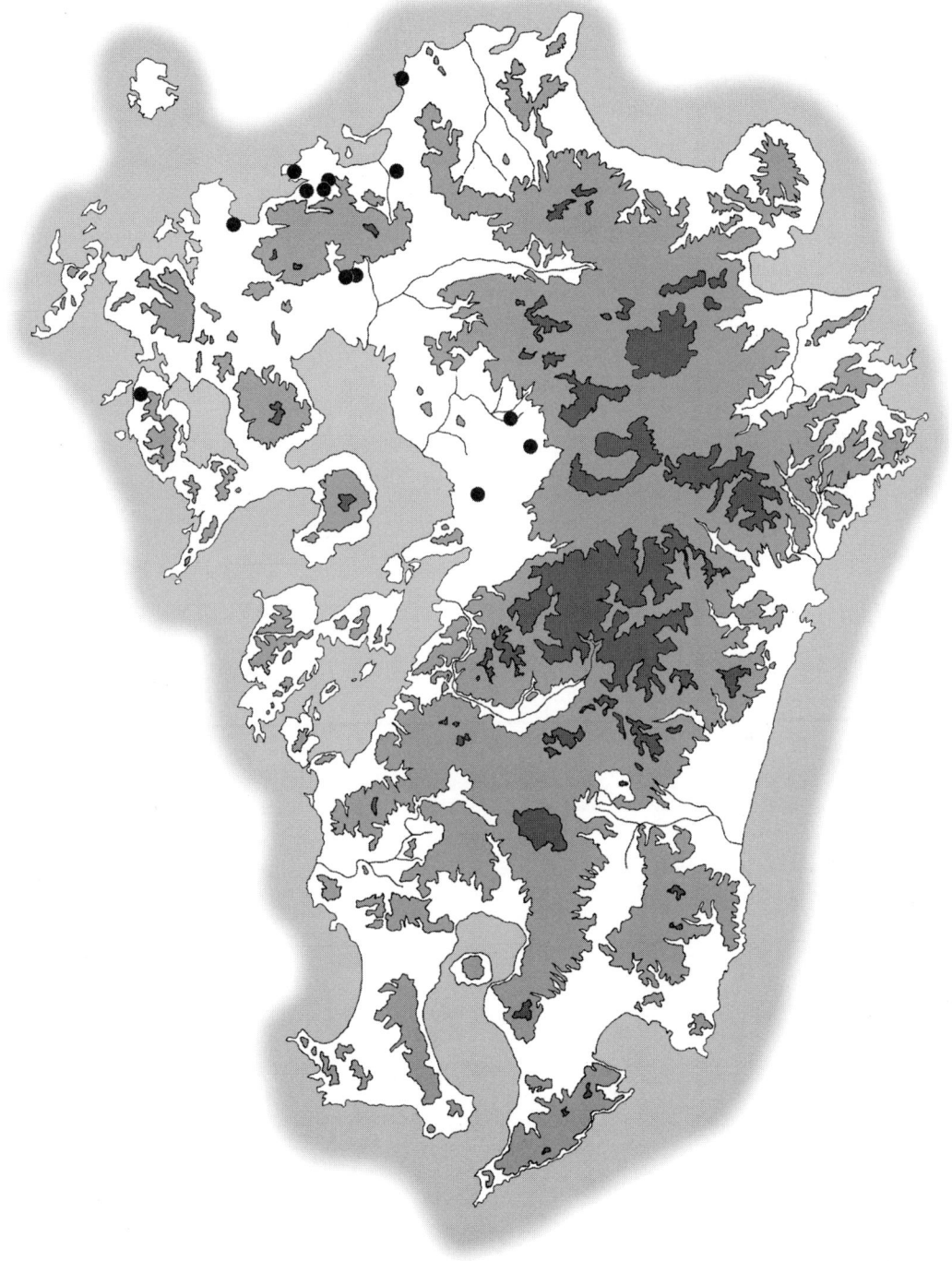

図 6-27　弥生時代開始期〜前期前半の大陸系管玉分布図

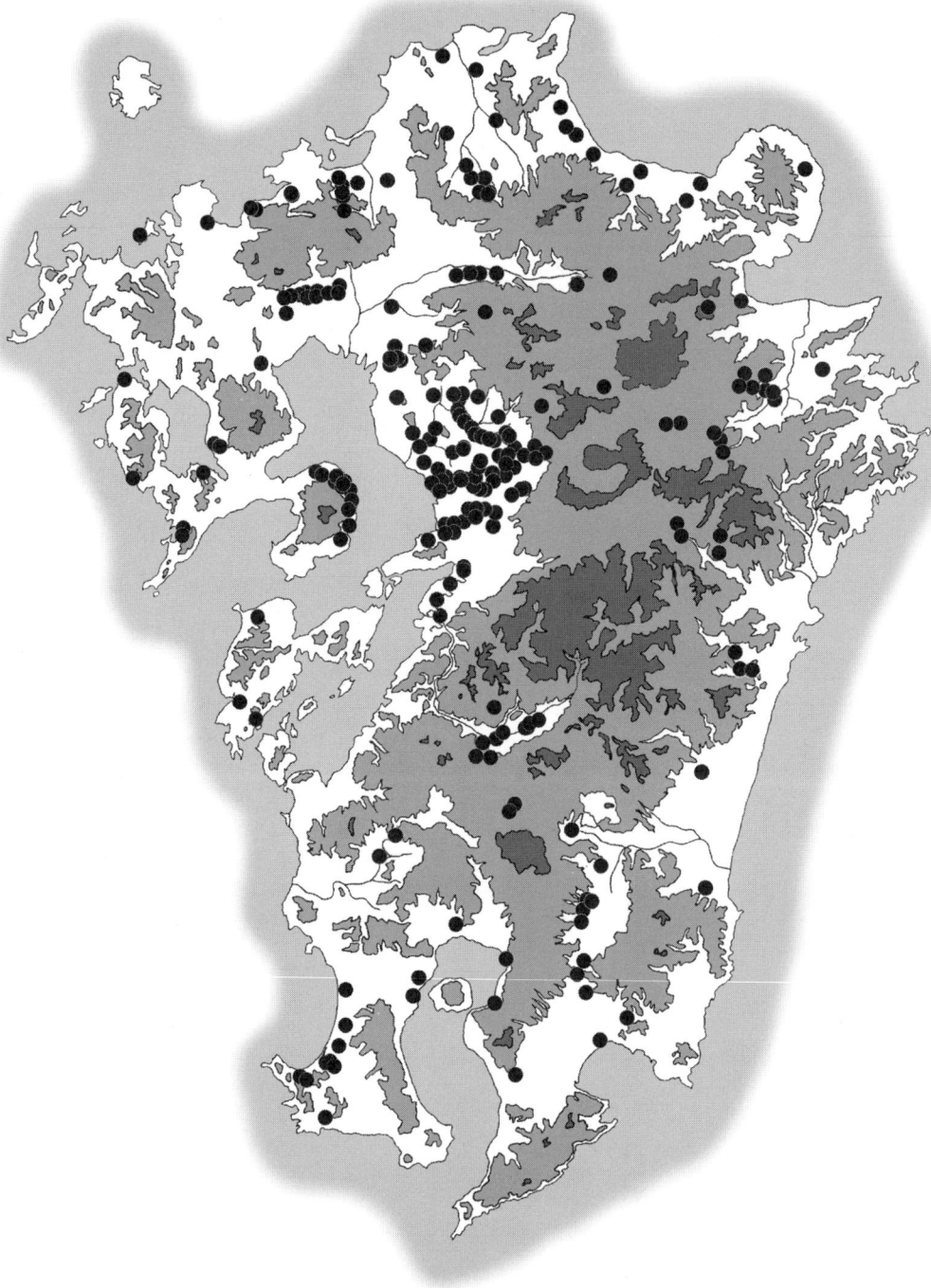

図 6-28　縄文時代後期後葉から晩期前半の遺跡分布図

図 6–29　縄文時代晩期後半から弥生時代開始期の遺跡分布図

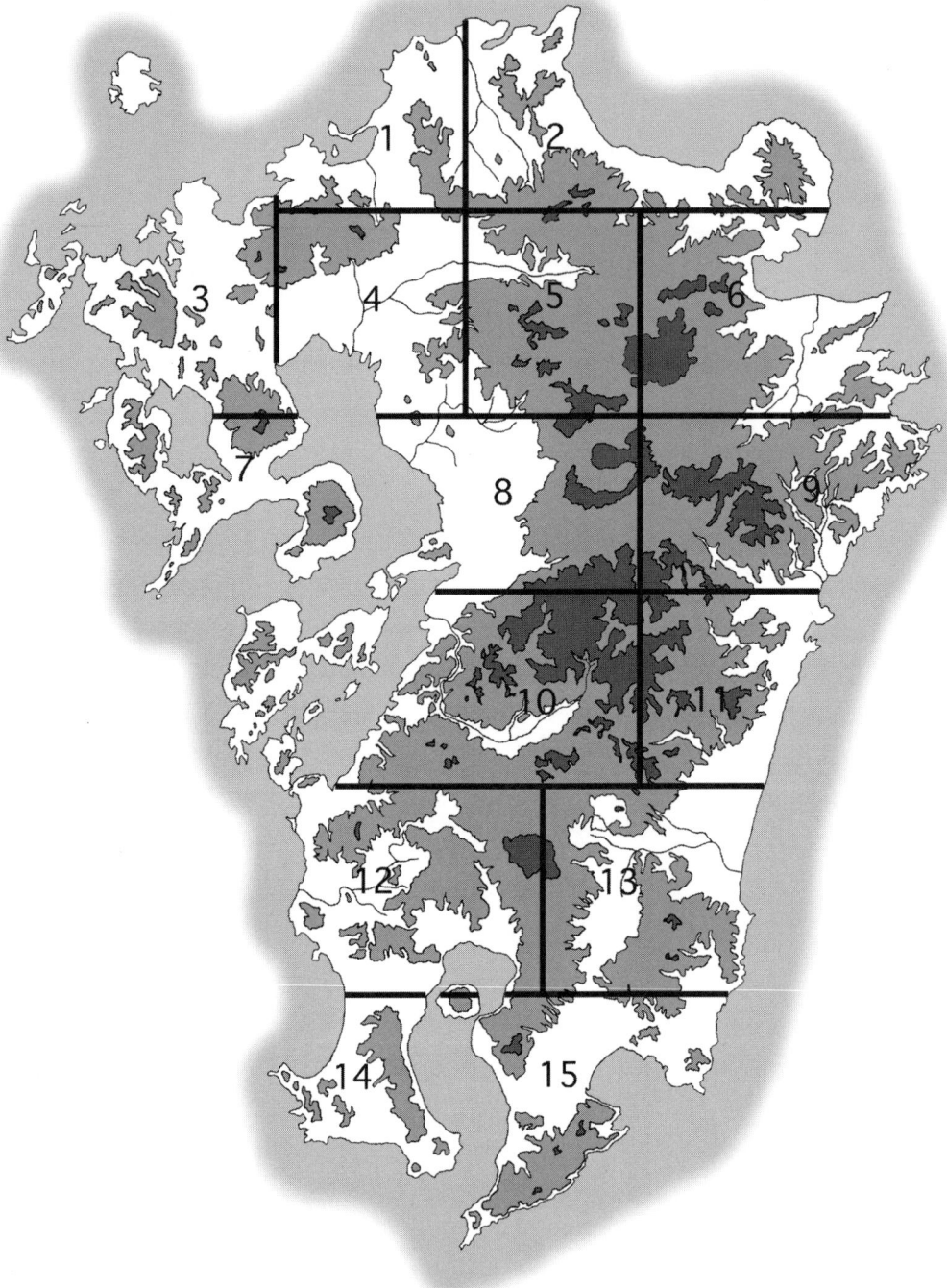

図 **6–30** 分析に用いたグリッド

遺物・遺構をもつ遺跡の数をカウントし，それをデータとする。

2.　分析結果 1：スピアマンの順位相関係数

　まず，各遺物・遺構の分布状況にどのような相関関係がみられるかを調べるため，スピアマンの順位相関係数を算出した。結果を表 6–3 にまとめてある。危険率 5% で有意である結果については太字にしてある。なお，時期的に併存する遺物・遺構間の正の相関や時期の異なる遺物・遺構間の負の相関が，単に各地域の時期ごとの遺跡の分布状況を反映したものである可能性を検証するために，三万田式期から古閑式期(図 6–28)と黒川式期から弥生時代開始期(図 6–29)の遺跡の全体的な分布も検討に加えてある[14]。

　時期的に併存する組み合わせについてみると，三万田式期から古閑式期では土偶と十字形石器，埋甕と十字形石器が有為な正の相関を示している。黒川式期ではとくに強い相関はみられず，弥生時代開始期では大陸系管玉と支石墓が非常に強い正の相関を示している。遺跡の総数との関係をみると，三万田式期から古閑式期では埋甕が，黒川式期では組織痕土器がかなり強い正の相関を示す。

　時期の異なる資料間の相関についてみると，まず目につくのが土偶と擬孔列文土器の間の負の相関である。これは分布図をみても明らかであるが，擬孔列文土器は先行する時期に土偶が盛行した地域を避けるように分布しているようにみえる。また，十字形石器とも有意な負の相関がある。

　こうした負の相関は，単なる時期的な遺跡の分布状況の違いによるものとは考えられない。三万田式期から古閑式期と黒川式期から弥生時代開始期の遺跡の総数の相関は，0.183 と非常に低いが，両者の間に負の相関はない。これは，遺跡の分布のあり方が大きく変化したことを明確に示してい

表 6–3　スピアマン順位相関係数
　　　　危険率 0.05 で有意な数値を太字，危険率 0.01 で有意な数値を太枠にしている。
　　　　負の相関には下線を引いている。

	埋甕	十字形石器	縄文系管玉	擬孔列文	組織痕	支石墓	大陸系管玉	後晩期遺跡	晩弥期遺跡
土偶	0.295	**0.461**	0.370	**−0.602**	−0.290	−0.141	−0.141	**0.482**	−0.216
埋甕		**0.606**	0.427	−0.177	−0.039	0.324	0.317	**0.874**	0.240
十字形			0.097	**−0.566**	0.012	0.092	0.069	**0.784**	−0.116
縄文系				−0.113	0.311	0.151	0.193	**0.494**	0.505
擬孔列文					0.014	−0.062	−0.062	−0.243	0.318
組織痕						0.192	0.213	0.034	**0.784**
支石墓							**0.994**	0.161	0.354
大陸系								0.157	0.363
後晩									0.183
晩弥									

るが，土偶と擬孔列文土器の分布の間にみられる負の相関は，単なる地域ごとの遺跡の増減とは別
のファクターによるものとして説明されなければならない。

3.　分析結果 2：主成分分析とクラスター分析

　次に，こうした各種の遺物・遺構の分布状況からみた各地域の動態を総合的にみるために，以上
のデータをもとに主成分分析とクラスター分析を行った。統計ソフトはマッキントッシュ版 Systat
version 5 を使用した。

　まず主成分分析の結果について表 6–4 に示す。第 1 主成分が全変異の 43.4%，第 2 主成分が
27.4%，第 3 主成分が 14.3% を説明しており，これら 3 主成分で変異全体の約 85% を説明しているこ
とになる。

　第 1 主成分をみると，土偶，縄文系管玉，十字形石器がそれぞれ高い正の値を示し，埋甕と組織
痕土器の値も高めである。擬孔列文土器が負の値をとる。これらの成分値からみて，第 1 主成分は
後期末から晩期前半にかけて土偶や管玉，十字形石器という縄文時代後晩期九州に特徴的な人工物
の頻度が高く，それに続く晩期後半には擬孔列文土器の頻度がごく低いという特徴を示している。弥
生時代開始期の要素である大陸系管玉と支石墓は第 1 主成分にはほとんど貢献していないが，第 2 主
成分ではともに大きな負の値を示している。弥生時代開始期の動向が縄文時代後晩期とは別に抽出
されていることは，この段階で地域的な動向のパターンが変化することを示していて興味深い。第
3 主成分は擬孔列文土器と組織痕土器が高い値を示し，縄文晩期後半の動向を示している。

　第 1 主成分で抽出されている縄文時代後期末から晩期にかけての特徴的な地域動向のパターンは，
先の相関係数で検討したように，単なる時期的な地域ごとの遺跡数の変動には還元できないもので
ある。

　次に，ユークリッド距離に基づくウォード法によるクラスター分析の結果を図 6–31 に示す。距離
約 27.0 で 2 群に分かれ，約 20.0 で 3 群となる。これを左から A 群，B 群，C 群とすると，距離
約 7 のところで A 群がさらに 2 群に，B 群が 3 群に分かれている。C 群は熊本県北部の 8 グリッ

表 6–4　主成分分析結果

	第 1 主成分	第 2 主成分	第 3 主成分
土偶	0.905	0.291	0.069
埋甕	0.645	−0.296	−0.212
十字形石器	0.896	0.154	−0.297
縄文系管玉	0.938	0.117	0.228
擬孔列文	−0.419	0.259	0.692
組織痕土器	0.610	−0.143	0.672
支石墓	0.085	−0.987	−0.002
大陸系管玉	0.042	−0.958	−0.152
固有値	3.472	2.189	1.144
寄与率	43.404	27.369	14.296

ドのみであり，縄文時代後晩期にこの地域が
データとした遺物・遺構に関して非常に特異
な動向を示したことが分かる。B 群はその熊
本北部を取り囲むグリッドからなり，A 群は
長崎と大隅地方という地理的に非常に離れた
グリッドからなっている。これは，後晩期に
熊本県北部の集団が有力となり，土偶・管
玉・十字形石器をもち，集落の中に埋甕をも
つという後晩期九州的文化がここで成立した
ことによる。そして，これに近接する地域も
そうした動きにならった。しかし，ここで A
群として抽出されている九州の東南部と北西
部は，土偶をほとんどもたず，熊本北部で成
立したイデオロギー体系をそのまま受け入れ
たのではなさそうである。ここで分析に用い
た文化要素だけでも 6 地域がこれらの文化要
素の製作と使用の程度によって表される活動

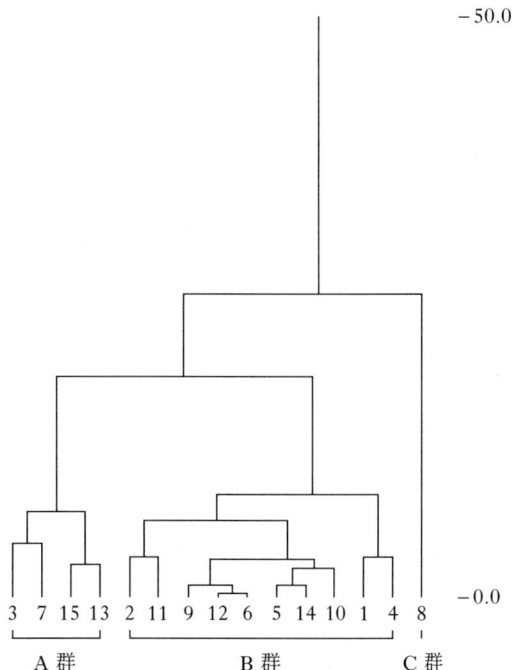

図 6-31　クラスター分析の結果
（ユークリッド距離とウォード法による）

において差異をもつ集団の活動範囲として抽出できた。これらの地域の地理的な配置と文化要素の
組み合わせからみて，この地域差の生成には，傑出した動きをみせる熊本県北部地域との関係と朝
鮮半島との関係という性格の異なる社会的関係と，それによって規定される情報伝達のプロセスが
関与しているようである。

4.　考　　察

　ここで採用した約 50 km 四方のグリッド内でここで分析の対象としている期間集団が連続的に居
住していたと仮定すると，ここで抽出された動向はそれぞれの地域集団の動向として捉えることが
できる。つまり，後期末から晩期前半にかけて独自のイデオロギーを作りだし，それに関わる人工
物を大量に製作・使用した集団は，晩期後半になって土偶や十字形石器を作らなくなっても，朝鮮
半島に由来する要素である孔列文を取り入れていないということである。朝鮮半島との交流が盛ん
になり，「コメ情報」を含めてさまざまな情報が入ってくる時期に九州の縄文的アイデンティティー
が高まり，それが熊本県の土偶の大量保有に現れているという小林達雄の解釈は，この分析結果と
符合する。つまり，熊本県北部を中心としていた集団は，縄文時代後期末から晩期前半にかけて自
集団の「縄文的」アイデンティティーを強化する方針をとっていたので，そこで形成された選択的
嗜好性が晩期後半まで存続し，孔列文採用の拒絶につながったと考えられるからである。

　晩期後半の地域的な遺跡分布の変化や孔列文の採用といった現象は，熊本県北部集団の力の低下
によって，それまでその影響下にあった集団が独自の戦略をとるようになったことを示すものであ

ろう。その新しい戦略とは，より積極的に朝鮮半島の文化要素を取り入れようとするものであった
と考えられる。しかし，これはいわゆる縄文的アイデンティティーの低下を意味するものではない。
晩期初頭以来土器の色調や様式構造において九州の他の地域とは乖離しつつあった玄界灘沿岸地域
においても浅鉢のエラボレーションの程度が高く，また近畿系浅鉢や十字形石器，土偶などを保有
し続けていたことからみても，この地域の集団においてもこうしたシンボリックな側面が健在であっ
たことが分かる。したがって，熊本県北部の集団とその周縁に位置していた集団との違いは，自集
団のアイデンティティーとイデオロギーに関するスキーマと，物質文化の諸側面との結び付きの強
さにあるとみるべきである。

　アイデンティティーなどの抽象的観念と物質文化との結び付きは日常的経験や儀礼的行為を通し
て形成・維持されるものである (cf., Jones, 1997)。土偶の出土量が熊本県北部で群を抜いていること
は，土偶を使用する行為が他地域に比べてより頻繁に行われていたことを示唆する。こうした繰り
返し行われる諸行為によって，熊本県北部では物質文化の大部分が集団のアイデンティティーやイ
デオロギーと密接に結びついていたと考えられる。それに対して，周縁地域の集団においては集団
のアイデンティティーやイデオロギーの核となる部分は共有していても，土器などの物質文化のい
くつかの領域はそれらとそれほど強い認知的結び付きはなく，したがってそうした部分における技
術的・様式的変化は集団のアイデンティティーやイデオロギーには抵触しなかったと考えることが
できる。こうした物質文化と文化的スキーマとの関係を，前段階で土偶や十字形石器が大量に作ら
れた地域を避けるようにして分布する擬孔列文土器が示していると考えられる。これに対して同じ
く晩期後半の特徴的な遺物である組織痕土器はそのような分布をしない。これは，組織痕土器は朝
鮮半島系の要素ではないので集団のアイデンティティーに関わるスキーマとは抵触せず，熊本県北
部の集団においてもとくに選択的嗜好性によるフィルターがかからなかったためであろう。九州北
東部に少ないことについては，九州島内での土器情報に関わる日常的なコミュニケーションのあり
方を含めた別の要因を考えなくてはならないだろう。

　以上の各種人工物の動態から，縄文時代後期末から弥生時代開始期までの変革期の間に，少なく
とも 4 段階の相を認めることができる。第 1 段階は，縄文時代後期後葉に東日本縄文文化の文化要
素を導入することによって，九州の北部から中部にかけて社会構造の変化と独自のイデオロギーを
含む文化システムの形成が行われた段階である。第 2 段階は，熊本県北部の集団が中心となって前
段階に形成された文化システムをさらに発達させる一方で，北部九州では朝鮮半島との交流が活発
化した段階である。第 3 段階は，熊本県北部の集団が衰退し，それに変わってその影響をあまり強
力に受けなかった地域の集団のほうがより積極的に朝鮮半島の文化要素を取り入れようとした段階
である。そして，第 4 段階が，九州の北西部に支石墓や大陸系管玉をはじめとする朝鮮半島の文化
要素が直接的に導入される段階である。

　以上，本章では玉類の動態から縄文と弥生の対立的な図式を超えた解釈の必要性を指摘し，第 5 章
で示した，縄文時代晩期の土器にみられる朝鮮半島の物質文化の視覚的特徴の模倣という現象が，管
玉においても看取されることを示した。社会構造や文化構造においてかなり異なる集団とのインター

アクションによるドラスティックな社会・文化変化に先立って，一部の文化的情報を選択的に取り入れるという，長期的な文化変化のひとつのモデルに適合する結果が得られたということになる。

　また，擬孔列文土器の分析によって，第 5 章では扱わなかった晩期後半から弥生時代開始期にかけての朝鮮半島からの文化的情報の導入のあり方を明らかにした。これにより，熊本県北部を中心として形成されていた縄文時代後期後半から晩期前半にかけてのひとつの社会システムが，そのイデオロギーの一部とともに崩壊する段階をとらえることができた。さらに，そうしたイデオロギーが崩壊した後も，それを中心的に担っていた集団は土器に孔列文をつけることを拒否するという態度を維持しているという集団の性向の連続性も示すことができた。各種の人工物や遺構の分布状況の相関についての分析は，こうした各地域の集団の文化的な性向の体系とその連続性，いわば地域集団の文化的なスキーマの共存や排他性についてより総合的に把握することを可能にした。

　第 5 章では，土器の製作に携わる一般的な人々を想定して分析結果の解釈とそれに基づくモデル化を行ったが，本章では，玉類や土偶などの遺物を検討したことにより，そうした人工物の製作や使用に関与し，その形態や生産量について判断を下したのは，いったいどのような人々であったのか，という問題に直面することになった。朝鮮半島からの情報を積極的に，あるいは消極的に受け入れたり，あるいはあえて拒絶したりするような判断には，集団の成員がみな等しく関与したのだろうか。また，いったいどのような要因が朝鮮半島に由来する情報に対する選択的嗜好性を変化させたのだろうか。こうした問題を解決するために，縄文時代後晩期の社会がどのようなものであったかを検討する必要がある。次章では，集落遺跡と埋葬遺跡に着目することによって，縄文から弥生への文化変化のプロセスにおける社会的要因について考察することにする。

　　注
1)　土器と石器の動態の違いも，渡来人の性別のようなひとつの要因に還元することはできない。これは，男性の仕事に主として関わると考えられる石器でも，縄文の伝統を引くものが選択的に残っていくことからみても明らかである（e.g., 下條，1986）。
2)　森は「大きな頭部が花形に開き数条の溝が刻まれているものを便宜上これに含ませることにする。この形態のものは，すでに縄文中期にあらわれて後晩期におよぶので，これも縄文系の勾玉とみられる（森，1980: 309）」としている。しかし，森自身も述べているように，2 方向の穿孔が「緒締形勾玉」の特徴であり，外形のおおまかな類似によってその他の勾玉もこのカテゴリーに含めてしまうことは，様相の明快な把握を妨げるものであろう。そうすると，「緒締形勾玉」の直接的な起源を簡単に縄文中期までさかのぼらせることはできない。
3)　サイズや形態において分類が困難な場合があるため，ここでは一般に小玉と呼ばれているものも丸玉として計算している。
4)　東日本の資料については実見していない。使用した報告書は，甲野勇 (1994)，新発田市教育委員会 (1982)，末永雅雄 (1961b)，中島・田島 (1982)，瀬高町教育委員会 (1985)，河口 (1972b) である。熊本の資料は筆者が実見したものによっている。
5)　大陸系管玉の場合は，断面がほぼ真円に近い場合が多いために，幅のみが報告され，厚さは計測されないことがほとんどである。
6)　石ヶ崎遺跡の粗製の箱式石棺を主体部にもつ支石墓から 11 点の碧玉製管玉が出土しているが，その所属時期については調査者の見解に従って弥生時代前期後半から中期とされてきた（原田，1952）。土壙墓・甕棺墓・支石墓で構成されるこの墓地は，甕棺に使用されている土器の型式からすると前期後半から中期にかけて営まれたとみられるが，1 基の合口甕棺は縄文時代晩期の土器の特徴をもつため，古く位置づけられ

ている。支石墓の年代は，墓壙内から出土した土器片からこの墓地の形成継続期間の最終段階に位置づけられている。しかし，墓群の構成からすると，ほぼ中央の一番高いところに位置していることや，主体部がこの地域の前期後半から中期にかけては例のない粗製の箱式石棺であること，副葬品をもつのがこの支石墓のみであることなどからすると，むしろこの墓地の築造の契機となった人物の墓であると考える方が妥当であろう。したがって，土器片が後に流入したと考えてよければ，この支石墓の築造年代は弥生時代の開始期から前期初頭にかけて位置づけられよう。11 点の管玉はこの時期の 1 基の墓への副葬としては多い。原田の報告によると，管玉はすべて歪みの多い稚拙な作とされる。各種のサイズの管玉が組み合わされている点は天久保遺跡とも共通しており，副葬ではないが，縄文時代晩期の九州における管玉のセットの特徴を残していると考えられる。在来集団が石材と製作技法を朝鮮半島から取り入れて，現地で製作した可能性のある興味深い資料である。

7) 朝鮮半島においては，松菊里遺跡や節山里長船支石墓などで太型の管玉が出土しているが，このタイプのものは弥生時代開始期以前には九州へは持ち込まれていないようである。出現期の大陸系管玉が全体的に小型である点については，さまざまな社会的・経済的要因が考えられる。もし渡来人が持参したものであれば，渡来人の故地における社会的階層や経済的力がそれほど高くなく，大型の管玉を入手できなかったためであるかもしれない。あるいは，在地集団がなんらかの経済的交換によって入手したものであれば，在地集団の当時の経済的力の限界を示すものであるかもしれない。石ヶ崎遺跡では太型管玉が多数出土しているが，時期の詳細は不明である。

8) 欣岩里の放射性炭素年代も，現在一般的に認識されている年代観より 100〜200 年ほど古い。併行関係と絶対年代については今後の研究の進展により変動する可能性がある。

9) 島根県では佐太講武貝塚，タテチョウ遺跡などで，内面からの半貫通で外側がふくらむものがある。現在島根県で孔列文とされる資料はすべてこのタイプであり，その理由について今後検討していく必要がある。

10) 形態パターンについては第 8 章で詳しく述べる。

11) 九州の土偶も，本州各地の土偶と同じようにほとんどが壊されて廃棄されたような状態で発見される。廃棄の仕方について，上南部遺跡の出土状況を検討した富田は，各地点ごとに出土した土器の重量にほぼ比例した数の土偶が出土しており，廃棄の場所に関しては土器などと特に差がみられないことを指摘している（富田，1982）。しかし，同じく上南部遺跡では，約 25% の土偶が二次的に火を受けており，土器片と比べて廃棄後の受火にしては率が高いことから，火を用いた儀式が存在した可能性も指摘している（富田，1990b）。

12) 縄文時代早期に属する土偶が鹿児島県上野原遺跡で発見されているが，前期以降までは存続しない。あとはわずかに中期の例がみられる程度である。

13) 富田紘一は編布の製作に使用した実用的な石器であると考えている（富田，1993: 93-100）。

14) ただし，筆者の管見にふれたもので遺跡の時期や内容が明らかなものに限っている。未報告の遺跡や少数の土器片が採集されただけの遺跡なども加えれば，実際の遺跡数はこれよりはるかに多くなるであろう。また，1997 年以降調査・報告された遺跡も含まれていない。しかし，特定の遺物をもつ遺跡とそうでない遺跡の間の相関を検討するという当面の目的には支障はないと考える。

第7章

住居跡と埋葬遺構の分析
——後期後葉〜弥生時代開始期——

第1節　パースペクティブ

　前2章においては，土器や玉類などの遺物をとりあげて分析を行い，それらの製作に関わる情報の伝達や志向性・意味の変化について考察した。文化・社会変化のプロセスをより深く理解するためには，そうした情報をより全体的な文化的・社会的コンテクストのなかに位置づけなければならない。九州の縄文時代後晩期から弥生時代開始期の社会構造の問題については，集落遺跡の調査例が少ないこともあって，これまであまり論じられることがなかった。しかし，近年になって，縄文時代晩期の熊本県中堂遺跡，弥生時代開始期の福岡県江辻遺跡などの，かなり良好な集落遺跡の調査が行われた。本章の第2節では，こうした遺跡の分析から，該期の社会構造について考察することにする。それによって，個人の認知プロセスに着目した文化変化の解釈にマクロな社会的要因を加味することで，より総合的な理解へと接近することができる。第3節では，死者の取り扱いに関わるイデオロギーの変化を示す埋葬行為の変化を分析することで，文化的意味と社会構造の変化について考察する。

第2節　住居跡と集落構造

1.　分析の視点

　縄文時代後期の集落遺跡は近年調査例が増加しており，小池史哲によるまとめもある(小池, 1993)。縄文時代後期後葉から晩期にかけての集落としては，熊本県上南部遺跡で環状に配置された住居跡と埋甕，屋外炉が検出されており，宮崎県平畑遺跡でも多数の住居跡が発見されている。弥生時代開始期については，福岡市板付遺跡で環濠集落がみつかったが，環濠内には貯蔵穴が検出されたのみで住居跡は発見されなかった。環濠については，福岡市那珂遺跡で弥生時代早期に遡る断面V字形の環濠の存在が確認されている。住居跡については，福岡県曲り田遺跡で多数の方形住居跡がかなり切り合った状態で検出されており，福岡県江辻遺跡では11軒の住居跡が円形に配列されていることが分かった。しかも，発見された13軒の住居跡がすべて松菊里型であったことも重要な発見であった。

　このように，まだ数は限られているとはいえ，縄文時代後期から弥生時代開始期までの集落構造や住居形態の変化を考えるための資料がひととおり揃ってきたといえよう。

　住居の構造とそこに住む人々の行為の間には双方向的な規制関係があり，ハビトゥスの形成と再生産と深く関わっている。たとえば，上座／下座や男の席／女の席というような区別があると，その規範を守って生活をしていく中で家族内の上下関係やジェンダーなどを身につけていくことになる。このような視点に立った考古学的・民族考古学的研究も，欧米では行われている。しかし，本論で対象とする縄文時代後晩期の竪穴住居については住居内の空間の分割や機能差に関する情報がほとんど得られていないので，このような視点からの分析はできない。

　住居研究のもう一つの視点として，サイズに注目したものがある。住居のサイズについて分析する際の基本的な考え方には，次のようなものがある。まず，住居のサイズがそこに住む人数と相関するという仮定を立てることができる。もちろん一人の人間が必要とする空間は，文化によって異なるし，また屋内空間の分割の仕方や利用の仕方，屋内で行う作業の種類などによっても変わってくるはずである。したがって，ある程度参考にすることはできても，住居の面積を厳密な人口復元の基礎とすることは危険であり，サイズの差を人数の差だけに還元することもできない。人数以外のサイズに関わる要因として，居住するグループの経済力や力の差も考えられる。これは，人数と相関することもある。たとえば，カナダのブリティッシュ・コロンビア州のサイモンフレイザー川中流域にあるキートリークリーク遺跡の調査と分析に基づいて，ヘイドン Brian Hayden は，経済的・社会的に有力な家系は養える人数も，また頼ってくるものも多いので，非常に大きな竪穴住居に数家族が一緒に住んでいた，と考えている (Hayden, 1997)。このような結論を導くには，経済的・社会的格差の存在を示すような考古学的証拠，例えば威信財の分析が必要となる。また，同じ集落のなかでサイズの格差がどのくらいあるか，また，もしあればそれらがどのように配列されているか，ということも重要な問題となる。

2.　縄文時代後晩期の様相：中堂遺跡

(1)　縄文時代後晩期の集落遺跡

　これまでに調査された縄文時代後晩期の遺跡の多くは包含層であり，遺構が見つかる場合も，性格の不明な土壙であることが多い。これらの土壙についても今後検討していく必要があろうが，本論では扱わない。住居跡が検出される場合も，一つの遺跡で1軒か2軒のみのことが多い。10軒以上の住居跡が検出された事例としては，熊本県菊池郡六地蔵遺跡で16軒の住居跡よりなる後期中葉の集落，福岡県嘉穂郡アミダ遺跡で20軒よりなる後期後葉の集落，熊本市上南部遺跡で不明確なものも含めて12軒，熊本県人吉市中堂遺跡で66軒，宮崎県平畑遺跡で55軒よりなる晩期の集落が調査・報告されている[1]。

　1, 2軒の住居跡しか検出されていない遺跡でも住居の平面形や炉の形態，サイズなどの情報を得ることはできるが，集落の構造を知るためには情報が不足している。ここでは，これらの問題については簡単に触れるにとどめたい。後期の住居跡の平面形は円形のものが多いが，豊前地域では一

図 **7-1**　福岡県八女郡星野村十籠星野小学校遺跡遺構配置図 (1/200)
　　　　星野村教育委員会 (1989) より

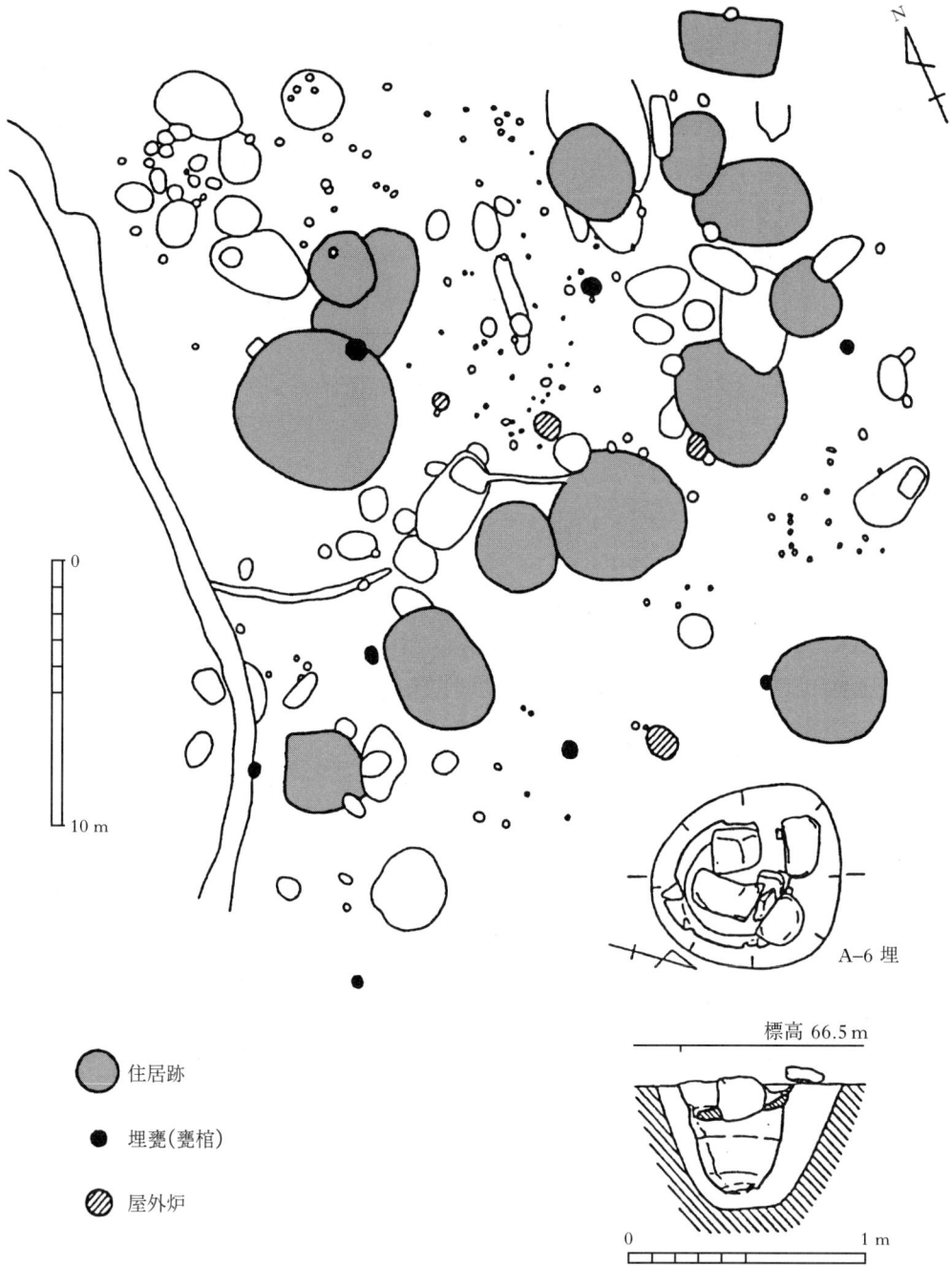

図 7–2　福岡県嘉穂町アミダ遺跡 A 地点の遺構配置図と A-6 号甕棺
　　　　中央の広場を囲むように住居が作られ，その間に甕棺が混在する。屋外炉もあり，
　　　　共同で煮炊きを行っていたと考えられる。A-6 号甕棺の中には礫が落ち込んでお
　　　　り，土器に木蓋などをした上に礫をならべて標識としたらしい。
　　　　松本 (1996) より

時期方形住居も増加する。また，一部の地域では晩期になると平面形が方形の住居が主体になるようであるが，この平面形の変化には地域性があるようである。福岡県山門郡瀬高町権現塚北遺跡，八女郡星野村十籠星野小学校前遺跡や甘木市高原遺跡，宮崎県上原第3遺跡などでは方形プランの住居跡であるが，同じ晩期でも中堂遺跡では大半が円形か楕円形プランである。今のところ，晩期に平面方形の竪穴住居跡が主体となるのは筑前・筑後を中心とする地域であると思われる。

　六地蔵遺跡と十籠星野小学校遺跡では十数基の住居跡が激しく切り合っており，住居跡の数は多いものの同時に並存した住居の数は少ないと考えられる(図7–1)。住居の平面形は六地蔵遺跡では円形・楕円形，十籠星野小学校遺跡では方形と異なるが，小規模な集団が住居を比較的頻繁に建て替えるような居住形態が後期中葉から晩期にかけて共通してみられるようである。本論では，こうした切り合いの激しい住居跡群や2, 3基が単発的に見つかった遺跡についてはひとまず置き，社会構造および社会的認知構造の分析に適した集落遺跡を中心に検討することにする。

　アミダ遺跡は千手川が嘉穂盆地に流れ込む際に形成した扇状地の末端にあたる台地上に立地しており，住居跡20軒，土壙40基以上，埋甕11基，屋外炉6基，集石遺構2基，および溝状遺構が検出されている(図7–2)(嘉穂町教育委員会, 1989)。住居跡は直径10数mの広場を囲んで円形に配置された2群と，その間に位置する数軒の住居からなる3群を構成している。住居のうちいくつかは石組炉をもっていたが，明確な炉をもたない住居もあり，日常の煮炊きは屋外炉で行われていたと推定されている。集落の本格的な形成は西平式期に始まり，三万田式期にピークを迎えるが，御領式期以降遺物の量が減少する。晩期前半と後半にそれぞれ1軒の住居が築造されたとされているが，その位置は三万田式期にみられた2群とは離れてその中間地帯に作られている。このことは，御領式期になんらかの変化あるいは断絶がこの集落に住んでいた集団に起こったことを示唆する。

　上南部遺跡は縄文時代後期末から晩期前半に営まれた集落の遺跡であり，中堂遺跡と一部重なるものの中堂遺跡より早い段階に集落のピークがある。ここでは確実な住居跡が5基と，範囲が不明確で擬住居跡とされるものが7基検出されている(熊本市教育委員会, 1981)。これらの遺構が馬蹄形に配置されていることから，東日本の縄文集落と共通した構造があると指摘されたが，報告書が刊行された1981年の段階では他にこうした集落の類例がなく，疑問視されるむきもあった。6基の石囲炉のうち，擬住居跡のものとされている3基のなかには屋外炉が含まれている可能性もある。集落の形成は三万田式期に始まり，御領式期・天城式期にピークをむかえる。古閑式の資料も若干あるが，黒川式まで下るものはほとんどみられない。別地点から刻目突帯文期の資料がでているが，この地点での集落は古閑式期の段階でほぼ放棄されたようである。

　平畑遺跡は標高25〜40mの台地斜面上に立地し，約10万m²にも及ぶ広大な範囲に55軒の竪穴式住居跡が検出されている(宮崎県教育委員会, 1985)。住居跡は晩期前半を中心とする東側の群と，後期末を中心とする西側の標高の高いところに位置する群とに分かれる。西群と東群は時期的に重なるようであるが，両群の間には100m以上の空白地帯があり，両群の関係については検討の余地がある。報告書では集落の形成過程について詳しい分析を行うのに十分な情報を得ることができないが，いくつか注目すべき点をあげることができる。

　55 軒の竪穴式住居のうち，切り合いがあるのは 4 例にすぎない。この点は，六地蔵遺跡や星野小学校遺跡のあり方とは大きく異なる。ただ，隣り合う住居跡ではどちらか片方にのみ遺物が多量に含まれていることから，建て替えを行ったのではないかと考えられている。この遺跡の存続期間が後期末から晩期前半とある程度の時間幅をもっていることも考えると，すべての住居が併存したとは考えられないが，SA54 や SA46 といった大型の住居をはじめとして，貝殻文系のものから晩期前半の土器までを幅広く出土するものもあり，ある程度長期にわたって使用された住居もあったと思われる。住居のサイズについては後でもう一度とりあげる。

　ある程度の規模をもつ集落遺跡によくみられるように，勾玉・管玉や石刀も出土している。しかし，前章で分析したように，この時期の中九州の大集落では大量保有がみられる土偶は平畑遺跡では出土していない。また，同じく同時期の中九州・北部九州では住居跡の数とほぼ同じくらいの埋甕がみられるのに対して，平畑遺跡ではわずか 1 基しか検出されていない。また，こうした象徴的な遺物の出土状況については報告書から詳しい情報を得ることができない。

(2)　中 堂 遺 跡

　中堂遺跡は，熊本県人吉市中神町字中堂に所在する縄文時代晩期の集落遺跡である (和田，1993)。球磨川の沖積地約 8,800 m² の範囲に 63 軒の住居跡，38 基の埋甕，石組炉 3 基，屋外炉 15 基，土壙 20 基のほか，柵列，土器廃棄場所が展開しており，石器製作場と推定されている一角もある。集落の形成は晩期初頭に始まるが，集落がもっとも栄えたのは黒川式期である。その後，刻目突帯文期を待たずにこの集落は放棄されたとみられる。

　住居跡には円形・楕円形・方形があるが，もっとも多いのは円形である。集落は調査区の外に若干広がるようであるが，それでも A 区を中心とする群，B・C 区を中心とする群，D 区に分布する群の 3 群に分かれることは看取できる (図 7-3)。また，A 地区では直径 20 数 m の広場を囲んで住居が配置されているようにみえる。この群と B・C 地区の群の中間には，特に大型の住居跡が数基あり，その北東側裏手には土器廃棄場所が広がっている。住居のサイズの変異については後で詳しく分析することにする。

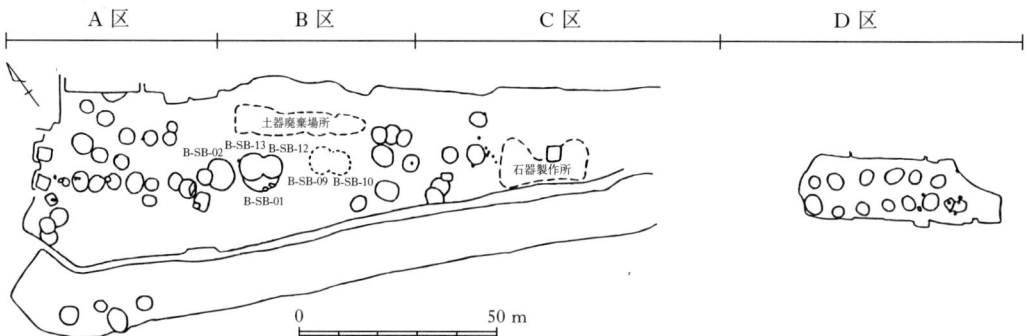

図 7-3　熊本県人吉市中堂遺跡住居跡分布図
和田 (1993) より

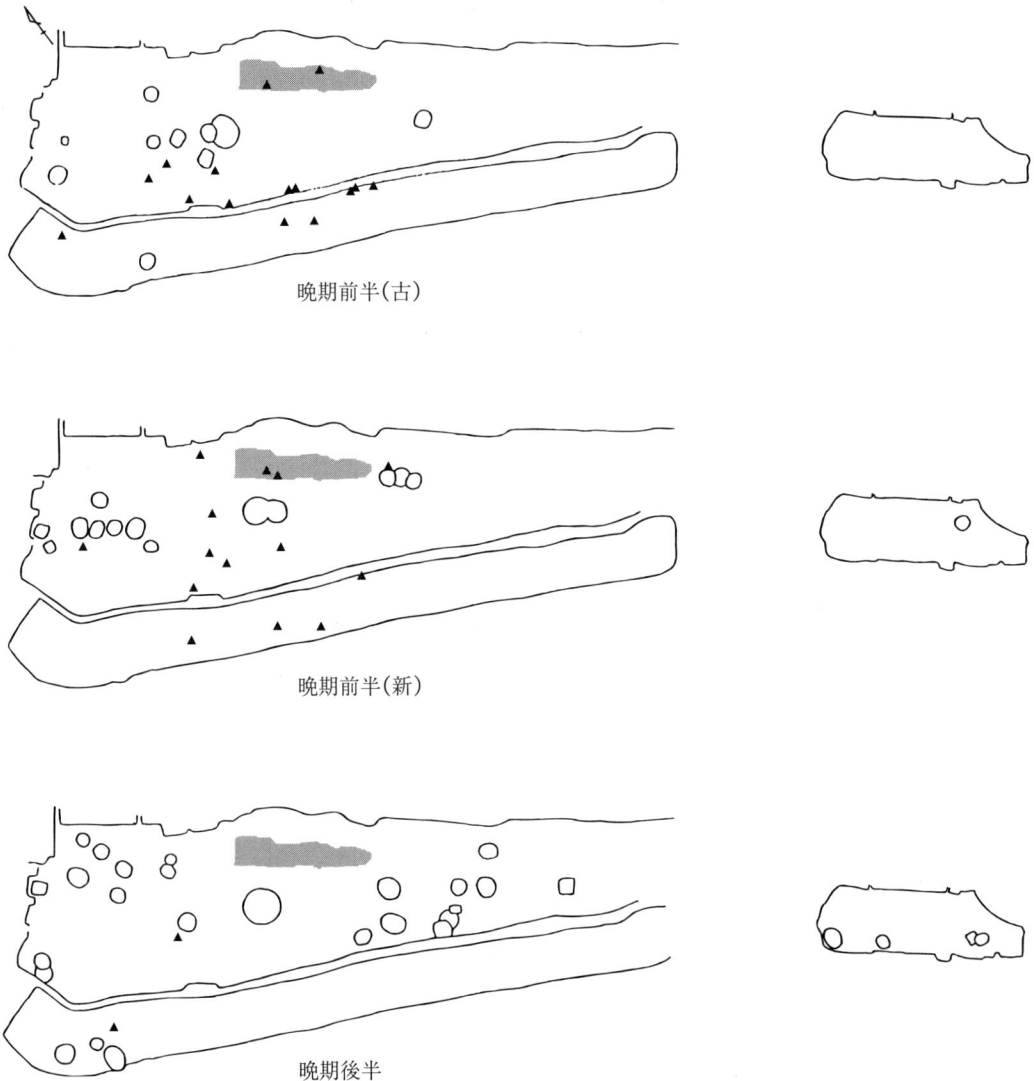

晩期前半(古)

晩期前半(新)

晩期後半

図 7-4　中堂遺跡集落変遷図(▲　埋甕)

　調査者の和田好史は，住居の床面積に基づいて中堂集落の人口復元を試みている (ibid.)。1 人あた
り床面積 3 m² とし，中堂遺跡の土器編年に基づく中堂 I 期から VI 期ごとに住居が同時並存した
とする仮定のもとに，中堂 V 期(黒川式期)には約 128 人がこの集落に住んでいたという結果を示し
ている。ただし，ここでは時期がはっきりしない 13 軒の住居跡は除いてある[2]。

　本論の時期区分にしたがって集落の展開の過程を追うと，図 7-4 のようになる。天城式期の住居
は 10 軒，古閑式期は 12 軒，黒川式期が 21 軒となる。この時期区分にしたがって，和田と同様の仮
説に基づいて各時期の人口を算出すると，天城式期が 53.1 人，古閑式期が 70.5 人，黒川式期が
147.4 人と，かなりの増加を示している。各時期は約 100〜150 年の存続期間があったと考えられる
が，住居跡同士の切り合いがあまりみられないことから，しばしば竪穴式住居について想定される

ように10〜20年で廃絶・立替を行っていたとは考えにくい。柱の建て替えや屋根の葺きなおしなど
は行っても竪穴自体はかなり長期的に利用することも十分考えられる。仮に，各時期に1度竪穴の
完全な廃絶と新しい竪穴の掘削が行われたとすると，天城式期には約27人，古閑式期には約35人，
黒川式期には約74人の人々がこの集落で生活していたということになる。もちろん，これらの数字
はいくつもの仮定に基づいて算出されたものであるから，実態とは幾分ずれているであろうし，集
落が調査範囲外にも広がる可能性が高いことからこの推定値は幾分低めであると考えた方がよかろ
う。しかし，集落の存続期間を通して人口が増加したこと，特に黒川式期に急激な増加がみられる
ことは確実である。

　集落の構造として注目されるのは，B区にみられる大型住居の存在である。天城式期には，住居
は主としてA区とB区の境のあたりに若干集中するものの，全体的にかなり閑散とした分布を示
す。そして，その分布が集中する地点に大型の住居跡B-SB-02号がある。この住居跡は，同じ晩期
前半古段階の住居に切られているので，天城式期の間に廃絶したようである。

　古閑式期になると，住居はA区にかなり集中してみられ，川岸に平行するように列状の配置を
とっているようにみえる。また，B・C区で明確にV期に属す住居の数は切り合い関係にある3軒
と少ないが，黒川式期の土器を出すため黒川式期としているB-SB-11号，C-SB-04号でもこの時期
の土器が出土しており，これらの住居が古閑式期にすでに使用されていた可能性もある。また，や
や離れたD区に住居が建設され始めるのも古閑式期である。古閑式期には，A区，B・C区，D区
とほぼ3群に分かれてかなり川岸に沿って細長く展開する集落構成となっている。そして，A区と
B・C区の間の，広場ともみなせる空間に，やや大型の住居跡B-SB-12号と同13号が切り合うよ
うにして存在している。両者の切り合い関係は調査時には確認されていない。この南西側に，川岸
に沿って平行移動したところに，同じような大きさで同じような切り合い関係にある2軒の住居跡
がある。これらは，調査時に包含層として住居壁面を掘り下げてしまったため，切り合い関係，時
期ともに不明である。しかし，B-SB-12・13号と同様に広場内に建てられていることと，サイズ，構
造の類似性を考えると，2軒の同じような住居が広場に列んで立っていたのを，建て替えも同じよう
に行った可能性が考えられる。そうすると，広場を挟んで対峙する住居跡群は2つの集団に対応し，
これらのやや大型の住居はそれぞれの集団に属していたという可能性が考えられる。

　黒川式期になると，B-SB-12・13号が建っていた地点に，非常に大型の住居B-SB-01号が建てら
れる。住居の数は全体的に増加し，やはりこの大型住居がある広場を挟んで広範囲に展開する。こ
の時期には，B・C区，およびD区にも多数の住居が作られている。所属時期が明確なものに限っ
ても，広場の以西で12軒，以東で10軒とほぼ同数となっている。B-SB-12・13号と同じ場所に建
てられた非常に大型の住居の存在は，これらの2集団を統括するような人物が，それまでA区に居
住してきた集団の中からでてきたことを示唆する。

　こうした大型住居の性格についてどのようにとらえるべきであろうか。縄文時代前・中期の東北
地方にみられる長方形大型住居について想定されているような，共同で作業や祭祀を行う公共施設
のような機能も考えられるが，これまで見てきたような展開を考えると，数十人以上になる集団を

統率するような人物とその家族の住居であった可能性もある。縄文時代の集落に居住していた集団の性格については，household の訳語としての世帯共同体とみるのが妥当であろう。青森県の三内丸山遺跡などの大規模な集落も，そうした世帯共同体が複数統合された集団であると考えられる。中堂遺跡については，同時期の集団構成員の数が，多くても 100 人は超えないと考えられるので，拡大した一つの世帯共同体である可能性もあるが，住居跡の配置や大型住居のあり方からみて，2 つの世帯共同体で構成されていたとも考えられる。集団の構成原理については，長野県与助尾根遺跡などの縄文時代中期の集落の住居構成や祭式のあり方から双分組織を想定した水野正好の研究があり(水野, 1969)，民族誌とのアナロジーや(大林, 1971)墓地における頭位方向からも双分原理の存在が指摘されており(林, 1977)，また婚後居住規定についてもひとつの仮説が提示されているが (e.g., 春成, 1986)，こうした研究はいくつもの仮定に依存しており，その解釈は多くの可能性のひとつに過ぎない。その検証は今後の課題として残されている。

　よって，ここでは具体的な親族構造等については判断を保留するが，血縁関係に基づいて生活に必要な活動を共同で行う世帯共同体が集落の基本的な単位であるとすると，こうした社会における階層化の性格について推定する方向性が与えられる。アメリカ大陸の北西海岸インディアンの社会においては，世帯共同体が社会的階層分化の単位であったことが，民族誌と考古学的証拠に基づいて論証されている (Coupland, 1996)。中堂遺跡に居住していた集団をはじめ，九州の後晩期においては，世帯共同体を基盤とする階層化が進行し，共同体の統率者がある程度の社会的力を把握するようになるとともに，そうした世帯共同体間でもゆるやかな階層的関係が成立し，集落規模と土偶や玉類の保有率との相関を生み出す背景となっていたと推定することができる。

　社会的階層化を示唆する考古学的証拠としては，前章で分析した玉類を初めとする一種の威信財の存在をあげることができる。中堂遺跡における重要な所見として，玉類をはじめとする威信財の出土状況が明らかになったことがある。前章でも述べたように，九州の縄文時代後晩期の遺跡から玉類がかなり見つかってはいるが，その出土状況がはっきりしているものはごくわずかであり，大半は包含層からの出土である。これまでに考古学的なコンテクストが判明しているものとしては，鹿児島県上加世田遺跡で，祭祀の場とも想定される窪地から土偶や岩偶とともに多数の玉類が出土した例，三万田遺跡で住居跡の隅から勾玉が出土した例，権現塚北遺跡で埋甕の中から出土した例などがある。中堂遺跡では，未製品も含めて 14 点の石製・土製の玉類が出土しているが，そのうち 9 点がこれらの大型住居周辺から出土している(図 7-5)。特に，3 点の勾玉が各期の大型住居にそれぞれ伴うようにして出土していることは興味深い。また，報告書では報告されていないが，緑色の石材で作られた小型の磨製石斧 1 点も VI 期の大型住居内から出土している。この地点の他には，土器廃棄場所と A 地区で石製管玉が 3 点，C 区の 2 軒の住居跡から土製の勾玉とリング状の装身具がそれぞれ 1 点ずつ出土している。

　中堂遺跡からは丸玉の未製品が見つかっているほか，玉砥石も出土しており，玉類の生産がこの集落において行われていたことが分かる。こうした製品の製作は，原料の調達から加工に至るまでかなりの労力を必要とするものであり，労働の成果を集落の構成員みんなで分配するような平等な

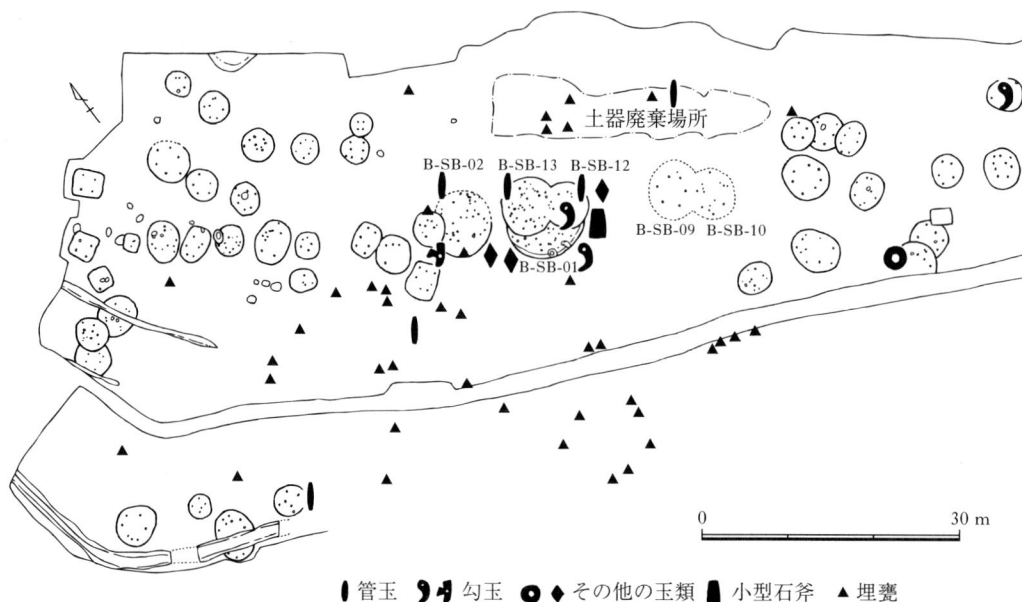

図 7-5　中堂遺跡玉類出土地点

社会ではみられない。何らかの社会的な階層が存在する社会において，特定の行為を行う特定の人物のために製作されると考えなければならない。

　住居の大きさや玉類の出土状況と合わせて，階層化の問題を考える上で注目されるのが，大型住居の北側に広がる土器廃棄場所とされる遺構である。遺物として残存しているのは土器のみであるが，土器だけでなく大量の有機物も廃棄された可能性がある。廃棄物の内容については，調査時にフローテーションなどが行われておらず，土壌サンプルもとられていないので検証が困難であるが，大型住居内，あるいはその周辺で行われた祭宴 feast の際に出た残飯やそれに使用した土器などを廃棄した場所であった可能性もある。

　ヘイドンは，狩猟採集経済を基盤とする社会で階層化が進行するプロセスにおける祭宴の役割を重視している (Hayden, 1995)。階層的な人間関係における祭宴の重要性は，食べ物を与えたり受け取ったりすることに伴う普遍的な感情的反応(好意・信頼感など)を基盤とするものである。祭宴の果たす役割やその具体的形態と規模は，社会の複雑さの程度や生産力の大きさによって異なる。平等な社会においても，成人式などのお祝いとして祭宴を開き，それが意識的・無意識的に集団の結束を高める役割を果たす。しかし，階層化が進行しつつある社会においては，食料を中心とする集落の余剰生産物を統率者がいったん自分のもとに集め，それを祭宴というかたちで集落の構成員に再分配することによって，統率者の社会的地位や経済力を保持・向上させるという性格を帯びる。さらに階層化が進んだ社会では，狩猟採集に生業の基盤をおく社会においても，アメリカ大陸北西部の先住民のように，集落間でポトラッチと呼ばれる非常に競争的な祭宴を行う例もある。住居のサイズや玉類の分布，そして土器廃棄場所の位置を考え合わせると，中堂遺跡において大形住居に居住

していた集落の統率者がある種の祭宴を主催していた可能性が高いと考えられる[3]。

3.　弥生時代開始期の様相：江辻遺跡

　江辻遺跡は弥生時代開始期の集落として初めて全体の構造が明らかになった遺跡である(新宅, 1994, 1996)。江辻遺跡は福岡県糟屋郡粕屋町に所在し，篠栗川・久原川の沖積平野上に立地する。調査区は第 1 地点と第 2 地点に分かれており，筆者は 1992 年の第 2 地点の調査に参加した。正式な報告書が未刊行のため詳しい分析はできないが，弥生時代開始期の集落として現在では唯一ほぼ全容が明らかとなった遺跡であり，この遺跡が喚起するいくつかの重要な点について述べておきたい。

　第 1 地点では夜臼式期の遺構と遺物の他に縄文時代前期・中期の良好な資料も出土しているが，ここでは夜臼式期の遺構についてのみ述べる。夜臼式期の包含層である 5 層の下でいわゆる松菊里型の住居跡が 2 軒と少なくとも 1 棟以上の掘立柱建物が検出されている。

　第 1 地点から西へ約 500 m 離れた第 2 地点では約 8,000 m² が調査され，住居跡 11 軒，掘立柱建物 6 棟，特殊大型建物 1 棟，溝 15 条，大溝 1 条，土壙 28 基が検出された(図 7-6)。出土した土器はほとんどが夜臼式の範疇に入るものであり，江辻集落は弥生時代開始期の後半の間に建設・廃棄されたものと考えられる。住居跡間には切り合いがないが，溝によって切られている住居跡が 4 軒，溝を切っている住居跡が 1 軒あることから，すべての住居跡がこの集落の存続期間を通して併存したのではなさそうである。

　住居跡は円環状に分布し，一部は調査区域の南側に広がりそうである。住居跡に囲まれた空間に掘立柱建物と特殊大型建物が位置している。ここで検出された住居跡はすべて中央に浅い土壙とそれを挟む 2 つのピットをもつもので，いわゆる松菊里型の住居である(図 7-7)。竪穴の周縁に柱穴が張り出すように巡らされた独特の構造をもつものや竪穴内に明確な柱穴がみあたらないものなど，同じ集落内でもバリエーションがあるが，中央に土壙とピットをもつ構造は縄文時代の住居跡には例がなく，朝鮮半島の無文土器時代前期の住居跡と共通している。このように，住居の構造において朝鮮半島との強い結び付きがみられる一方で，縄文時代の集落の特徴である円環状の集落構造を維持している点が注目される。

　縄文時代後晩期の集落との相違点として，集落内に埋甕がみられない点が上げられる。もし多数の不定形の土壙が埋葬に関わるものであったとすると，集落内に死者を埋置するという点でも縄文時代後晩期の伝統を残しているということになるが，調査ではこの仮説を支持する証拠は得られていない。

　さらに注意すべき点として，性格不明の多数のピット群が，住居跡の円環より若干北側にずれた円環をなしていることがある(図 7-9)。この円環は，遺跡の航空写真をみるとはっきりと認識することができる。北側の大溝から縄文時代晩期(古閑式期・黒川式期)の土器が出土していることからみて，この時期にすでにこの地点で円環状のピット群を残すような活動が行われていたことが考えられる。

　また，この遺跡で問題となるのが特殊大型建物の存在である(図 7-8)。この建物は主軸をほぼ南北

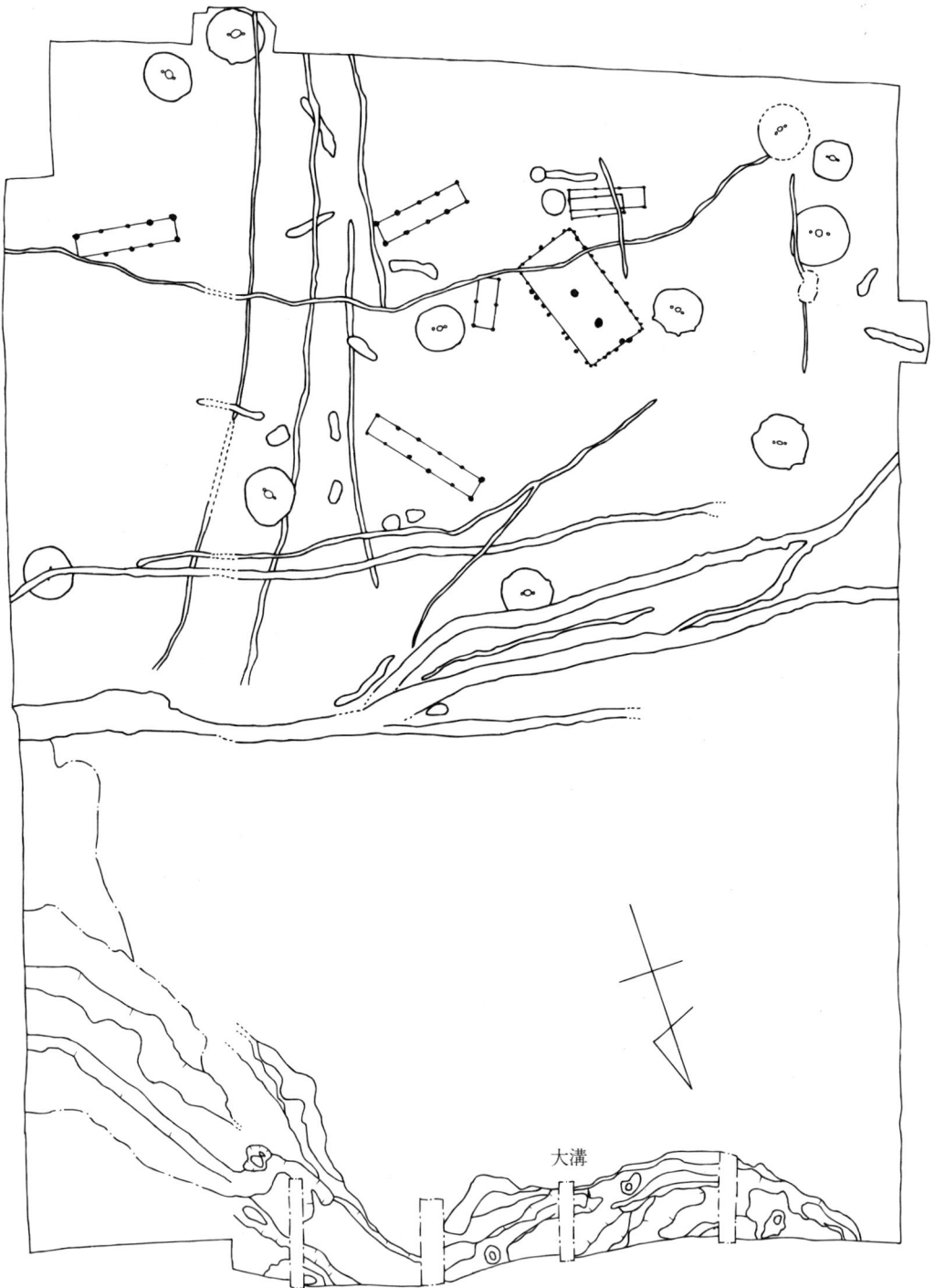

大溝

図 7–6　福岡県糟屋郡江辻遺跡第 2 地点主要遺構配置図
新宅 (1994: 123) より

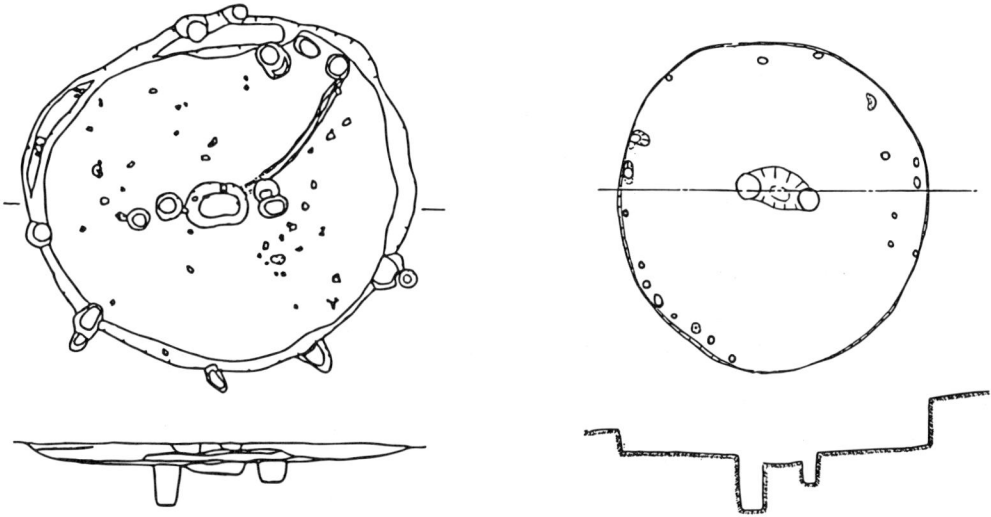

図 7-7　江辻遺跡の松菊里型住居と松菊里遺跡との比較
　　　　左：江辻遺跡 3 号住居跡(新宅，1994: 124 より)
　　　　右：松菊里遺跡 17 地区 1 号住居跡(国立中央博物館，1978 より)

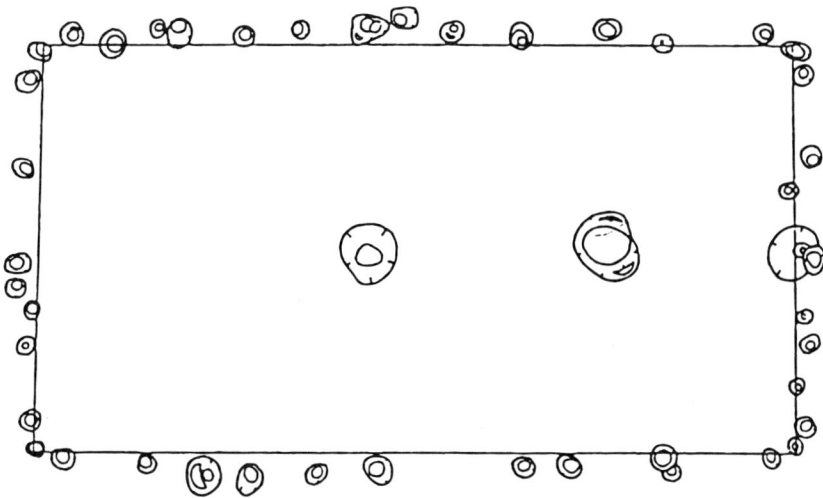

図 7-8　江辻遺跡の「特殊大型建物」
　　　　6 号掘立柱建物 (1/100)（新宅，1994: 125 より）

図 **7-9**　江辻遺跡の円環状をなすピット群
新宅 (1994) 第 1 図を改変

に向けており，中軸線上に 2 基の大型の柱穴がある。周囲には直径 30 cm ほどの柱穴が約 1.2 m～
1.8 m 間隔で並んでおり，四隅はそれぞれ 3 期の柱穴で構成されている。不規則ながらも梁行 4 間
（約 5.6 m）× 桁行 5 間（約 10.3～10.5 m）の掘立柱建物とみることもでき，床面積は約 58 m² となる。
他の掘立柱建物の柱穴が整然として等間隔にきちんと両側で対峙するように配列されているのに対
して，特殊大型建物の周囲の柱穴は不規則である。これは，この建物の構造が他の掘立柱建物とは
異なっていたことを示唆する。他の住居跡の残存状況からみてもこの遺跡がかなりの削平を受けて
いることは確かであり，あるいはこの建物も竪穴式であった可能性も否定できない。そうなると，朝
鮮半島の無文土器時代の集落にみられる長方形のプランをもつ大型の竪穴式住居がモデルになって
いることも考えられるが，それにしてもこれと同じ構造をもつ遺構は朝鮮半島でもみられない。今
後朝鮮半島で類例が発見されれば，江辻遺跡の建物はすべて朝鮮半島に由来する構造をもつという
ことになるが，類例がない段階では，縄文時代後晩期以来の認知構造を保持していた集団と朝鮮半
島から渡来した集団との相互交渉の中で生み出されたイノベーションの産物であった可能性も考え
られる。

4.　住居跡のサイズと配置

　縄文時代後晩期から弥生時代開始期にかけての集落の動態を考えるために，住居跡の配置とサイ
ズに着目して分析を行う。住居跡の配置については，上ですでに触れたように，九州の縄文時代後
晩期の集落で一定の面積が調査され，10 軒以上の住居跡が検出されている遺跡では，円環状の配置
が共通してみられる。この円環は，アミダ遺跡のようにひとつの集落に複数あることもあり，また
中堂遺跡では A 区に小さな円環構造がみられるが，集落全体はむしろ川岸にそって細長く展開して
いる。ただし，調査区の北側にさらに集落が広がるのであれば，川に向かって広がる馬蹄形を呈す
る可能性もある。このような変異は，住居間に広場と呼ばれるような空き地をもつという規制と，遺
跡ごとの地形的制約やひとつの集落を構成する血縁集団の数などの要因の相互作用によって出てく
るものであろう。

　こうした集落構造は，集落で行われるさまざまな活動やその基盤となる社会構造と世界観が，認
知的に居住空間の構造と結びつけられたものであり，またこうして物質化した集落構造がそこで生
活する人々の認知構造を構造化するのである。したがって，集落構造は日常生活に関わる文化的に
形成された認知構造に深く関わるものであるといえる。

　円環状構造のなかの住居を建てない空間には，ほとんど遺構がみられない場合もあるが，中堂遺
跡では住居群に挟まれた空間に大型住居と埋甕群がある。江辻遺跡においても円環状の構造がみら
れ，広場の中心に大型の建物がある点は，こうした縄文時代後晩期以来の社会構造と世界観が残っ
ていることの証左となろう。土器がほぼすべて縄文土器の技術的・様式的伝統をひく夜臼式土器で
あることも合わせて考えると，やはり在来集団がこの集落の構成員に含まれていたと考えられる。一
方で，住居自体は朝鮮半島の無文土器文化に由来する構造を備えており，大陸系の磨製石器類も出
土していることは，渡来人の存在を強く示唆するものである。渡来人と在来集団とがどのようなか

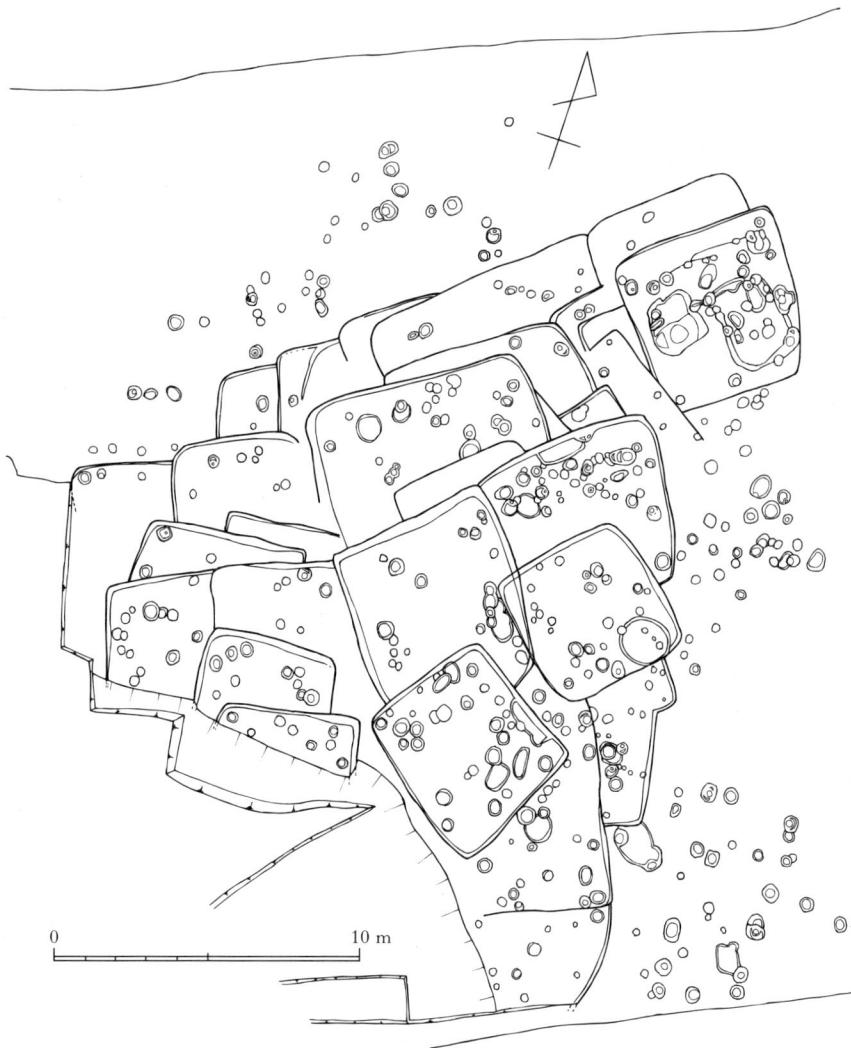

図 7–10　福岡県二丈町曲り田遺跡の住居の切り合い
福岡県教育委員会 (1983) 第 4 図を改変

　たちで共同生活を営んだのかを考えるうえで，江辻遺跡は非常に重要である。
　縄文時代後晩期にみられたもうひとつの住居築造パターンも，この時期にみることができる。弥生時代開始期前半の集落として，石崎曲り田遺跡で 30 軒の竪穴住居跡がみつかっている。しかし，江辻遺跡より時期的に若干先行する曲り田遺跡の様相は，江辻遺跡とは大きく異なっている。住居跡の平面形はすべて隅丸方形であり，互いに激しく切り合っている(図 7–10)。切り合いをもたない住居跡は 1 軒もなく，比較的短期間にこれだけの切り合いをもつあり方は，縄文時代後晩期の六地蔵遺跡や星野小学校遺跡に非常に似ている(図 7–1)。
　このような集落のパターンが具体的にどのような居住様式によるものであるかについては，今後さらに検討を進めなければならない問題であるが，ここでは遺構として現れたパターンにおいて弥

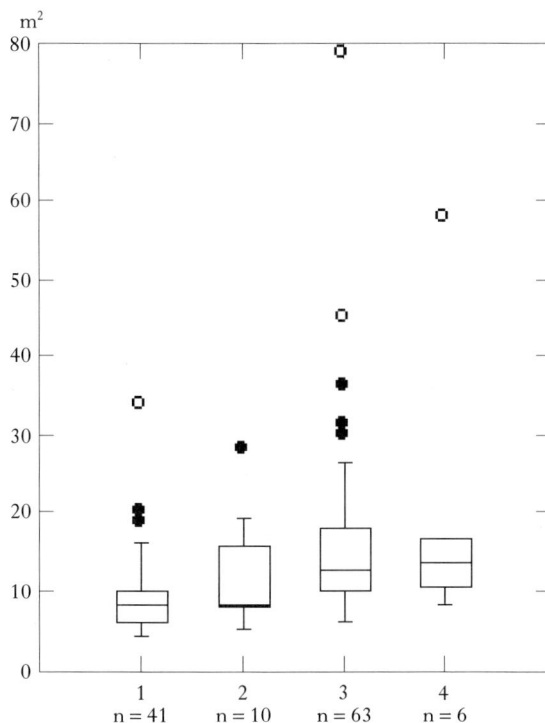

図 7–11　縄文後晩期から弥生時代開始期の住居跡床面積
1. 平畑遺跡，2. アミダ遺跡，3. 中堂遺跡，4. 江辻遺跡
n はサンプル数を表す

生時代開始期の集落には縄文時代後晩期からの連続性が認められるということを指摘するにとどめ
ておく。

　次に住居の床面積についてもう少し詳しくみてみよう。縄文時代後期末を中心とするアミダ遺跡，
後期末から晩期前半にかけての平畑遺跡[4]，晩期前半に始まり後半(黒川式期)にもっとも栄える中堂
遺跡，弥生時代開始期の江辻遺跡について，住居跡の床面積をグラフ化すると，図 7–11 のようにな
る。これを見ると，ここで示された期間を通じて他の住居より明らかに大型の住居が存在している
ことが分かる。アミダ遺跡では最も大型の住居と住居跡全体の平均との差は 16.1 m² であるのに対
して，中堂遺跡では 62.8 m² であり，その較差はより明確になっている。また，江辻遺跡では通常
の竪穴住居ではないものの，広場の中央の特殊大型建物と竪穴住居の平均との差は 45.6 m² である。

　こうした住居跡の床面積の違いは，上屋構造を比較するとより顕著に感じられたであろうし，ま
たその築造にかかる労働力においてもかなりの差異があるはずである。こうした住居のサイズの違
いについては，建物の機能の違いによるものである可能性と，居住者の社会的階層の違いによるも
のである可能性の 2 つが考えられる。これまで東日本，とくに北陸地域を中心に多く発見されてい
る縄文時代の大型住居については，冬季の共同作業場であるというような機能差が想定されること
が多い(渡辺誠，1980)。これは，縄文時代を通して階層化の顕著な証拠が希薄であるということもあ
るが，狩猟採集経済に基盤をおく社会では基本的に階層化は進行しないという予測があるためであ

ろう。しかし，狩猟採集社会における階層化の問題は近年関心が高まっており (e.g., Arnold, 1996; Price and Feinman, 1995)，縄文文化は狩猟と採集を生業の中心としながらもかなり階層化の進んだ事例として注目されている (e.g., Hayden, 1995)。

　縄文時代にみられる階層性が，おそらく世帯共同体を基盤とするものであることについてはすでに述べたが，その階層化の具体的な性格と程度については今後の課題である。本論の分析から最低限言えることとして，縄文時代後晩期の九州の社会は決して平等でシンプルな狩猟採集社会ではないということである。これまでも，土偶を大量に保有する遺跡とそうでない遺跡があることから有力な集落とそうでない集落の存在が想定されており，本論が対象とする時期より先行するが，福岡県山鹿貝塚の装身具を大量につけた 2 体の女性人骨の存在から呪術的な力をもつ統率者がいたとも考えられている。縄文文化の中に認められる階層性については，弥生時代以降の政治的性格の強い階層化の進行とは性格が異なるものとして対比されることが多く，それが弥生時代のはじまりという新たな歴史的状況を生み出す基盤となったという視点からの検討はなされていない。しかし，縄文時代後晩期の九州は明らかに平等社会とチーフダム社会の中間に位置づけられる脱平等社会であり，不安定な階層差を維持・強化するようなさまざまな社会戦略が存在したと考えられる。

　渡辺仁は，西北海岸インディアンなどの民族誌を活用して東日本の縄文文化にみられる階層的な要素を分析し，高度な装飾工芸，高度な奢侈品の交易，大型の非実用的な建築物の存在から生業分化を伴う階層化社会であるとしている(渡辺仁，1990)。階層化の基盤が渡辺のいうように「狩猟者層」と「非狩猟者層」であるかどうかについては，直接的な考古学的証拠はないが，縄文社会がかなりの余剰生産を伴う複雑な階層化社会であったという点についてはほぼ確実であろう。

　渡辺は，階層化の指標として現れる高レベルの技術・儀礼・芸術は縄文時代中期頃から活発化する要素であり，しかも後・晩期を特徴づける要素が多いとしている。そして，「その次に来る稲作導入，それに続く弥生文化化は，その構造的発展の延長線上に位置づけとらえなければならない。以上のような発展の流れにのって縄文人は，次々と高次の大陸文化要素を束にして取り入れていったのである。縄文時代末の水稲耕作文化導入が既に当初から整然とした高度の体系をもっていたことが最近明らかになった (高倉，1986: 30) といわれるが，このような事態は上記のような発展的縄文社会を受け皿としてはじめて起こり得たのではないかと考えられる」と述べている(渡辺仁，ibid: 148)。

　渡辺の論は，縄文時代の階層性の問題を正面から論じ，他の狩猟採集社会との比較によって縄文社会の相対的な位置づけを行った点で重要である。しかし，縄文から弥生への転換に関する説明においては，「大陸文化要素」をまず導入した地である九州の状況についての分析がなく，東日本の縄文文化をもとに導き出した，大型獣狩猟を基盤として階層化した社会をもって縄文社会とし，それから北部九州で発生した弥生文化への変化を説明しようとする中で，あまり実状にそぐわない解釈がみられる。ここで渡辺の説を詳細に検討することは本論の範囲外であるが，例えば縄文晩期の農耕を女性耕作型とする見解は現在得られている種々の考古学的証拠から支持されているとは言いがたく，可能性の域を出ない。また，近年新たな証拠が増加している縄文時代の農耕の問題についても渡辺の理論を再検討する必要があるだろう。しかし，「農耕の受け入れと普及に積極的・中心的な

役割を果たしたのは地域社会の指導者層」であったとする渡辺の推定は正しいであろう。農耕社会
への転換は社会構造および認知構造の大きな転換を伴うものであり，これを成功させることができ
るのはすでに社会的にかなりの威信をもつ人物でなければならないからである。この点については
ロジャース E. M. Rogers (1962) の伝播のプロセスに関する研究で明らかにされている。

　前章でみた玉類の動態や，孔列文の導入，またこの時期増加するコメに関する証拠などをより整
合的かつ社会的なプロセスとして説明するためにも，余剰生産物の管理や種々の儀礼の管理などを
行う集団の統率者の存在を想定することが重要である。階層差という社会的な不平等を正当化する
ために，遠く離れた地域の物資や情報を利用することがしばしば行われる。これは，ただ単にその
地域で生産できない物資を交易によって入手するという経済的目的のためではなく，地理的に遠く
離れた地域を，現実世界から遠く離れた異界と認知的に重ね合わせることによって，遠隔地の情報
を入手する人物の呪術的・宗教的権威の保証につながることもある (Helms, 1988)。縄文時代晩期前
半に大規模な集落が展開する熊本県北部で土偶が大量に製作され，籾痕土器やプラントオパールの
発見があること，晩期後半に大型の遺跡が増加する南九州において孔列文が多数発見されることな
どは，その地域の統率者達が自らの権力を保持・拡大しようとする戦略の一環として朝鮮半島から
の情報を利用しようとしたことによるという仮説をここに立てることができる。中堂遺跡の B 区の
大型住居の位置するグリッドから，北陸系の文様を施した非常に精巧な作りの浅鉢が出土している
ことも，遠隔地情報がイデオロギー的な重要性をもっていたことを示すものであろう(写真 7–1)。

　九州の縄文人が積極的に「コメ情報」を入手しに出向いた可能性を指摘する小林達雄の解釈も，階
層性に注目することでより妥当性を増す(小林，1985)。階層化がみられる狩猟採集社会において，階
層の高い人々が再分配したり祭宴の際に消費したりする一種の威信財として栽培植物の生産を促進
することも，農耕開始の契機として世界各地で注目されている。日本列島におけるコメの存在自体

写真 7–1　中堂遺跡 B 区の大型住居に伴う可能性のある精製浅鉢
　　　　　　東日本の縄文時代晩期前半の特徴である三叉文が施されている。底部の厚さは 3 mm にも満たない。

がどこまでさかのぼるかはまだ分からないが，縄文時代後晩期の九州で籾痕土器やプラントオパー
ル，炭化米などの検出例が増加することは，そうした戦略に基づく生産の増加を示すものであると
も考えられる。つまり，気候の寒冷化や狩猟対象動物の乱獲といった生態学的な要因に対する反応
として農耕が開始されるというような環境決定論的モデルよりも，集団内・集団間の社会的な関係
の折衝が農耕への転換のプロセスで重要な役割を果たしたとするベンダー Barbara Bender のモデ
ルの方がここの事例には適合していると考えられるのである (Bender, 1985)。すると，この後に続く
弥生時代開始期のよりドラスティックな変化についても，少なくとも縄文時代後期後葉以降朝鮮半
島との交流を視野に入れて進められた九州在来の統率者達の勢力保持・拡大戦略の，意図せざる帰
結も含めた延長にあるものとしてあらたな視点から検討することが可能となる[5]。

　甲元眞之は，櫛目文時代中期までは小型住居跡だけで集落が構成されるのに対して，櫛目文時代
後期になると西北朝鮮で 1 軒の大型住居と 4 軒前後の小型住居から構成される集落が出現すると述
べている(甲元, 1997)。この 1 軒の大型住居と 4 軒前後の小型住居から構成される集落は，無文土器
時代中期になると中・南部朝鮮でみられるようになり，一方で東北・西北朝鮮では大型方形住居の
みで構成される集落が主体となるという。甲元は 1 軒の大型住居と 4 軒前後の小型住居をひとつの
世帯が居住したものと解釈しており，この 20〜25 人ほどと考えられる集団が支石墓築造の基本単位
であるとしている (ibid.: 107)。大型住居から石槍や石鏃などの武器や小型の椀が多く出土すること
から，甲元は小型住居を単婚小家族用，大型住居を集団構成員の共同家屋としている。しかし，こ
の大型住居と小型住居のセットが世帯集団が居住したものであったとしても，大型住居にはその世
帯の統率者を含むランクの高い家族が居住し，武器などの道具を管理したり祭宴を主催したりして
いたと考えることもできる。世帯を統率するものが力をつけ，世帯の中での家族間のランク差が生
じたことが，櫛目文時代中期まではみられなかった集落内の住居のサイズの格差にあらわれている
可能性もあるのである。

　縄文時代後晩期の九州の集団が接触したと考えられる無文土器時代前期の中・南部朝鮮の集落構
造はいまだ不明な点が多いが，北部では中国東北地域からの影響下に集落の再構成がなされたと推
測されている (ibid.: 105)。この時期には石製・青銅製の武器が登場し，火災住居の増加から戦乱が
盛んであったことも想定されている。すなわち，社会的・経済的・政治的力の拡大と保持をめぐる
行為が非常に活発化した状態であったと考えられ，当然そうした社会のイデオロギーは階層化を防
止するものではなくなり，むしろ力の格差を維持・強化するような社会的機能を持つものへと変化
したはずである。

　このような状況は，階層化を阻害するイデオロギーが強力な社会の成員からは「好ましくない」と
いう選択的嗜好性の評価が下されるであろうが (cf., Trigger, 1990)，自らの力を拡大したいという意
図をもつ一部の人々にとっては魅力的であったかもしれない。こうした性質をもつ人物の存在があ
らゆる社会において階層化を進行させる鍵であると考える説がある (Clark and Blake, 1994; Hayden,
1995)。野心を抱き，攻撃的で蓄財家というパーソナリティーをもつ個人のことを，クラークとブレ
イクは「増強者 aggrandizer」と呼び，ヘイドンはこの呼称に加えて「蓄財者 acccumulator」ある

いは「トリプル A パーソナリティー」(Ambitious, Aggressive, Accumulative) と呼んでいる。こうした人々が主として経済的な手段によって共同体を支配しようとして，それぞれの状況下でさまざまな行為をすることが，社会の複雑化や階層化，あるいは「社会進化」という言葉で表現されてきたような社会変化を引き起こすひとつの重要な要因なのである。こうしたパーソナリティーをもつ個人があらゆる社会に存在するというのが，クラークやヘイドンの理論の基本的仮定である。だからこそ，比較的平等な社会にはそうした社会的関係を維持し，一部の個人や家族が過度に富を蓄積したり，それによって力の格差が生じたりするのを防ぐようなイデオロギーが必要となるのである (Trigger, 1990)。

　こうした社会進化論的な視点は，概して機能主義的であり，功利主義的である。しかし，これまでマクロレベルの問題としてのみ論じられてきた「社会進化」の問題により適切な説明を与えるために，個人のパーソナリティーという心理学的でマイクロレベルの要因が重視されるようになったことは重要である。ヘイドンの唯物論的な枠組みも，人間のパーソナリティーや権力拡大のための戦略の考案など，多くの認知的な仮定や考察を内包している。これはすなわち，たとえシステム論的な，一見唯物論的な説明を行うにしても，やはりいくつかの認知的仮定を必要とすることを示しており，またそうした認知的ファクターについてより深く理解することが，社会・文化変化のより整合的な説明につながるものであることを示すものである。そうした意味で，こうした社会の階層化に対するアプローチはひとつの出発点に過ぎず，そこで浮かび上がる認知的問題について取り組んでいくことによって，社会を視座に据えた認知考古学の発展につながるものであると考える。

第 3 節　埋葬行為の変化

1.　分析の視点

　埋葬遺跡は考古学的に豊かな情報をもっていることが多く，社会構造や人口の復元をはじめとして，じつに多くの研究者の関心を集めている。したがって，その分析の視点も方法も多様であるが，ここでは縄文から弥生への文化変化のなかの一つの側面として，甕棺の成立のプロセスと，支石墓の導入について検討することにする。

　死者の埋葬という行為は，人間の文化的行動の中でも保守的な性質をもつものとされる。たとえば，第二次世界大戦後に生活の欧米化が進んだにもかかわらず，今でも葬式に関しては伝統的な仏式で執り行われることが多いことを考えると，こうした指摘も納得できる。特に，同じ儀礼的行為である結婚式と比較すると，その保守的な性格が感じられる。埋葬儀礼や葬式が，死者のためを思って執り行われるものであることを考えると，この文化的に保守的な傾向は理解できる。しかし，それだけに埋葬儀礼や葬式が変化する時というのは文化や社会にとってどのような場合であるのかが重要な問題となる。

　弥生時代の北部九州で盛行する成人用甕棺は，弥生時代開始期に出現する大型の壺を用いた埋葬

に起源があると考えられている(橋口, 1992)。そして，土器を埋葬に用いるという行為自体は縄文時代の埋甕にさかのぼるものであることも指摘されている(鏡山, 1960; 坂本, 1994)。すなわちここに縄文から弥生へ連続する伝統の一端をみることができるのであるが，なぜ使用器種が深鉢から壺になったのか，そして朝鮮半島から導入した大陸系の墓制である支石墓と縄文の伝統をひくはずの土器棺とが組み合ってみられるのはなぜなのか，など，さまざまな疑問が未解決のままである。これは，伝統とイノベーションとの関係を認知的問題として検討するのに格好の題材である。

　これまでの調査と研究によって，支石墓が弥生時代開始期に朝鮮半島南部から九州西北部に導入された墓制であるということについては，もはや定説となっている(松尾, 1957; 森, 1969; 西谷, 1980, 1997)。しかし，同じ時期にやはり朝鮮半島南部からもたらされた他の文化要素である壺形土器や大陸系磨製石器群が北部九州から東へ分布を広げるのに対して支石墓の分布が西北九州に限られていること，そして，高顔高身長という新しい形質をもつ人骨が弥生時代に福岡から山口といった地域で多く見つかっているのに対して，同時期の西北九州では低顔低身長のいわゆる縄文的な形質をもつ人骨が多いことも，支石墓をたんなる大陸系の一要素として片づけることをゆるさない。

　縄文から弥生への変化を担った集団の認知的側面に注目することによって，こうした未解決の問題点を解決する糸口をつかむことが本章の目的である。

2.　甕棺の成立

　外的なインパクトが引き金となって大きな社会的・文化的変化が生じる場合の事例として，北部九州を中心とする弥生時代開始期の動態を考えてみよう。変化に関わった朝鮮半島からの渡来者の人数については，形質人類学者の見解と考古学者の見解との間に若干の隔たりがあるが，これまでの研究成果を総合するとそれほど大きな人数とは考えられない(田中, 1991)。バートレット (1932) は，「ある集団が，その集団に入りこんできた人たちによって導入された新しい社会的，経済的，政治的，宗教的状況に適応しなければならないときに生ずる社会的接触や集団的葛藤を研究すること」が，集団の持続的な傾向を研究するうえでもっとも決定的な証拠を提供しうると述べているが，北部九州の弥生時代開始期の状況はまさにこの提言に合致する状況であるといえる。

　弥生文化は，朝鮮半島からの強い影響下に成立したものでありながら，朝鮮半島の無文土器文化そのものではない独自性をもった文化として成立したものである。佐原眞 (1975) は，弥生文化の成立について，大陸から伝来した要素，縄文文化から受けついだ要素，弥生文化で固有の発達をとげた要素に分けて考えていくべきだと述べている。つまり，文化的系統という観点からカテゴリーを設定しようとするわけである。これは考古学的にこそ認識できるカテゴリーであり，その検討は重要である。しかし，この 3 種の要素が，社会・文化変化の当事者にとってどのような意味をもっていたのかという問題は，また別に考えなくてはならない。新たな要素の出現は，変化の当事者がバートレットのいうところの集団の持続的で特殊な傾向を基盤として，新しく導入された要素に対する態度を決定し，自らの中で一つの体系として統合し，それとともに社会システムも変容していくという，能動的再構成の産物であると考えられる。チャイルドが指摘したように，「いかなる文化特徴

も，受容側のパターンと調和しないかぎり伝播することはありえない。文化は，新しい発明や珍奇な儀式あるいは斬新な風習がやたらにつき刺される，形をもたない針さしとは違う。こうした新しい発明や風習は，受容側の非常に複雑だが常に柔軟な文化構造にうまく適合しないかぎり，そこに定着しない」(Childe, 1956)。このような視点に立った一つの試論として，弥生時代開始期の壺形土器（以後壺とする）の導入と展開の問題をとりあげることにする。

　弥生時代に導入された壺については，従来稲作との関係が主張されることが多かった。頸部がすぼまった形態の土器，いわゆる壺形土器が貯蔵，とくに液体の貯蔵に用いられることは通文化的にみられる。弥生時代の壺についても，貯蔵形態として各種の物品の貯蔵に用いたとする見方もあるが(佐原, 1976)，稲作との関係を重視する枠組みに基づいて，丁寧に磨かれて文様の施される壺には種籾の貯蔵という機能も推定されている(春成, 1990)。

　しかし，弥生時代開始期に北部九州で最初に壺が導入されたときの状況についてみてみると，単に稲籾や他の品物の貯蔵という機能をもつ土器が必要であったから，という説明では不十分である。大型の壺は朝鮮半島でもみられるが，北部九州のものとは形態的にあまり似ていない。両地域の壺の形態は，丹塗磨研の小壺においてもっとも類似しており，北部九州の大型壺は小壺の形態を基にして大型化させたものと考えた方がよい(中園, 1994)。この背景には，一つの形態パターンに基づいて全体的なサイズや各パーツの比率を変えることによって複数の器種を生み出すという構造が，北部九州の土器製作者の土器作りのスキーマとして存在していたことによると考えられる (ibid.)。

　北部九州で弥生時代に盛行する甕棺の直接の起源が弥生時代開始期の大型壺に求められることについてはすでに明らかにされている(藤尾, 1990; 橋口, 1992)。また，大型壺は当初から埋葬専用土器として成立したことも指摘されている(藤尾, 1989)。弥生時代開始期の壺棺の成立に際して，縄文時代後晩期の埋甕の伝統が基盤となっていることは十分推測できる(鏡山, 1960)。しかし，縄文時代の深鉢を用いた埋甕がなぜ弥生時代早期以降壺におき替わっていったのか，また大陸系の埋葬法である支石墓の下部構造としてなぜ縄文の伝統を引く土器棺が用いられたのかという問題をはじめとして，壺の導入と展開の問題を墓制の変容の問題と合わせて整合的に説明した研究はまだない。日常的な食糧貯蔵に関する土器の領域と，埋葬行為にかかわる領域とを連結する理論的基盤がなかったということも理由のひとつであろう。ここではスキーマ理論を採用することによってこの問題について説明を試みる。

　まず，縄文時代晩期の北部九州と[6]，ほぼ併行期の朝鮮半島南部の人々の，土器と埋葬行為に関するスキーマを復元してみよう。この作業は，人間の認知構造は環境のコピーではないが非常に密接な関係をもつという第3章で述べた前提に基づくものである。こうした過去の人々がもっていたスキーマの具体的な内容を詳細に記述することは不可能である。考古学的に可能なのは，出土状況によって得られる情報に基づいて，各々の文化要素とそれらの経験や神話・世界観による連結のされ方を復元することである。文化的スキーマは実際は多くの文化要素に関するサブ・スキーマがレベル差をもって複雑に連結し合っているものである。しかし，ここでは論旨に関係する部分および目的に適した範囲に限ることにする。また，実際には土器製作者かどうか，埋葬儀礼や土器使用への

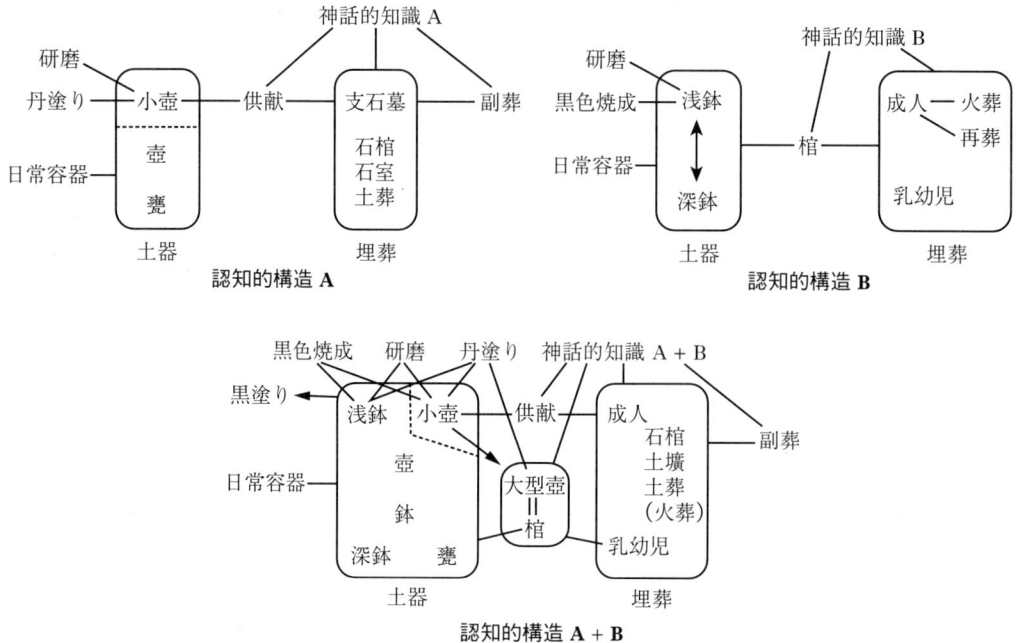

図 7–12　弥生時代開始期における土器と埋葬に関する異系統スキーマの融合

関わりの深さなどによってスキーマの内容は個人的に差があることが考えられるが，今回の分析の
レベルでは無視できるものと考える。なお，慣例に従って縄文時代のものと弥生時代早期の条痕を
施す粗製のものを深鉢，無文土器系のものと刻目突帯文が付くものを甕と呼ぶが，両者の間に本質
的な差異はないと考えている。

　朝鮮半島南部において，「埋葬」スキーマには，遺体の処理(土葬)，墓の構造(石棺・支石墓)，副
葬行為，供献行為などのサブスキーマから構成されていたとみられる(図 7–12-左上)。副葬行為のサ
ブスキーマには管玉や磨製石鏃といったカテゴリーが含まれていたであろう。そして供献行為のサ
ブスキーマには丹塗磨研小壺が組み込まれていたことは，この種の土器が基本的に支石墓へ供献さ
れた状態で発見されることから十分推測される。該期の土器様式において，丹塗磨研の小型壺は研
磨の丁寧さや丹塗の技法等の点で他の日用土器と差異をもつが，基本的な製作法や使用法という点
で，土器，容器というスキーマに包括されるものであることは明らかである。それと同時に，いわ
ば「葬式道具」として，「埋葬」という行為のスキーマの中に明確な位置を占めていたと考えられる。
こうした構造の背景には特有の神話的知識あるいは世界観といったものがあったと考えられるが，そ
こには集落と墓地の明確な分離も含まれる。この認知的構造を A とする。

　一方，北部九州の縄文時代後晩期の墓制には不明な点が多いが，遺体処理に関しては火葬や再葬
等複数の手段が存在したようであり，また乳幼児だけでなく成人の埋葬にも土器が棺として使われ
ていたようである(橋口，1992)(図 7–12-右上)。「土器」のスキーマと「埋葬」スキーマは，埋葬時に
土器を棺として用いるという行為によって連結されていたと考えられる。ただし，埋葬に用いられ

るのは日常生活で使用されていたものとなんら差のない深鉢であり，「埋葬用土器」というカテゴリーは確立していなかったと考えられる。これはたとえば，髪を束ねる専用のゴムが商品化される前の輪ゴムのようなもので，当時多くの女性が髪を簡単にまとめるのに輪ゴムを使用したが，「髪専用輪ゴム」というカテゴリーは社会的には存在しなかった。土器においては，深鉢と浅鉢という大別器種が，それぞれ大きく異なる特徴を備えて存在しており，色調や器面調整などの諸特徴の差異を一つの次元で表現するならば，エラボレーションの度合いの違いにおいて，2極に分化した構造をもっていたといえよう(松本，1995b)。甕棺あるいは埋甕は集落の中に散在するのが常であり，明確な墓地がみられないことがこの時期の九州の特徴である。この認知的構造をBとする。

　さて，弥生時代早期の北部九州において，元来認知的構造Bをもっていた集団に，認知的構造Aをもった人々が参入することになる。福岡県西部から佐賀県の唐津および佐賀平野，長崎県においては，支石墓が作られ，土器の供献も行われている。しかし，支石墓の下部構造が極端に小さな箱式石棺である点は，縄文時代の再葬あるいは火葬の伝統を残しているといわれ，認知的構造Aがほぼそのまま取り込まれているとはいっても，やはり在来集団の伝統によって変容を受けていることがわかる。伝統というのは，持続的な社会集団が歴史的に発展させてきた社会システムと文化構造，およびそれらによって集団に深く定着した持続的な性向の体系としてとらえることができよう。弥生時代開始期にはかなりダイレクトに外来の埋葬行為を取り入れようとしたとみられ，本来の伝統は外見的には目立たないところにあらわれている。しかしこれと同時に，より積極的な2系統の認知的構造の再構成も行われている。

　階層的に組織化された知識構造において，スキーマの一部が活性化されると，その活性化はより高次の関連スキーマへ広がると仮定されている。たとえば，椅子は「椅子スキーマ」だけでなく，「家具」や，「座るもの」というようなより一般的なスキーマも活性化する(Mandler, 1985)。これが，スキーマの再編成のベースとなる。

　弥生時代開始期の北部九州の，支石墓や壺が分布する地域の人々の間では，来歴や世代によって個人差はあっても，上述の認知的構造A・Bの両方が知られていたと想定される。そうした状況において生じた2つの異なるスキーマ体系の統合過程について考えてみる(図7–12-下)。まず「埋葬」スキーマについてみると，火葬や再葬があまり行われなくなることと，集落とは別に墓地を形成するようになることは，神話的・宗教的知識の変化を示すものであろう。認知的構造Aの基盤となっていた信念体系に接近していったものとみられる。しかし，全く同じになったわけではなく，乳幼児と成人で埋葬法を別にすることは認知的構造Bを継承するものかもしれない。この帰結として，成人には土壙墓，石棺墓，木棺墓等が採用され，乳幼児は土器棺墓という分化が生じたと考えられる[7]。「土器」スキーマにおいては，壺はエラボレーションの度合いの高さと色調の意図的なコントロールをするという点で浅鉢のスキーマといくつかの連結点をもつ。このために，在来の土器製作者にとって壺は浅鉢のカテゴリーと密接に結びつき，在来の黒色磨研の技法を壺に適用したり，浅鉢に丹塗を行うことにみられるような，双方の製作スキーマの融合が生じたと考えられる。しかし，壺には墓への供献という認知的構造Bには存在しない特別な用途が付与されていた。ここで「埋葬」

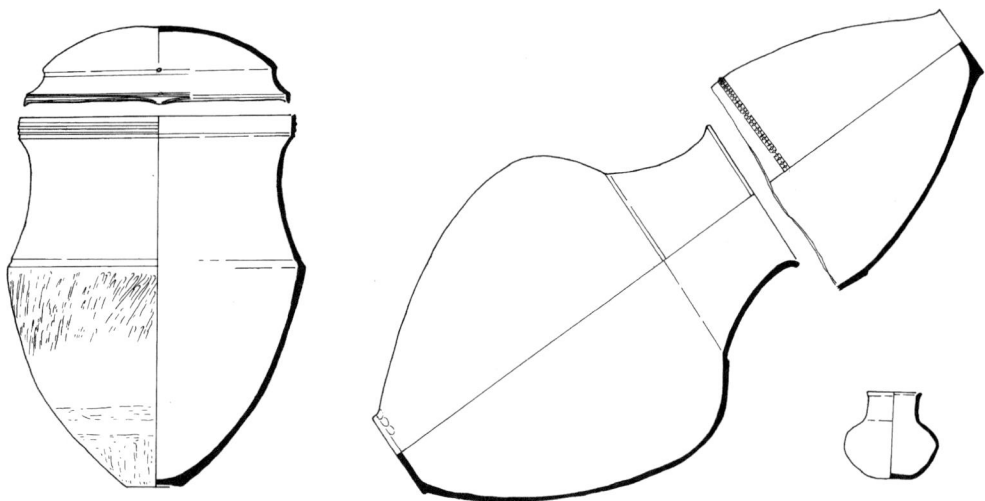

図 **7-13**　縄文晩期の深鉢と浅鉢を用いた土器棺(左)と，弥生時代開始期の壺棺と供献用の小型壺(右)
　　　　　壺という新しい形態パターンが，埋葬と密接に結びつくとともに，土器棺の埋置角度も直立から斜位へ
　　　　　と変化する。

スキーマと「土器」スキーマの連結ということを考えなければ，乳幼児は伝統的な甕棺葬，成人は
壺の供献を伴う支石墓や土壙墓・木棺墓というように，成人の埋葬のみが非常に渡来的になってし
まう。

　ところが実際は，認知的構造 A において壺という器種が埋葬行為と非常に密接に連結されていた
ことと，壺が認知的構造 B の土器スキーマに組み込まれて「土器を棺として用いる」という伝統的
スキーマと連結されることにより，また在来の土器製作スキーマの中にあった，同一の形態パター
ンのサイズやパーツの比率を変えて複数の器種を作りだすという形態生成構造によって，小型壺の
導入に幾らも遅れずに棺として使われる大型壺が生成された (cf. 藤尾, 1990) (図 7-13)。なおこの時,
朝鮮半島の丹塗磨研壺が備えていた「赤色」という属性も「埋葬」のスキーマの中に統合され，小
型壺や中型壺には黒色磨研や無彩色のものがかなりあるのに対して，埋葬用の大型壺はほぼ例外な
く丹塗りが施される。このほかにも埋葬の場面で様々な形で「赤色」が多用されることになると考
えられる。また，成人の遺体を直接収める石棺や木棺あるいは土壙の採用に伴って，土器棺に対す
るイメージのプロトタイプも変化し，容積の増加や埋置角度の変化を生じせしめたと考えることが
できる[8]。こうして，伝統的な甕棺葬にも渡来的要素が組み込まれ，埋葬システム全体が，当時の朝
鮮半島に由来する文化を取り入れようとする態度に合致した再構成を受けたことになる。壺棺の成
立は 2 つの認知的構造を整合的かつ密接に結びつける役割を果たしたといえよう。

　ここであえてアナロジーとして，明治時代の木村屋のアンパンの例をあげよう。当時パン食は日
本に導入されたばかりで，発酵技術の未熟さから余りおいしいというイメージがなかった。そうし
た状況で木村屋が「発明」したアンパンは，すでに日本にあった「まんじゅうスキーマ」と外来の
新しい食品とを組み合わせたものである。すなわち，「皮で餡を包む」という饅頭スキーマの「皮は

穀物の粉を原料とする」という下位スキーマと，同じく穀物の粉をこねて作るパンのスキーマとの
連結がこの発明の基礎である。既存のスキーマと融合させることによって新しい食品も大衆に受け
入れられやすくなるということは，感覚的に分かっていたのであろう。そして実際に，なじみ深さ
と当時の西欧化への志向性とをともに満たしたこのアンパンが，パン食の日本への定着に大きな役
割を果たしたのである。

　アンパンは現在もあるが，パン食がすっかり定着した今では，もはや西欧文明との橋渡しの意義
は失っている。弥生時代成立期に誕生した大型壺を用いた土器棺も，当初は「壺」のカテゴリーに
属することが重要な意味をもっていた。しかし，時が経って渡来系の文化要素がすっかり定着し，支
石墓に対する供献土器としての壺の記憶が薄れ，日常的なコンテクストでの壺の使用頻度が高まる
と，2つの認知的構造を統合する際に壺というカテゴリーがもっていた意味は薄れてしまう。それに
つれて徐々に型式変化が進行し，前期末以降，土器棺の認識は「壺」から「甕」へと変化していく
ようである。このカテゴリー認識の転換が生じた過程は，さらに詳細な分析を必要とする興味深い
問題であるが，本論の分析はここまでにとどめる。

3.　支石墓の導入と社会変化

　本章の最後に，そして事例研究の最後に，弥生時代開始期を論じるうえで非常に重要な考古学的
証拠である支石墓について若干の考察を述べつつ，これまでの分析からみえてきた縄文時代後晩期
から弥生時代開始期にかけての長期的な社会・文化変化のプロセスについてまとめることにしよう。

　支石墓の分布と他の朝鮮半島系文化要素の分布とが重ならないことは，少なくとも 2 つの性格の
異なるプロセスが介在していることを示す。支石墓以外の朝鮮半島系の要素の分布は，北部九州か
ら中国・四国地方，そして近畿地方へと広がりをみせる。それに対して，支石墓は長崎県・佐賀
県・福岡県西部と，九州の北西部に限定して分布している。両者が重なりを見せるのは，佐賀県と
福岡県西部のかなり限定された地域のみである。

　形質人類学的な研究は，北部九州から近畿地方へいたる形質の地理勾配があることを明らかにし
ている。こうした勾配が形成された時期を正確に特定することはできないが，九州北西部で出土す
る弥生人骨が縄文的な特徴を強く残していることとも考え合わせると，弥生時代開始期に始まる支
石墓の築造に朝鮮半島からの渡来集団が大々的に関与していたと考えることは難しい。これは，九
州北西部の支石墓が，主体部の構造などの点で朝鮮半島のものと差異がみられるという考古学的見
地からも支持される。

　とすれば，支石墓の導入の意義についてどのように考えればよいのだろうか。天久保遺跡，礫石
遺跡，新町遺跡などにおいて碧玉性管玉などの副葬品が見つかっていることは，支石墓の築造自体
にかなりの労働力が必要とされることと合わせて，この墓制がある程度の社会的階層化をあらわす
ものであることを明らかに示している。これらを渡来人集団の墓ではなく，在来集団によって採用
されたものであるとすると，採用の時点で在来集団の社会にある程度の社会的階層化が存在したと
考えなければならない。これは，前節の集落構造の分析から示唆された状況とも一致する。また，弥

生時代開始期の副葬品の中に, 舶載品の可能性が高い碧玉製の大陸系管玉や磨製石鏃だけでなく, 縄文系管玉や大珠などの在来の伝統を引く玉類がみられることも, 縄文時代からの社会的階層化の連続性を示唆する[9]。すなわち, 弥生時代開始期に先だって, 縄文時代晩期の九州において各地の地域集団の中である程度の社会的階層化が進んでいたとみるべきである。

　近年の社会進化・社会の複雑化のプロセスに関する研究をみると, 以前は平等な社会とみなされていた狩猟採集民の間でも, ある程度の階層化がみられることが多いということが指摘されている。とくに, 前期以降の縄文社会のようなかなり定住的な狩猟採集民の場合は,「単純な狩猟採集民」と比較して「複雑な狩猟採集民」と呼ばれ, かなり複雑で階層化した社会を維持していることが多い。このような, ほぼ平等な社会と十分に階層化した首長制社会の間に位置づけられるような社会にはさまざまな形態があり, 脱平等 transegalitarian 社会 (Hayden, 1995), あるいは中間 intermediate 社会 (Arnold, 1996) などと呼ばれている。ヘイドンは, こうした複雑な狩猟採集民の間にみられる階層化は経済的・社会的なものであることが多く, 政治的に階層化していることはあまりないとしている (Hayden, 1996)。縄文時代晩期の九州の社会についても, 社会的階層化の様相をかいまみることができるとはいえ, 経済的な階層化がどの程度のものであったか, 政治的な力の行使が存在したかどうかは考古学的なデータも少なく, 論じるのが難しい。

　また, 弥生時代開始期の支石墓は規模にそれほど差のない墓が群をなすものが多く, その中で特定の墓が傑出するようなことはないことから, それぞれの地域集団において特定の個人が宗教的にも政治的にもそれほど隔絶した力をもっていたとは考えられない。むしろこの時代の統率者は, 実質的にも, そしてイデオロギー的にも地域集団全体の利益のために働くものとしての性格をもつものであったと考えられる。集団内ではなく, むしろ集団間での競争関係があったと想定すると, その中の西北九州の集団がとったひとつの戦略であった支石墓の導入が地理的にかなり限定した分布を示すことも理解しやすい。

　このように考えると, 支石墓の様相は弥生時代開始期の集団の積極的な社会戦略という視点から捉えることが可能となる。実際に決定を下したのは九州西北部の地域集団の統率者としての性格をもつ人物であったかもしれないが, 集団の成員の多くの同意が得られなければ実行することは不可能であったろう。弥生時代開始期は, 北部九州に大陸系磨製石器が登場し, 完成度の高い水田遺構が検出され, 朝鮮半島に由来する松菊里型住居によって構成される集落, 環濠によって囲まれた集落が建設された時代である。この時期の直接的な朝鮮半島系文化の導入は, これまの分析で示してきたような, 縄文時代後期後葉以来の歴史的コンテクストを踏まえて起こったことである。すなわち, 九州の各地, 特にはじめは中九州を中心として集団の規模が大きくなり, それとともにそうした集団の利害を代表し, 意志決定をリードするような統率者の存在を含む社会システムが発達した。その社会システムを支えていたイデオロギーの一部は, 東日本縄文文化に由来するものであったろう。これは土偶や石刀を製作・使用していたことから窺うことができるが, 東日本縄文文化と全く同じイデオロギーに則って同じような使い方をしていたとは思われない。地理的にも, 自然環境的にも, そして歴史的にも独自性をもつ九州の集団は, 方向は異なるがやはり地理的に離れている朝

鮮半島から得られる情報も一部組み込んで独自のイデオロギーを構築していったものと考えられる。これが，晩期九州型管玉の製作・使用や黒川式の段階の孔列文の導入などにあらわれているのである。

　こうして，社会的状況の中で形成されたのは，社会的機能を果たすイデオロギーだけではなかったはずである。一部の個々人の意図がイデオロギーの再構築にあったとしても，それにともなっていろいろな情報や物質，地域，他集団に対する選択的嗜好性の体系や，あるいは自集団に関するアイデンティティーのあり方なども，意図せざる帰結として変化していくはずである。そして，そうした意図的戦略や行為と，それに伴なう意図せざる認知的・物質的な変化，さらに天候などの偶発的な事象や他集団の動向などの諸要因が絡み合うなかで，当初勢力をもった熊本県北部の集団が衰退し，かわりにそれを取り囲む地域でまた若干違った戦略をとる集団が勢力をつけていったのだろう。こうした複雑でダイナミックなプロセスが縄文時代後晩期社会の実態であり，これを機能主義や従来のマルクス主義的な経済中心主義的枠組みのみで説明することはできない。また当然，観念論的に心の変化に還元することもできない。やはり，意図的戦略やイデオロギーだけでなく，常にそれらの基盤となるカテゴリーやスキーマの体系や選択的嗜好性も含めた認知プロセスを重要なファクターとして認め，さらに意図せざる帰結や偶発的事象なども考慮に入れてはじめて多様で複雑な考古資料を十分に分析し，解釈することができるのである。

　本章では，集落と墓に注目することによって縄文時代後晩期から弥生時代開始期にかけての九州における集団の社会的な階層化の性格を論じてきた。その結果，縄文時代後期後半から始まり，意図せざる帰結を含みながら弥生時代開始期の大きな変革にいたる長期的な変化のプロセスには，各地の地域集団を統率する人物の一種の社会戦略が絡んでいるという様相が浮上してきた。本章の議論はまた，選択的嗜好性の変化や認知的スキーマの変化といった一般的な認知的プロセスのイデオロギー的側面に焦点を当てたものであった。イデオロギーや社会戦略に注目することによって，単なる静的な「認知地図」(Renfrew and Bahn, 1996) の復元を超えて，アクティブな個人の役割や社会的コンテクストを重視した認知考古学のあり方 (Hodder, 1993, 1997) の一端を示すことができたと考える。

注
1)　未報告であるが，熊本県熊本市の石の本遺跡で約 50 軒の住居跡と多数の埋甕が調査されている。
2)　このうち D 区の 13 号住居跡は，資料調査時に黒川式期に属すことが判明した。
3)　縄文時代前・中期の東北地方の長方形大型住居については，武藤康弘がヘイドンの説を引用して複合居住家屋という解釈を提起している(武藤，1997)。ここで示されている集落構成などからみると，おそらくこの解釈は正しいのではないかと思われる。ただし，ヘイドンは生産手段・漁場を特定の世帯が管理するようになることが階層分化を促し，そうして力をつけた世帯が希少資材や資源の交易の掌握を行うと考えているのであり，交易に関わる経済的要因が共同居住集団の形成を促したというのではない。この点で武藤の解釈はヘイドンの説とは若干異なっている。また，大型住居の多いキートリークリーク遺跡でもとくに大型の住居には階層の高い世帯が居住しているとするヘイドンの解釈は，遺跡内の住居サイズの変異の分析を通して縄文時代前・中期の大型住居についても検討されるべきであろう。ちなみにヘイドンは前・中期の縄文社会について，平等社会と首長制社会の間に位置する脱平等社会の中でも，資材の交換が統率者

の主要な戦略である交換者社会 reciprocator であると考えている (Hayden, 1995: 51)。

4)　平畑遺跡については，住居跡の平面形が復元可能なもので全体の半分以上が調査されている住居跡については計算によって床面積を算出した。

5)　統率者の意図が自集団内における自らの地位の保持と権力の拡大に焦点をあてたものであったのか，それとも他の集団に対して自らの集団の力を拡大することに焦点をあてたものであったか，という問題についても検討していかなければならない。

6)　ここでは，弥生時代開始期に壺棺が成立する地域(玄界灘沿岸から筑後平野)に限定する。土器棺の形態や埋置法，および墓地の様相は西日本全域で多様な変化を見せるが(中村，1993; 坂本，1994)，同様の方法によって，在来の伝統と新しい情報に対する態度の地域性についてより整合的に理解することができるのではないかと考えている。

7)　このプロセスは漸移的で多くのバリエーションを含む。遺跡間で様相がかなり異なることも，異なるスキーマの体系を積極的にひとつの体系に編成しようとするこの時期のダイナミックな文化変化の様相を示すものであろう。

8)　縄文時代の甕棺はほぼ直立するするのが普通であるが，壺棺の成立期以降は斜位からほとんど水平に近いものが多くなる。ただし，この後も地域によっては直立や倒立埋置が残り，埋置角についても複雑な様相がみられる(藤田，1991)。

9)　佐賀県礫石遺跡では土壙墓の副葬品として縦方向の穿孔をもつ勾玉が(田平他，1983)，同久保泉丸山遺跡では SA023 支石墓から緑色片岩製の「縄文系管玉」が(東中川，1986)，長崎県大野台遺跡の箱式石棺と狸山支石墓からは鰹節形大珠が出土している(小田，1974; 森，1958)。

第 8 章

土器製作スキーマと文化動態

第 1 節　土器の動態

1.　分析の概括

　それでは次に，第 2 部で行ったいくつかの分析結果を，第 1 部で示した理論や概念を用いて総合的に検討していくことにする。その際，必要な程度にこれまでの分析内容の概略を示す。第 5 章では土器のさまざまな属性の空間的変異のパターンから，縄文時代後晩期の九州における情報伝達のあり方を分析した。その結果，属性ごとに異なる変異のパターンが抽出され，それぞれが性格や程度の異なるインターアクションのあり方を反映したものであると考えられた。ここで注目されたのは，色調と器壁の厚さという性格の異なる属性が異なる地理的クラインを示したことである。視覚的である色調においては，晩期前半の段階で玄界灘沿岸を中心として深鉢の色調が赤みがかった彩度の高いものとなり，浅鉢の黒色磨研の比率が低下することが分かり，朝鮮半島の土器の色調に対する選択的嗜好性がこの地域を中心として生じていたと推定された。これに対して器壁の厚さにおいては後期後葉から晩期前半を通じて本州から熊本県北部へと張り出すような地理的クラインが看取された。これは，熊本県北部の集団が器壁の薄い土器をもつ本州の集団とある程度緊密なインターアクションを行っていたことを示唆し，熊本県北部の集団が後期後葉から晩期前半にかけて積極的に本州と朝鮮半島という遠隔地の情報を入手することを行ったという第 6 章の分析結果とも一部符合するものである。

　この地域で土器の色調が変化しないことについては，2 つの理由が考えられる。ひとつは，この地域の集団は朝鮮半島とはまったく交流がなかったというもの，もうひとつは，土器の色調に関する情報も得ていたがあえてそれに影響を受けることはなかったというものである。これまでに得られた考古学的証拠とその分析結果をふまえると，後期後葉から晩期前半にかけての熊本県北部の集団の選択的嗜好性は，近畿あるいはさらに東方の集団に対して高く，朝鮮半島に対しては低かったと考えられる。具体的な使用法は不明ながらも，土偶や磨製石製品などのイデオロギーに関わるような遺物はもっぱら東日本縄文文化に由来するものばかりであり，九州の集団がこうした東日本縄文文化的イデオロギーを積極的に取り入れていたことを示している。

　一方で，晩期前半の土器のエラボレーションの程度においては，九州内で南北方向の地理的クラ

インがみられたが，その内容は浅鉢と深鉢で逆になっており，結果的に北部九州では浅鉢と深鉢の
エラボレーションの差が大きく，南部では小さくなっている。これは，土器様式における器種間の
エラボレーションの差に関わるスキーマが北部九州で変化し始めたことを示している。後期後葉の
三万田式から御領式にかけて，九州ではほぼ全域で土器の成形や器面調整が丁寧になる。つまり，全
体的なエラボレーションの程度が高くなり，深鉢と浅鉢といった器種間の差異があまりなくなるの
である。ここで注意されるのは，この段階の土器はある共通した形態パターンを共有しているとい
うことである[1]。

2. 形態パターン

　後期前葉から中葉にかけて，九州の土器の形態は基本的に口縁部から胴部，底部にかけて曲線的
なラインを描くものである。それが西平式になると，丸い胴部と直線的に開く口頸部が明確な稜を
もって分かれるようになる。これは，底部から口縁部まで明確な区分をせずに成形する技法から，胴
部を成形した後に口頸部を付加するというパーツに分けた製作法への転換を示している[2]。

　土器を人間にみたてて認識することはかなり普遍的な現象であり，世界各地で土器の部位を指す
のに「口」，「頸」，「胴」などの身体を現す表す言葉が用いられている。これは「容器」のイメージ・
スキーマを人にも土器にも適用するためであり，レイコフの経験基盤主義的な見方とも合致する現
象である(Lakoff, 1987)。人は程度の差はあれ，土器を人間にみたてて認識することが普遍的である
とすれば，土器をある程度身体の部位に対応するように分けて認識することもまた普遍的であると
いえよう。そして，人間の身体の部位に付されている象徴的意味もまた投影される可能性がある。し
かし，西平式にはじまり，三万田式・御領式でもっとも顕著になる土器の認識の仕方は，これとは
また異なる特異性をもっていたと考えられる。

　三万田式・御領式，そして中九州や西南部九州の晩期前半の土器は，口縁部＋頸部＋胴部という
基本的なパターンを共有している。各パーツは明確な屈曲によって区分されており，製品を目にす
るとほぼ自動的にこれらのパーツの組み合わせによるパターンを認識することができる(図8-1)。直
線的に広がる胴部と内湾する頸部，直立する口縁部という各パーツの比率や角度，サイズなどを変
化させることによって，浅鉢・深鉢・鉢というような器種が作り出されている。また，深鉢と鉢で
は口縁部のパーツをもたないもの，浅鉢では頸部のパーツをもたないものも多くあり，パーツの組
み合わせを変えることによっても器種が作り分けられていたことが分かる。こうした「パーツの操
作」によって土器を製作する技術とそれに伴う土器に対する認識の仕方は，縄文時代後晩期の九州
で非常に顕著であったということができる。

　この「パーツの操作」による土器製作は，土器の無文化と歩調を合わせて進行した現象であり，土
器に関するスキーマがこの時期に大きく変化したことを示している。この時期の九州における土器
様式の変化については，第4章でも述べたように縄文的なイデオロギーの喪失を示すとする小林達
雄の解釈がある(小林, 1985)。土器に念入りに施文する縄文文化に顕著な文化的特徴を支えていたイ
デオロギーの具体的内容についてここで詳しく踏み込むことはできないが，土器の装飾が東日本で

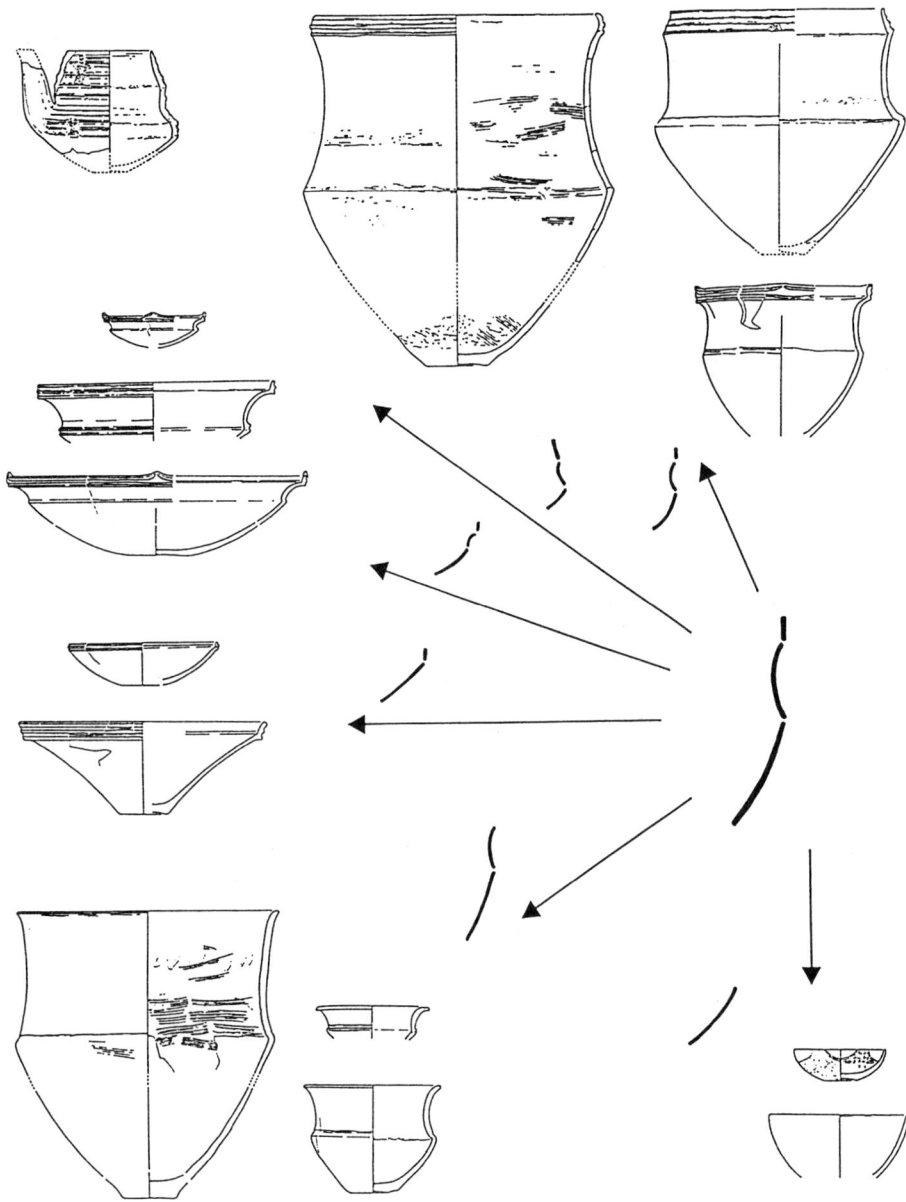

図 **8-1**　後期後葉から晩期前半の形態パターン (1)
　　　　　熊本県上南部遺跡の土器

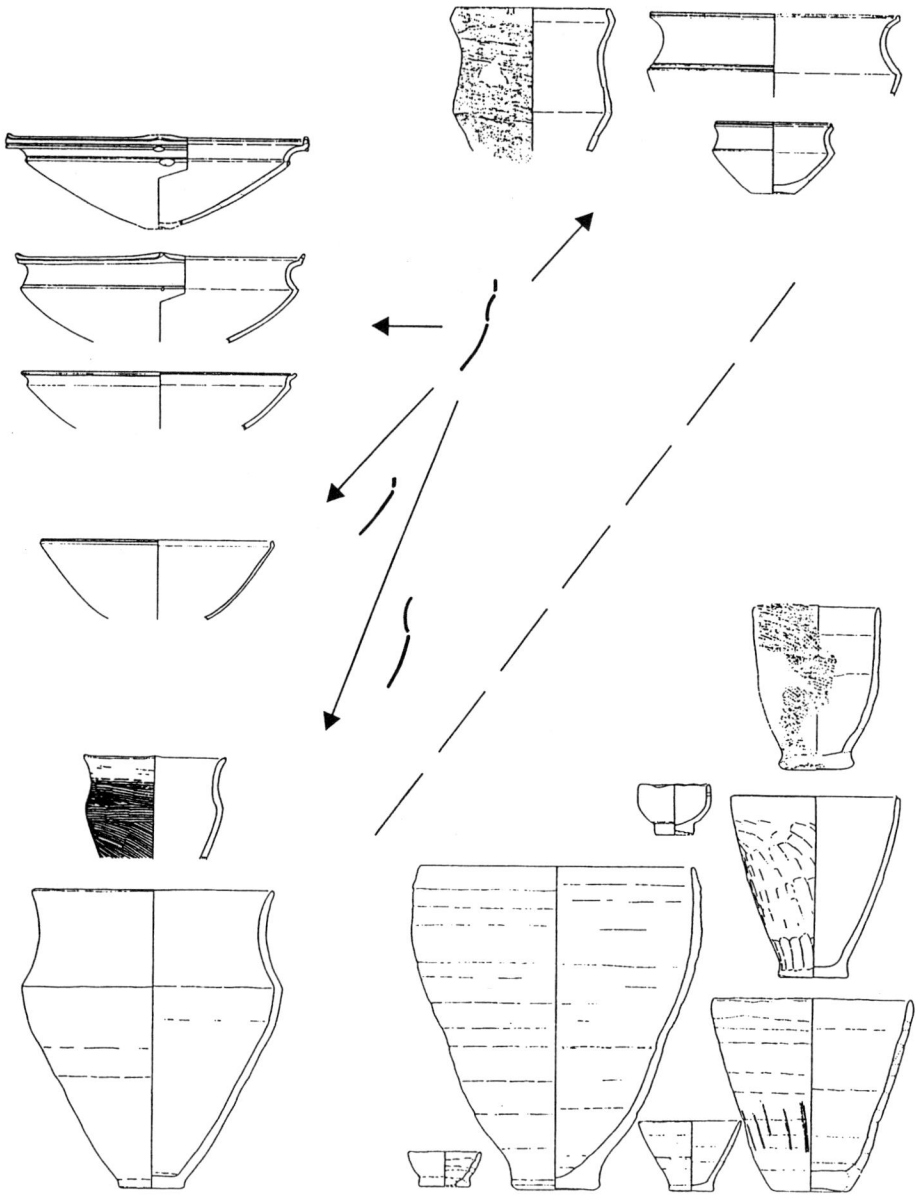

図 8–2　後期後葉から晩期前半の形態パターン (2)
福岡県広田遺跡の土器

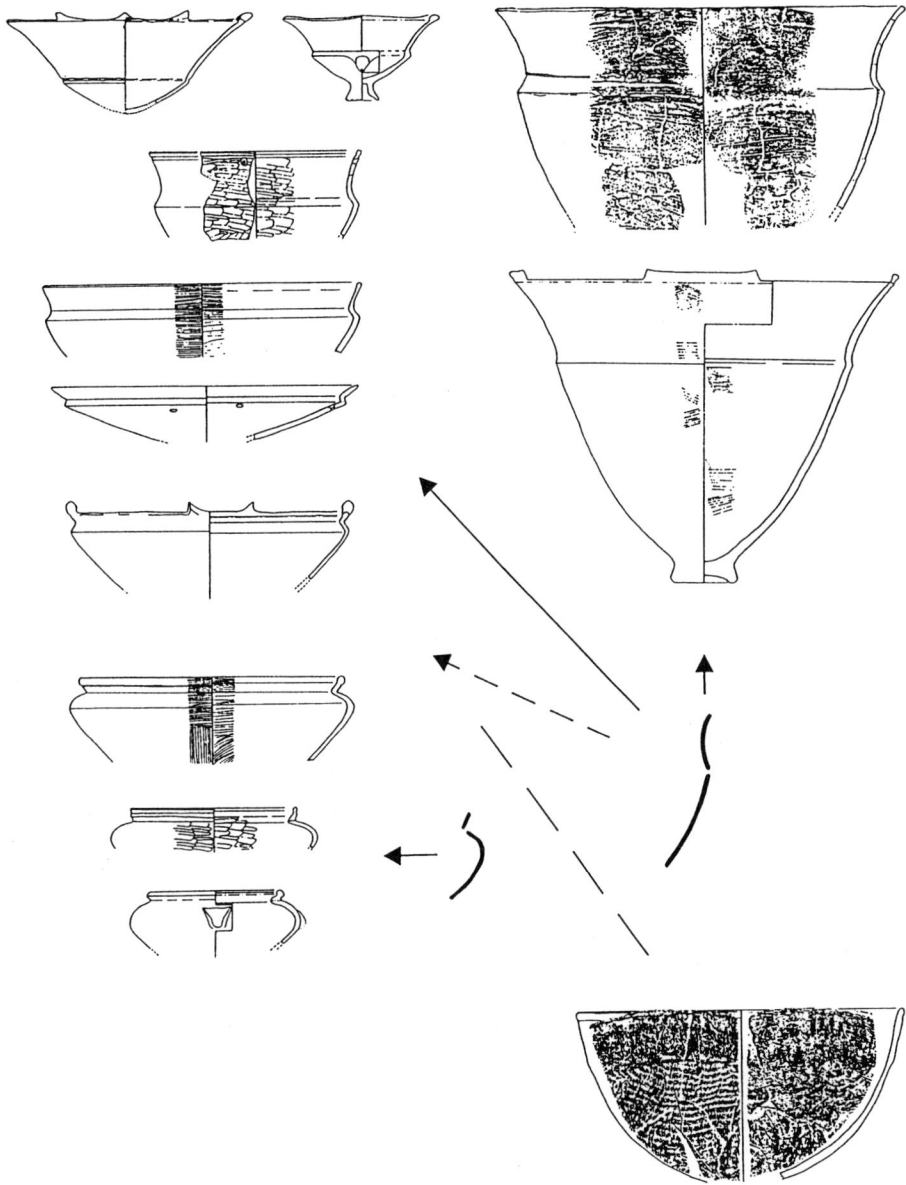

図 **8–3**　晩期後半の形態パターン
九州各地の土器

は後晩期においても依然として継続し，むしろいっそう念入りになるということと，九州において無文化が進行することは，これまでにもしばしば対立的にとらえられてきたし，ここに後の弥生文化を受け入れる文化的基盤の違いを求める説も出されてきた。

　しかし，この形態パターンに基づく器種の生成という土器の製作に関わる規範は，同時期の九州においても地域によってその貫徹の程度が異なる。土偶を用いた祭式が普及しない九州の東南部や，いち早く深鉢の粗製化や色調の変化が生じる玄界灘沿岸地域では，中九州に比べて形態パターンに適合しない器種の比率が高い（図8-2）。したがって，パーツの組み合わせからなる形態パターンに基づいた土器の製作は，第6章の第4節で示したような，土偶・十字形石器を用いた九州独自のイデオロギー体系の形成と深く関わる現象であると考えられる。

　東北地方の亀ヶ岡式土器様式においても，壺形土器や注口土器などの精製器種はいくつかのパーツに分けて成形されている。しかし，亀ヶ岡式土器様式は多くの粗製土器と精製土器がセットになって構成されており，粗製土器にはこうした明確なパーツの分割はみられない。また，精製土器においても器種によってパーツの組み合わせ方は多様であり，やはり土器様式全体としては文様の施文の方に重点がおかれているようである。これに対して九州の後期末晩期初頭の土器様式は粗製と精製の区別が曖昧になり，ほとんどすべての土器が単一の形態パターンに従って製作される点で大きく異なっている。この時期，器種の数は増加するが，それでも東日本の土器様式と比べると，全体的な様相はずいぶんとシンプルであるといえる。このシンプルさは，文様がほとんど口縁部の平行沈線文以外なくなることと，同一の形態パターンが共有されていることによる。

　縄文時代後期後葉から晩期初頭にかけて成立した「ほぼ直立する口縁部」＋「湾曲して外反する頸部」＋「やや湾曲しつつ開く胴部」というパーツからなる形態パターンは，晩期後半にかけて型式変化をとげるが，その方向は深鉢と浅鉢では大きく異なっている。すなわち，深鉢では口縁部がだんだんと拡大してついには頸部と一体化するのに対して，浅鉢では逆に口縁部は縮小していくのである。これは，色調やエラボレーションの度合いにおいても看取されるように，土器様式内の2大器種間の差異を拡大するというひとつの方向性に沿った変化であるといえる。晩期後半の黒川式の段階では，深鉢は「外反あるいは内傾する口頸部」＋「胴部」というパターンをとるのに対して，浅鉢では異なるパターンのものがみられる（図8-3）。こうした形態パターンの貫徹の程度の低下は，縄文時代後晩期的な社会体制の崩壊と連動しているようにみえる。

　とはいえ，ひとつの形態パターンに基づいて，各パーツの角度や比率を変えることによって器種を作り分けるという規範は，九州においては晩期後半の黒川式から弥生時代開始期の刻目突帯文土器に至るまで存続する。この規範の存在が，弥生時代開始期に壺形土器が導入されたときに時を置かずして，同じ形態パターンに基づきながらサイズと各部の比率を変えることによって土器棺用の大型壺を生成させたものである（中園，1994）。また，明確なパーツに分かれないものが多い朝鮮半島の丹塗磨研壺を祖型としながら，九州では口縁部・頸部・胴部の区切りが明確な板付式の壺が成立することも，こうした土器作りスキーマの存続によるものと解釈することができる。

　壺の導入は，九州の在地の土器様式への新しい形態パターンの導入としてとらえられるが（ibid.），

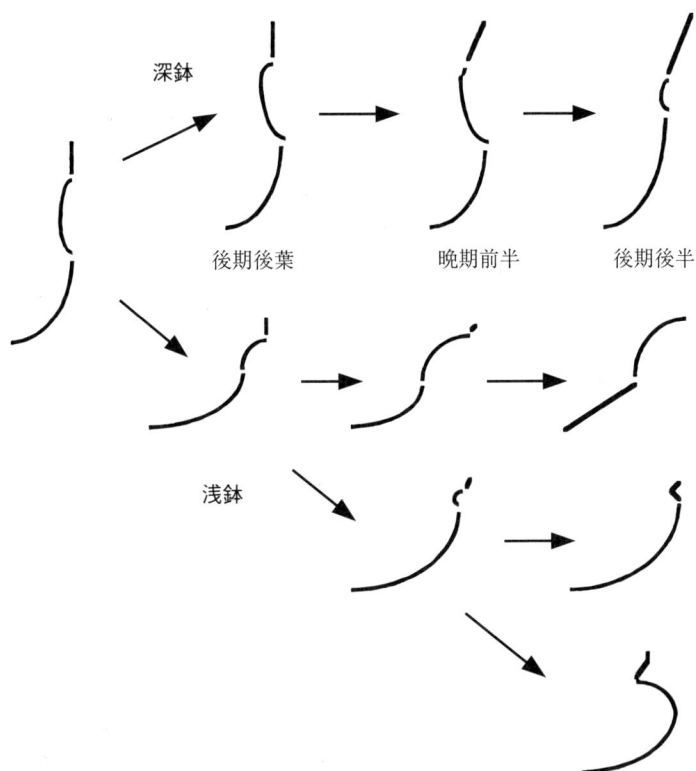

深鉢

後期後葉　　　晩期前半　　　後期後半

浅鉢

図 8-4　形態パターンの通時的変化と浅鉢の器種分化模式図

　縄文晩期の浅鉢の器種分化についてみると，黒川式の段階で胴部が丸く膨らむ浅鉢が出現している（図 8-4）。このタイプの浅鉢は黒川式の土器様式の中で確固とした位置を占めており，製作技法や焼成なども浅く開くタイプの浅鉢と特に変わるところはないが，その形態からして浅鉢と呼ぶのは不適切と思われる資料も多くある。そうした土器の中でも，やや小型で胴部に数段の浅い溝をもつ土器は，他の浅鉢と比べて器壁が薄く，研磨も非常に丁寧で焼成も良好なものが多い。こうした浅鉢の器種分化を促したものはなんであったのか，壺形土器に関する情報が黒川式期に選択的に取り入れられた可能性も含めて今後検討していく必要がある。

3.　土器製作スキーマの解釈

　こうした土器の製作法の特徴から，当時の九州の社会や文化の様相についてどのようなことが言えるだろうか。土器の文様の発達と衰退を社会の動態と結びつけた議論には，第 1 章でも触れたホダーの研究がある (Hodder, 1982c)。ホダーの解釈学的分析は，土器文様の社会的機能に着目し，かつ共通した構造が文化のさまざまな局面にあらわれてくるという構造主義的な考え方を採用したものであった。土器の文様構成と文化の他の側面に関する認識とを結びつける構造主義的解釈はアーノルドによっても提示されており (Arnold, 1983)，近代アメリカ文化の成立に関するディーツの分析

も構造主義的なものである (Deetz, 1977)。構造主義的解釈の根本的な問題は，水平区画やシンメトリーといった抽象的構造が文化のなかの異なる場面でみられるとき，どうしてそれらの間に関係があると信じることができるのか，ということである。この問いに対してホダーは，こうした抽象的構造を個別の文化における使用法や意味のコンテクストのなかに位置づけることでその意味内容を明らかにしていくことによって解決できると主張する (Hodder, 1991a: 43)。しかし，こうした実践的な研究法の問題以前に，そもそも土器と自然環境や社会構造などの異なる側面の間に関係があるとすれば，それはどのようなものであるのか，という基本的な点を明らかにしておく必要がある。

　これは，明らかに認知的な問題である。文化のさまざまな側面に関するスキーマの間の連結に関する問題であるといってもよいかもしれない。個別のコンテクストに注目することは，別種の遺物や行為に関するスキーマの間に連結があった可能性を検証するために必要な手続きであるといえよう。構造主義的分析の認知的基盤を明らかにすることは，別種の考古資料にみられる共通したパターンを文化的に意味あるものとして理解するために必要な作業である。中国の新石器時代の土器を素材として土器の製作法と社会的な認知構造との関係を論じたキートリー David N. Keightley の研究は，こうした方向性をもつ研究のひとつである (Keightley, 1987)。キートリーは，中国の東海岸と西北部の土器の伝統を比較し，商文化の成立に重要な役割を果たしたと考えられる特徴的な思考と行動の習慣について論じている。

　土器などの人工物からその製作や使用に関わる行動の根底にある心的活動の構造や内容を論じる際に不可欠な仮定としてキートリーがあげている 2 点のうち，第一の仮定は認知考古学の基本的仮定として首肯できるものである。それは，人々の行動と思考の間には双方向的な規制関係があるということと，生活のある領域における思考の習慣は他の領域においても類似した認知的アプローチをとることをうながすということである。つまり，ミラーがいうように「物質文化は人間のカテゴリー化のプロセスの産物」(Miller, 1982) であるということにおいて，ある文化集団がもつ技術と世界や自らに関する概念関係，人工物のスタイルと社会的なプロセスとは，認知的プロセスにおいて結びついているということである。キートリーの第二の仮定は，新石器時代と青銅器時代の心性の区別に関するものである。すなわち，種々の価値を明確に区別したり，人工物や人間を意識的に操作する能力において，両時代の文化の間には大きな差があるというものである。この差異がキートリーがいうように新石器時代と青銅器時代とを区別する本質的な特徴であるかどうかについてはさらに議論を要する問題であるが，物質文化と社会構造の関係について検討する際のひとつの作業仮説としては生産性のあるものであろう。

　キートリーの事例研究は，本論で論じている縄文時代後晩期の土器を考える上でいくつかの示唆的な点を含んでいるので，以下に簡単に記述したい。中原地域で商文化が成立したのは約 4,000 年前のこととされるが，その成立にあたっては東海岸部からの文化的影響に負うところが大きいという。その東海岸部の土器文化の特徴として (1) 彩文が施されないこと，(2) 屈曲によって分割された器形が一般的であること，(3) 部分を組み合わせることによって成形されるものが多いこと，(4) 台や脚によって高くされたものが多いこと，の 4 点がある。これに対して西北部の土器は分割されて

おらず，彩文を施すものが多い。成形法においても両地域の土器文化は大きく異なり，東海岸部で
は別々に型作りしたパーツを組み合わせる方法をとるのに対して，西北部では巻き上げ方によって
一気に全体を成形するのが一般的である。前者がより多くの計画性を必要とし，工人間の言語的コ
ミュニケーションも促進し，一言でいえば質的にも量的にも高度の意識的なコントロールを必要と
するのに対して，後者はより随意的であり自由度が高い。キートリーは，揚子江下流で約 6,000 年
前に発達したとされるパーツ組み合わせ法による土器製作技法が，のちの商代の青銅器製作などに
必要な技術的・官僚的コントロールにつながる種子を包摂していたと考えるのである (ibid.: 101)。ま
た，型作り技法と共通する概念によるものとして，版築技法や頭蓋変形などもあげられている。人
体・土・粘土といった異なる対象に適用された型作り法は，規範や秩序，処方されたパターンへの
服従という社会的・宗教的な性向を強化し，またそれらによって強化される関係にあったと考える
わけである。

　こうして製作される土器は人々の物質的環境を構成することによって，特定の思考や行動をとる
よう制約する。たとえば，東海岸部の土器の方が器種が多いことは，名称の多さを意味するととも
に，それぞれの器種について正しい取り扱い方が存在したことを示唆するのに対して，西北部では
器種のバリエーションはより少なくて使用法も比較的自由であったとする。この制約はもちろん一
方向的なものではなかろうが，土器や住居のような一般的な物質文化は日々の生活の中の行為を無
意識のうちに制約することによって，ハビトゥスと呼ばれるような性向の体系を再生産することに
大きく貢献するのである。

　キートリーの説を要約すれば，私たちは土器などの人工物の形態の具体的な意味を知ることはで
きないが，その形態のパターンや製作において必要とされる計画性や技術から，ある種の世界観を
推定することはできるということになる。それは，制御・正確さ・測定・基準化・数学的・要素
的・分節的・差異化の程度の違いなどである。

　以上のキートリーの論は認知考古学的であり，その基本的枠組みは筆者と共通するところが多い。
しかし，彼の解釈の中にはすぐには首肯しがたい部分もある。たとえば，新石器時代の土器の製作
法にみられる特徴から，操作的で儀式的な東海岸部の人々は先儒教的であり，夢想的な表面装飾家
の西北部の人々は先道教的であるというような推測は，どの程度の妥当性があるものか疑問である。
また，アナール学派の影響を受けていることもあり，地域的な文化の違いを心性 mentality の違い
に還元しがちなところもある。ここで彼が論じている地域的な心性というものが，バートレットが
いう持続的な傾向の体系に相当するものかもしれないが，この性格についてはさらに検討していく
ことが必要であろう。また，キートリー自身も問題点としてあげているが，商という初期国家の文
化は結局東海岸部ではなく，中原で発達したということである。その成立にいかに東海岸部の文化
が影響を与えたとはいえ，結局商文化は東海岸部の文化がそのまま発達したものではない。そこに
は中原地域の集団がすでに保持していた性向の体系があり，それによって外来の文化要素を受容・
発達させ，独自のイノベーションを生み出した複雑なプロセスが介在しているのであり，この部分
はまだ明らかにされていないのである。

　ここで，先に述べた九州の無文化したパーツ組み合わせ式の土器と，東日本の装飾的な土器との比較に立ち戻ろう。まず注意しなければならないのは，これらの土器様式の間にはキートリーが中国の東海岸部と西北部の土器の間にみたような明確な対比は存在しないということである。九州の土器は，無文であることとパーツの組み合わせによる成形を行う点では中国東海岸部の土器と共通しているが，器種の多さと複雑さからするとまず東北地方の亀ヶ岡式の方が勝っている。さらに，亀ヶ岡式土器の文様は，随意的なものではなく，むしろ厳密に制御された操作性の高いものである。したがって，簡単にどちらかが操作性や規制の量や複雑さにおいて勝っていたということはできない。むしろ，ここにみるべきは操作性や規制の性格の違いであろう。この九州後晩期に特徴的な土器製作スキーマは，総体的な社会的・文化的コンテクストの中においてより深く理解することができるものであろう。次節で行う通時的変化のまとめを踏まえて，結論でこの作業を行うことにしよう。

第 2 節　縄文から弥生へ

　この土器の形態パターンの問題も加えたこれまでの分析結果から，縄文時代後期後葉から弥生時代開始期にかけての社会・文化変化のプロセスを認知的視点から再構成してみよう。もちろんこの変化は連続的なものであるが，分析的に明らかとなった変化の様相から，後期後葉(三万田式・御領式期)，晩期前半(古相：広田式・天城式・上加世田式期，新相：古閑式・入佐式期)，晩期後半(黒川式期)，弥生時代開始期(山ノ寺式・夜臼式期)の 4 段階に大きく分けることができ，これらの 4 段階は，それぞれ縄文文化から弥生文化への長期的な変化のプロセスの中で重要な役割を果たしたと考えられる。

1.　後 期 後 葉

　後期前葉から中葉にかけて起こった東日本に由来する文化要素の導入をうけて，生業システムの変化を伴う社会変化が起こった段階である。この時期の生業の変化については，それまで盛んに形成されていた貝塚の数が極端に減少し，台地上に立地する遺跡が増加すること，石器組成における石鏃の減少と扁平打製石斧の増加などから，植物採集活動，あるいは栽培への依存度の高まりが指摘されてきた(坂本，1982; 木村，1975; 山崎，1975)。近年は栽培植物の検出も進んでおり，栽培が生業の一環として組み込まれていたことはほぼ確実であり，打製の石包丁や石鎌と考えられる石器がこの段階からみられはじめるのも，刈り取ったり，あるいは摘み取ったりする収穫の行為が，専用の道具の使用を促進するほど社会の中で定着したことを示すものであろう(高木，1980)。この時期に居住が開始された遺跡は晩期前半まで連続して営まれることが多く，この時期に九州の後晩期の社会システムが確立したと考えられる。後期中葉の遺跡数の増加と，この時期の遺跡の規模の拡大を考えると，この段階で起こった社会的な変化は，家族間の結合度が低く，自由に分散を繰り返す「世帯群」としてのあり方から，有力な家族を中心として複数の家族が強く結びついた「世帯共同体」的な集団構成への変化であったと考えられる[3]。

　土器の無文化と共通した形態パターンに基づくバリエーションの生成は，こうした社会変化が進行する過程で，社会関係に関するスキーマとともに土器などの物質文化に関するスキーマも変化したことを示している。土器の製作における分節化の進行と，社会的な分節化の進行とがどのように認知的に結びつくのかということについては，今後の課題として残されるが，少なくとも縄文時代後晩期の九州においては，この2つの異なる側面における分節化が併行して生じているということができる。さらに無文化については，器面装飾が担っていたある種の「縄文文化的」イデオロギーが喪失したということとともに，複雑な文様よりも光沢をもつ平滑な器面に美しさを感じるような選択的嗜好性の転換として理解しなければならない。こうしたスタイリスティックな属性に関する選択的嗜好性の変化は，機能主義的な観点からすると些末なこととしてかたづけられがちである。しかし，本論で行った事例研究によると，在来集団が主体的な役割を果たす社会・文化変化の場合，この選択的嗜好性の変化が，社会システムや生業システムなどの大きな変化を促す重要な要因であると考えざるを得ない。

2.　晩 期 前 半

　晩期前半は，後期後葉に成立した社会・文化構造がほぼ維持され，中九州ではさらに発展するとともに，南九州へも波及する。一方で，北部九州を中心として深鉢の粗製化が進行し，特に西北部では黒色磨研の比率が低下し，深鉢は赤みがかった色調へと変化する。これは，前段階に無文化としてあらわれた土器の様式的特徴に関する選択的嗜好性の変化が，より顕著な形で進行したことを示す。熊本県北部から薩摩半島にかけての地域では共通した形態パターンに基づいて土器を製作するというスキーマが持続するが，後期後葉においてもこのスキーマがそれほど徹底していなかった北部九州や東部九州では，晩期になると急速に崩れていく様相が見て取れる。この土器の形態パターン・スキーマがより徹底し，より長く残った地域は，同時期に土偶や十字形石器を多く製作した地域でもある。

　しかし，この段階になると，基本的に共通の形態パターンに従っているとはいえ，浅鉢と深鉢では型式変化の方向性が乖離してくる。深鉢では口縁部文様帯が広くなる方向へ変化するのに対して，浅鉢では逆に縮小していく。この現象はおそらく，深鉢の粗製化が進んで浅鉢とのエラボレーションの度合いの較差がひらいていく現象と関連している。この変化は晩期前半でも新しい段階(古閑式・入佐式期)になるとますます進行し，晩期後半の精製浅鉢と粗製深鉢のセットに至る。

3.　晩 期 後 半

　晩期後半には，遺跡の立地が前段階から大きく変化する。台地上に展開していた大規模な集落が廃絶し，沖積地などに小規模な遺跡が点在するようになる。この変化は全九州的なものであり，熊本県北部では大きな集落遺跡がほとんどみられなくなるのに対して鹿児島や長崎では増加する。これはおそらく生業システムの変化によるものと考えられ，沖積地の拡大などの自然環境の変化が重要な原因となった可能性が高い。しかし，これをたんなる生業の変化としてのみ解釈してしまって

は，縄文から弥生への長期的な変化のプロセスにおけるこの段階の意義を捉え損なってしまう。すなわち，晩期後半は後期後葉に成立したひとつの社会システムとそのイデオロギー体系が一度崩壊した段階として捉えることが可能である。崩壊といっても，後期後半から晩期前半にかけて生成・再生産されてきた社会構造やスキーマのすべてが崩壊するわけではない。崩壊したのは一部の具体的な信念体系や特定の社会集団のシステムであり，遠隔地からの情報入手や栽培植物の管理などによって世帯共同体を統率していくような社会構造を支える基本的なイデオロギーはそのまま保持されていったと考えられる。現段階では具体的な証拠に乏しいが，台地上で行う陸稲などの栽培から低地を中心とした水稲耕作への転換がこの段階から始まったことも十分に考えられる。

　熊本県北部における集団の崩壊の原因を特定することは現段階では困難である。自然環境の変化もそのひとつの要因であろうが，熊本県北部の集団における特定の歴史的出来事が集団の結合力を著しく低下させた可能性も考えられる。ともかく，この熊本県北部の集団が大量に製作していた土偶が，この集団の崩壊後ほとんど作られなくなることは明らかであり，特定集団の勢力とある種のイデオロギーの変化が連動していることをみることができる。また，晩期前半にこの集団と土器の形態や十字形石器，土偶などにおいて高い類似性を示していた地域は，晩期後半になっても孔列文をほとんど採用しなかった地域でもあるのである。ここに集団のスキーマの体系と選択的嗜好性におけるある種の連続性をみることができる。もちろんこれは，バートレットの心理学的アナロジーを使えば，「気質」すなわち持続的な性向の体系というよりは，そのときどきの歴史的状況に応じて形成される「態度」とみなすべきものであろう。

4.　弥生時代開始期

　北部九州に本格的な水稲農耕の証拠が出そろう時期である。ただ，水稲農耕だけに注目するのであれば，その証拠がさらに古くさかのぼる可能性は残されている。むしろ，朝鮮半島からの渡来集団と九州の在来集団との関係に大きな変化が生じた段階として捉えた方がよかろう。その変化はもちろん，後期後葉以来の九州における物質文化のスタイリスティックな特徴や社会制度などに関する選択的嗜好性の長期的な変化の結果として起こったことであり，外的な力で強制的に引き起こされた変化とは当然異なる変化のパターンを示している。

　こうしたモデルは，弥生時代開始期以降，在来集団と渡来人，あるいは渡来人との接触や情報交流によって生活習慣やイデオロギーを変化させた集団とそうでない集団との間になんらかの軋轢が生じた可能性を排除するものではない。しかし，約 500 年にわたって，いくつかの段階を経ながら比較的緩やかに，しかも自集団が主体となってスキーマの体系を変化させてきた後での大々的な社会・文化変化は，前もってなんの接触もなかったり，あるいは接触の結果排他的態度を強化させたりしていた場合とは，状況が大きく異なるはずである。弥生時代開始期の九州の状況は，まさに前者のパターンに適合するものとして理解することができる。すなわち，縄文時代後晩期以来形成されてきた集団ごとの傾向を維持し，独自の戦略をとっているところや，新たに導入した文化要素に対して自由に変容を加えていることなどは，その証拠となるものである。

　第 7 章で甕棺の成立過程について示したように，形態パターンによる土器製作スキーマは少なく
とも弥生時代開始期までは残っている。また，東日本縄文文化とのつながりをイデオロギー的に重
視するスキーマも，実際の交流はほとんど行われなくなる中で変容しながらも連続しているように
みえる。これは，長崎県原山遺跡や佐賀県石木中高遺跡（永田，1994）などでかなり変容した土偶が
出土していることや，曲り田遺跡で文様を施した東日本型管玉が出土していることから推測される。
こうした縄文時代後晩期の伝統をひく遺物が，弥生時代開始期に支石墓などの朝鮮半島系の文化要
素が分布する地域においてみられることは興味深い。この段階でどの程度東日本縄文集団との交流
が行われていたかは明らかでないが[4]，こうした遺物は東日本からの遠隔地情報と結びつくものでは
なく，むしろ自集団の伝統に言及するためのものであったとも考えられる。森が縄文系勾玉として
設定した緒締形勾玉も，東日本にそれほど類例がなく，縄文時代晩期に九州で独自に成立した型式
である可能性を検討する必要がある。よって，ひとくちに縄文系の文化要素といっても，後晩期と
弥生時代開始期とではそれによって喚起されるものが東日本という遠隔地集団との関係から自集団
の伝統へと変容していった可能性も考えなければならない[5]。

第 3 節　栽培の役割

　近年の調査・研究成果を総合すると，縄文時代においても，栽培あるいは農耕が生業システムの
中にかなり早い段階から組み込まれていた可能性が高くなっている。生業の中に占める栽培植物の
割合は，縄文時代の中でも地域や時代によって大きく異なっていたであろう。
　農耕のはじまりに関するモデルの中に，ある程度階層化の進んだ狩猟採集社会の統率者が，自ら
の威信や経済力を高めて集団の中における自分の地位や，複数の競合する集団の中における自集団
の地位を高めたり維持したりする意図で栽培を促進するというものがある。縄文時代の前期くらい
から栽培植物が検出されたり，三内丸山遺跡でクリの管理栽培の可能性が指摘されたりすることは，
縄文時代前期にはすでに栽培という要素が縄文文化の中に存在していたことを示す。それにもかか
わらず，縄文時代全般を通じて，農耕が生業の中心とはならなかったことは，縄文文化における栽
培はかなり限定された意味をもっていたことによる可能性がある。
　縄文時代の前期頃から存在した社会と農耕との関係は，一種の威信財的性格をもった栽培という
モデルによって説明されるものかもしれない。縄文時代中期の中部山岳地帯や後晩期の九州のよう
に集団の規模が拡大する時期に栽培植物の検出例やいわゆる「農耕的性格」が強まったりするとい
う現象も，このモデルによって説明することができる。
　もちろん，このモデルは多くの可能性の中のひとつであるにすぎないが，これまでの枠組みとは
異なる視点を提示するものであり，新しい調査や研究の方針につながるものである。今後の調査や
研究によってこのモデルが支持されるか否定されるかが決定されるであろうが，本論で行ってきた
分析の結果は，少なくとも現状においてはこのモデルに適合している。そうすると，農耕と社会的
力の形成・保持という異なる領域に関するスキーマは，九州においても縄文時代後期後半以来密接

に結びついていたと考えられる。この延長上に弥生時代開始期の完成された水田稲作の開始がある
とすれば,「縄文＝狩猟・採集 vs 弥生＝農耕」という単純な二項対立的図式は,縄文から弥生への
変化のプロセスを理解するためには不適切であるということになる。

注

1)　この概念は筆者が卒業論文で使用したもので,中園 (1994) が壺の導入を論じる際に用いている。

2)　もちろん,後期前葉から中葉にかけての曲線的な土器においても,口縁部文様帯と胴部文様帯とははっ
きり区別されており,施文されるモチーフや文様の地域性のあり方に差異が見られることが指摘されてい
る(田中・松永,1994)。田中・松永はまた,この施文部位による地域性の違いがそれぞれの文様帯のもつ
象徴的意味の違いによる可能性も示唆している。

3)　「世帯群」および「世帯共同体」という概念については都出 (1989) がまとめている。

4)　福岡市雀居遺跡で前期無文土器と東日本の大洞 BC 式とされる土器片が共伴している。

5)　さらに時期が下る弥生時代前期後半の佐賀県宇木汲田遺跡における緒締形勾玉の副葬は,この時期に東
日本との社会戦略的交流を示す考古学的証拠がないことからも,自集団の伝統を示すものとして意味づけ
られていた可能性がある。

第 9 章

結　論

　これまで，第 1 部で認知考古学の理論的な問題を主として論じ，第 2 部で実践的研究として縄文から弥生への変化について分析を行った。論点が多岐にわたるため，本論の焦点を明確にするためにまず第 1 部の内容を簡潔にまとめておこう。その後で，第 1 部で提起した理論的・方法論的問題と第 2 部で行った事例研究の結果を総合的に考察し，社会・文化変化についてのひとつの認知的モデルを提示する。事例研究として行ったいくつかの分析の結果を相互に付き合わせ，第 1 部で述べた理論や概念を用いてまとめあげることにより，縄文から弥生への社会・文化変化のプロセスを総合的に検討する。その結果として従来の枠組みでは得られなかった新しい知見を提示することができれば，本書の主要な目的は果たされたことになろう。

　第 1 章ではこれまで考古学において認知の問題がどのように論じられてきたか，また論じられてこなかったかを検討した。この作業を通して明らかになったのは，まず心に対する関心は程度の差こそあれ考古学史を通してずっと継続してきたことである。これは，考古学が単なる古物学ではなく，遺物を通して過去の文化や社会，すなわち人間の営みを研究する学問である限り不可避のことであろう。もちろん，欧米では 1960 年代後半から 70 年代にかけて，機能主義と新進化主義を基盤とするシステム論的な説明が支配的であった間は，正面から心的側面を取り扱うことはほとんどタブーとされていた。人間の認知プロセスはブラックボックスとされ，行動主義的な研究法が好まれた。

　しかし，第 2 章で述べたように，心理学において行動主義の行き詰まりが認知革命を引き起こしたように，考古学においても行動主義的な枠組みでは人間の社会・文化の変化のプロセスの実相には迫れないのではないかという指摘が起こり，ポストプロセス考古学者を中心として心的側面を扱うことの重要性が主張されるようになったのである。直接観察できないことを理由に，それが果たしている役割や性格を無視することはできない。個人の認知プロセスを無視して考古学的に社会や文化の変化を説明しようとすることは，分子構造を無視して化学の研究を続けて行こうとすることに似ている。もちろん，人間の心と社会・文化との関わりは，分子とそれからなる物質との関係に比べて非常に複雑であり，こうしたアナロジーは時に危険であるが，マイクロレベルのプロセスを理解することがマクロレベルの現象の理解を促進する鍵となるという点では共通している。

　1980 年代以降の象徴考古学や認知・構造考古学が採用してきた構造主義的アプローチや，プロセス考古学者が用いてきた機能主義的なシステム論的アプローチ，さらに文化史的考古学以来考古学の基本的分析手続きであるところの型式学，日本考古学における様式論や欧米考古学におけるスタ

イル論などの，あらゆる場面に認知的問題が関わっている。型式学の問題は，カテゴリー化の問題として新たな視点から捉えなおすことが可能であるし，それによって考古学者による便宜的な分類と，それらを製作・使用した人々のカテゴリー体系とを結びつけることが可能となる。さらに，人間の知覚や情報処理の性質を考慮することによって，考古資料から過去の情報伝達のあり方を論じることができる。これと合わせて情報を与える側と受け取る側のスキーマに着目することによって，文化要素の空間的な拡散や変容のプロセスを理解するためのモデルを構築することができる。こうした認知的視点を組み込むことによって，従来の伝播論を生産的かつ有効な説明の枠組みとして再構築することができる。ある程度の普遍的構造をもつ人間の認知を鍵とすることによって，個人と社会，心と物質，考古資料と社会理論とを結びつけることが，これからの認知考古学の主要な目的であると筆者は考える[1]。

　縄文から弥生への変化にしても，狩猟・採集による獲得経済の行き詰まりが農耕の導入を促したというだけではこの社会・文化的変化の性質と内容を説明したことにはならない。なぜなら，たとえ獲得経済が逼迫しても，規制を強化したり人口を減らしたりすることによる調整も可能であり，農耕を行うことが唯一の解決策ではないからである。ホダーが主張するように，ある状況に際して複数存在する可能性の中からどれを選択するかは，歴史的に固有な意味の体系とそのなかで積極的に考え，行動する個人にかかっているのである。

　また，大陸からの影響や文化伝播による「水的文化観」に基づく説明も不適切である。情報伝達の有無は重要な問題であるが，情報が伝わることが即文化変化につながるわけではないからである。この点はプログらのインターアクション・モデルの弱点でもある。新たに得られた情報は，個人の選択的嗜好性に基づいてその好悪・善悪が判断され，また既存のスキーマとの関係で忘却されたり積極的に融合されたりするのである。したがって，こうした一連の情報処理のプロセスの結果として残された考古資料を解釈するためには，情報伝達のあり方と，そうした情報を処理する人間のスキーマや選択的嗜好性の双方が重要となるのである。土器の特徴と製作者を直接結びつけるような議論もこうした視点から再検討しなければならない。

　さらに，縄文文化と弥生文化を根本的に異なる社会進化の段階に位置づけるマルクス主義的枠組みは，両文化の経済やイデオロギーの差異を強調し，経済の変化がイデオロギーの変化を促すと考えるが，こうした一方向的な規定関係は実際には認められない。たしかに経済システムとイデオロギーとは密接に関連しているが，その関係は双方向的である。ベンダーが指摘するように社会的関係が経済システムを変える要因となることもあるのである (Bender, 1985)。また，マルクス主義の系譜を引くものであるが，社会の変化・再生産における行為者の意図せざる帰結の重要性を指摘するギデンズの理論は，従来のマルクス主義的説明を大きく変化させる可能性をもっている。

　以上のような考え方が，研究者によって重点を異にしながらも混合されたかたちでさまざまな説明が提示されてきたのが実状である。これらの考え方はそれぞれ社会・文化変化に関わる重要な要因に注目しているが，いずれもそれだけでは完全な説明とはなり得ない。これらの諸要因を整合的に結びつけ，社会・文化変化のプロセスに対する私たちの理解を深めるようなモデルを構築するた

めには，すべての要因(環境変化・情報伝播・経済システム・社会構造・歴史的特殊性)に関わる人間による情報処理，すなわち認知のプロセスに注目することが有効なのである。

これまでの認知的側面に関する議論の発展が，相対主義と普遍主義の誤った対立によって妨げられてきたことは第1章で述べたとおりである。ビンフォードは普遍的文化法則の定立をめざしたが人間行動を支えている認知的側面については普遍性を認めず，ホダーは一般法則の追求をやめてコンテクスチュアルな解釈に専念することを主張するが，実際は人間の認知と物質的対象との間に普遍的な法則を想定することなしに，異文化における物質文化の意味を解釈することは不可能である。そこで，ポストプロセス考古学者は普遍的な人間性というものを解釈の基盤として措定するが，それを法則のような形で公式化することはない。本論で筆者が試みたことは，認知科学の成果を踏まえて人類に普遍的な認知的プロセスについてのモデルをたて，それに基づいて歴史的・文化的コンテクストの中で形成される独自の認知様式と行動パターンをとらえることである。言い替えれば，人類に普遍的な法則あるいは傾向と個別の文化的・社会的状況との絶え間ない相互作用として長期的な変化を説明しようとするのである。

これまで行ってきた分析結果を総合して一つの認知的なモデルを立てると，次のようになろう。ここでとりあげた要素は，人工物の属性によって異なる情報伝達のあり方，社会戦略としての長距離交易，それと結びついた遠隔地の情報に対する選択的嗜好性，アイデンティティー，文化的スキーマの変化のプロセスと速度である。これまでの分析で示してきたように，縄文時代後晩期の九州においては，人口の増加とともに社会的な差異化が進行し，その萌芽的な階層化を維持・拡大するための社会戦略の一環として遠隔地との交流が集団の統率者によって促進された。こうした状況が顕著になった後期後葉の段階では，東日本に由来する土偶などの文化要素が熊本県北部を中心に大量に生産されており，熊本県北部を中心とする集団が東日本縄文文化において形成されていたイデオロギーを核としながら独自のイデオロギーを作り出したことを示している。

遠隔地情報の入手とその利用がこの階層化の萌芽期にある集団の社会戦略のひとつであったが，この遠隔地としては潜在的に東日本の縄文集団と朝鮮半島の前期無文土器文化集団の2つがあった。後期後葉に中九州で成立したイデオロギーにおいては，東日本の縄文集団との関係の方が重要な位置を占めていたとみられる。この集団が朝鮮半島との直接的な交流を行っていたことを示す考古学的な証拠はない一方で，東日本縄文文化に由来する人工物や文様などの特徴はかなり顕著な形で取り入れられている。たとえば，玉類の石材をみても，玉の保有量は多くても，権現塚北遺跡では緑色片岩系，大石遺跡では蛇文岩系といずれも同じ石材で管玉と勾玉を製作している(写真6–2, 3)。上加世田遺跡のものはヒスイと報告されているが，蛇文岩的な特徴をもつものもあり，産地等は現在のところ不明である(写真6–4)。これに対して熊本地域では糸魚川産とみられる石材を用いた勾玉や垂玉が散見される。蛍光X線分析によっても，ワクド石遺跡出土の勾玉が糸魚川産のヒスイ製であると推定されている(藁科・東村, 1994)。このような東日本に産する石材の集中は，熊本県北部を中心とする集団が積極的に長距離交易を行っていたことのひとつの証拠といえよう[2]。

パーツの組み合わせによる土器製作スキーマの時間的・空間的様相はこうした東日本縄文文化と

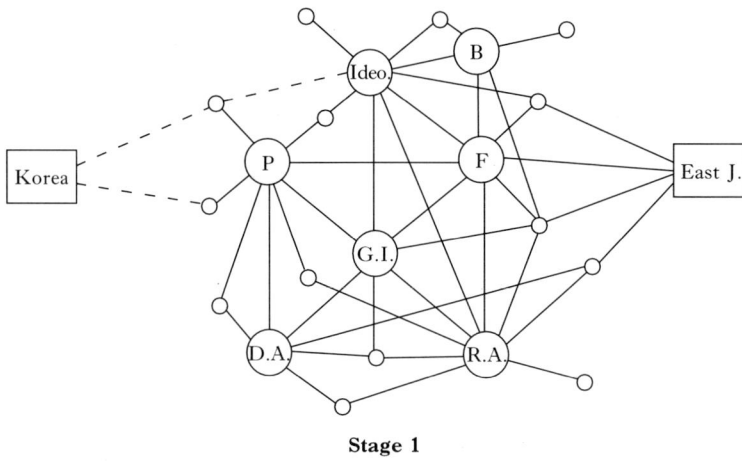

Stage 1

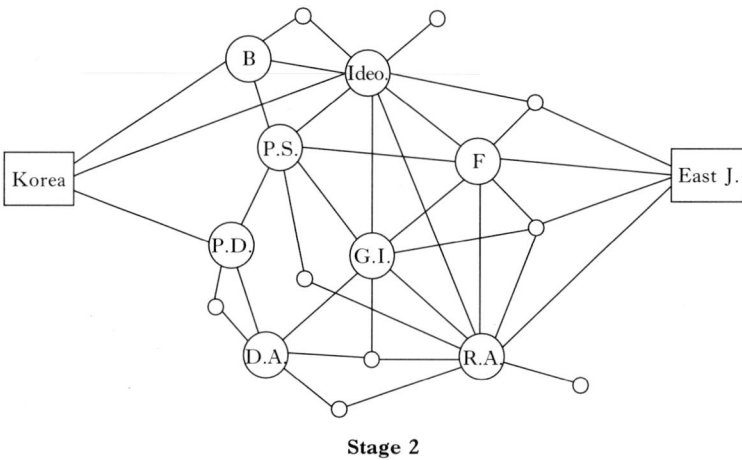

Stage 2

Ⓧ x に関するスキーマ
　　のまとまり　　　　　　　○　その他の人工物や行為に関するスキーマ

G.I. 集団的アイデンティティー，Ideo. イデオロギー，D.A. 日常的行為，R.A. 儀礼的行為，
P. 土器，P.S. 浅鉢，P.D. 深鉢，F. 土偶，B. 玉，East J. 東日本縄文文化

図 **9–1**　縄文後晩期北部九州におけるスキーマ変容のモデル
　　　　朝鮮半島の文化に関する情報の獲得により，認知的に集団的アイデンティティーとの結びつきが弱いところか
　　　　ら物質文化に変化が生じる。こうした変化の一部はスキーマの構造によって規定されているが，とくにイデオ
　　　　ロギーに関連する側面においては個人の意図的な社会戦略が重要な規定要因となる。

の交流を核とする文化動態と連動しており，その独自の操作性をもつスキーマは東日本縄文文化に対する選択的嗜好性をもつイデオロギーと，行為的にも認知的にも密接に連結されて，九州独自の文化的スキーマの体系を形成していたとみることができる。そして，この同一の形態パターンに基づいて土器を製作するというスキーマが晩期後半にいたってかなりゆるんでくるという現象は，中九州で形成された文化的スキーマ体系が，九州における地域集団間の社会関係の変化に伴って徐々に崩壊していく過程を反映しているとみることができるかもしれない。

　第 3 章で述べたコネクショニスト・モデルに従えば，スキーマの変容は新たな情報によって徐々に進行する。後期後葉の中九州で成立した文化的スキーマについてこのモデルを適用すると，要素同士，スキーマ同士の連結が強固であればあるほど，その体系の崩壊には時間がかかり，そのスキーマに反する情報は受け入れがたい状態が継続するであろうと予測される。逆に，そうしたスキーマ同士の連結がそれほど強固でない場合は，その変容や崩壊は早いであろう。図 9–1 はこうした関係を模式的に示したものである。

　後期後葉に中九州で成立した東日本縄文文化との交流を核とするイデオロギーと結びついた土器製作スキーマは非常に強固であり，その集団のアイデンティティーとも結びついて成員の中にしっかりと根ざしたがゆえに，外来の情報による変化を受けにくかったと考えられる。それに対して，この地域からみれば周縁にあたり，土器スキーマと集団のアイデンティティー，イデオロギーとの結び付きがそれほど強固でなかった地域では，朝鮮半島の集団や文化に対する選択的嗜好性が少しでも高まればすみやかに朝鮮半島に由来する情報を取り入れることができたものと考えられるのである。

　こうした認知的モデル構築の基礎となるのが，人工物の属性の性格とその空間的変異の様相の分析である。人間の知覚や認知的プロセスの普遍性を基盤として，人工物の属性はその視覚性・言語表現の容易さ・関与する情報処理系・社会戦略としての利用価値において差異をもち，それぞれの動態は異なる社会・文化的側面を反映するのである。本論で行った分析においては，朝鮮半島からの情報伝達があったこととそうした情報に対する選択的嗜好性が生じていたことは縄文晩期の土器にみられる色調の地理的クラインが，中九州が東日本方面との積極的なインターアクションを行っていたことは土器の器壁の厚さの地理的クラインが示している。そして土器のエラボレーションの度合いにおける地理的クラインは浅鉢・深鉢それぞれとアイデンティティーやイデオロギーとの結び付きに地域的に大きな違いがあったことを示しているのである。

　このように九州縄文後晩期に成立した文化的スキーマが，壺形土器や支石墓などの朝鮮半島無文土器文化の要素を体系的に取り込みながらも，そうした新しい情報と結びつきつつ，またそのときどきの社会情勢に応じて徐々に変容していく様子は，コネクショニスト・スキーマモデルに合致するものである。集落構造の変化や厚葬の開始にみられるように縄文から弥生への変化においてかなり急激なイデオロギーや世界観の転換が生じたことは確かであるが，そうした表面的あるいは言説的な知識体系の転換の背後にあって，変容しながらも連続するスキーマが受け継がれていたとみることができる[3]。

　このように，これまでの分析で示してきた各種の考古資料にみられる動態の一部は，遠隔地情報の入手という共通した社会戦略が存在する中で，東日本縄文文化という特定の地域との交流を核としてひとつの文化体系を作り上げた集団の盛衰と，そこで形成された文化的スキーマの各地域における浸透度と変容というモデルによって説明することができる。この事例研究から文化的に異なる集団との関係が重要な要因のひとつであるような社会・文化変化に関するひとつのモデルをたてると，(1) 日常的・儀礼的行為を通して，物質文化のさまざまな側面は集団のアイデンティティー，イデオロギーなどと結びついてスキーマを形成するが，人工物の種類，および同種の人工物でもその属性によってこの結び付きの強さは異なる。(2) 集団のアイデンティティーを異にする集団とのインターアクションによって変化が生じるのは，自集団のアイデンティティーとの結び付きの弱い部分からである。(3) こうした変化の方向性や具体的内容を制約する要因としては，集団内・集団間の社会関係において対等あるいは優位な立場に立とうとする意図的戦略，知識の体系を基盤として生じる選択的嗜好性，そして既存のスキーマがある。ここでは，一応方法論的個人主義の視点から妥当と思われる説明を構築してきたが，最終的には個人の情報処理に関するスキーマ・モデルを若干拡大して集団あるいは文化のレベルに適用したかたちとなった。こうした社会・文化変化のモデル化の妥当性については今後さらに議論を進めていく必要があろうが，こうした社会関係と認知的要因との，意図せざる帰結を含めた相互関係が，縄文から弥生へいたる長期的な変化のプロセスを理解する鍵であることは示すことができたと考える。

　こうした視点に立つと，在地集団の社会構造の変化や生業形態の変化を伴う積極的な文化の再構成の時期として独特の様相がみられる九州の縄文時代後晩期を，ただ分類的に縄文に含めたり，逆に弥生時代へ至る直線的な変化の線上に位置づけたりすることはともに不適切である。そうではなく，縄文文化的なイデオロギーや社会構造を基盤としながらも，おそらく世帯共同体を母胎とする社会的な階層化が進行する中で，ひとつの社会戦略として朝鮮半島の情報を入手することが行われ，これが当事者の意図せざる帰結として後の弥生文化成立の基盤を形成していくプロセスとして位置づけることが，より実態に即しているといえよう。

　こうした長期的なプロセスを担った変化の当事者にとっては，縄文 vs 弥生という対立的な図式は認知的に存在しなかったはずである。こうした考古学的なカテゴリーは，学問的には必要であり，また有効なものであることは疑いない。大局的にみれば，縄文文化と弥生文化の間には経済的にも政治的にも，そして世界観やハビトゥスにおいても，大きな差があることは確かである。しかし，一方を平等な狩猟採集社会，もう一方を生産経済に基づく階層化が進行した時代として単純に二分してしまうわけにはいかない。縄文から弥生への変化を，何か外的な力によって突き動かされたというものではなく，人々の行為や判断の総合的な結果として生じたものであると考えるならば，この変化を実際に担った人々がどのような社会関係を取り結んでいたか，どのような知識を持っており，それをどのように利用していたか，というような問題を考えなければならなくなる。つまり，縄文と弥生という考古学的な対立的図式を超えて，各時期・各地域の集団の認知構造や社会戦略に焦点を当てながら，全体的・長期的な社会・文化変化を統合的に理解することが必要となるのである。本

論は，こうした視点に立つことによって従来とは異なる縄文から弥生への変化のプロセスに対する解釈にたどり着いた。より正確に言えば，本論で提示したのは，こうした視点から導かれるモデルと限られた資料の分析結果から得られる帰納的推論との絶え間ない相互検証のプロセスと現時点における結論である[4]。今後は，モデルと資料分析双方の批判的検討を含めて，さらに研究を進めていかなければならない。

注
1) 筆者が行っている岩面画における描画方向の研究は，無意識的な行為を規制する要因を探求する試みである(松本，1995c，1996)。すでに存在しなくなった文化におけるこうした制約を発見することは，現存する集団のみを対象としていては分かりにくい変異を明らかにし，その要因の探求に貢献することができる。現在の心理学が西洋近代人のエスノ・サイコロジーに過ぎないという批判もあるなかで，西洋近代文明の影響を受けていない集団におけるさまざまな意識的・無意識的行為の変異を明らかにしていくことも，認知考古学の学際的な貢献の可能性のひとつであると考える。

2) ここで長距離交易としているのは，東日本集団との直接的な交易を限定的に指すものではない。元々の産地が遠隔地であるという情報を付随した状態で，いくつかの集団を介在したり，近接する集団間の手渡し的交換によって結果的に九州まで持ち込まれた可能性も含めている。

3) 遠隔地との関係や自集団の伝統を，物質文化を用いてイデオロギー的に利用することはかなり普遍的にみられる社会戦略であり，これ自体の存在をもって文化的スキーマの連続性を論じることはできない。ここでは，特定の種類の人工物や特定の様式的特徴を備えた人工物とこうした戦略との認知的結び付きをもって文化的スキーマとする。

4) ここでとりあげた考古資料は該期の文化を構成する物質文化のなかの一部に過ぎない。他にも，九州後晩期の文化的スキーマにおける東日本や朝鮮半島からの情報の役割を考える上で重要と考えられるものとして石刀などの非実用的磨製石器類，円盤形石器，黒曜石製異形石器類，紡錘車形土製品(中間，1985)などがある。こうした資料の分析によって本論で提示した説明を深化あるいは検証していく作業も必要であろう。

結　語

　我々が学問において説明を探求するとき，よく分かっていることの中から，よく知られていない現象を理解するのに利用できそうなスキーマ，あるいはプロトタイプを探してきて利用する。電気を水とのアナロジーで理解したりするのが分かりやすい例である。これまでの科学史を振り返ると，人間には物事を二項対立的に把握する傾向があるようである。これがレヴィ゠ストロースの構造分析の基本でもある。私たちの基本的な認知構造は人間としての肉体をもって地球上で生きていくなかで形成されるものであるというのがレイコフの経験基盤主義であるが，この考え方はおそらく正しいであろう。そして，この考え方はまた，人間に普遍的に備わっている認知的能力が，これまでの数百万年にわたる人類の進化の歴史の中で形成されてきたという歴史的・進化論的な見解とも矛盾しない。

　つまり，私たちの認知の仕方は，これまでの人類の歴史の中で種が存続するのに適切なかたちに進化してきたのであり，そこでは「食べられる / 食べられない，敵 / 味方，雄 / 雌」といった二項対立的な認識の仕方は有効であったのであろう。また，「上 / 下，右 / 左，前 / 後ろ」という基本的な空間認知が空間的情報以外にも適用され，異なる領域のスキーマを連結したり抽象的な思考を可能にしたりするが，これも自己を中心として常に二分される性質をもつ。

　こうした私たち人間の認知的傾向を考えると，学問的な議論においても二項対立的な枠組みが支配的となることも理解できる。しかし，それはそうした考え方が実際に適切であることを意味するものではない。複雑で長期にわたる社会・文化変化は，日常生活の中で直接知覚できるような性質のものではない。こうした現象を理解するためには，私たちはすでにあるスキーマを変化させり修正したりして新たなモデルを構築しなければならないのである。

　本書では，認知考古学についての筆者の認識を，学史の検討と基本的な概念と理論の紹介，および事例研究を通して示した。第1部の理論と方法の考察においても，第2部の事例研究においても，プロセス考古学の流れを汲んで科学的なアプローチをめざす認知プロセス考古学の視点と，人工物の積極的な役割や文化的・社会的コンテクストを重視するポストプロセス考古学の視点の重要な部分を統合しようと意図したつもりである。実際に人間が構成する文化や社会は非常に複雑であり，どのような方法をとるにせよ，一つの視点からは限られた側面しかみえてこない。事例研究では，縄文から弥生へという社会・文化的変化のプロセスをできるだけ総合的に理解するために，一般に認知的アプローチとはみなされていない階層化の発展に関する諸研究も議論に組み込んだ。したがって，ここで提示した研究にはいまだ理論的不統一の観があることは否めない。しかし，異なる領域

の文化要素を整合的に扱うことができ，これまでの枠組みでは言及することが難しかった物質文化
の変化の具体相についても説明を加えることができるという認知考古学の特質を示すことはできた
のではないか，また認知的アプローチによってこれまでの考古学的カテゴリーへの分類を中心とす
る研究ではとらえられなかった連続的かつダイナミックな変化のプロセスを提示することはできた
のではないかと考える。本書全体で認知考古学が現在もっている可能性と今後解決して行くべき問
題点を明らかにすることができたならば，現時点での目的は達せられたことになろう。これを一つ
のたたき台として，批判的検討を経て理論と実践の両面で今後さらに発展させていくことができれ
ばよいと思う。

　ガードナーが人類学や言語学も含めて認知諸科学と称していることは先に触れた。シーガル S.
Segall (1994) は，考古学は物質文化の研究においてユニークなデータと方法をもつ重要な分野であ
り，認知科学の核となり得る可能性をもっていると述べている。考古資料が過去の人々の技術・知
識・社会組織などの直接的・間接的結果を示すものであると考える限り，考古学は根本的に認知に
根ざした学問分野であるといえよう。認知考古学は，「根本的」という意味においてラディカルな性
格をもつものとして，今後の展開が期待されると考える。

文　献

Aberle, D. F., 1960: The influence of linguistics on early culture and personality theory. In G. Dole and R. Carneiro (eds.), *Essays in the Science of Culture*, pp. 1–29. Thomas Crowell, New York.

Akazawa Takeru and C. Melvin Aikens (eds.), 1986: *Prehistoric Hunter-Gatherers in Japan: New Research Methods*. University of Tokyo Press, Tokyo.

阿子島香，1983：「ミドルレンジセオリー」『考古学論叢 I』171–97 頁，芹沢長介先生還暦記念論文集刊行会.

穴沢咊光，1985：「『考古学』としての『人類学』――プロセス考古学(ニュー・アーケオロジー)とその限界――(1)～(4)」『古代文化』37 (4)～(7).

Anderson, Norman H., 1996: *A Functional Theory of Cognition*. Lawrence Erlbaum Associates, Mahwah, New Jersay.

安藤文一，1982：「翡翠」『縄文文化の研究』8: 180–92 頁，雄山閣，東京.

安在晧，1990：「釜山・慶南の無文土器」『古文化』37.

安斎正人，1990：『無文字社会の考古学』六興出版.

―――，1994：『理論考古学――モノからコトへ――』柏書房.

―――，1995：「現代考古学の認識論」『東京大学文学部考古学研究室研究紀要』13.

Arnold, D. E., 1971: Ethnomineralogy of Tical, Yukatan potters: ethics and emics. *American Antiquity* 36: 20–40.

―――，1983: Design structure and community organization in Quinua, Peru. In Dorothy K. Washburn (ed.), *Structure and Cognition in Art*, pp. 56–73. Cambridge University Press, Cambridge.

Arnold, Jeanne E. (ed.), 1996: *Emergent Complexity: The Evolution of Intermediate Societies*. International Monographs in Prehistory, Ann Arbor, Michigan.

Atran, Scott, 1990: *Cognitive Foundations of Natural History: Towards an Anthropology of Science*. Cambridge University Press, Cambridge.

Barrett, John C., 1994: *Fragments from Antiquity*. Blackwell, Oxford.

Bartlett, F. C., 1932: *Remenbering: A Study of Experimental and Social Psychology*. Cambridge University Press, Cambridge. (宇津木保・辻正三訳『想起の心理学――実験的社会心理学における一研究――』誠信書房，1983)

Bateson, Gregory, 1972: *Steps to an Ecology of Mind*. Ballantine, New York.

Bell, James A., 1991: Anarchy and Archaeology. In R. W. Preucel (ed.), *Processual and Postprocessual Archaeology: Multiple Ways of Knowing the Past*, pp. 71–80. Southern Illinois University Press, Carbondale.

―――，1992: On capturing agency in theories about prehistory. In J.-C. Gardin and C. S. Peebles (eds.), *Representations in Archaeology*, pp. 30–5. Indiana University Press, Bloomington and Indianapolis.

―――，1994: *Reconstructing Prehistory: Scientific Method in Archaeology*. Temple University Press, Philadelphia.

Bender, Barbara, 1985: Emergent tribal formations in the American Midcontinent. *American Antiquity* 50 (1): 52–62.

Berlin, Brent O., Dennis Breedlove, and Peter Raven, 1968: Covert categories and folk taxonomies. *American Anthropologist* 70: 290–9.

―――，1973: General principles of classification and nomenclature in folk biology. *American Anthropologist* 75: 214–42.

―――，1974: *Principles of Tzeltal Plant Classification*. Academic Press, New York.

Berlin, B and P. Kay, 1969: *Basic Color Terms: their universality and evolution*. University of California Press, Berkeley & Los Angels.

Binford, Lewis R, 1962: Archaeology as anthropology. *American Antiquity* 28: 217–25.

————, 1965: Archaeological systematics and the study of culture process. *American Antiquity* 31: 203–10.

————, 1967: Comment on K. C. Chang. *Current Anthropology* 8: 234–5.

————, 1971: Mortuary practices: their study and their potential. *American Antiquity* 36: 6–29.

————, 1987: Data, relativism, and archaeological science. *Man* (N.S.) 22: 391–404.

————, 1989: The "New Archaeology," then an now. In C. C. Lamberg-Karlovsky (ed.), *Archaeological Thought in America*, pp. 50–62. Cambridge University Press, Cambridge.

Binford, Lewis R. (ed.), 1977: *For Theory Building in Archaeology: Essays on Faunal Remains, Aquatic Resources, Spatial Analysis, and Systemic Modeling*. Academic Press, New York.

Bloch, Maurice, 1992: Language, anthropology and cognitive science. *Man* (N.S.) 26: 183–98.

Boas, F., 1927: *Primitive Art*. Dover Publications, New York.

Bock, Phillip K., 1988: *Continuities in Psychological Anthropology: A Historical Introduction*, 2nd ed. Freeman, New York.

Bonnichsen, Robson, 1977: *Models for Deriving Cultural Information from Stone Tools*. National Museum of Man, Archaeological Survey of Canada, Mercury Series 60, Ottawa.

Bourdieu, Pierre, 1977: *Outline of a Theory of Practice*. Cambridge University Press, Cambridge.

————, 1979: *La Distinction*.（石井洋二郎訳『ディスタンクシオン』藤原書店，1990）

————, 1980: *Le Sens Pratique*. Les Edition de Minuit, Paris.（今村仁司・港道隆訳『実践感覚』みすず書房，1988）

Carr, Christopher, 1995a: Mortuary practices: their social, philosophical-religious, circumstantial, and physical determinants. *Journal of Archaeological Method and Theory* 2 (2): 105–200.

————, 1995b: Building a unified middle-range theory of artifact design: historical perspectives and tactics. In C. Carr and J. E. Neitzel (eds.), *Style, Society and Person*, pp. 151–70. Plenum Press, New York.

————, 1995c: A unified middle-range theory of artifact design. In C. Carr and J. E. Neitzel (eds.), *Style, Society and Person*, pp. 171–258. Plenum Press, New York.

Carr, Christopher and J. E. Neitzel (eds.), 1995: *Style, Society and Person*. Plenum Press, New York.

Chang, K. C., 1967a: *Rethinking Archaeology*. Random House, New York.

————, 1967b: Major aspects of the interrelationship of archaeology and ethnology. *Current anthropology* 8: 227–34.

千々岩英彰，1983:『色彩学』福村出版.

Childe, V. G., 1956a: *Piecing Together the Past*. Routledge & Kegan Paul, London.（近藤義郎訳『考古学の方法』河出書房新社，1981）

————, 1956b: *Society and Knowledge*. George Allen and Unwin LTD, London.

Chippendale, Christopher, 1992: Grammars of archaeological design: a generative and geometrical approach to the form of artifacts. In J.-C. Gardin and C. S. Peebles (eds.), *Representations in Archaeology*, 251–76. Indiana University Press, Bloomington and Indianapolis.

Clark, Grahame, 1970: *Aspects of prehistory*. University of California Press, Berkeley and Los Angeles, California.

Clarke, David L., 1968: *Analytical Archaeology*. Methuen, London.

————, 1973: Archaeology: the loss of innocence. *Antiquity* 47: 6–18.

Clark, J. and M. Blake, 1994: The power of prestage: competitive generosity and the emergence of rank societies in Lowland Mesoamerica. In E. Brumfiel and J. Fox (eds.), *Factional Competition and Poltical Development in the New World*, pp. 17–30. Cambridge University Press, Cambridge.

Cole, M., 1990: Cultural Psychology: A Once and Future Discipline? In J. J. Berman (ed.), *Nebraska Symposium on Motivaion, 1989: Cross-Cultural Perspectives* (Vol. 37), pp. 279–335. University of Nebraska Press, Lincoln.

————, 1996: *Cultural Psychology: A Once and Future Discipline*. The Belknap Press of Harvard University Press, Cambridge, Mass.

Cole, M. and S. Scribner, 1974: *Culture and Thought: A Psychological Introduction*.（若井邦夫訳『文化と思考　認知心理学的考察』心理学選書 10　サイエンス社，1982）

Coleman, Linda, and Paul Kay, 1981: Prototype semantics: The English verb Lie. *Language* 57 (1): 26–44.

Conkey, Margarett, 1978: Style and information in cultural evolution: toward a predictive model for the Paleolithic. In Charles L. Redman, Mary Jane Berman, Edward V. Curtin, William T. Langhorne, Jr., Nina M. Versaggi, and Jeffery C. Wanser (eds.), *Social Archaeology: beyond subsistence and dating*, pp. 61–85. Academic Press, New York.

————, 1980a: Context, structure, and efficacy in Paleolithic art and design. In M. L. Foster and S. Brandes (eds.), *Symbol as Sense*, pp. 225–48. Academic Press, New York.

————, 1980b: The identification of prehistoric hunter-gatherer aggregation sites: the case of Altamira. *Current Anthropology* 21 (5): 609–30.

————, 1989: The structural analysis of Paleolithic art. In C. C. Lamberg-Karlovsky (ed.), *Archaeological Thought in America*, 135–54. Cambridge University Press, Cambridge.

————, 1990: Experimenting with style in archaeology: some historical and theoretical issues. In M. Conkey and C. Hastorf (eds.), *The Uses of Style in archaeology*, pp. 5–17. Cambridge University Press, Cambridge.

Conklin, Harold, 1954: *The relation of Hanunoo Culture to the Plant World*. Unpublished PhD dissertation in Anthropology. Yale University.

Coupland, Gary, 1996: This old house: cultural complexity and hosuehold stability on the Northern Northwest Coast of North America. In Jeanne E. Arnold (ed.), *Emergent Complexity: The Evolution of Intermediate Societies*, pp. 74–90. International Monographs in Prehistory, Ann Arbor, Michigan.

D'Andrade, R., 1976: A propositional analysis of U.S. American beliefs about illness. In K. Basso and H. Selby (eds.), *Meanings in Anthropology*. University of New Mexico Press, Alberquerque.

————, 1995: *The Development of Cognitive Anthropology*. Cambridge Univeristy Press, Cambridge.

Dark, Ken R., 1995: *Theoretical Archaeology*. Redwood Books Ltd., Trowbridge.

Davis, Whitney, 1989: Towards an archaeology of thought. in I. Hodder (ed.), *The Meanings of Things*, pp. 202–9. Unwin Hyman, London.

Deetz, James, 1965: *The Dynamics of Stylistic Change in Arikara Ceramics*. University of Illinois Press, Urbana.

————, 1967: *Invitation to Archaeology*. The Natural History Press, New York.

————, 1974: A cognitive historical model for American material culture: 1620–835. In Charlotte B. Moore (ed.), *Reconstructing Complex Societies: An Archaeological Colloquium*, pp. 21–7. Supplement to the Bulletin of the Schools of Ametican Research, Cambridge.

————, 1977: *In Small Things Forgotten*. Doubleday, New York.

————, 1983: Scientific humanism and humanistic science: a plea for paradigmatic pluralism in historical archaeology. *Geoscience and Man* 23: 27–34.

Debore, Warren R., 1990 Interaction, imitation, and communication as expressed in style: the Ucayali experience. In M. Conkey and C. Hastorf (eds.), *The Uses of Style in archaeology*, pp. 82–104. Cambridge University Press, Cambridge.

土肥孝, 1990:「美・芸術そして独占のはじまり——アクセサリー——」『月刊文化財』326: 4–11 頁.

Dougherty, Janet W. E. and Chales M. Keller, 1985: Taskonomy: a practical approach to knowledge structures. In J.W.E. Dougherty (ed.), *Directions in Cognitive Anthropology*, pp. 161–74. University of Illinois Press, Urbana.

Dunnell, Robert C., 1978: Style and function: a fundamental dichotomy. *American Antiquity* 43: 192–202.

————, 1986: Methodological issues in American artifact classification. In M. B. Schiffer (ed.), *Advances in Archaeological Method and Theory*, vol. 9, pp. 149–207. Academic Press, New York.

Eggert, Manfield K. H., 1976: Prehistoric archaeology and cognitive anthropology: a review. *Anthropos* 71: 508–24.

————, 1977: Prehistoric Archaeology and the problem of ethno-cognition. *Anthropos* 72: 242–55.

Fillenbaum, S., and A. Rapoport, 1971: *Structures in the Subjective Lexicon*. Academic Press, New York.

Fillmore, Charles, 1982: Frame semantics. In Linguistic Society of Korea (ed.), *Linguistics in the Morning Calm*, pp. 111–38. Hanshin, Seoul.

Flannery, Kent V., 1967: Culture history v. culture process: a debate in American Archaeology. *Scientific American* 217 (2): 119–22.

————, 1968a: Archaeological systems theory and Early Mesoamerica. In Betty J. Meggers (ed.), *Anthropological Theory in the Americas*, pp. 67–88. Anthropological Society of Washington, Washington, D.C.

————, 1968b: The Olmec and the valley of Oaxaca: a model for inter-regional interaction in Formative times. In E. P. Benson (ed.), *Dumbarton Oaks Conference on the Olmec*, pp. 79–110. Washington, D.C.

————, 1972: The cultural evolution of civilizations. *Annual Review of Ecology and Systematics*, vol. 3: 399–426.

Flannery, Kent V. and Joyce Marcus, 1976: Formative Oaxaca and the Zapotec cosmos. *American Scientist* 64 (4): 374–83.

————, 1993: Cognitive archaeology. *Cambridge Archaeological Journal* 3 (2): 260–7.

Flannery, Kent V. and Joyce Marcus (eds.), 1983: *The Cloud People: divergent evolution of the Zapotec and Mixtec civilizations*. Academic Press, New York.

Ford, James A., 1954: The type concept revised. *American Anthropologist* 56: 42–54.

Freidel, David A., 1981: Civilization as a state of mind. In Gordon Jones and Robert Kautz (eds.), *Transformations to Statehood*, 188–227. Cambridge University Press, Cambridge.

Friedrich, Margaret Hardin, 1970: Design structure and social interaction: archaeological implications of an ethnographic analysis. *American Antiquity* 35: 332–43.

Fritz, John M., 1978: Palaeopsychology today: ideational systems and human adaptaions in prehistory. In Charles L. Redman, Mary Jane Berman, Edward V. Curtin, William T. Langhorne, Jr., Nina M. Versaggi, and Jeffery C. Wanser (eds.), *Social Archaeology: beyond subsistence and dating*, pp. 37–59. Academic Press, New York.

藤尾慎一郎, 1987:「稲作受容期の甕形土器研究」『東アジアの考古と歴史　中　岡崎敬先生退官記念献呈論文集』294–323 頁, 同朋舎出版.

————, 1988:「縄文から弥生へ――水田耕作の開始か定着か――」『日本民族・文化の生成 1　永井昌文教授退官記念論文集』437–52 頁, 六興出版.

————, 1989:「九州の甕棺――弥生時代甕棺墓の分布とその変遷――」『国立歴史民俗博物館研究報告』21: 141–206 頁.

————, 1990:「西部九州の刻目突帯文土器」『国立歴史民俗博物館研究報告』26: 1–75 頁.

————, 1991:「水稲農耕と突帯文土器」『横山浩一先生退官記念論文集 II　日本における初期弥生文化の成立』187–270 頁, 横山浩一退官記念事業会.

————, 1993:「生業からみた縄文から弥生」『国立歴史民俗博物館研究報告』48: 1–65 頁.

藤田富士夫, 1989:『玉』ニュー・サイエンス社.

藤田等, 1991:「甕棺・土器棺の埋置角度について」『古文化論叢　児島隆人先生喜寿記念論集』291–314 頁, 児島隆人先生喜寿記念事業会.

深澤芳樹, 1986:「弥生時代の近畿」『岩波講座日本考古学 5　文化と地域性』157–86 頁, 岩波書店.

福井勝義, 1991:『認識と文化――色と模様の民族誌――』東京大学出版会.

福岡県教育委員会, 1983:『石崎曲り田遺跡 I　今宿バイパス関係埋蔵文化財発掘調査報告書第 8 集』福岡県教育委員会.

古田正隆, 1974:『筏遺跡――縄文後・晩期の埋葬遺跡――　百人委員会埋蔵文化財報告第 4 集』百人委員会.

Gardin, Jean-Claude, 1965: On a possible interpretation of componential analysis in archaeology. In Formal Semantic Analyisis, edited by E. A.Hammel, *American Anthropologist* (Special Publication) 67: 9–22.

Gardin, Jean-Claude and Christopher S. Peebles (eds.), 1992: *Representations in Archaeology*. Indiana University Press, Bloomington and Indianapolis.

Gardner, H., 1985: *The Mind's New Science: a history of the cognitive revolution*. (佐伯胖・海保博之訳『認知革命――知の科学の誕生と展開――』産業図書, 1987)

Giddens, Anthony, 1979: *Central Problems in Social Theory: Action, Structure and Contradiction in Social Analysis*. Macmillan Press, London and Basingstoke. (友枝敏雄他訳『社会理論の最前線』ハーベスト社, 1989)

————, 1984: *The Constitution of Society: Outline of the Theory of Structuration*. Polity Press, Cambridge.

Gifford, James C., 1960: The type-variety method of ceramic classification as an indicater of cultural phenomena. *American Antiquity* 25: 341–47.

Gilbert, Nigel and Jim Doran (eds.), 1994: *Simulating Societies*. UCL Press, London.

Glassie, H., 1975: *Folk Housing in Middle Virginia*. University of Tennesee Press, Knoxville.

Goffman, Erving, 1974: *Frame Analysis*. Harper, New York.

Goodenough, Ward H., 1957: Cultural anthropology and linguistics. In Paul Garvin (ed.), *Report of the Seventh Annual Round Table Meeting on Linguistics and Language Study*, Georgetown University Series on Language Linguistics, No. 9. Washington.

後藤明, 1993:「考古学と言語学」『古代文化』45 (11): 51–66 頁.

―――, 1997:「実践的問題解決過程としての技術――東部インドネシア・ティドレ地方の土器製作――」『国立民族学博物館研究報告』22 (1): 125–83 頁.

後藤直, 1986:「農耕社会の成立」『岩波講座日本考古学 6　変化と画期』119–70 頁, 岩波書店.

羽生淳子, 1984:「縄文土器における文様・形態の類似と相違――遺跡相互間の関係の分析と復元に向けて――」『信濃』36 (10): 49–61 頁.

―――, 1986:「縄文土器の類似度――土器の属性分析に基づく遺跡間の関係復元への新たな試み――」『史學』55 (2・3): 1–30 頁.

Hall, Robert L., 1977: An anthropocentric perspective for Eastern United States prehistory. *American Antiquity* 42: 499–518.

原田大六, 1952:「福岡県石ヶ崎の支石墓を含む原始墓地」『考古学雑誌』38 (4): 1–33 頁.

原田昌幸, 1990:「縄文時代の玉」『月刊文化財』326: 12–8 頁.

Hardin, Margaret A., 1970: Design structure and social interaction: archaeological implications of an ethnographic analysis. *American Antiquity* 35: 332–43.

―――, 1983: The structure of Tarascan pottery painting. In D. K. Washburn (ed.), *Structure and Cognition in Art*, pp. 8–24. Cambridge University Press, Cambridge.

春成秀爾, 1973:「弥生時代はいかにしてはじまったか」『考古学研究』20 (1): 5–24 頁.

―――, 1990:『弥生時代の始まり』東京大学出版会.

橋口達也, 1985a:「日本における稲作の開始と発展」『石崎曲り田遺跡 III』5–103 頁, 福岡県教育委員会.

―――, 1985b:「縄文晩期の土器」『権現塚北遺跡　瀬高町文化財調査報告書 3』瀬高町教育委員会.

―――, 1988:「九州における縄文と弥生の境」『季刊考古学』23: 17–22 頁.

―――, 1992:「大形棺成立以前の甕棺の編年」『九州歴史資料館研究論集』17: 19–40 頁.

―――, 1995:「墓制の変化(一)北部九州――支石墓と大形甕棺の登場――」『弥生文化の成立――大変革の主体は「縄紋人」だった――』70–80 頁, 金関恕＋大阪府立弥生文化博物館編, 角川書店.

林謙作, 1977:「縄文期の葬制 第 2 部――遺体の配列, とくに頭位方向――」『考古学雑誌』63 (3): 1–36 頁.

―――, 1990:「素山上層式の再検討―― M・Y・I の主題による変奏曲――」『伊東信雄先生追悼考古学古代史論攷』105–62 頁, 伊東信雄先生追悼論文集刊行会.

Hayden, Brian, 1982: Interaction parameters and the demise of paleo-Indian craftsmanship. *Plains Anthropologists* 27: 109–23.

―――, 1984: Are emic types relevant to archaeology? *Ethnohistory* 31 (2): 79–92.

―――, 1995: Pathways to power: Principles for creating socioeconomic inequalities. In T. Douglas Price and Gary M. Feinman (eds.), *Foundations of Social Inequality*, 15–86. Plenum Press, New York and London.

―――, 1997: *The Pithouses of Keatley Creek: Complex Hunter-Gatherers of the Northwest Plateau*. Harcourt Brace College Publishers.

Heider, E. R., 1972: Universals in color naming and memory, *Journal of Experimental Psychology*, vol. 93–1: 10–20.

Heider, Karl, 1967: Archaeological assumptions and ethnographical facts. *Southwestern Journal of Anthropology* 23: 52–64.

Helms, Mary W., 1979: *Ancient Panama: Chiefs in Search of Power*. University of Texas Press, Austin.

―――, 1988: *Ulysses Sail: An Ethnographic Odyssey of Power, Knowledge, and Geographical Distance*. Princeton University Press, Princeton, New Jersey.

東中川忠実, 1986:『久保泉丸山遺跡　佐賀県文化財調査報告書第 84 集』佐賀県教育委員会.

樋口清之, 1940:「垂玉考」『考古学雑誌』6 (13): 439–73 頁.

Hill, James N., 1968: Broken K Pueblo: patterns for form and function. In S. R. Binford and L. R. Binford (eds.), *New Perspectives in Archaeology*, pp. 103–43. Aldine, Chicago.

————, 1970: *Broken K Pueblo: Prehistoric social organization in the American Southwest*. University of Arizona, Anthropological Papers 18.

Hodder, Ian, 1982a: *Symbols in Action*. Cambridge University Press, Cambridge.

————, 1982b: Theoretical archaeology: a reactionary view. In Ian Hodder (ed.), *Symbolic and Structural archaeology*, pp. 1–16. Cambridge University Press, Cambridge.

————, 1982c: Sequences of structural change in the Dutch Neolithic. In Ian Hodder (ed.), *Symbolic and Structural archaeology*, pp. 162–77. Cambridge University Press, Cambridge.

————, 1984: Archaeology in 1984. *Antiquity* 58: 25–32.

————, 1985: Postprocessual archaeology. in M. Shiffer(ed.), *Advances in Archaeological Method and Theory*, vol. 8, pp. 1–26. Academic Press, New York.

————, 1987: The contextual analysis of symbolic meanings. In I. Hodder (ed.), *The Archaeology of Contextual Meanings*, pp. 1–10. Cambridge University Press, Cambridge.

————, 1989: Post-modernism, post-structuralism and post-processual archaeology. In I. Hodder (ed.), *The Meanings of Things*, pp. 64–78. Unwin Hyman, London.

————, 1990: *The Domestication of Europe*. Blackwell, Oxford.

————, 1991a: *Reading the Past*, second edition. Cambridge Uniersity Press, Cambridge.

————, 1991b: Postprocessual archaeology and the current debate. In R. W. Preucel (ed.), *Processual and Postprocessual Archaeologies: Multiple Ways of Knowing the Past*, pp. 30–41. Southern Illinois University Press, Carbondale.

————, 1992: *Theory and Practice in Archaeology*. Routledge, London.

————, 1993: Social cognition. *Cambridge Archaeological Journal* 3 (2): 253–7.

————, 1997: Personal communication.

星野村教育委員会, 1994:『十籠星野小学校遺跡　星野村文化財調査報告書第2集』星野村教育委員会.

Hutchins, Edwin, 1980: *Culture and Inference*. Cambridge University Press, Cambridge.

————, 1994:「斉藤氏のコメントへの返答」『認知科学の発展 Vol. 7　特集　分散認知』89–99頁, 講談社.

————, 1995: *Cognition in the Wild*. MIT Press, Cambridge, Mass.

李清圭, 1988:「南韓地方無文土器文化の展開と孔列土器文化の位置」『韓国上古代史學報』1: 37–92頁.

井上繭子, 1993:「西日本の土偶——主にその分類と系統について——」『古文化談叢』29: 21–53頁.

井上洋一, 1990:「イノシシからシカへ ——動物意匠からみた縄文社会から弥生社会への変化——」『國學院大學考古学資料館紀要』6: 27–39頁.

泉拓良, 1979:「西日本の縄文土器」『世界陶磁全集1　日本原始』小学館.

泉拓良・山崎純男, 1989:「凸帯文系土器様式」『縄文土器大観4　後期晩期続縄文』347–52頁, 小学館.

Jones, Sian, 1997: *The Archaeology of Ethnicity: Constructing identities in the past and present*. Routledge, London.

鏡山猛, 1960:「共同墓地と厚葬の萌芽」『世界考古学体系2　日本 II』21–33頁.

————, 1961a:「原生期の織布——九州組織痕土器を中心に——(上)」『史淵』84: 39–70頁.

————, 1961b:「原生期の織布——九州組織痕土器を中心に——(中)」『史淵』86: 25–50頁.

————, 1962:「原生期の織布——九州組織痕土器を中心に——(下)」『史淵』89: 27–43頁.

————, 1972:『九州考古学論攷』吉川弘文館, 東京.

賀川光夫, 1965:「縄文文化の発展と地域性——九州東南部——」『日本の考古学 II（縄文時代）』河出書房新社.

————, 1966:「縄文時代の農耕」『考古学ジャーナル』2: 2–5頁.

————, 1967a:「円形土壙の発掘——大分県大野郡緒方町大石遺跡——」『考古学ジャーナル』5: 28頁.

————, 1967b:「縄文晩期農耕文化に関する一問題——石刀技法——」『考古学雑誌』52 (4): 1–9頁.

————, 1968:「九州西北部にみられるサイド・ブレイドについて」『考古学ジャーナル』16: 15–7頁, 17: 14–6.

————, 1969a:「縄文時代のカメ棺 (1)～(3)」『考古学ジャーナル』34・35・37.

————, 1969b:「晩期の様相と研究史——九州——」『新版考古学講座』3, 雄山閣.

————, 1971:「縄文晩期農耕の起源に関する研究」『恵良原遺跡』別府大学考古学研究報告.

―――――, 1980:「縄文農耕論一・二の問題――イネ作とその農法――」『鏡山猛先生古稀記念古文化論攷』109–16 頁，鏡山猛先生古稀記念論文集刊行会.

嘉穂町教育委員会，1989:『嘉穂地区遺跡群 VII　アミダ遺跡』嘉穂町教育委員会.

鎌木義昌，1965:「縄文文化の概観」『日本の考古学 II（縄文時代）』河出書房新社.

上村俊雄，1992:「南九州の十字形石器」『南部九州地域における原始・古代文化の諸様相に関する総合的研究』鹿児島大学法文学部.

金関恕＋大阪府立弥生文化博物館編，1995:『弥生文化の成立――大変革の主体は「縄紋人」だった――』角川書店.

Karlin, C. and M. Julien, 1994: Prehistoric technology: a cognitive science? In C. Renfrew and E.B.W. Zubrow (eds.), *Ancient Mind: Elements of Cognitive Archaeology*, pp. 152–64. Cambridge University Press, Cambridge.

河口貞徳，1972a:「南九州縄文晩期土器の型式編年」『上加世田遺跡調査概要　第 5 次』加世田市教育委員会.

―――――, 1972b:『上加世田遺跡発掘調査概要　第 5 次』加世田市教育委員会.

Keesing, Roger M., 1972: Paradigms lost: the New Ethnography and New Linguistics. *Southwestern Journal of Anthropology* 28 (4): 299–332.

―――――, 1974: Theories of culture. *Annual Review of Anthropology* 3: 73–97.

Kehoe, Alice B. and Thomas F. Kehoe, 1973: Cognitive models for archaeological interpretaion. *American Antiquity* 38 (2): 150–4.

Keightley, David N., 1987: Archaeology and mentality: the making of China. *Representations* 18: 91–128.

Kempton, Willet, 1982: *The Folk Classification of Ceramics: A Study of Cognitive Prototypes*. Academic Press, New York.

喜田貞吉，1936a:「日本石器時代の終末期に就いて」『ミネルヴァ』4 月号: 1–9 頁.

―――――, 1936b:「「あばた」も「えくぼ」，「えくぼ」も「あばた」――日本石器時代終末期問題――」『ミネルヴァ』6 月号: 1–6 頁.

木村幾多郎，1975:「縄文時代・後晩期」『九州考古学の諸問題』福岡考古学研究会，6–20 頁，東出版.

木下尚子，1987:「弥生定形勾玉考」『東アジアの考古と歴史 中　岡崎敬先生退官記念献呈論文集』541–91 頁，同朋舎出版.

―――――, 1987:「垂飾」『弥生文化の研究』8: 193–8 頁，雄山閣.

小林久雄，1929:「九州の縄文土器」『人類学先史学講座』10，雄山閣.

小林正史，1993:「民族考古学からみた土器の用途推定」『新視点・日本の歴史』1: 132–9 頁.

―――――, 1994:「稲作農耕民とトウモロコシ農耕民の煮沸用土器――民族考古学による通文化比較――」『北陸古代土器研究』4: 85–110 頁.

小林達雄，1977a:「縄文土器の世界」『日本原始美術大系』I，153–81 頁，講談社.

―――――, 1977b:「型式，様式，形式」『日本原始美術大系』I，講談社.

―――――, 1985:「縄文文化の終焉」『日本史の黎明』六興出版.

小林行雄，1933:「先史考古学における様式問題」『考古学』4 (8).

小池史哲，1982:「福岡県二丈町広田遺跡の縄文土器――晩期初頭広田式の設定――」『森貞次郎博士古稀記念古文化論集（上）』森貞次郎博士古希記念古文化論集刊行会.

―――――, 1993:「豊前地域の縄文後期住居跡」『古文化談叢』30: 1029–44 頁.

甲元真之，1990:「弥生時代の装身具」『歴博』45.

―――――, 1992:「管玉に関する覚書」『究班――埋蔵文化財研究会 15 周年記念論文集――』15–24 頁，埋蔵文化財研究会.

―――――, 1997:「朝鮮先史時代の集落構造」『住の考古学』藤本強編，98–110 頁，同成社.

甲野勇，1994:『埼玉県柏崎村真福寺貝塚調査報告』小宮山書店.

近藤義郎，1962:「弥生文化論」『岩波講座日本歴史 1』岩波書店.

小山正忠・竹原秀雄，1967:『新版標準土色帖』日本色研事業株式会社.

Kristiansen, Kristian, 1984: Ideology and material culture: an archaeological perspective. In Matthew Spriggs (ed.), Marxist Perspectives in Archaeology, pp. 72–100. Cambridge University Press, Cambridge.

熊本市教育委員会，1981:『上南部遺跡発掘調査報告書』熊本市教育委員会.

Labov, William, 1973: The boundaries of words and their meanings. In Joshua Fishman (ed.), *New Ways of*

Analysing Variation in English, pp. 340–73. Georgetown University Press, Washington, D. C.

Lachman, Roy, Janet Lachman and Earl C. Butterfield, 1979: *Cognitive Psychology and Information Processing: An Introduction*. Lawrence Erlbaum Associates, Inc.（箱田裕司・鈴木光太郎監訳『認知心理学と人間の情報処理』I──情報処理パラダイム──サイエンス社，1988）

Lagrange, Marie-Sarome, 1992: Symbolic data and numerical processing: a case study in art history by means of automated learning techniques. In J.-C. Gardin and C. S. Peebles (eds.), *Representations in Archaeology*, pp. 330–56. Indiana University Press, Bloomington and Indianapolis.

Lakoff, George, 1972: Hedges: a study in meaning criteria and the logic of fuzzy concepts. In *Papers from the Eighth Regional Meeting, Chicago Linguistic Society*, pp. 183–228. Chicago Linguistic Society, Chicago.

─────, 1987: *Woman, Fire and Dangerous Things: What categories reveal about the mind*. The University of Chicago, Chicago.（池上嘉彦他訳『認知意味論』紀伊國屋書店，1993）

Lakoff, George, and Mark Johnson, 1980: *Metaphors We Live By*. University of Chicago Press, Chicago.

Leone, Mark P., 1982: Some opinions about recovering mind. *American Antiquity* 47 (4): 742–59.

─────, 1986: Symbolic, structural, and critical archaeology. In D. D. Fowler and J. Sabloff (eds.), *American Archaeology Past and Future: A Celebration of the Society for American Archaeology 1935–1985*, pp. 415–38. Smithsonian Institution Press, Washington.

Leroi-Gourhan, Andre, 1965: *Treasures of Prehistoric Art*. Abrams, New York.

Longacre, William A., 1968: Some aspects of prehistoric society in East-Central Arizona. In S. R. Binford and L. R. Binford (eds.), *New Perspectives in Archaeology*, pp. 89–102. Aldine, Chicago.

─────, 1970: *Archaeology as Anthropology: a case study*. University of Arizona, Anthropological Papers 17.

前田義人，1987:「縄文時代晩期前半の土器編年について──北九州市域を中心として──」『文化史論叢(上)　横田健一先生古稀記念』100–23 頁，創元社.

─────, 1989:「下吉田遺跡の縄文時代晩期資料─突帯文土器出現期の一様相─」『古文化談叢』20: 23–49 頁.

前川威洋，1969:「九州縄文後期の装身具について──山鹿貝塚人骨装着品を中心に──」『九州考古学』36・37: 3–19 頁.

Malinowski, Bronislaw K., 1922: *Argonauts of the Western Pacific: An Account of Native Enterprose and Adventure in the Archiperagos of Melanesian New Guinea*. George Routledge and Sons., London.（寺田和夫・増田義郎訳『マリノフスキー・レヴィ＝ストロース』中央公論社，1967）

Mandler, G., 1985: *Cognitive Psychology: A Essay in Cognitive Science*. Lawlence Erlbaum Associates.（大村彰道他訳『認知心理学の展望』紀伊國屋書店，1991）

Marcus, Joyce and Kent V. Flannery, 1994: Ancient Zapotec ritual and religion: an application of the direct historical approach. In Colin Renfrew and E.B.W. Zubrow (eds.), *The Ancient Mind: elements of cognitive archaeology*, pp. 55–74. Cambridge University Press, Cambridge.

松本直子，1993:「認知考古学の射程」『平成 5 年度九州史学会大会発表要旨』.

─────, 1994:「考古学への認知的視点の導入」『第 11 回日本認知科学会大会発表論文集』.

─────, 1995a:「書評　コリン・レンフリュー，エズラ・ズブロウ編『古代の心──認知考古学の諸要素──』」『考古学研究』42 (1): 115–7 頁.

─────, 1995b:「土器の地域性に関する認知考古学的研究──縄文時代後晩期九州の地理勾配の検討を通して──」『鹿児島考古』29: 20–9 頁.

─────, 1995c:「アルタイ地区の岩面画」『シルクロードによって結ばれた，中国新疆地区と我が国九州地区との比較考古学的研究 平成 4〜6 年度科学研究費補助金(国際学術研究)研究成果報告書』58–69 頁，九州大学文学部考古学研究室.

─────, 1996a:「認知考古学的視点からみた土器様式の空間的変異──縄文時代後晩期黒色磨研土器様式を素材として──」『考古学研究』42 (4): 61–84 頁.

─────, 1996b:「描画方向の規定要因に関する認知考古学的研究」『第 13 回日本認知科学会大会発表論文集』.

松永幸男，1984:「押型文土器にみられる様相の変化について」『古文化談叢』13: 1–30 頁.

─────, 1989:「土器様式変化の一類型──縄文時代後期の東南九州地方を事例として──」『生産と流通の考古学　横山浩一先生退官記念論文集 I』21–42 頁，横山浩一先生退官記念事業会.

松尾禎作，1957:『北九州支石墓の研究』松尾禎作先生還暦記念事業会.

Mayr, Ernst, 1984: Species concept and their applications. in Elliot Sober (ed.), *Conceptual Issues in Evolutionary Biology: An Anthology*, pp. 531–40. MIT Press, Cambridge.

McKellin, William H., 1995: Cognition, meaning and kinship: connectionist models of cultural representation. *Culture* 15 (1): 19–31.

三上次男，1959:「朝鮮における有文土器の分布とその拡がりについて」『朝鮮学報』14: 309–21 頁.

Miller, Daniel, 1982: Artefacts as products of human categorisation processes. in I. Hodder (ed.) *Symbolic and Structural Archaeology*, pp. 17–25. Cambridge University Press, Cambridge.

―――――, 1985: *Artifacts as Categories: A study of Ceramic Variability in Central India*. Cambridge University Press, Cambridge.

―――――, 1987: *Material Culture and Mass Consumption*. Basil Blackwell, Oxford.

Miller, Daniel and Christopher Tilley (eds.), 1984: *Ideology, Power and Prehistory*. Cambridge University Press, Cambridge.

Miller, G. A., 1956: The magical number seven, plus or minus two: some limits on our capacity for processing information. *Psychological Review* 63: 81–97.

Mithen, Steven J., 1990: *Thoughtful Foragers: A Study of Prehistoric Decision Making*. Cambridge University Press, Cambridge.

光永真一，1995:「『孔列文土器』について」『岡山県埋蔵文化財発掘調査報告書100 南溝手遺跡 1』岡山県教育委員会.

宮内克己，1980:「九州縄文時代土偶の研究」『九州考古学』55.

―――――, 1981:「三万田式土器の研究」『古文化談叢』8.

宮崎県教育委員会，1985:「平畑遺跡」『宮崎学園都市遺跡発掘調査報告書第 2 集』宮崎県教育委員会.

溝口孝司，1987:「土器における地域色――弥生時代中期の中部瀬戸内・近畿を素材として――」『古文化談叢』17: 137–58 頁.

―――――, 1991:「社会考古学の射程――社会システムの変容における外部 / 内部の問題にふれつつ――」『地方史研究』41–4 頁.

―――――, 1993:「「記憶」と「時間」――その葬送儀礼と社会構造の再生産において果たす役割り――」『九州文化史研究所紀要』38: 21–59 頁.

水野正好，1969:「縄文時代集落復元の基礎的操作」『古代文化』21 (3): 4 頁.

森貞次郎，1942:「古式彌生式文化に於ける立岩文化期の意義」『古代文化』13 (7): 1–39 頁.

―――――, 1955:「福岡県粕屋郡夜臼遺跡」『日本考古学年報』4: 112–3 頁，誠文堂新光社.

―――――, 1958:「長崎県狸山支石墓」『九州考古学』5・6.

―――――, 1969:「日本における初期の支石墓」『金載元博士回甲記念論叢』.

―――――, 1980:「弥生勾玉考」『鏡山猛先生古稀記念古文化論攷』: 307–41 頁.

―――――, 1982:「唐津市宇木汲田遺跡の銅剣・勾玉・管玉について」『末廬国』六興出版.

森貞次郎・岡崎敬，1961:「福岡県板付遺跡」『日本農耕文化の生成』: 37–77 頁，東京堂.

武藤康弘，1997:「縄文時代前・中期の長方形大型住居の研究」『住の考古学』: 13–35 頁，藤本強編，同成社.

永田稲男，1994:「石木中高遺跡」『佐賀県文化財年報 1』53 頁，佐賀県教育庁文化財課.

中間研志，1985:「紡錘車の研究――我国稲作農耕文化の一要因としての紡織の技術の展開――」『石崎曲り田遺跡 III』: 105–60 頁，福岡県教育委員会.

中村健二，1993:「土器棺墓よりみた近畿地方縄文晩期後半の地域色について」『滋賀考古』10.

中島直幸，1982:「初期稲作期の凸帯文土器――唐津市菜畑遺跡の土器編年を中心に――」『森貞次郎博士古稀記念古文化論集』上巻: 297–354 頁，森貞次郎博士古稀記念論文集刊行会.

中島直幸・田島龍太編，1982:『菜畑――佐賀県唐津市における初期稲作遺跡の調査――』唐津市.

中園聡，1991a:「墳墓にあらわれた意味――とくに弥生時代中期後半の甕棺墓にみる階層性について――」『古文化談叢』25: 51–92 頁.

―――――, 1991b:「甕棺型式の再検討――"属性分析" と数量分類法による型式分類――」『九州考古学』66: 1–28 頁.

―――――, 1993a:「折衷土器の製作者――韓国勒島遺跡における弥生土器と無文土器の折衷を事例として――」『史淵』130: 1–29 頁.

————, 1993b:「弥生時代——西日本——」『考古学ジャーナル』361: 48–56 頁.

————, 1993c:「様式論と南部九州の弥生時代中期土器」『鹿児島考古』27: 49–63 頁.

————, 1994:「弥生時代開始期の壷形土器——土器作りのモーターハビットと認知構造——」『日本考古学』1: 87–101 頁.

Neisser, Ulric, 1967: *Cognitive Psychology*. Appleton-Century-Crofts, New York.（大羽秦訳『認知心理学』誠信書房，1981）

————, 1976: *Cognition and Reality*. W. H. Freeman, San Francisco.（古崎敬・村瀬旻訳『認知の構図』サイエンス社，1978）

西谷正，1980:「日朝原始墳墓の諸問題」『東アジア世界における日本古代史講座』第 1 巻: 181–6 頁.

————, 1982:「朝鮮先史時代の勾玉」『森貞次郎博士古稀記念 古文化論集』上巻: 187–202 頁，森貞次郎博士古稀記念論文集刊行会.

————, 1997:『東アジアにおける支石墓の総合的研究（課題番号 06401010）平成 6〜8 年度科学研究費補助金（基盤研究 (A) (2)）研究成果報告書』九州大学文学部考古学研究室.

大林太良，1971:「縄文時代の社会組織」『季刊人類学』2 (2).

小田富士雄，1974:『大野台遺跡』大野台遺跡調査団.

大西智和・中園 聡，1993:「埴輪」『番塚古墳』: 285–8 頁，九州大学文学部考古学研究室.

岡本孝之，1990:「縄文土器の範囲」『古代文化』42 (5): 1–15 頁.

岡村道雄，1990:「埋葬状態からみた縄文人のアクセサリー」『月刊文化財』326: 52–7 頁.

Orme, Bryony, 1981: *Anthropology for Archaeologist*. London: Duckworth.

Ortner, Sherry, 1990: Patterns of history: cultural schemas in the foundings of sherpa religious institutions. In E. Ohnuki-Tierney (ed.), *Culture Through Time: Anthropological Approaches*, pp. 57–93. Stanford University Press, Stanford.

Orton, C., 1980: *Mathematics in Archaeology*, William Collins.（小川一雅・及川昭文訳『数理考古学入門』雄山閣，1987）

Osgood, Cornelius, 1940: *Ingalik Materical Culture*. Yale University Publications in Anthropology 22.

O'Shea, John M., 1984: *Mortuary Variability: An Archaeological Investigation*. Academic Press, New York.

乙益重隆，1965:「縄文文化の発展と地域性——九州西北部——」『日本の考古学 II（縄文時代）』河出書房新社.

————, 1967:「弥生時代開始の諸問題」『考古学研究』14 (3): 10–20 頁.

Parker Pearson, Michael, 1984: Exploitation and class formation in the Inca state. *Paper presented at the May 1984 meeting of the Canadian Ethnological Society*, Montreal.

Peebles, C. S., 1992: Rooting out latent behaviourism in prehistory. in Gardin, J.-C. and C. S. Peebles (eds.). *Representations in Archaeology*, pp. 357–84. Indiana University Press, Bloomington and Indianapolis.

————, 1993: Aspects of a cognitive archaeology. in C. Renfrew, et.al. What is cognitive archaeology? *Cambridge Archaeological Journal* 3 (2).

Perles, Catherine, 1992: In search of lithic strategies: a cognitive approach to prehistoric chipped stone assemblages. In J.-C. Gardin and C. S. Peebles (eds.), *Representations in Archaeology*, pp. 223–50. Indiana University Press, Bloomington and Indianapolis.

Piaget, J., 1953: *The Origin of Intelligence in the Child*. Routledge and Kegan Paul, London.（波多野完治・滝沢武久訳『知能の心理学』みすず書房，1960）

Plog, Stephen, 1976: Measurement of prehistoric interaction between communities. In Kent Flannery (ed.), *The Early Mesoamerican Village*, pp. 255–72. Academic Press, New York.

————, 1978: Social interaction and stylistic similarity: a reanalysis. In M. B. Shiffer (ed.), *Advances in Archaeological Method and Theory*, vol. 5, pp. 143–52. Academic Press, New York.

Price, T. Douglas and Gary M. Feinman (eds.), 1995: *Foundations of Social Inequality*. Plenum Press, New York and London.

Reed, S. K., 1972: Pattern recognition and categorization. *Cognitive Psychology*, 3: 383–407.

Renfrew, Colin, 1973a: Monuments, mobilisation and social organization in Neolithic Wessex. In C. Renfrew (ed.), *The Explanation of Culture Change: Models in Prehistory*, pp. 539–58. Duckworth, London.

————, 1973b: *Before Civilization*. Jonathan Cape.

————, 1978: The anatomy of innovation. in D. Green, C. Haselgrove and M. Spriggs (eds.), *Social Organization and Settlement*. British Archaeological Reports International Series 47 (i): 89–117.

————, 1979: Systems collapse as social transformation. in C. Renfrew and K. L. Cooke (eds.), *Transformation, Mathematical Approaches to Culture Change*, pp. 275–94. Academic Press, New York.

————, 1982: *Towards an Archaeology of Mind*. Cambridge University Press, Cambridge.

————, 1983: Divided we stand: aspects of archaeology and information. *American Antiquity* 48 (1): 3–16.

————, 1984: *Approaches to Social Archaeology*. Edinburgh University Press, Edinburgh.

————, 1985: *The Archaeology of Cult*. Thames and Hudson, London.

————, 1987: *Archaeology and Language*. Jonathan Cape, London.

————, 1993: Cognitive archaeology: some thoughts on the archaeology of thought. *Cambridge Archaeological Journal* 3: 248–50.

Renfrew, Colin and Paul Bahn, 1996: *Archaeology: Theories, Methods and Practice*, 2nd edition. Thames and Hudson, London.

Renfrew, Colin, C. S. Peebles, I. Hodder, B. Bender, K. Flannery and J. Marcus, 1993: What is cognitive archaeology. *Cambridge Archaeological Journal* 3 (2): 247–70.

Renfrew, Colin and E.B.W. Zubrow (eds.), 1994: *Ancient Mind: Elements of Cognitive Archaeology*. Cambridge University Press, Cambridge.

Rogers, E. M., 1962: *Diffusion of Innovation*. Free Press, New York.

Rosch, E., 1972: The structure of color space in naming and memory for two languages. *Cognitive Psychology* 3: 337–54.

————, 1973: Universals in color naming and memory. *Journal of Experimental Psychology* 93: 10–20.

————, 1975: Cognitive representations of semantic categories. *Journal of Experimental Psychology*, General 104: 192–233.

————, 1978: Principles of categorization. in E. Rosch & B. B. Lloyd(eds.), *Cognition and Categorization*. Lawrence Erlbaum, Hillsdale, NJ.

Rouse, Irving B., 1939: *Prehistory in Haiti: a study in method*. Yale University Publications in Anthropology 21.

————, 1960: The classification of artifacts in archaeology. *American Antiquity* 25: 313–23.

————, 1986: *Migrations in Prehistory: Inferring Population Movement from Cultural Remains*. Yale University Press. (小谷凱宣訳『考古学への招待——先史時代の民族移動——』岩波書店, 1990)

Rumelhart, D. E. and J. L. McClelland, 1986: *Parallel Distributed Processing: Explorations in the Microstructure of Cognition,* Vol. 1: Foundations. MIT Press, Cambridge, MA.

Sackett, James, 1977: The meaning of style in archaeology. *American Antiquity* 42: 369–80.

————, 1982: Approaches to style in lithic archaeology. *Journal of Anthropological Archaeology* 1: 59–112.

————, 1985: Style and Ethnicity in the Kalahari: A Reply to Wiessner, *American Antiquity* 50–1: 154–9.

佐伯胖, 1991:「私たちはどう「間違って間違って」いたのか——認識人類学から学ぶこと——」福井勝義『認識と文化——色と模様の民族誌——』213-26 頁, 東京大学出版会.

佐伯胖・佐々木正人編, 1990:『アクティブ・マインド』東京大学出版会.

佐原眞, 1968:「日本農耕起源論批判——日本農耕文化の起源をめぐって——」『考古学ジャーナル』23: 2-11, 20 頁.

————, 1975:「農業の開始と階級社会の形成」『岩波講座日本歴史』1 原始および古代 1, 岩波書店.

————, 1976:『弥生土器』日本の美術 125, 至文堂.

————, 1983:「弥生土器入門」『弥生土器』I, 1-24 頁, ニュー・サイエンス社.

崔盛洛, 1982:「放射性炭素測定年代問題の検討」『韓国考古学報』13: 61-95 頁.

坂口隆, 1996:「刻目突帯文土器の成立」『先史考古学研究』6: 71-115 頁.

坂本嘉弘, 1982:「東九州における縄文後・晩期遺跡の動態——大分県を中心として——」『賀川光夫先生還暦記念論文集』賀川光夫先生還暦記念論文集編集委員会.

————, 1994:「埋甕から甕棺へ——九州縄文埋甕考——」『古文化談叢』32: 1-28 頁.

————, 1997:「九州における縄文時代の葬制」『古文化談叢』37: 1-37 頁.

桜井準也, 1991:「縄文人の眼、考古学者の眼——認知考古学の可能性——」『東邦考古』15: 58-79 頁.

佐々木憲一，1990:「アメリカ考古学と日本考古学——その協調の可能性——」『考古学研究』37 (3): 25–44 頁.

佐々木高明・松山利夫編，1988:『畑作文化の誕生』日本放送出版協会.

澤下孝信，1983:「福岡県・黒山遺跡について——三万田式土器の再検討——」『古文化談叢』11: 179–231 頁.

————，1989:「土器様式伝播の一類型——中部地方西部縄文時代中期後半の地域相——」『古文化談叢』20（下）: 1–22 頁.

————，1991:「土器様式伝播考——西日本の縄文時代後期磨消縄文土器を中心として——」『古文化談叢』25: 15–42 頁.

Schlanger, Nathan, 1994: Mindful Technology: unleashing the chaine operatoire for an archaeology of mind. In C. Renfrew and E. B. W. Zubrow (eds.), *Ancient Mind: Elements of Cognitive Archaeology*, pp. 143–51. Cambridge University Press, Cambridge.

Segal, Erwin M., 1994: Archaeology and cognitive science. In C. Renfrew and E. B. W. Zubrow (eds.), *Ancient Mind: Elements of Cognitive Archaeology*, pp. 22–8. Cambridge University Press, Cambridge.

妹尾周三，1991:「縄文時代晩期『広田式土器』再考」『考古学研究』38 (3): 76–90 頁.

瀬高町教育委員会，1985:『権現塚北遺跡』瀬高町教育委員会.

Shanks, Michael and Christopher Tilley, 1987a: *Re-Constructing Archaeology: Theory and Practice*. Cambridge University Press, Cambridge.

————, 1987b: *Social Theory and Archaeology*. Polity Press, Oxford.

Sharpe, D. T., 1974: *The Psychology of Color and Design*, Nelson-Hall Inc., Chicago. (千々岩英彰・斎藤美穂訳『色彩の力』福村出版，1986)

Shennan, Stephen, 1982: Ideology, change, and the European Early Bronze Age. In I. Hodder (ed.), Symbolic and Structural Archaeology, pp. 155–61. Cambridge University Press, Cambridge.

————, 1989: Introduction: Archaeological Approaches to Cultural Identity. In S. Shennan (ed.), *Archaeological Approaches to Cultural Identity*, pp. 1–32. Unwin Hyman, London.

————, 1993: After social evolution: a new archaeological agenda? In N. Yoffee and A. Sherratt (eds.), *Archaeological Theory: Who Sets the Agenda?*, pp. 53–9. Cambridge University Press, Cambridge.

下條信行，1986:「日本稲作受容期の大陸系磨製石器の展開」『九州文化史研究所紀要』31: 103–40 頁.

下山覚，1987:「南部九州のいわゆる『孔列文土器』について」『鹿児島大学考古学会会報』5.

秦憲二，1995:「擬孔列文土器について」『久良々遺跡・倉良遺跡・天神田遺跡　筑紫野バイパス関係埋蔵文化財調査報告第 2 集』45–9 頁，福岡県教育委員会.

新発田市教育委員会編，1982:『村尻遺跡 I　新発田市埋蔵文化財調査報告書第 4』新発田市教育委員会.

新宅信久，1994:「江辻遺跡の調査」『九州考古学会・嶺南考古学会第 1 回合同考古学会　資料編』118–35 頁，九州考古学会・嶺南考古学会合同考古学会実行委員会.

————，1996:「パズルの一片——弥生時代早期集落の様相——」『福岡考古』17: 9–20 頁.

潮見浩，1965:「山口県岩田遺跡出土縄文時代遺物の研究」『広島大学文学部紀要』18.

Smith, Edward E. and Douglas L. Medin, 1981: *Categories and Concepts*. Harvard University Press, Cambridge, Massachusetts.

Smith, Marion F. Jr., 1985: Toward an economic interpretation of ceramics: relating vessel size and shape to use. In Nelson, B. A. (ed.), *Decoding Prehistoric Ceramics*, pp. 254–309. Southern Illinois University Press, Carbondale and Edwardsville.

Sneath, P.H.A. and R. Sokal, 1973: *Numerical Taxonomy*. W. H. Freeman and Company.

Sperber, Dan, 1975: *Rethinking Symbolism*. Cambridge University Press, Canbridge.

————, 1980: Is symbolic thought prerational? In Mary LeCron Foster and Stanley H. Brandes (eds.), *Symbol as Sense: New Approaches to the Analysis of Meaning*, pp. 25–44. Academic Press, New York.

————, 1985: Anthropology and psychology: Towards an epidemiology of representations. *Man* (n.s.) 20: 73–89.

————, 1992: Culture and matter. In J.-C. Gardin and C. S. Peebles (eds.), *Representations in Archaeology*, pp. 56–65. Indiana University Press, Bloomington and Indianapolis.

Strauss, Claudia and Naomi Quinn, 1997: *A Cognitive Theory of Cultural Meaning*. Cambridge University Press, Cambridge.

末永雅雄，1961a:「勾玉の形態推移」『橿原』380–3 頁，奈良県教育委員会.

―――――，1961b:『橿原』奈良県教育委員会.

杉原荘介，1943:『原始学序論』小宮山書店.

―――――，1955:「彌生式文化遺跡」『日本考古学年報』4: 16–7 頁，誠文堂新光社.

鈴木隆英，1982:「縄文時代の玉類についての初歩的研究――二戸郡安代町谷地田出土の玉 2 点を中心にして――」『紀要 II』1–30 頁，（財)岩手県埋蔵文化財センター.

田平徳栄他，1983:『礫石遺跡　九州横断自動車道関係埋蔵文化財発掘調査報告書第 19 集』佐賀県教育委員会.

高木正文，1980:「九州縄文時代の収穫用石器」『鏡山猛先生古稀記念古文化論攷』69–108 頁，鏡山猛先生古稀記念論文集刊行会.

高倉洋彰，1986:「弥生社会復元の試み II」『弥生文化の研究 9』25–33 頁，雄山閣.

武末純一，1987:「北九州市長行遺跡の孔列土器」『記録』24.

田村隆，1994:「型式学・様式論・記号学」『古代文化』46 (9): 1–18 頁.

田中良之，1982:「磨消縄文土器伝播のプロセス――中九州を中心として――」『森貞次郎博士古稀記念古文化論集』上巻，59–96 頁，森貞治郎博士古稀記念論文集刊行会.

―――――，1986:「縄文土器と弥生土器 1　西日本」『弥生文化の研究 3』115–25 頁，雄山閣.

―――――，1991:「いわゆる渡来説の再検討」『日本における初期弥生文化の成立 横山浩一先生退官記念論文集 II』: 482–505 頁，文献出版.

田中良之・松永幸男，1984:「広域土器分布圏の諸相」『古文化談叢』14: 81–117 頁.

―――――，1991:「土器文様の伝播と位相差」『Museum Kyushu』39: 33–42 頁.

巽三郎・羯磨正信，1958:「和歌山県下の縄文式文化大観」『古代学研究』18: 1–16 頁.

寺村光晴，1966:『國學院大学考古学研究報告第三冊　古代玉造の研究』吉川弘文館.

寺沢薫，1986:「稲作技術と弥生の農業」『日本の古代』4: 291–350 頁，中央公論社.

Thomas, Julian, 1991: *Rethinking the Neolithic*. Cambridge University Press, Cambridge.

Tilley, Christopher, 1982: Social formation, social structures and social change. In I. Hodder (ed.), *Symbolic and Structural Archaeology*, pp. 26–38. Cambridge University Press, Cambridge.

―――――，1984: Ideology and the legitimation of power in the Middle Neolithic of Southern Sweden. In Daniel Miller and C. Tilley (eds.), *Ideology, Power and Prehistory*, pp. 111–46. Cambridge University Press, Cambridge.

東京都島嶼地域遺跡分布調査団，1981:『東京都島嶼地域遺跡分布調査報告書――利島・新島・式根島・神津島――』，東京都島嶼地域遺跡分布調査団.

富田紘一，1981:「三万田式土器」『縄文文化の研究 4 (縄文土器 II)』雄山閣.

―――――，1982:「上南部遺跡出土土偶の観察」『森貞次郎博士古希記念古文化論集(上)』森貞次郎博士古稀記念古文化論集刊行会，福岡.

―――――，1983:「太郎迫遺跡の縄文土器　太郎迫式土器の設定 1」『肥後考古』4.

―――――，1987a:「太郎迫遺跡の縄文土器　太郎迫式土器の設定 2」『肥後考古』6.

―――――，1987b:「熊本県下の土偶」『考古学ジャーナル』272.

―――――，1990a:「中九州の縄文後晩期遺跡」『九州上代文化論集』乙益重隆先生古稀記念論文集刊行会.

―――――，1990b:「九州の土偶」『季刊考古学』30: 47–8 頁.

―――――，1992:「九州の土偶」『国立歴史民俗博物館研究報告』37: 426–48 頁.

―――――，1993:「縄文時代の熊本と旭志村」『旭志村史』47–109 頁，旭志村.

Torrence, Robin and Sander E. van der Leeuw, 1989: Introduction: what's new about innovation? In S. E. van der Leeuw and Robin Torrence (eds.), *What's New? A Closer Look at the Process of Innovation*, pp. 1–15. Unwin Hyman, London.

戸沢充則，1979:「縄文農耕論」『日本考古学を学ぶ』2: 173–91 頁，有斐閣.

Trigger, Bruce G., 1980: *Gordon Childe*. Thames and Hudson, London.

―――――，1985: *Archaeology as Historical Science*. Banaras Hindu University.（菊池徹夫・岸上伸 啓訳『歴史科学としての考古学』雄山閣，1991)

―――――，1989: Hyperrelativism, responsibility, and the social sciences. *Canadian Review of Sociology and Anthropology* 26 (5): 776–97.

————, 1990: Maintaineng economic equality in opposition to complexity: an Iroquoian case study. In Upham, S. (ed.), *The Evolution of Political Systems*. Cambridge Universiry Press, Cambridge.

————, 1995: Expanding middle-range theory. *Antiquity* 69: 449–58.

坪井清足，1954:「じょうもんしきどき」『図解考古学辞典』東京創元社.

————, 1962:「縄文文化論」『岩波講座日本歴史 1 原始および古代』岩波書店.

都出比呂志，1989:『日本農耕社会の成立過程』岩波書店.

上野佳也，1967:「押型文文化の諸問題——土器文様を中心としての研究——」『考古学雑誌』55 (2): 1–17 頁.

————, 1980:「情報の流れとしての縄文土器型式の伝播」『民族学研究』44 (4): 335–65 頁.

————, 1985:『こころの考古学——猿人からの心性の進化——』海鳴社.

————, 1986:『縄文コミュニケーション』海鳴社.

宇野隆夫，1996:「書評: 金関恕＋大阪府立弥生文化博物館編『弥生文化の成立——大変革の主体は「縄紋人」だった——』」『考古学研究』43 (1): 104–9 頁.

van der Leeuw, S. E., 1994: Cognitive aspects of 'technique'. In C. Renfrew and E.B.W. Zubrow (eds.), *Ancient Mind: Elements of Cognitive Archaeology*, pp. 135–42. Cambridge University Press, Cambridge.

van der Leeuw, Sander E. and Robin Torrence (eds.), 1989: *What's New? A Closer Look at the Process of Innovation*. Unwin Hyman, London.

和田好史，1993:『中堂遺跡』人吉市教育委員会.

藁科哲男・東村武信，1994:「ワクド石遺跡出土の硬玉製勾玉の産地分析」『ワクド石遺跡　熊本県文化財調査報告書 144 集』熊本県教育委員会.

Washburn, Dorothy K., 1977: A symmetry analysis of Upper Gila area ceramic design. *Papers of the Peabody Museum 68*. Harvard University, Cambridge, Mass.

Washburn, Dorothy K. (ed.), 1983: *Structure and Cognition in Art*. Cambridge University Press, Cambridge.

Washburn, Dorothy K. and R. G. Matson, 1985: Use of multidimensional scaling to display sensitivity of symmetry analysis of patterned design to spatial and chronological change: examples from Anasazi prehistory. in Nelson, B. A. (ed.) *Decoding Prehistoric Ceramics*, pp. 75–105. Southern Illinois University Press, Carbondale and Edwardsville.

渡辺仁，1990:『縄文式階層化社会』六興出版.

渡辺誠，1980:「雪国の縄文家屋」『小田原考古学研究会会報』9: 37–43 頁.

————, 1985:「西北九州の縄文時代漁撈文化」『列島の文化史』2: 45–96 頁，日本エディタースクール出版部.

————, 1991:「組織痕土器研究の諸問題」『交流の考古学』213–32 頁，肥後考古学会.

渡邊隆行，1997:「長崎県・天久保支石墓の調査　装身具」『東アジアにおける支石墓の総合的研究（課題番号 06401010）平成 6〜8 年度科学研究費補助金（基盤研究 (A) (2)）研究成果報告書』179–85 頁，九州大学文学部考古学研究室.

Wertsh, James V., Pablo del Rio, and Amelia Alvarez, 1995a: Sociocultural studies: history, action, and mediation. In James V.Wertsh, Pablo del Rio, and Amelia Alvarez (eds), *Sociocultural Studies of Mind*, pp. 1–34. Cambridge University Press, Cambridge.

Wertsh, James V., Pablo del Rio, and Amelia Alvarez (eds.), 1995b: *Sociocultural Studies of Mind*. Cambridge University Press, Cambridge.

Whallon, Robert, 1968: Investigations of late prehistoric social organization in New York State. In S. R. Binford and L. R. Binford (eds.), *New Perspectives in Archaeology*, pp. 223–44. Aldine, Chicago.

White, J. P. and D. H. Thomas, 1972: What mean these stones? Ethno-taxonomic models and archaeological interpretaions in the New Guinea Highlands. in D. L. Clarke (ed.), *Models in Archaeology*, pp. 275–308. Methuen, London.

Whitney, D. S., 1994: Review of 'Representations in Archaeology'. *American Antiquity* 59 (2): 375–6.

Wiener, Norbert, 1961: *Cybernetics, or Control and Communication in the Animal and the Machine*, 2nd ed. MIT Press, Cambridge. (池原他訳『サイバネティクス（第 2 版）』岩波書店，1962)

Wiessner, Polly, 1983: Style and social information in Kalahari San projectile points. *American Antiquity* 49 (2): 253–76.

————, 1985: Style or Isochrestic Variation? A Reply to Sackett. *American Antiquity* 50–1: 160–6.

————, 1984: Reconstructing the behavioral basis for style: a case study among the Kalahari San. *Journal of Anthropological Archaeology* 3: 190–234.

————, 1989: Style and changing relations between the individual and society. in I. Hodder (ed.), *The Meanings of Things*, pp. 56–63. Unwin Hyman, London.

————, 1990: Is there a unity to style? in M. Conkey and C. Hastorf (eds.), *The Uses of Style in archaeology*, pp. 105–12. Cambridge University Press, Cambridge.

Willey, Gordon R. and Jeremy A. Sabloff, 1993: *A History of American Archaeology,* 3rd ed. W. H. Freeman, San Francisco.

Wobst, Martin, 1977: Stylistic behavior and information exchange. in C. E. Cleland (ed.), *For the Director: Research Essays in Honor of James B. Griffin* (Museum of Anthropology Anthropological Paper 61), pp. 317–42. University of Michigan, Ann Arbor.

Wynn, Thomas, 1979: The intelligence of later Acheulean hominids. *Man* (N.S.) 14: 371–91.

山内清男，1932:「日本遠古之文化　六」『ドルメン』1 (9): 48–51 頁.

————, 1936a:「日本考古学の秩序」『ミネルヴァ』5 月号: 1–10 頁.

————, 1936b:「考古学の正道――喜田博士に呈す――」『ミネルヴァ』7・8 月号: 37–43 頁.

山崎純男，1975:「九州地方における貝塚研究の諸問題」『九州考古学の諸問題』129–65 頁，福岡考古学研究会，東出版.

————, 1980:「弥生文化成立期における土器の編年的研究――板付遺跡を中心としてみた福岡・早良平野の場合――」『鏡山猛先生古稀記念古文化論集』鏡山猛先生古稀記念論文集刊行会.

山崎純男・島津義昭，1981:「九州の土器」『縄文文化の研究 4（縄文土器 II）』雄山閣.

家根祥多，1981:「晩期の土器 近畿地方」『縄文文化の研究 4（縄文土器 II）』: 238–48 頁，雄山閣.

————, 1993:「遠賀川式土器の成立をめぐって――西日本における農耕社会の成立――」『論苑考古学』267–330 頁，天山舎.

————, 1997:「朝鮮無文土器から弥生土器へ」『立命館大学考古学論集 I』: 39–64 頁.

安田喜憲，1982:「気候変動」『縄文文化の研究 1』雄山閣.

横山浩一，1985:「型式論」『岩波講座日本考古学 1』43–78 頁，岩波書店.

Young, David E. and Robson Bonnichsen, 1986: *Understanding Stone Tools: A Cognitive Approach. Peopling of the Americas, Process Series*, vol. 1. Center for the Study of Early Man. University of Maine at Orono.

Zinchenko, Vladimir P., 1995: Cultural-historical psychology and the psychological theory of activity: retrospect and prospect. In James V. Wertsh, Pablo del Rio, and Amelia Alvarez (eds), *Sociocultural Studies of Mind*, pp. 37–55. Cambridge University Press, Cambridge.

Zubrow, E.B.W., 1994: Cognitive archaeology reconsidered. In C. Renfrew and E.B.W. Zubrow (eds.), *Ancient Mind: Elements of Cognitive Archaeology*, pp. 187–90. Cambridge University Press, Cambridge.

索　引

著者略歴

松 本 直 子（まつもと・なおこ）

1968 年　福岡県生まれ。

1991 年　九州大学文学部史学科卒業。

1996–97 年　ブリティッシュ・コロンビア大学，客員研究員。

1998 年　九州大学大学院文学研究科博士課程修了。博士（文学）。

現　在　岡山大学文学部講師。

認知考古学の理論と実践的研究
――縄文から弥生への社会・文化変化のプロセス――

2000 年 2 月 29 日　初版発行

著　者　松 本 直 子
発行者　海 老 井 英 次
発行所　（財）九州大学出版会
〒812-0053　福岡市東区箱崎 7-1-146
九州大学構内
電話　092-641-0515（直通）
九州大学構内電話　8641
振替　01710-6-3677
印刷・製本　研究社印刷株式会社

ISBN 4-87378-617-7